黄仁宇

十六世纪明代中国之财政与税收

黄仁宇作品系列

生活·讀書·新知 三联书店

Simplified Chinese Copyright © 2015 by SDX Joint Publishing Company.
All Rights Reserved.
本作品简体中文版权由生活·读书·新知三联书店所有。
未经许可，不得翻印。

图书在版编目（CIP）数据

十六世纪明代中国之财政与税收／（美）黄仁宇著．—北京：生活·读书·新知三联书店，2015.8 （2020.10 重印）
（黄仁宇作品系列）
ISBN 978-7-108-05374-9

Ⅰ．①十…　Ⅱ．①黄…　Ⅲ．①财政管理-研究-中国-明代　②税收管理-研究-中国-明代　Ⅳ．① F812.948

中国版本图书馆 CIP 数据核字（2015）第 118387 号

责任编辑	舒　炜　冯金红	
装帧设计	蔡立国	
责任印制	董　欢	
出版发行	生活·讀書·新知 三联书店	
	（北京市东城区美术馆东街 22 号 100010）	
网　　址	www.sdxjpc.com	
图　　字	01-2017-6683	
经　　销	新华书店	
印　　刷	山东临沂新华印刷物流集团有限责任公司	
版　　次	2015 年 8 月北京第 1 版	
	2020 年 10 月北京第 5 次印刷	
开　　本	880 毫米 ×1230 毫米　1/32　印张 16.25	
字　　数	332 千字	
印　　数	28,001-31,000 册	
定　　价	55.00 元	

（印装查询：01064002715；邮购查询：01084010542）

目 录

序 ————————————— 崔瑞德 1

致谢 ————————————————— 1

度量衡说明 ————————————— 1

明代诸帝 ————————————————— 1

明代的两京十三省图 ———————————— 1

第一章　财政组织与通行的做法 ——————— 1
 第一节　政府机构 ————————————— 4
 第二节　农村组织和税收基础 ———————— 37
第二章　16世纪的现实与主要的财政问题 —— 57
 第一节　国家的收入水平与变动因素 ————— 59
 第二节　土地和人口数据 —————————— 76
 第三节　军队的维护 ———————————— 81
 第四节　货币问题 ————————————— 88

第三章　田赋（一）——税收结构 —— 119
　第一节　税收结构的复杂性 —— 121
　第二节　区域性差异 —— 139
　第三节　役及其部分地摊入田赋之中 —— 153
　第四节　税收结构的进一步调整 —— 183

第四章　田赋（二）——税收管理 —— 204
　第一节　地方政府的税收管理 —— 205
　第二节　影响一般管理的因素 —— 220
　第三节　征收水平 —— 231
　第四节　税收收入的支出 —— 247
　第五节　田赋制度的最后分析 —— 256

第五章　盐的专卖 —— 275
　第一节　盐的专卖机构 —— 276
　第二节　政府的管理与控制 —— 282
　第三节　16世纪的管理周期 —— 294
　第四节　国家收入、食盐价格及其对消费者的影响 —— 303
　第五节　专卖制度失败的责任 —— 314

第六章　杂色收入 —— 328
　第一节　工商业收入 —— 329
　第二节　管理收入 —— 350

第三节	役和土贡折色的现金收入	359
第四节	非现金收入	364
第五节	杂色收入总结	371

第七章　财政管理 ——— 387

第一节	16世纪的户部	389
第二节	各省之间和各部之间的管理	400
第三节	军事供给	410
第四节	张居正的财政节流	422

第八章　结语 ——— 448

第一节	过分简化的风险	449
第二节	明代的财政管理及其在中国历史上的地位	457

书名略语 ——— 475

附录A　免纳正税的田土 ——— 476

附录B　1561年浙江淳安县的常例和额外服务 ——— 478

附录C　1535年每引盐的开中则例和余盐银 ——— 479

附录D　《明实录》所载1581年土地清丈的部分结果 ——— 480

参考文献 ——— 482

译者后记 ——— 498

插图目录

图 1　大运河（漕河），1610 年左右 —— 70

图 2　16 世纪晚期的田赋结构 —— 120

图 3　税收收入分配示意图 —— 255

图 4　16 世纪晚期的北边军镇 —— 411

图表目录

表 1　1585 年左右南直隶四个府纳税户税粮解运或折纳的财政负担 —— 143

表 2　1572 年福建漳州府的役银征收 —— 174

表 3　1572—1621 年东南地区六个县的役银分摊 —— 175

表 4　1608—1620 年北方地区三个县的役银分摊 —— 178

表 5　1571 年湖广永州府的渔课和商税定额 —— 191

表 6　1578 年省直税粮定额（石） —— 232

表 7　1572 年杭州府田赋税率估计 —— 236

表 8　1608 年汾州府田赋税率估计 —— 238

表 9　1578 年左右田赋的征收与支出估计（粮食石） —— 249

表 10　1591 年临汾县的田赋收入分配情况（以粮食为标准） —— 251

表 11	1591 年临汾县的田赋收入分配情况（以白银为标准）	251
表 12	1575 年吴县的田赋收入分配情况（以粮食为标准）	254
表 13	1578 年盐课银收入	305
表 14	1575—1600 年左右盐课岁入估计	308
表 15	1570—1590 年左右杂色收入	330
表 16	1599—1625 年 8 个钞关的税额	334
表 17	1578 年的渔课征收	350
表 18	1570—1590 年左右杂色岁入估计	371
表 19	1570—1590 年左右太仓库杂色岁入估计	374
表 20	1551—1557 年间太仓库岁出银额	392
表 21	1567—1592 年间太仓库岁入银额	392
表 22	1583—1590 年间太仓库亏空银额	393
表 23	1521—1590 年左右太仓库基本岁入估计	394
表 24	1580 年左右太仓库在京师的现金支出	399
表 25	1575 年 14 个边镇军需支出的主要项目	417
表 26	1578 年 14 个边镇的收入	417

序

　　二十年前,当我完成关于"唐代财政管理"研究的初稿后,我对明代同一专题的研究也产生了兴趣,并开始翻阅有关资料,感觉到这一专题的研究可能提出和回答许多早期时代由于证据缺乏而无法阐明的问题。

　　不久,我感到灰心,这项研究非常复杂。不仅大量的原始资料让人气馁,而且从那时起更多的可以利用的明代历史文献也让人无所适从。此外,明代的财政管理已经证明要比唐代的更为复杂。其主要问题是尽管早期王朝试图有系统地强化一个相对简明、统一的制度,使之贯彻到整个帝国,并将其纳入到一个精心设计的、以中央制定的管理法规为中心的体系中去。但从8世纪晚期开始,这种统一政策的观念逐渐被摒弃。到了明代,地方分权延及到具体的政策制定与执行等方面,各地情况更为复杂。可以说,在许多领域,已经不可能再简单地对明帝国作出总体上的概括。最终我不得不放弃我的计划,转向其他方面的研究。

　　60年代早期我第一次认识了黄教授,并开始讨论这本书的主题。很显然,这一题目的研究有相当的难度,比我原来的估计还要困难。《明史》"食货志"的记载相对来说比较简单明了,从中我形成了对于这个问题的第一个比较全面的印象,此时又慢慢进入了一个十分复杂、模糊不清的马赛克状态之中,许多细节性问题看起来互不相干。

在过去的几十年间,中国和日本的明代财政史研究取得很大成绩,出现了一些考证性文章和专题研究。然而,黄教授却是力图对明代财政政策作出全面说明的第一人,他对许多新发现的细节性材料进行了全面的历史性透视。

读者有时会发现本书对财政政策的某些描述存在着明显的异常,甚至是内部的矛盾。可是,这反映了在许多领域,政府的政策和地方的做法有很大的冲突与不一致。明朝的政府在许多方面实际上缺乏整齐、划一,尤以地方政府为甚。这部著作中有时讨论了大量的细节性问题,当然还远远不够彻底。现在是这个专题研究的初始阶段,也是细节性历史探讨时期,很有必要列出各个方面的证据,而不能急于作出轻率的概括。这个研究的目的是提出一般性的框架以便更进一步将各个细节联系起来,而不是去提供另一个更宏大的历史模型。

现在,很希望这本书不仅能够进一步推动财政史的细节性研究,而且也将为不断增多的、研究中华帝国晚期历史的年轻研究者们从事政府政策诸方面的研究提供一个可依赖的指针。特别是,这本著作将会有助于研究明清时代地方历史的学者们解释地方志及其他资料中出现的大量的、复杂的统计数字以及行政管理的细节问题。

崔瑞德(Denis Twitchett)
1973 年

致 谢

在过去几年的准备过程中,许多人在各个方面热心帮助过我,他们给予鼓励和指导,提供书目与资料,解释具体问题,阅读部分手稿并提出有价值的批评。在此我真诚地希望这本书的出版能够让他们有几分满足。当然书中如果有错误,应该由我个人来负责。

我对以下诸位深表谢意:哥伦比亚大学(Columbia University)副校长和教务长 William Theodore de Bary 博士;查塔姆学院(Chatham College)的 Wing-tsit Chan 教授;密歇根大学(University of Michigan)的 Albert Feuerwerker 教授;芝加哥大学(University of Chicago)的何炳棣(Ping-ti Ho)教授;普林斯顿大学(Princeton University)的 James T.C.Liu 教授;巴纳德学院(Barnard College)的 John Meskill 教授;普林斯顿大学(Princeton University)的 F.W.Mote 教授;贡维尔和圣卡尤斯(Gonville and Caius College, Cambridge)学院院长李约瑟(Joseph Needham)博士;Case Western Reserve 大学的 Morris Rossabi 教授;可敬的 Henry Serruys;密歇根大学东亚图书馆(the East Asian Library at the University of Michigan)的万惟英(Wei-ying Wan)先生;哈佛燕京图书馆(Harvard-Yenching library）的 Eugene Wu 博士和他的同事，他们中间特别是 George C.Potter 先生；国会图书馆东方部（Division of Orientalia of the Library of Congress）的吴光清（K.T.Wu）博士。还有杨联陞（Lien-sheng Yang）教授和余英时（Ying-shih Yü）教授，他们都在哈佛大学。

1970 年，当我完成初稿时，费正清（John K.Fairbank）教授以及他所在的哈佛大学东亚研究中心的委员会给予我基金资助。费正清教授对我应该怎样把握这个问题提出了可贵意见，特此深表谢意。在他看来，一个专题的深入研究与同一领域其他专题的研究有密切的关系，而没有必要详细论及全部问题。最初我的著述计划是关于整个明代的财政管理，但是驾驭这些资料非常困难。在费正清教授的建议下，我最后选择了现在的这个形式。他的见识使我受益良多。谨记此处，以示谢意，并且希望其他人也能继续从中受益。

很多年来，房兆楹夫妇对于从事中国问题研究的学者们给予了很多有意义的指导。1967 年，我很幸运地因为"明人传记计划"（Ming Biographical Project）与他们共事，他们通晓明朝情事，而且也愿意与他人共享，因此我受益匪浅。哥伦比亚大学名誉教授、"明人传记计划"的编者富路特（L.Carrington Goodrich）博士应我的请求仔细地审阅我几年来所写的每一个字词。他的批评总是出自一种善意。密歇根大学历史学教授贺凯（Charles O.Hucker）是一个特别的朋友，12 年前当我还是博士候选人时，我们通过书信相识。从那时开始他就不断给予帮助，我不胜感激。剑桥大学的崔瑞德（Denis C.Twitchett）帮助我整理稿件进行出版，并欣然为本书撰写序言。我对他们亏欠良多。

几年前，我得到了一笔研究基金，使我能够有时间从事这方面的研究。1966年，由"美国学术团体理事会"（the American Council of Learned Societies）和"社会科学研究理事会"（the Social Science Research Council）联合提供的一笔地域研究基金资助我一段时间。密歇根大学的中国研究中心和纽约州立大学的研究基金会也提供给我夏季研究基金。我对这些资助表示感激。但是并不可以因此认为我的资助者同意本书的观点。

我也很感激剑桥大学纽汉姆学院（Newnham College）的研究同事贝蒂（Hilary Beattie）女士的帮助。她为了改进本书的文字风格作出特殊重要的贡献。但原稿中固有的不完善之处概由我本人负责。尽管我在本书中保留了美国式的拼写方法，但我希望本书能够同样为大西洋两岸的读者们所接受。

最后我要对我的妻子格尔（Gayle）表示最深的谢意。七年中，我醉心于历史研究，是她与我共同分享希望、忍受困苦。她的热情总是我动力的源泉。在刚刚完成本书之际，我接触到全汉升先生，他最近在 Journal of the Institute of Chinese Studies 上发表的好几篇文章将会对这本书的读者有莫大的影响。我非常感谢全汉升博士寄给我他的文章抽印本。但令人遗憾的是我不可能再将这些文章题目包含到我的参考书目中了。

黄 仁 宇

Mulberry Close, Cambridge

1973年7月12日

度量衡说明

明代试图统一度量衡标准。尽管工部提到有金属制造的度量衡具，但还没有发现这方面的实例。到目前为止，只发现过一个造于嘉靖时期的象牙尺，但它是用于工程，并不是用来作为财政标准的。

下面的对应值是以明代宝钞、铜钱和度量衡方面专家的研究结果作为依据。虽然还不能保证准确无误，但是其准确程度还是受到公认。

1.长度，1尺（foot）约等于12.3英寸。

2.重量，1斤（catty）约等于1.3磅。1斤分成16两（taels），每1两约为1.3盎司。

3.容量，固态物计量单位一般为"石（shih）"。当然，也有一些学者，如Rieger, Sun以及Francis更喜欢用拉丁字母拼作"石（tan或者dan）"。这里译作"picul"，它约等于107.4升。

除了1斤被分成16两之外，其他财政单位都是十进制。明代的账目不用小数点，但是以计量单位名列举出小数部分。每一个基本的小数单位有其专门的术语。例如，百万分之一为1微，万亿分之一为1

漠。所有这些难以处理的数字被转换成基本的计量单位，每当提到的"小数点"和"小数位数"时就是指已经转换的数字。

"十亿（billion）"通常意味着百万的千倍，"万亿（trillion）"（上段话中提及）为百万的百万倍。

本书中数字拼写止于百位，但百分比、货币单位和连串数字用阿拉伯数字来表达。

明代诸帝

庙号	在位时间（年）	年号
太祖	1368—1398	洪武
惠帝	1398—1402	建文
太宗，成祖	1402—1424	永乐
仁宗	1425	洪熙
宣宗	1426—1435	宣德
英宗	1435—1449	正统
景帝	1449—1457	景泰
英宗（复位）	1457—1464	天顺
宪宗	1464—1487	成化
孝宗	1487—1505	弘治
武宗	1505—1521	正德
世宗	1521—1566	嘉靖
穆宗	1566—1572	隆庆
神宗	1572—1620	万历
光宗	1620（1个月）	泰昌
熹宗	1620—1627	天启
庄烈帝	1627—1644	崇祯

明代的两京十三省图

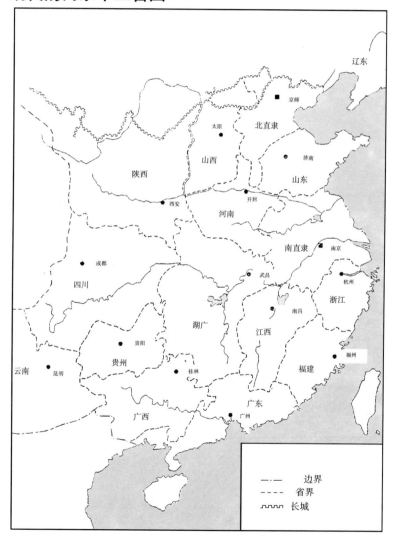

第一章 财政组织与通行的做法

明代大多数政府机构沿袭唐、宋、元各代之旧，同时也形成了自己的特色。帝国的财政管理也不例外。由监察官员审核财政，设立六部，政府发行纸币，利用大运河作为南北交流的主干线，与游牧部族进行茶马贸易，实行开中盐法以充裕边防，以上这些做法多是效仿前朝。另一方面，统治权力更加集中在皇帝手中，高悬在上。国家收入很大程度上依靠土地，严格控制海上贸易，闭关锁国。

当然，效仿前朝也不是没有理由。财政问题是唐以后各代王朝所同样面临的基本问题。为了维系帝国的持久，皇帝严格而全面地控制着整个国家的财政命脉。然而，帝国地域广大，各地差异性很大，加之前近代时期的交通与交流十分不便，不利于实行中央集权的政策，缺乏实现这种目标的手段。因此，在这种情况下，历代王朝皆倾向于沿用前朝的经验。

明代统治的独特之处在于其农村经济观念，这是16、17世纪中国经济发展的情况所决定的，我们可以称之为保守性的，这是一个时代错误。然而，这种保守性却是当时这个庞大帝国政治集中的必然结果。

必须注意到，明朝以前中国经济的发展已经呈现出巨大的地域差异。在当时的经济构成中，手工业和对外贸易很少，而且它们也仅仅在一定地区有影响。明代的统治者考虑到发展这些先进的经济部门只会扩大经济发展的不平衡，这反过来会威胁到帝国的政治统一。因此他们更希望各地都保持同一发展水平，至于经济部门是否落后并不重要。明代的财政政策在很大程度上受到这种态度的左右。

这种为了短期的政治目标而牺牲长期的经济发展在现代历史学家看来是荒谬可笑的。然而，明代的统治者缺乏远见，他们不能预见到工业和商业在现代国家形成中的重要作用。在西欧小国，政府对工商业的鼓励迅速地推动了经济的资本主义化，而在中国这样的大国，却无法实现如此迅速而深远的变化。而且，不像欧洲正在形成的民族国家，也不像日本实力不断增长的大名藩属，明代中国从来没有把自己的周邻视为竞争对手，所以就要付出落后的代价。在明代统治者自己看来，他们没有必要修改他们的政策。相反，他们有理由继续推行传统的方针，不折不扣地以儒家学说为指导，认为农业是国家的根本。

这个悲剧在于尽管他们提倡简明与划一，但是他们的政策是以国家经济活动保持最低水平为基础的，所以明代统治者从来也没有完全实现他们的目标。中国内部的多样性使得任何来自于中央的单一控制都是不切实际的，在财政管理方面尤其如此。从农业方面来讲，各地的气候、土壤、地形各异，劳动力情况不同，农作物更是多种多样，还有市场、土地占有与租佃关系的差异以及整个国家度量衡标准的不统一，朝廷在首都制定法律，很难考虑到所有的因素。宣布一条统一的法律是一回事，但它是怎么贯彻到帝国的每一个角落则是另外一回事，试图去弥合这种差异是没有意义的。

按照许多晚明文人的观点：在王朝早期，帝国的财政政策得到很好的贯彻，而仅仅到了晚期这种管理才变得腐朽。这种看法只说对了一部分。现在有充分的证据表明即使在帝国建立初期，政府的规定就已经被变通执行了，皇帝的诏令打了折扣，官方的数据已经在一定程度上被篡改了。这不一定是官员不诚实造成的。这在很大程度上应归因于这样一个事实：在落后的情况下，上层制定的财政方案无法与下层的具体情况相适应，中央集权的愿望超出了当时的政府实现这种愿望的技术手段。作为其结果，帝国的法律必须进行调整，地方上进行改动与变通成为必要。确实，在王朝后期，这种对规定程序的背离成为一种通行的做法，对法律的普遍滥用则在所难免。

由于财政机构缺乏严格性，导致了很多恶果。一个最明显的例子就是明朝官员在财政上"拆东墙补西墙"，一个项目的资金与物资短缺则由其他项目来填补。我们所说的明代盐课实际上包含了一部分田赋。而明中期以后，田赋与其他收入也混淆不清，无法分开。明朝政府的收入与支出好像一条注入沼泽的河流，它有无数的分叉与会合。

这些复杂性不利于我们的研究工作。明代的制度多数难以准确地分类与定性，它们是不断变化的。这种改变更多的是导因于外部情况的变化与管理者的操纵与变通，而不是其自身的发展。在本书中，最大的困难是把材料限制在一个主题之下而又不会令人眼花缭乱，产生误解。所以，我们选择依靠描述性语言而不是数据表格。在这里，为了适应材料而对阐述问题的顺序做了一些改动，各章节之主题也插入了互见式引文。当然，这不是写财政史的理想方法，但这是一种更现实的选择。

同样，本章也从多个角度来讨论问题。我们可能注意到，有明一代，除洪武朝以外，很少进行过官僚机构改革。在它的二百七十六年中，实物经济转变成货币经济，实物税收和强制徭役在很大程度上已经折纳白银，金兵制逐渐被募兵制所代替。然而，令人惊讶的是，即使到了明朝中期，很少建立起新的财政部门，而被取消的财政部门则更少。做到这一点是可能的，因为政府机构的职能并不总是被法规所固定住，而是更多地依据习惯性做法。此外，管理措施很少被新的法律所取代。新旧法令同时存在，有些荒唐的条款完全被漠视，有些保存下来的条款根据情况仍然应用于个别的事例。事实上，所有的政府机构都经历着一种逐步变化的过程，他们的职能也不时进行调整。有时候变化如此平缓以至于当时的人都无法察觉。因此，这一绪篇不仅要讨论财政结构的形式，也同样要讨论其变化。

第一节　政府机构[*]

明代皇权的性质和它在公共财政中的角色

在明朝的政治体制下，除了皇帝以外，没有一个中枢机构来管理

---

[*] 本书的官员和官衔大体上都是以贺凯（Charles O. Hucker）的《明王朝的政府组织》(*Harvard Journal of Asiatic Studies*, 21［Dec.1958］, pp.1—66）一文为准。这篇文章又收入 *Studies of Governmental Institutions in Chinese History*, ed. J. L. Bishop（Cambridge, Mass.1968）。但是提到明朝的皇帝，用年号而不是庙号。

帝国的财政。宰相在 1380 年被废除之后就没有重新设立。大学士们也仅仅是"票拟批答",尽管皇帝也向他们咨询,他们也参与决策,但是内阁大学士从来没有法定的正式权力。户部尚书管理日常财政事务,但没有皇帝的同意,他们无法行事。皇帝是至高无上的,包括给事中、都御史、各部尚书以及郎中、主事等都要向其上奏。任何一个人,即使没有财政专长,也非其职责所在,他都可能对财政事务提出建议和批评。皇帝也与众多的特使、巡抚、总督直接联系,他们的意见能被直接送到户部讨论。一旦有重要的事情,就要"九卿廷议"[1],但最后总是要由皇帝裁决。

在整个明代,曾有少数的几个人权势震主。万历朝有内阁首辅张居正,正统、正德和天启朝则分别有擅权太监汪直、刘瑾、魏忠贤。张居正和其同僚通过非正规的方式专擅权力,甚至大小事务经由年幼的万历皇帝批准的程序都被忽视了(见第七章第三节)。太监,则在皇帝的纵容下,违法乱纪。所有这些人后来都受到责难或以阴谋坐罪。三个太监没有一个身免于死,张居正也是祸发身后,蒙受耻辱。表面上看,皇权从不旁落。好几个皇帝登基时还是未成年人,但是从来也没有为他们建立过正式的摄政。

在财政领域中,事无巨细都要皇帝处理,有些事情甚至微不足道,诸如变更税课司局,某县需要从产地运进多少食盐,赏赐给朝贡使团多少匹绸缎,都要由皇帝做最后的裁决。所有具体的行政事务都要皇帝参与。这一先例肇始于开国皇帝朱元璋,据说他曾在 8 天的时间里就收到了 1660 份奏札,计 3391 件事[2]。

很明显，开国皇帝感觉到事无大小，事必躬亲。在王朝早期，大部分税收都是征收实物，政府必须避免税收积压在中间层次，以免加重服务事业的负担。但这又是王朝财政体制中最经不起考验的一个方面。其方法是每个税收征集机构都要直接解运赋税到指定的分配部门，收入与开支项目相抵就明白销注，完成解运。在这种体制下，大宗赋税解运并不多见，遍及帝国多为中等规模的物资、商品输纳。即使解运的物资很少，但都是财政结构中的一个组成部分，不容忽视。如果对他们放松管理，将会开创先例，从而导致整个财政体系的崩溃。到了帝国末期，由于地方一级的财政偏离了规章，皇帝对全国财政控制已经相当松弛了，但每一件小事都必须经由皇帝参与决策的习惯却仍然保持下来。尽管皇帝的权力变得有限了，但某些选报的事例还是经由皇帝裁夺。

虽然洪武之后的几个皇帝继续有效地履行其立法权力，但一直到王朝结束，他们从来也没有进行过彻底的财政改革，这看起来是很奇特的事情。当时，实物税收和徭役大都已折纳银两，军方的财政责任已经降到了最低程度，募兵成为军队的主体，军镇卫所的开支来自于首都。同时，在帝国后期，民间商业交易中白银的广泛使用已经被普遍接受，这在明初是被禁止的。即使表面看起来很有作为的皇帝一般都很少对开国皇帝确立的财政法规进行修改，他们突破常规的办法是认可临时的特例。这种变化遵循以下的程序：首先由下级官僚提出奏请，然后在其部门内适用这一特例。皇帝很可能将其与其他公事一起批准。然后确立必要的先例。迟早，同样的奏请也被提出并得到批准，这时最初提出的特殊例外已经成为一种普遍性做法。从那以后，就不再需要奏请，要么通过帝国的法律下达给其他部门，要么随后不公开地进行改革。在这种方式下，一次大规模的改革最后完成可能要花费好几十年时间。例如，均徭法（见第三章第三节）从其最初试验性推行到被普遍接受用了几乎 50 年的时间。一条鞭法的改革用的时间更长，甚至到王朝灭亡，它还没有达到一种最终的、明确的形式。

当然，也有一些早期的禁令，特别是得不到贯彻执行的法规，也无需太长时间就会作废。例如，禁用白银作为民间交易货币的禁令的解除就是这样。禁令的解除始于广西的一个知府提出的奏请，而这个奏请最初的目的是希望在民间交易中实现铜钱合法化（见第二章第三节）。很显然，得到承认的先例的影响很快赶上奏请的批准，不久原来禁用白银交易的法令成为具文[3]。这种立法权的运用有时候与西方最高法院宣布的司法裁决有同样的效果。

在行政管理中另一个自相矛盾的事情是在明朝后期，尽管专制皇权仍在，但许多皇帝发现他们自己相对于官僚处于守势，这些官僚经常对皇帝的开支习惯提出异议。其原因是多方面的。一个原因是在儒家官僚的眼中，皇帝的个人生活亦是公共事务，臣下可以关心并进行讨论，甚至可以进行批评；第二个原因是 16 世纪以来的几个明朝皇帝，除了末帝崇祯勤于政务以外，要么是怠于政事，要么是庸碌之才。君主与臣下之间很少为国事发生矛盾，他们的争论常常是与皇帝私人生活有关；第三，理论上，"普天之下，莫非王土"，明朝的财政制度并没有明确区分国家的收入和支出与皇帝的个人收入和支出的关系，所以君主个人的开销与公共财政密切相关。朝臣不断地向皇帝提出谏议，诸如宫廷用度汰侈，肆意科办土贡，奉派太监借机胡作非为，大量赏赐给皇亲、贵戚、宠臣土地。但是因为皇帝拥有最终权力，官员们只能是提出抗议，或以辞职相威胁，或者对执行皇帝命令的朝臣进行参劾，或者以夸大上天的征兆来警示任性妄为的皇帝。但当这些办法失效之后，他们就无计可施了。而且他们也时常面临着君主报复的危险。

除了开国皇帝朱元璋是自学成才以外，其他明朝皇帝都是接受了儒家教育[4]。他们被灌输要恪守祖训，尊重民意，远离怨恨和放纵。这些道德教条的实际效果是很难估量的，但考虑到明朝皇帝令人讨厌的人格，很容易让我们觉得这些所谓的儒家伦理道德不过是一种谎话。但是由于皇帝拥有至高无上的权力，可以想见，如果他的权力不受任何道德的限制将会发生什么样的事情。

表面上看，阁臣没有什么权力。但由于皇帝的原因使他们有相当大的实际影响力。对于成年的皇帝而言，新任命的阁臣一般更愿意奉承迎合皇帝。但是，按照明朝的传统，阁臣任期很长，在正常情况下，他们被期望终身在任。他们中的一些人甚至是逮事几朝的老臣。这些人宿德重望，深受信任，在皇帝和各部官员之间充当了调解者，是朝廷的稳定力量。明朝前期，有许多这样的老臣。甚至到明朝中后期，这种杰出人物也不乏其人。张居正的例子可能有些复杂，严格来说不能列入这类人物。但杨廷和（1507—1524年在任）在嘉靖皇帝即位过程中在朝廷中实施了一项严厉的节省计划。还有泰昌、天启朝的叶向高（1607—1624 年在任）曾策划发内帑白银 700 万两以弥补国库亏空。有理由相信，阁臣在实施深得人心的政策和恢复公众信任方面能够起到很大作用[5]。

不过，如果皇帝藐视道德、祖制、民意以及有声望的老臣的意见，执意滥用权力，却没有任何办法能够遏制皇帝的行为。这种情况在万历朝确实占了上风。16 世纪 90 年代，万历皇帝派遣宦官取代文职官员到各地去征收商税（见第七章第三节），许多朝臣在劝谏无效后提出辞呈，皇帝对此十分恼怒，对辞职要求不予理睬。一些官员随后没有经过批准就自行离职。反过来，皇帝并不急于补充空缺的职位，这样的结果等于使国家陷入了"宪法危机（Constitutional crisis）"，这种僵局一直持续到 1620 年万历皇帝去世为止。

宫廷开支与宦官

要想了解明代宫廷开支的复杂性，首先要了解明代宫殿规划布局的复杂性。

整个宫殿是以紫禁城为中心，四周围以高墙，防卫森严。这些雄伟的建筑占地约四分之一平方英里，包括皇帝的住所、朝堂、书房以及皇史宬和内阁办公场所。围绕着紫禁城的是皇城，亦是壁垒森严。北京城区环绕四周。各部办公场所在皇城城墙之外。在城墙内，还有 3 平方英里的生活补给区[6]。

皇城中各种设施一应俱全。有银库、仓储以及原材料加工和制造工场（诸如生产糕点、糖果、药、酒、皮革的作坊以及针工局、银作局、经厂、织染局等），甚至还有制造枪铳的工厂等，这些部门大多由宦官统领，只有少数部门是以文职官员的名义进行管理。其他的宦官衙门从上述的仓库和作坊中领取供给，用来维持紫禁城的日常生活。皇城中的文职部门有都察院，它负有监督库房的职责。还有光禄寺，名义上归属礼部。

所有这些衙署及生活服务设施超过 50 个。除宦官以外，应役的工匠和他们的帮工成为宫廷人口的一个主要组成部分，即使在 15 世纪后期，就已经超过 100000 人。明代官员的俸禄微不足道（第二章第一节），由户部所发之俸给很少，无足轻重。但是这些账册显示出大量的粮食却被分配给宫廷人员，包括在宫中服工役的军士。

这些服务性机构主要是为皇室服务的，他们的运作无法同政府的职能完全分开。大量质地优良的丝绸织物主要供应嫔妃宫女，也赏赐给外国的朝贡使团以及文武官员。皇帝银作局为紫禁城生产银器，也为重要的文件刻字制版。光禄寺掌祭飨、宴劳、酒醴、膳馐等事。至于军火生产，与其说它是宫廷消费还不如说是一种国家需要，这一点不用过分强调。所有这些作坊与仓库都要耗费了大量的物资[7]。

总之，明代家国一体的政治体制使宫廷与政府密不可分，其基本原则是国王与官僚共享物质财富。这一点与政教合一的国家有相通之处。明朝皇帝的基本职责之一就是在一个豪华地方履行无休无止的朝廷典礼，诸如大型宫殿的开工、宫里宫外的各种盛大典礼（如皇帝登极、大婚和许多相类似的活动）等。这些活动耗资巨大。我们很难确切地知道哪些是皇帝个人的开销，哪些是国家支出。

皇室没有专门的管理部门。紫禁城的实际开支账目从来也没有编辑出版过。要想了解这些开支的数字可以求助于两类资料：一类是有关部门为宫廷岁办各种土贡物料的报告；另一类资料是监察官员审核账目与仓库财产文册的文件。目前还没有特别完整可用的数据资料。对于明朝官员而言，估计宫廷开支的一般做法是将其分成几大类来考虑，诸如棉布、丝绢、茶、黄蜡（用来制作蜡烛）、染料等等，所有这些物资的数量很大。无疑，宫廷开支与公共资金混淆不清严重地损害了财政管理。

更需要强调的是后勤体系管理软弱无力。名义上，宫廷的仓库分属于户部、工部和兵部管理，实际上，大臣们仅仅是保障供应，他们对于保存在宫中的物资没有多大的支配权，这是君主的特权。就管理仓库而言，文官仅是记账，而宦官却掌握着钥匙。

宫廷之外的白银由大臣们掌握。在皇城内，"内承运库"是惟一接受白银的机构。每年户部从田赋中分出大约100万两白银供应给它，这些白银进入皇帝个人的腰包（见第二章第一节）。皇太后的宫庄子粒银也由户部征收并移交给内承运库。内承运库在维持宫廷的日常生活开支方面花费不多，实际上它是一个居间机构，它所收到的资金常常花费在礼品和个人的赏赐方面，捐献给寺庙道观，购买珠宝和古玩。任何盈余都将被转移到紫禁城内的东裕库[8]。

广惠库也位于皇城内，掌握着少部分现金。所有运送到京师的铜钱和宝钞都要交到这个库房中。广惠库的运作很不规范，常常会给整个财政体系造成相当大的混乱。例如，钞关税通常都是征收白银，收入归户部掌管。但是在特殊年份中，广惠库的库存不足，皇帝可能规定第二年要征收一定比例的铜钱和宝钞。结果，内库得到补充，而户部的正常税源却被侵损。广惠库的支出也是不规范的，大部分的钱、钞是在庆典之时由皇帝赏赐给官员，很少的一部分则用于在首都进行的少量采买[9]。

从15世纪前期开始，宦官被分统于二十四个衙门，但是没有任命首席太监。司礼监太监一般地位较高。当时，宦官不具有财政官员的责任[10]。可以说皇帝是宫中的财务主管。

明代的宦官声名狼藉。他们常被皇帝派到地方去监督军国政务。在王朝的大多数时间中，尽管宦官们有时滥用权力，但没有证据显示他们过分插手政府事务。一些宦官被派驻海港去接待朝贡使者，一些宦官在南京看守皇陵，还有一些宦官则作为皇帝的个人代表出镇军队[11]。只要政府的正常工作没有因为宦官的存在而发生改变，他们就不能被认为替代了官僚。但在16世纪90年代，万历皇帝派出宦官管理商税以及在王朝的最后20年中崇祯皇帝分遣宦官总监城市防务。这两个事例至少说明文职部门的完整性受到了威胁。

有明一代，高级太监频繁被派遣执行采买监造使命。诸如采办监造宫廷用具、瓷器、缎匹等。宫廷用具在南京生产。要不是由于宦官们在采办回程中，经常利用运河夹带私物，要求额外的政府运输，这些采办活动还不会引起太大的争议。瓷器烧造于江西，需求的项目诸如花瓶、直径超过10尺的碗、象棋子、瓷屏风、祭祀器皿以及光禄寺所用的陶瓷用具。丝绢产于浙江与南直隶，品种多样，颜色与花样不一,专供内需。其中后两类产品有时一次定做25万件。生产这些贡品所需的劳动力与原材料都要由地方政府提供,还包括后勤保障。这一问题一直是文官与宦官之间处于紧张状态的原因。因为物资与力役的需求都会挤占户部与工部的收入,同时它也会影响到省级官员对地方事务的管理。其中一个最容易引起争议的事情是办纳上供物料。内库的土贡物料供应都有相对的定额,或按地方田粮分摊,或按里甲派征。即使是财政吃紧之时,这些额外的科派仍然是政府各部的责任,为供上命,只能挪移各部钱粮。一些特供物品可能被折成银两由各部截取,但各部有责任供应宫中所需各色用品。官员一直反对宦官贪得无厌的奢侈性要求,但仅有几次皇帝会站在官员一边。这种斗争与掌管内库的宦官的既得利益混在一起,成为明代后期税收无法完全折成白银的一个原因[12]。在后文中我们将会看到,明代一直缺乏彻底深入的税收改革。

户部和户部尚书

在现代人看来,明代的户部尚书可被认为是财政部长。但是就其职权而言,把户部尚书翻译成西方意义上的财政部长过分夸大了其职能。在明代,户部尚书从来都没有成为科恩(Cochrane)或者柯尔贝尔(Colbert)之类的人物,户部也从来没有变成决策部门。自从1368年建立户部以后,洪武朝就已经多次进行了大规模的重组,1372年只有一个尚书,下设四个属部。然而到了1373年,这个部门被降秩并分成五科,由五个尚书分别管理,他们中没有一个人能够负全责。1380

年以后才又重新定设尚书一人管理户部,升秩正二品,取得了部长一样的身份[13]。

明代皇帝常以残酷的方式对待户部尚书,很少顾及他们的尊严。1385年,尚书茹太素因为不能以洪武皇帝希望的进度去管理事务而被镣足于公案。1421年,尚书夏元吉因为试图劝阻永乐皇帝停止北征蒙古大漠的军事冒险而被囚禁,一直到1424年皇帝去世后他才重获自由。1441年,尚书刘中敷仅仅因为建议正统皇帝以供御牛马分牧民间而被上枷示众。1547年,尚书王杲被诬陷接受贿赂,嘉靖皇帝下令当众责打他,然后遣戍雷州。而他遭难的真正原因是他对皇帝诏买龙涎香一事缺乏热情,这种龙涎香正是崇尚方术的皇帝在其斋醮仪式中特别希望得到的东西[14]。

从1380年以后共任命了89名户部尚书,其中25人是致仕离职,22人是转任他职,16人被解职,7人死在任上,7人因为疾病或者服丧而辞职,3人被处死,2人被流放而终身不得录用,1人被放逐,1人未经允许而离职,1人死在战场上,最后一位尚书倪元璐在王朝灭亡时自缢殉国[15]。剩下的只有3个人由于资料所限无法知道确切的离职原因。即使在后来以致仕或其他方式离职的人中有3位尚书,即金濂、韩文、毕自严,他们分别在1451年、1507年、1633年曾经下狱,当时他们还在任。至少有5位尚书不肯屈从于太监而放弃职务,他们在与太监斗争失败后,秦金、马森、汪应蛟分别于1527年、1569年、1622年致仕。毕锵于1586年辞职引退,王遴于1585年被调任它职。这些情况说明户部尚书这个职位有很大风险,他们在任期内更多地受制于专制君主反复无常的性格以及其宠臣近侍的喜好[16]。

在整个明代，可能只有一位户部尚书能够主动地、有权威地管理户部，他就是永乐、洪熙、宣德三朝的郭资。据说他拒绝了后两位皇帝未经他的同意而发布的临时蠲免租赋的诏令。作为一个资深官员和皇帝的老师，郭资是能够违抗君命同时又不会招来麻烦的。不过，他的政策最终还是被否决[17]。

多数时间，户部尚书扮演着皇帝的财政顾问的角色。在正常情况下，他的职责仅仅是实施一些有限的计划。在王朝早期，纳税人以实物纳税，亲身应役。在北京的军事设施、宫廷和几个其他的支出性机构都有固定的物资和差徭额度，由指定的征收机构来完成。到16世纪，大多数物资和差徭都被折成银两。但是这些货币收入并不合而为一。支出机构只不过是维持单独的开支账目，而折色银还是由先前完成这些供给与差徭的征收机构来支付。惟一的例外是宫廷，由于在皇城中没有中枢性财政机构，部分供给宫廷的折色银由户部管理。此外，工部以及兵部管理下的太仆寺、礼部管理下的光禄寺，其账目都是单独管理，数额很大。军事装备与设施的管理亦是如此。户部只起到解运银两的簿记职能，它不能通过预算来控制拨款。所有各项开支的节余都由各个部门自己控制，存入它们自己的银库，户部无权管理。在南京也有同样的情况。当两京制度在1421年开始确立的时候，南京也有完全一样的政府机构。按照惯例，南京户部在南方履行一定的地域性职能，但是这个部门仅对皇帝负责，它不是北京户部的一个分支机构。南京户部尚书直接上奏皇帝，其有自己的应收额度，并且自己控制银库、粮储和仓庾[18]。甚至审核各项支出以及编制仓库财物文册的职责也是归属于监察官员,而不是北京的户部。

所有这些都意味着收入与拨款是建立在半永久的基础之上,户部尚书只能进行很有限度的调整,比如修订折纳比率,建议更多地进行折色,有时改变物资和资金解运的地点。这些工作都是临时权宜之事。所以明代的户部更可以说是一个大型的会计管理部门而不是一个执行机构。到了明代后期,如果不是由于军费开支急剧扩大,迫使这个部门在政府财政中扮演更加主动的角色,户部尚书很可能继续是皇帝的总会计师。

然而,督理整个帝国的供给是一项很棘手的任务。为了确保所有的税额,包括物资与白银都能顺利解运,户部准备了一种称作"勘合"的凭证。像公共汽车可分开的运输联票一样,每份勘合可一分为两扇符券,也有分成三部分或者更多部分的。但是大多数勘合都是两扇,包括可分开的联单与存根,勘合被交到接收部门,在骑缝处加盖官府红色印信,同时编写解运字号。这样,符券的每一半都留下一半封印,边上还有笔迹。在解运者与接收者交接时,要校"勘"对"合",同时钱粮也别无亏欠,这样才能避免日后争执。偶尔也有由中间机构进行解运的情况,这时,每一份勘合另外的联单则用于中介解运。解运完毕,接收部门上报户部,任务完成,谓之"通关"[19]。任何短缺或违法情事也要被上报到户部。

这种方式反映出这样的财政制度,即中央指令、分散管理。上交的赋税,无论实物还是货币,很少进行大规模运输。出现在官方文件中的各项合计数字绝大多数仅仅是为了统计的目的。实际上，一个接收的仓库可能同时要面对很多不同的解运者，而一个解运者也可能要为很多部门服务。解运的数量总是要保持最低程度以避免运输和贮存的困难。此外，解运的物品，不仅包括粮食、干草、棉絮，也包括靛青、大麻、芝麻籽等。种类如此之多，很难在账册上进行合并。这种管理制度造成账簿累积甚多，户部必须详细地审阅所有的账目，常常到县一级。1385 年，户部详细审查了 2437 个财政部门所呈进的账册[20]。在以后的几个世纪中，虽然白银已经被广泛使用，但这种情况仍然没有改善。1572 年，据说户部归并文册 22 种，裁省文册 28 种，但这次改革后我们不知道还保留下来多少种[21]。到了明末的 1632 年，户部尚书毕自严上疏给崇祯皇帝，列出整个帝国的逋赋情况，其所列出的项目以现代的小字号字体印刷排列起来足有 4 页半。在这位尚书所列的项目中，有南直隶吴县欠负宫廷的 28 两白银，这是该县应该上供的蜂蜜价银[22]。

考虑到户部职掌之繁重，其工作人员数量就显得十分不足。1390 年，规定户部的官员有 51 名，外加 160 名处理文书事务的吏。在 16 世纪 70 年代晚期也只有 74 名官员和 165 名吏。除了偶尔有一些国子监监生们被分派到户部来获得行政管理经验外，户部的规模在王朝的大部分时间里实际上一直保持不变[23]。

户部尚书没有执行主管，没有审计主管，没有统计主管。这是可以理解的，因为他必须时刻记得他只是皇帝的臣仆。户部尚书也没有一个编制计划的班子，即使部里有"司务"、"照磨"、"检校"等职，但这些官员也仅是进行日常事务管理，稽督文移，他们并不是部长的助理。1643年，当户部尚书倪元璐提升了一个有才干的生员作为户部司务，并且给他安排了五个办事人员来协助管理户部日常事务，这种职责安排被认为是一种新奇的事情[24]。

在户部尚书之下有两名副职（侍郎），但他们在部里都起不到太大的作用。按习惯，其中一个侍郎专门督管帝国的粮储，他有单独的公署并且直接对皇帝负责。1442年设立了专以贮银的户部太仓库，亦归属其管理。有时，侍郎也被提升成为另外的"户部尚书"，这样在级别和头衔上与户部尚书等同，尽管在实际工作中他只限于督理银库和粮储，不治部事，但这样也造成了很大的混乱[25]。另外一个侍郎常常被外派执行任务，诸如作为管理运河的特使，或者去辽东管理军事补给。所以也不在户部。

户部尚书直接通过属下的十三清吏司完成其职责，这十三司对应帝国的十三个行省。1575年以后，户部归并责成，北直隶、南直隶的府州县卫所等分别由福建、四川二司兼领，盐课、关税则由山东、贵州二司兼领，漕运及漕仓归云南司，御马、象房及二十四马户刍料归广西司。这种安排是随意的，主要是因为上述各司管理边远省份财政工作，一般来说工作量较小，能够承担起额外的工作[26]。

在每一个司中有3名或4名文官，但位置常有空缺。即使有人在位，他们中的一些人也常常被派遣到边境省份去管理军事设施。大约1570年之前的一个世纪，这些工作人员甚至不必每天到部里报到。他们无所事事，目的只是获取资历。从1572年到1576年，户部尚书王国光第一次要求所有登录在册的户部工作人员"尽令入署"[27]。在1610年后的十年中，各司的郎中又有很多空缺，户部尚书李汝华同时兼任好几个司的郎中[28]。户部本来人员就已不足，而职位又多有空缺，让人吃惊。要想解释它，我们必须了解户部的办事程序，户部主要是文书与技术方面的工作，文职官员们对其缺乏兴趣，并且很少有人能够胜任这些工作。这些工作多由吏胥承担，他们是自学成才，非正式招募而来，常常被文职官员们所轻视。然而，他们有专业知识，熟悉具体办事程序和习惯性做法，这使他们成为不可或缺的人物。他们终生在这个位置，然后再把这些技能传给其亲友。顾炎武就指出过在17世纪早期户部所有在任的吏胥都是浙江绍兴府人[29]。官方的文书与部里的账册都要接受一个特别任命的监察官员进行稽核。孙承泽，曾任崇祯朝刑、户科给事中等职，在他的一些上疏中提到他曾审核账目、直接惩办下层胥算的事情，但没有提及文职官员[30]。

直属于户部的服务性机构很少。由于宝钞日渐废弛，15世纪以后，宝钞提举司、印钞局、行用库及钞版已很少提及。铸钱是户部的职责所在，但是在中央，铸钱的工厂由工部负责。仅仅在1622年为了扩大货币的铸造，始设户部宝泉局，与已有的朝廷铸厂和在南京及各省管理下的铸厂同时开铸[31]。所有这些铸厂，并没有统一归属于帝国的铸钱工厂。仓库名义上是在户部的管理之下，但正如上文所云，实际上又是掌握在内官太监手中。

户部在各省没有分支机构。但是京师之外的钞关是由户部各司外派官员管理（第六章第一节）。他们驻在各地以一年为期。习惯上这些官员将他们的驻地指称为"户部分司",这其实是一种误解。这些部门严格来说只是收税站,并不履行其他的户部职责。而且在16世纪晚期,钞关税逐渐与其他分省管理的商税合并到一起,钞关也慢慢变成了户部官员和地方官员共同管理的部门。一直到王朝结束,户部侍郎一直督理边饷,成为皇帝的专门特使。在履行外派任务时,他们直接向皇帝上报而不是户部。其他较低级别的官员,诸如各司的郎中、员外郎同样也被派遣到边镇去督理军队后勤[32]。对于他们来说,实际的目的就是从户部借款给边镇督抚。这些户部官员绝不是向外扩充其权力,他们不过是确保军事指挥部与户部之间协调一致、联系紧密。

其他各部

其他五个部都在某些方面卷入财政管理。他们关心政府财政在于他们与户部都有各自的利益。这些事情通常不会引起严重的问题。例如,吏部关心的是开纳事例,刑部关心的赃罚收入,礼部关心的是给外国朝贡使团的赏赐和僧侣、道士的度牒纳银。只要这些部门不去实际设立财政机构去管理这些资金,部门之间的矛盾是能够容易解决的。毕竟,任何体制的政府中都可能出现如此重叠的利益关系。

然而,在明朝的体制下,兵部、工部都会与户部在财政管理中产生矛盾。兵部与户部的矛盾小一些,工部与户部的矛盾更大一些。这种权力的分配可以追溯到王朝早期税收还很少征收货币之时。当时,在四个省直的广大范围内,实行纳税人户养马,免其田赋一半的政策。但是当这种马差被废止的时候,户部没有权力去增加赋税。而改作由民户转解价银到太仆寺，由其购买战马供应给军队[33]。尽管没有饲养马匹，但这项开支还是按原先的马群数量来确定，并且指定作为草料费用。这样就意味着在一些地区有一半的田赋正额由兵部来征收了（第三章第三节）。

工部不仅在许多地方设局抽分竹木，截取部分鱼课，而且从各地征用物资与资金。凡宫殿、陵寝、公共建筑和城郭的修造营缮，治水与屯垦，开发河渠与山林之利，制造军需装备与战船等，皆为工部职掌。在王朝建立之初，没有专门资金用来从事这些工作，所以工部向整个帝国征派劳役、征用物资，不需要技巧的劳动力从一般民众中征发，需要技巧的劳动力则从那些匠户中征发。南直隶的织工和江西的瓷器工人就属于匠户，他们要在皇城内的生活供应区中从事各种手艺工作。物资的征用则更多，弓和箭则分派给各府，木材征用于产地，鱼胶来源于鱼课，皮毛则由登记在册的猎户供应，染料和明矾由产地供应。当为治水而强迫征发劳役时，被征发者不仅要准备劳动工具，而且还要从家乡带来一些用具，包括木棍、钉子和绳子。这些物资的征用与劳役征发有的是计划内的，有的则是临时派征。前者被分配到帝国的每一个府，再由各府分派给属下各县。这些征派有的是一年一次，有的是两年一次或者三年一次[34]。

在明代，所有这些义务后来逐渐被折纳成银两，由工部接收。这些收入数目很大，它们直接源于税收收入，可以让工部自给自足。这实际上意味着工部逐渐变成了一个税收机构，与户部展开竞争。

帝国人口统计的恶化也加剧了对利益的争夺。在早期，赋和役（见下文第二节）是分开征收，工匠与民户分开登记。从 15 世纪中期开始，这些人口登记渐成具文，登记在册的劳动力已经逃亡。许多杂色税收，诸如对猎户与渔民的税课已经无法征收。大多数州县为了解决这个问题，将各种役和供派摊入田亩，甚至于附加到正赋之中。因此，役银也成为户部与工部都来争夺的税收收入。

对于京师需要的特供，采用的是"坐办"的方法。例如，当一个主要的建筑工程计划启动时，需要的木材价值可能超过 100 万两白银，很显然，正常的征用不能满足这种要求，工部于是直接要求木材产地的各省直官员来完成这些需求，这就是坐办。坐办开支由各省直税粮来弥补，换句话说就是要么木材以应交纳中央政府的税粮来支付，要么由纳税户提供这些原材料来代替正税。工部的货币收入源于各种役的折纳，且分散于全国，数量有限。工部常常发现其所支配的财力不足以支付开销，这时候，它就会奏请皇帝要求户部用其管理之下的地方税收来满足这种需要。而最合适的大宗税收就是田赋。工部的科派随后也就渗透到田赋之中[35]。

工部在王朝早期阶段似乎是具体的办事机构。但很明显，随着时间的推移，它变得越来越关心财政管理。在 15 世纪晚期和 16 世纪分别由刘大夏、潘季驯主持的大规模的治水工程中，工部都是很少主动去参与，它仅仅分配原料、资金和民工给项目主管。同样的，屯田也由地方官员管理。对于宫殿营建，要么是由工部官员来管理，要么是由宦官来管理。但是由于修造工具与工匠都是在宦官的管理之下，他们能够独立地完成这项工作。甚至一个工部官员被委派作项目主管，他也不能如设想的那样全面地主持工作、管理资金[36]，尽管为工场和内府库供应物资与劳动力并非工部专职，但也主要是由工部负责，这也就是说工部要为宦官的各种派征使命进行预算拨款。所有这些削弱了工部的运作能力，并且使它沦为一个后勤分支机构或者朝廷的服务保障部门。明代有很多宫殿陵寝，却没有一个专门的皇室部门去协调管理它们。只有工部，在其不断变换的角色中，接近填补这个空白。这个没有预料到的角色有时给各部官员带来困惑并引起他们之间的矛盾。如果宦官要求办纳缎匹，工部的官员按一般原则来说会与他的文官同僚们一起反对宦官的过分要求。但是当此项开支是由户部来承担并且户部反对为此支出其税额时，这件事就会变成两个部门之间的矛盾。在这时候，工部的官员们将会改变他们的立场，认为这项派办是有理由的[37]。

　　财政分权造成了严重的后果。整个明代从来没有建立起中央国库，户部的太仓库仅仅是在京师的银库之一，它无权管理太仆寺的常盈库和工部的节慎库，也同样无权控制光禄寺的银库，更不用说宫廷内的内承运库、广惠库、东裕库。南京户部也有它自己的银库。除非有皇帝的命令，库银是不能在各库之间划拨的。万历朝，甚至皇帝下令进行划拨，也没有哪个部门欣然拿出其库银，大家都明白这种旨意一般都是相关部门向皇帝提出的建议，而不是皇帝本人首先有这种想法。在这种情况下，有关部门通常都会向君主上书要求重新审议、延期执行，进行讨价还价以避免库银流入其他部门。只是到了所有反对的手段都无效之后，才不得不忍痛割爱[38]。

分驻于各省的中央财政机构

整个明代,中央政府一直没有在各省建立起地区性的银库。由于大而不变(monolithic)的国家结构,所有省府州县政府的财政职能都是服务于中央政府,没有必要在省直设立地区性的办公部门。以现在的分类来看,只有很少的几个财政机构是例外,它们专门负责省际之间的服务性事业或者某些特殊的收入,诸如皇帝派遣总理大运河的特使(第二章第一节),食盐专卖(第五章第一节)、茶马贸易、番舶抽分、钞关税、竹木抽分(第六章第一节、第四节)等的管理机构。我们可能注意到,在理论上这些办事部门多是由省级政府监管。但是当监察御史被派去督理盐业专卖与茶马贸易时,他们确实变成了在各省执行皇权使命的财政官员。他们将那些名义上还由各省管理的办事机构降为其下属部门。为了避免重复,对于这些办事机构在后文讨论其所管理的服务与收入时将有详述。

然而,可以看到,这些办事机构的效率通常都很低下,他们管理的收入始终没有达到唐朝或宋朝时的收入水平。造成这种结果的部分原因是由于在王朝建立之初,忽视了商业是国家收入的一个主要来源这一事实。尽管明代的实物供给是可以理解的,更强调实物税收确实是国家的需要,但这些实物的内在财政价值则被放到了第二位。而且前述的管理部门散布于全国各地,在它们背后缺乏一系列有效的管理。在接下来的章节中,我们将看到由于缺乏组织支持,在王朝的晚期,一些办事部门事实上是由中央与地方官员共同管理。

地方政府

这里主要是探讨地方政府的财政管理机构。1373 年的法律分天下各府为上、中、下三等：岁粮 20 万石以上为上府，知府，秩从三品；20 万石以下为中府，知府，正四品；10 万石以下为下府，知府，从四品。很明显，王朝建立之初希望各地的税收额度依据人口和土地不时进行调整。每一个区域的地位连同其长官品级也相应地进行调整。这一制度过于麻烦，很难全面推行。1371 年，帝国已经有 12 个行省、120 个府、108 个州、887 个县[39]（后来其数目分别上升到 13、140、193、1138）。各地的税收额度从未认真作过周期性调整，大多数地区还保持一个永久性或半永久性的定额。当然，16 世纪还有这样零星的事例：县已经升格为州，或者州已经降格为县，但已经越来越少。当时除南京与北京的知府高出一个级别外，其他官员按照其行政级别而获得相同的品级[40]。

地方政府分为三级或四级。四级政府依次为省、府、州、县。三级政府中的州直接隶属于省（中间没有府），或者县直接隶属于府（中间没有州）[41]。也有一些州，隶属于府，其下没有属县。两京地区，也就是北直隶和南直隶，面积与省相当，但没有省级管理部门，他们的府尹、知府或知州直接对中央政府负责。因此，在国家的账目上北直隶的 8 个府和南直隶的 15 个府、3 个直隶州是从来没有分别按照南北二京管理，这 26 个行政单位的财政数据与 13 个行省并列。

这些不同的模式又一次反映出对财政管理的最初关注。财政管理的指导方针为：县是一个基本的税粮征收单位，府是一个基本会计单位，省是一个中转运输单位。县衙所在地与其周边距离尽可能的以一天的旅程为限，所以县的面积或多或少被事先确定了。其上一级政府也应该位于其属县的中心地带，有利于开展各项工作。而且，所有的政府衙署都位于人口较多、周围有城墙的城市中，这有利于军事行动、生活供给以及水陆运输。在特殊情形下，明廷也能够为了行政管理的目的而新建一个有一定规模的城市。当然，地方机构的设立不能完全忽视地理的、历史的因素。特别是在选择一个府城时，他们必须权衡组织建置的统一性和当地自身的利益。当这些要求无法平衡时，就采取设立一个州的办法来解决。多数情况下很可能是把一些大的府分解成为一些易于行政管理的单位，另外则是对一个税收水平中等，但在地理上管理很不方便的地区给予特殊考虑。为了达到调解不平衡的目的，州政府并没有自己的特点。当州隶属于府的时候，它只是扮演府的分支机构的角色。如果州直属于省，它就是一个小定制的府。后者的财政账目与府处在同一级别上[42]。

当某一级别的政府在行政管理系统中变得不必要时，它就会被取消。在财政上，省级政府主要是作为收入的中转站，所以在南北直隶地区没有必要设立省，该地区的府与州靠近南北二京。

按照其组织原则，中央政府与地方政府没有太大的差别。所有地方官员，下至知县都是由君主任命。所有的收入，在某种意义上都是皇帝的收入。中央政府的支出都是来源于地方官员的交纳的税收。这种铁板一块的情况在王朝晚期有了些许折衷，特别是16世纪中期以后的南方一些省份尤为明显。不过，即使在那时，资金的分配也很不清楚、明确。大多数情况下都是由中央与各省直共同分享各项收入。在特定地区也考虑过相对的财政自治，至少在理论上，允许官员们为了君主的利益越权即时支配一些资金，而不必频繁地进行事先请示。这样支配的资金并没有固定成为一种地方收入[43]。

　　大多数的地方官员按照确定的程序将他们的税收收入解运给不同的接收仓库。这些仓库有的位于北部边境，有的在北京或南京，有的就在税源附近。还有一些解运是被固定在府和省一级。税粮解运到财政官员管区之外要建立"起运"项目，从字面意义上来讲是"结算后运走的项目"。实现解运之后，起运项目便不受地方官员监管。保存在本地的余额称为"存留"，字面字义来讲是"留存的项目"。在各地，任何税收都同时包含为"起运"和"存留"两个部分。存留收入用于地方官员的俸给、生员廪米以及宗藩禄廪，同样也用于皇帝许可的地方社会赈恤开支。任何剩余都由地方官员为皇帝保管，没有皇帝的允许，他们无权处理。有时候中央政府直接要求地方政府或坐办，或建造船只，或为藩王营造府邸，或者不时地输纳，所有这些费用也是从存留收入中支取。这实际上意味着包括知县在内的大多数地方官员，同时也是帝国政府在各地的财务主管。各项存留收入既不是盈余，也不是地方收入，而是相当于将这些收入账户交由地方官员管理，这些地方官员扮演着帝国的地方财务主管的角色。

　　各地方都被期望能够自给自足。只有在少数情况下，才由中央政府下令对邻近地区进行协济。16世纪80年代到90年代，明朝与缅甸首领莽哒喇弄王（Nanda Bayin）发生了边境战争，云南巡抚不断奏请中央援助，皇帝一度下令四川协济。然而，到了1594年，巡抚被要求用本省的财力自己解决问题，不能再得到援助[44]。这就证明了各省之间不轻易协济这一原则。

在中央集权控制之下的分散管理意味着在所有各级官员中，县级官员的财政责任总是最重的。基于这样的原因，在讨论所有各类官员的职能时，从县级向上考察比从省级向下考察要容易得多。

除番舶抽分、钞关税、竹木抽分、盐课以及管理收入是由特定的机构或更高的部门来征集与管理以外，所有其他的国家收入实际上都要经由县级官员。田赋的征收，包括耗派都是由县一级政府完成。绝大多数的县级官员也管理商税、房契税、盐课、门摊税、僧道度牒银、酒醋税、罚赎收入、户口食盐钞以及部分渔课（关于这些杂项收入，见第六章）。知县管理辖区内的官田，完成物资征用，还要为各级政府机构佥派人役。当力役折银时，还要替他们征收役银。无论是屯田、民户养马，还是军屯收入的管理也都是知县职责所在。此外，知县要定期主持人口登记，编造黄册，编审乡村社会中的里甲体系，佥选粮长（见第一章第二节），上报自然灾害以便蠲免税收和救济饥荒。同时，各省直还有一些中央的派驻部门，在县里还有少数省里和府里的财政分支机构。这些较高级别的部门大都设在城中，碰巧也会设在省城或府城中。还有少数的部门，诸如税课司局，毗邻城市。另外，在一个县里，由知县统一管理，没有分权[45]。

这些部门的岁用之费，除了俸给以外，都不是来源于一般正税收入,而是来源于乡村里甲中派征的物资与差役。这些物资与差役不仅用来维持县衙自身的开销,而且还要分出一部分给上级部门。因为除了从里甲征用以外,别无其他渠道为其提供办公费用。这些办法甚至当实物与差役已经折纳银两之后仍然没有改变。诸如"知府轿夫费银二十两""布政使司笔笺银十八两",这样的话在晚明出版的地方志中经常出现。地方征收的收入还有一部分要交纳到首都。16世纪晚期,京师的两个县的官员要为每三年一次的会试提供食物、金钱和笔墨。这本来是帝国政府的职责所在。

中央政府在地方的派出机构,尽管为数不多,但其办公费用也征派于地方。例如,清江浦的竹木抽分局是工部的派出机构,但其信使、看门人、卫兵等总是由该局所在的山阳县来提供[46]。这种做法也使中央政府在地方建立太多的分支机构受到限制,因为其公费不可避免的成为地方民众额外的负担。与此相联系的办法就是由管理专门工作的官员同时也任职于地方。例如,管理运河的总督(巡抚)同时也兼治淮安,以便他能够用地方财力、物力来建立其后勤保障。

在地方,包括巡检、民兵、递运所和驿站以及境内的河渠管理等项开支也由县级官员负责。因为大多数县都被期望能够用自己的力量来解决这些开支,所以水陆交通沿线之地的里甲征收就十分沉重。有时知县会要求邻近地区进行协济。当然,正如已经提到的那样,此类事情能够得到批准只是一种例外,而不会成为一种习惯。

地方政府也与中央政府一样存在工作人员不足的问题。一个县管理500到1000平方英里区域,人口从30000到250000不等,知县的下属中只有三位有身份的正官：县丞、主簿和典史。一些管理县仓、治安、商税、驿站、渔课的官员可能也有文官身份，但这些位置并不是各县都有[47]，县衙中多为地位低下的吏胥。有时知县会指定正式的管理职责给当地的儒学教谕。在农村则没有任何官员，洪武时期甚至不允许县级官员离开县城。

府处在中间位置，其财政职责主要是稽核各项事务。知府要保证所有计划征收的钱粮正常解运，保存得当。他也要管理许多税收和服务性机构，诸如府仓、巡捕、驿传、税课司与河泊所等，当然也不是所有的府都设有这些机构。在一些地区，运河、水道的大型水闸，国家的矿山与草场，以及印染、织造等各类局厂，也要由知府来管理监督。

在王朝建立之初，每一个府都有一个固定的税收额度。14世纪晚期，府的税收定额还是相对固定的（见第二章第一节），有时会有一些很小的内部调整。知府有权力调整属县的税粮额度，但这种权力很不明确。税额调整可能被认可，也可能无效。这一切要看是否能够得到省级部门或君主的批准，同时也要取决于监察官员是否合作，要视具体情况而定。通常情况下，没有知府能够直接地提高或者降低一个县的税收定额。但是他能够建议改变税粮的解运，调整耗派，或者改变折纳比率，因而实际上能够一定程度地调整属县的税收负担。一些有能力的知府、知县确实重新修订了内部的税收方法，调整了单个纳税户的税额，甚至在当地进行了土地清丈[48]。但是所有这些依靠的是府州县官个人的性格、声望和智谋。地方官员便宜行使权力要冒一定的风险，而且也不可能指望他的上级明确认可他的行为。对他来说，惟一能够保护他的是普遍的理解，既然他有责任完成本地的税粮定额，他就应该有利用各种有效办法的自由。在他修订的税收征收办法实施一段时间之后，这种新方法可能会被普遍接受并且成为一种习惯性做法。在另一方面他也不得不考虑到如果实施太过，可能会引起地方的抵制和监察官员的弹劾。

大多数的府有很少的属州和属县，通常不会超过 10 个。但也有特殊的例子，例如，河南开封府辖 4 个州、30 个县，山东济南府有 4 个州、26 个县。各府正官数量也多少不一，一个知府可能佐以 1 个或 7 个副职[49]，其他属员的数量也同样不一致。府衙和县衙都雇佣着许多吏胥，他们被分成六个部门以对应中央的六部。

知州的职责如一般认为的那样，类似于管理一个较小区域的知府，或者是一个大县知县。

省一级的管理机构也缺乏统一性。布政使司分管财政，但是按察使司也有权检查治水计划、漕粮、屯田、盐务、驿传，有时还要督理兵备、防务。按察使司有监察职能，但在实际执行过程中常常超出其最初规定的权限[50]。事实上，每一个按察使司都有自己的银库，其收入一部分来自于罚赎，还有一部分是其监管之下的各种项目与计划所要求的各种徭役和供给的折色。按察使司的一个职责就是检察和矫正在税收管理过程中各种权力的滥用。作为其职权的延伸，一些按察使确立役银征收的基本原则，这样使他们实际上成为税收立法者。16 世纪有两个著名的按察使*就是这样做的，他们是潘季驯（1521—1595）在广东（见第三章第一节）和庞尚鹏（进士，1553）在浙江（见第三章第三节），他们都为一条鞭法的创行作出了贡献。

布政使司有二位长官，即左、右布政使，前者地位略高一些。布政使司掌管着重要的统计数据，与各部协调预算、税收和坐办事务，并要管理省内的银库、粮储和仓库。在王朝早期，布政使司的职权很小，很少设有直辖的税收机构。在 15 世纪前期，当军队的仓库被接管之后，所有内陆省份的仓库都由知府或知县管理，仅仅在边境地区还保存省仓[51]。但是在各省的杂造局、仓库以及军器局等，其维护与运输职责都由布政使司来承担。此外，大多数的省还有铸币的宝泉局，由布政使司统领。

明朝中期，由于白银的使用不断上升，使得财力在一定程度上集中于省一级成为可能，省级财政职能日益增强。同时，明代的军事卫所制日渐废弛，迫使省级官员组织自己的防务，这也有助于加强省级部门的财政权力。然而，这种发展也不平衡，许多省级官员，特别是在南方各省，他们有相当大的权力来管理"兵饷"，而其他的许多事务仍然遵循通行的做法。

巡抚的任命开始于 1430 年，其设立的动机很不明确。起初巡抚一

---

* 当时二人应为巡按御史，作者用英文 surveillance commissioner（按察使）来说明二人官职，恐不妥。——译者注

职并非常设,也非地区行政长官。他是代表中央来巡行各省或二京各府的。但是实际上巡抚巩固了他们的地位,成为一种固定的任命。他们加强了其在各省直办事机构的地位,把布政使看成其下属。虽是这样,布政使司的财政职能却从来也没有完全转到巡抚手中。通常情况下,巡抚是直接奏请皇帝,而布政使却是同各部保持正常的工作往来,前者是上报特殊事情,后者则是例行公事。一直到王朝结束,各部还是要求布政使而不是巡抚来对诸如税收拖欠等财政失职行为负责。

财政管理分属于100多个行政单位,任务十分艰巨。如果省级行政部门的行动局限于省府,就会引起很多困难。永乐朝,各省布、按的参政、副使等高级属员开始被授权在省内建立分支机构,起初是非正式的安排,后来成为一种正式的任命,包括布政使和按察使都在省内重要地方设置"道",一些守巡道官在较大的范围内执行特殊的使命,另外一些官员则在一定地域内监督一般的行政工作,情况不一。两京地区守巡道官则要寄衔于邻省布、按司官[52]。建立各道的最初目的是能够加强管理并且直接监督地方。但是权力一旦开始下放,就会形成一种冲力。从16世纪开始,许多司道官员对财政事务当场就作出决定,他们有时也核准由知府提出的地方税收立法。甚至朝廷也开始分配给这些独立的巡回官员以特定的职责。总而言之,司道官员履行着非常重要的职责。他们的出现,是对中央集权的政府结构的适度分权。有一点应该注意,在一般账目中,"道"不是一个正规的财政单位,仅在特殊时候道官才管理税收,他们没有财政官员的正式职责。

军队的财政管理

王朝建立之初,军队的指挥官在国家财政中扮演着积极的角色,这一点与王朝后期不同。绝大多数仓库都是在军队管理之下,在最低层的卫和所都设有自己的行政管理机构。首都设有五军都督府。在军事官僚机构中最低品级的官是从六品,军官总是比对应的文官品级高。

不过,从 15 世纪的第一个 25 年以后,军事官僚集团的影响迅速缩小。第一次受到打击是在 1425 年,当时洪熙皇帝派遣许多文官去帮助疏于文墨的武官整理文书。以此为先例,逐渐发展成为以后的兵备道。其后,作为按察使司的分支机构,兵备道的副使、佥事等都是文职官员,他们几乎取代了地区军事指挥官的行政职能[53]。1435 年,正统皇帝下令将当时还属军队管理的所有仓库都由文官接管,只有辽东(满洲)、甘肃、宁夏、万全和一些沿海卫所除外*,这些地方由于没有设置府州县,仍沿其旧[54]。这次调整更大地削弱了武官的财政权力,进一步统一了来自于军、民双方的土地收入。从地方志中可以看出,在明朝末期,省级官员管理军事卫所的生产,交纳本色和折色,这与田赋管理的方式是一样的。两种税收合而为一(见第七章第二节),这就反过来意味着军队在粮食生产上要对文官政府负责。

然而,所有这些手段仍然不能减少都指挥使名义上的财政职责,

---

* 明代的这些边境军镇不要与现代的同名各省相混淆。

也不能减少军事官员的省级行政职责。1554 年，皇帝的诏书还要求他们提交每年的粮食收过数目和其管区支用总数的详细清单，并且按季度将城垣修补和军器成造等情况造册上报给在京师的五军都督府，然后根据事情的性质分别转行户部或工部[55]。然而，这些报告除去一般参考目的以外，是否有实际价值是值得怀疑的。因为在那时，都指挥使已不再像早期那样被认为具有财政职责。

都指挥使司自身的开支是专门从当地的军户中征用，类似文官从里甲中征集。1609 年，北方的一部地方志显示到那个时候这种方法还在使用[56]。这种征集是由文官政府来督理，但是收入要被送交给都指挥使司。

在北方边境地区，一直到 15 世纪中叶，都指挥使还保持着自主管理。但从那时以后，文职官员几乎完全接管了这些地区。巡抚和总督被任命管理边境军镇和军区，巡按御史及其副职则作为其助手。他们设置一系列新的机构，使都指挥使沦为其副手或下属。事实上，从那以后，很少有官员被任命为都指挥使。在边境地区的高级军官通常都是被任命为都指挥同知或都指挥佥事。这些头衔意味着他们有这个级别而不是职务。这项职务被称做"总兵"，这是一个与地区行政官员完全不同的位置。16 世纪后期，甚至基层军队的供给也都归属于文官。他们中的许多人，挂名为户部的主事、郎中以及内地府县的通判或县丞等，被派到边地。他们中的一些人接管军队的行政职权，一直到"所"一级[57]。

贵族阶层

在明代,贵族阶层干涉政府工作是非法行为。仅仅少数的几个著名军队将领像皇帝的姻亲一样被授予公、侯、伯等贵族头衔。但他们没有封地、没有私人的军队。尽管可以把封号传给后代,但他们中的大多数人是从军队中领取俸给。甚至他们中最有势力者,如云南的沐氏家族,其成员在整个明代都一直把持当地高级军官的位置,而且占有大片的土地,却没有将该省变为其私人领地。

包括皇帝的伯叔父、弟弟和儿子等称为藩王。除了当然的皇帝继承人外,其他人成年以后都要离开首都。他们按地域被授予封号,但是事实上所谓的封国仅仅是写在纸上,这在某种程度上让人联想起现在英国的贵族[58]。另一方面,国家为这些藩王们建造了豪华的宅第,这些宅第通常都建在边远各省,但也不靠近沿海地区。另外,他们每年有禄米收入,通常为10000石粮食。他们有很少的属员,而且也是由国家任命并发给俸禄。府内仆役则由地方提供。大约有3000人左右的特别部队被分配给每一个一等的藩王作为他们的护卫亲军,这些军队也属于帝国军队的一部分。这些头等藩王的职责是其治下所有宗室成员的道德领袖。藩王的封号和其特权由其长子继承。其他子孙则封给更小的头衔,得到更少的禄廪。所有的宗室成员,也就是开国君主的所有后代,都由国家来负担其生活。他们的封号由礼部确定,并登记到"玉牒"之中。包括藩王在内,没有皇帝的正式批准,他们都不能离开他们居住的城市。他们被禁止供职文武,他们没有资格参加科举考试，不允许从事商业贸易。到 15 世纪末，数量巨大的宗室成员成为一个十分棘手的问题。到了 16 世纪晚期，由于政府一直拖欠他们的禄米，最后对他们的那些限制被废止了[59]。

占有大量土地的贵族地主的出现是 15 世纪晚期的一个新情况。与此同时，皇室姻亲和宦官一起，开始操纵国家的食盐专卖，这给帝国的财政管理造成了很大的混乱。但是即使在当时，皇帝是否纵容这些人弄权也还是值得怀疑的，而且继任的皇帝常常加以纠正。贵族的特权从来没有制度化。

第二节 农村组织和税收基础

黄 册

明朝建立前 10 年，朱元璋就已经颁布法令要求准确登记其控制地区的全部人户。1370 年，他亲自督导户口登记，每户给以户帖[60]。1381 年开始攒造黄册，并以此编定里甲制度。此后规定每十年大造黄册一次。最后一次大造黄册是在 1641 年至 1642 年，两年后，明朝灭亡了。

黄册被制成四套，分别存留县、府及布政使司，第四套则上呈中央政府，南京城墙外建有其存放场所（见第二章第二节）。最后的册子封面为黄色，所以称之为"黄册"。

大多数人户被分成四类，即：民户、军户、匠户和灶户[61]。最复杂的可能是匠户，按照其行业不同分为泥瓦匠、木匠、织工、印刷工等等。很明显,明朝初期要求人户不得随意离开原籍。居民个人的旅行,虽没有直接禁止,但却不予鼓励,而且出行必须取得路引[62]。那些滞留本籍之外时间长的人必须向当地官员报告。不诚实的商人和不提出申请的人要受到惩罚。15世纪中期以后,这些限制已不再能够强制执行,慢慢地也就变得不严格了。但是也有一些例子表明即使在16世纪,地方官员有时候也还颁发路引。

职业分籍,按户而不是按人,这就意味着一个家庭所从事的行业世代继承。子侄们要继承他们父辈的职业。然而国家从不强调严格的社会分层,也没有制定导致等级隔离的法律。没有公布过禁止不同社会集团之间通婚的法律。职业分籍管理的目的是确保军队补给与政府差役的完成。国家要求每一类户提供专门的服务。实际上,只要国家在工程营建中能够无偿地征发到足够的木匠来工作,政府并不会关心这个木匠户的儿子是否对其他行业而不是木工工作有兴趣。即使在明代早期,代役也是可以被接受的。世袭军户家庭要有人来填补军队的空缺,但其他的家庭成员可以自由地选择他们的职业,并可以像民户一样参加科举考试。事实上明朝的许多高级官员就是出身于世袭军户家庭[63]。

这一制度的另一个特点是商人没有专籍,尽管一些城市居民被当作一般民户进行登记时,被标注为"殷实富户"或者"铺户"。这些人常常要应付官方的各种商品采购与特供,不时还被强迫报效。

人口登记的范围相当广泛,很少有人能够逃脱差役负担。只有那些贵族、官员、生员及其家庭成员可以部分或全部得到优免。作为对僧道的优待，他们可以交纳一定费用后得到特许度牒。按照洪武时期颁布的一项法令，已给度牒的僧道也要承当差役[64]。但实际上他们也得到优免。除去以上特例外，其他各类人户都为国家服务。例如猎户必须每年向国家上交一定数量的动物毛皮[65]。同样的，灶户为了换来一点点粮食而艰辛地劳作，完成国家要求的生产额度。甚至乐户也有义务无偿演出[66]。这些人户并没有单独分籍，而是被统一称之为"杂户"。

由于无偿服务的要求不断上升，杂户在明朝末期的数量成倍增加。管理藩王菜园的户被称作"园户"，管理贵族陵墓的称作"陵户"。宫女则从"女户"中佥派，这是一个同她男性家人不太协调的称呼，但是因为他们已经送一个女儿或姐妹进宫服役，他们就可以免除作为一般户所承担的差役。

里甲制度与役法

最基本的服务都要由农村社会来承担。在乡村中，人户被编成里甲。每110户为1里，推丁粮多者10户为长，余下百户为10甲，每甲有10户。同样，每年"现年里长"带领十甲中的一甲应役，催征钱粮，勾摄公事。其他各甲则要完纳钱粮，但不承应那年职役。在十年时间里，所有各户都要轮应一年职役。十年一周期之后，要进行新的人口登记，依照十年间发生的变化重新编审里甲。城市也以同样的原则编成坊、厢，但略有不同。

由里甲承担的各种服务性义务在当时被称之为"役"，然而它超出了一般的劳役，也包括物资的供纳和管理，还包括一小部分现金。作为一种基本的税收形式，本书中称之为"service levy"。

在征纳实物税收时，地方的收税人要负责物品的计算、分类、打包、临时存放和最后的解运，有时也要承担长途运输。在明代，役要远远超出其最初的规定，通常情况下他们要承担地方修路和水利工程的维护，后者的要求事实上是超出了里甲轮流应役的范围。里甲正役包括力役，诸如为各级部门提供仆役，从县一直到中央政府。除去先前提到的门子、弓兵、信使、轿夫外，还有膳夫、吹喇叭手、挽船的洪夫、巡捕、狱卒、马夫、库子、闸夫以及书算手等，无论什么地方需要，都要从民众中佥派。

从里甲中征集的用品也十分广泛。首先，每一里都分担地方政府公费，诸如笔墨、纸、油、木炭、蜡。而军需用品也要从民户中征集，诸如剑、弓、箭、棉服等。每一里甲都有其份额，很少有例外。同时，各地也要为太医院提供最好的药材，各个里甲都必须完成定额。地方的美味厨料要供给光禄寺，同样还有钦天监历纸。宫廷的供给，特别是茶叶、蜡、颜料、漆等一般由出产之地供应。例如，南直隶宁国府就将应该解送宫廷用的笔管额度分摊到属县的所有里甲之中[67]。上面所提到的所有物品都有定额，一年一供，地方志中称之为"岁办"。还有其他项目，数量不固定，几年一交纳，例如彩纸是每三年一次，工部所需的硫磺和硝石则是每十年一次[68]，地方志中将其归类为"杂办"。

中央政府的各种采购都要由地方政府来完成，前文已有说明，它们被称为"坐办"，其开支从地方存留中扣除。16世纪中叶以后，一部分"坐办"变成无偿供给或者仅仅部分支付货款,它们转化成"岁办",由里甲完纳,这些问题后文还将论及(见第三章第三节)。岁办、杂办、坐办成为基层社会中三种特殊的负担。尽管在县志的"食货"部分中其名色略有不同,但是它们是广泛存在的[69]。

至少在理论上,所需的各种物资都要由出产之地的民户完成。然而里甲正役中也包含着许多项目,不可避免要采用现钱支付。我们必须注意到除了从里甲征用外,地方政府没有专项资金用来宴飨巡视的高级官员,甚至也没有押送和处决囚犯的费用。官员出差费用,修造官廨的费用,新年或皇帝生日的朝觐贺礼,树立牌坊,还有资助生员赴考盘缠等都出自里甲。里甲是经常的、惟一的供应来源。

各县乡民之杂泛差役的佥派原则也多为不同。最基本的财政单位是丁,即一个成年男性,但是派征物资与力役不是直接到个人,而是户。原则上,佥派各种负担要考虑一户的丁数和拥有的产业。与田赋税率不同,役的征收具有一种累进税制的意义。在王朝之初,所有的户都被分成上、中、下三等,因赋定役[70]。役即不是人头税也不是财产税,而是两者的结合。在明朝后期,一般更趋强调前者。役逐渐被折纳银两,并部分摊入田赋之中,这种变化在各地引起了很多问题(见第三章第三节)。最主要的困难是两种税收是依据不同的原则来征收的。而且各地情况不一,要求适应地方情况进行调整,这就会同尽可能保持帝国统一的要求发生矛盾。

很明显,里甲制度和役法力图适应农村经济。大规模差徭的征发为在乡村的闲散劳动力提供了出路。而且物资征收也使地方的产品直接作为税收上交而不需要投放到市场。当政府所需的各种服务保持固定不变时,这一制度是合理的。虽然它类似于从深井中汲水,不仅仅是一桶一桶地,也是一滴一滴的,农村的物资输纳与徭役征用应该是有规律的,能够自动进行调节。这样解决了政府许多后勤问题,并且减少了行政管理费用。然而到了明朝中期,政府职责日趋复杂,役的负担渐趋沉重,同经济的变化日益相左。里甲制度与役法已经不合时宜了。尽管采用"均徭法"和"一条鞭法"作为补救,但整个明代这些农村基层组织从未被废除,政府的各项工作开支直接派征于乡村的财政体制也没有被废止。结果是田赋变得日益复杂。因为役是部分地、间接地依据土地财产,这使得后者的税收负担不仅调整困难,而且也难以计算。

民户的其他差役

明朝初期,解运是一项额外的义务。粮长作为一种职役,初创于1371年。一般而言,它设置在人口稠密的中部和东部地区,这些地方大土地所有者很多,可以保证粮长制度的正常运作。地方官员划分税粮区,"以万石为率",每一区域内最大的税粮户成为粮长。粮长的职责是收解所属粮区的田赋。1373年的法令更详细地规定了每一粮长之下各设知数1人,斗级20人,送粮夫千人,都从纳税人口中佥选[71]。里甲制度与粮长制度互相补充。一里有110户,差不多相当于一个普通的村庄。而粮长,在一个中等的县中有30至40个,类似于镇长。一个粮长可能监管10个、20个或30个里。里长征收本里税粮,汇解粮长,并提供必要的人力。粮长点看现数,制定计划,实施解运。所有的管理细节包括税粮的包装、行程安排、临时保管、拣选和征用运输工具,由粮长组织护送并确保后勤供应。运费按比例由纳税户提交,在解运过程中任何物品的亏折与损毁都要由粮长赔补。

粮长没有任何报酬,他由地方官佥选,必须亲赴南京户部关领"勘合",并要对其粮区的税粮拖欠负责。另一方面,粮长在农村地区还有不特定的权力。洪武时代,粮长常常被皇帝召见。1381年,据说皇帝一天曾召见浙江、江西两省粮长1325人[72]。当时,粮长和其家庭成员也利用这个位置作为台阶入仕为官。当他们犯了轻罪时,处罚会大大减轻。如果犯了死罪,也可以折成杖刑或纳钱赎罪[73]。

迄今为止,粮长研究之方家当为梁方仲。他通过对地方志的研究,揭示出粮长制度在南直隶、浙江、江西、湖广和福建比较健全,而山东、山西、河南也很可能设立过粮长。在边远的省份,例如四川,虽然没有粮长名称,但亦设有督管税粮的"大户"[74]。

运河上的运军组织的建立(见第二章第一节)最终削弱了粮长制度。从15世纪中期开始,每一粮长的管区开始缩小,同时粮长改由几户共同朋充,这就意味着朝廷不再能够征募大户绅士服役,中户也要充为粮长,而这些人也未能如初期的粮长那样能够有效地收解税粮[75]。在农村地区,拥有10000亩土地的人(见后文)更容易对拥有500亩土地的人发号施令,反过来就不是这样了,这是很清楚的事情。可以推测,粮长作为政府和民户中介地位的衰落也影响到里甲制度的运作。对于农村地区不能有效控制后来变成了整个财政制度致命的弱点之一。

当然，粮长一职与王朝相始终。一直到明王朝崩溃，每年宫廷所需大约214000石白米都是由"解户"来完成的，解户即是粮长的变化形式。这项解运，同其他一些杂项物资解运，从来没有由运军接管（见第四章第一节）[76]。

帝国的驿递体系由1030个驿站构成[77]。它名义上隶属于兵部，但其后勤支持则分属于地方。在洪武朝，驿站维护的职责分派到里甲体系之外的殷实富户，或者分派给政治犯，以此用来抵偿惩罚。到明代中期，这项负担逐渐落到民户身上。同时驿站最主要的职能不再是公文传递，而是为出行的官员和外国的朝贡使团提供交通和食宿服务。这些要求诸如轿椅、马、船、食物和饮水。与此相连的各种力役征用也急剧增大。地方的里甲，甚至有时还要得到邻近地区的帮助，才能完成各种需求。尽管负担都是来自于同样的纳税人，但驿传同里甲正役的账目是相分离的。造成这种情况的部分原因是因为他们的役差与供给有不同的渠道，同时也是由于驿传的账目是不固定的，有一个不断增加的趋势。

一般看来，有明一代，里甲制度下役的负担持续稳定地增加。15世纪晚期，均徭和民壮开始推行，同时为地方防务，兵饷也增加了。这些将在以后的章节中进行讨论（见第三章第三节和第四节）。

田赋评估的主要特点

田赋是国家最主要的财政收入。即使排除额外耗派,它平均每年约有2700万石粮食(husked grain)的收入。盐课是第二大项收入,就货币可比价值而言,它相当于田赋收入的百分之十左右。然而,田赋征收是一个相当复杂的事情,探讨其复杂性是本书的一个主要目的,后文将会用很大篇幅来探讨这个问题。在这里先概括说明其突出的特点。

明朝的田赋征收沿袭前代的"两税法",其税额评定依据地力而定。"夏税"以麦为主,征收不能超过阴历八月。"秋粮"以米(husked rice)*为主,征收不能超过明年二月。一年两熟的土地要负担两次的税收[78]。前朝夏税中包括的棉花、丝绢、茶等税目,明朝也大都继承下来。

税粮最基本的计量单位是粮食"石"。或者是米,或者是麦,依地方情况而定。一石麦子被认为与一石米等值,尽管前者实值要低很多。但是这种等值是为了统计上的方便,没有纳税人能够从这种价格差中得利。当这些物品折银时,米的折纳比率一般比麦子的折纳比率要高。

早在洪武朝就已经可以代纳税粮。在云南,田赋通常可用贵金

---

* "husked rice" 意为去皮米。但据《中国经济通史·明代卷》(经济日报出版社2000年8月)页242所言:"秋粮都是以'米'(皮谷)为主"。正好相反。——译者注

属、水银,甚至贝壳代替[79]。在其他地区,高粱、小米、豆类也按一定比率代纳。先于地方税额结算的代纳不要同后来的折色相混淆。这一法令有相当大的混乱,计算代纳物要以大宗税粮为标准,以便使这些数字同国家账目相统一。这样的代纳无论如何也不能成为主要的税收收入。

王朝早期也偶有折纳,但至16世纪才经常化。这一过程可以分成两个阶段。例如,一石米首先被折成一匹棉布,然后棉布再被折成0.3两白银。这两个阶段的分离长达一个多世纪。当然也有例子显示出其中一个阶段是持久的,另一个阶段是暂时的。折纳比率也不一定完全依照市场价格,有时候,折率可能有意降低,以此作为减免税收的办法。所以某些特别的折率仅仅适用于特殊的税收项目。因此很难说哪些折纳是持久的,哪些折纳是暂时性的。一般说来,一种折纳持续有效二十年,就可以被认为是一种定例。当然,这也不可能绝对保证其不会被废除或者修改。在16世纪,朝廷的命令变得更加直接明了,常常直接宣布哪些是固定性的折纳,哪些是临时性的折纳[80]。而折率相应地更接近于市场价格。有明一代,尽管折纳非常普遍,但米麦仍然为基本的税收标准。甚至一个县的田赋税收以银折收的比例达到90%,但银还是以粮食为估算标准进行折收。

纳税人被要求将这些税粮解运到远方的仓库。起初,国家对于运输费用缺乏明确的规定。地方官员固定运费仅仅是用来防止粮长额外勒索。但是当漕粮等税粮运输改由政府接管以后,开始将运输费用作为经常性收入的一部分来计算。即使主要的税收已经折成银两,运费还是依据粮船运送的距离进行折算。在一些特殊情况下，这些运输加耗甚至超过税粮本身的价值。

当时的"粮食一石"的实际负担很不一致，这取决于税收是否以银、粮食、或者任何其他物品来交纳，取决于运费以及"粮食一石"的折纳比率。纳税户负担最重的"石"要比负担最低的"石"高7倍。

附加税同加耗不同，它们包括干草、麻、丝绢等，他们在产地与税粮一起征收。同时，这些附加税也不能同里甲派办相混淆。尽管也有特殊的事例，同一种物品，如丝绢，可能同时包括在附加税和里甲派办之中。有时候，一个县可能已经交纳一定数量的缎匹以替代生丝，不料朝廷却又另外坐派地方办纳缎匹，并明确这些缎匹要有更好的质地。

税额由耕地面积决定。只有西南各省部族是一次性交纳，其上交的总额是通过谈判而不是土地丈量来确定。其他农业地区田土计量单位是亩，5尺为1步，240平方步为1亩。一个标准亩，大约有6000平方尺，相当于两个网球场那么大。在中国南方，通常情况下一亩农田估计每年能够产米2石[81]。

标准地亩更是一个概念而不能算得上是一个实际的财政单位。当时的资料显示，在土质最肥沃的长江三角洲，一亩田能够产3石米，也有亩产4石米的记载[82]。而在干旱的西北部地区，亩产只有半石。而且低产干旱土地上种植的谷类作物市场价格很低。在土质肥沃地区，由于水源的特殊性，有时候在同一地区内也变化多样。这种多样性由于劳动力供给的不同而加强。一般来说，最肥沃的土地需要最少的劳动力。与此相反,贫瘠的土地要求投入更多的劳动力进行灌溉,所以人均产值很少。例如,16世纪,何良俊(1506—1573)记载了他的故乡南直隶华亭县,夫妻终岁勤动,极力耕种,止可五亩[83]。很明显,统一以"标准亩"为标准来征收税粮是不公平的,因此选用了"税亩"来代替它。

何炳棣在对中国人口进行研究的同时,也从地方志中收集了大量的有关税亩折算的资料。一般看来,产量正常或较好的土地,每1标准亩作为1税亩。产量较低的土地则以1亩半、2亩、3亩,甚至8亩作为1税亩。这种折算没有中央规定的统一标准,各地制定自己的标准。在一些特殊的事例中,240平方步的标准完全被忽视、取代,地方便宜制定自己的计量标准[84]。因此折算方法也有很大不同。其中的一些方法无疑是依据当地的习惯,而且有历史渊源。然而折算基本上是合理的。在仔细分析地方志之后,我们有一个印象就是所有的各种方法的一个目的是确保1税亩的耕地每年最少能够出产米1石,或者同样价值的其他作物。虽然材料不充分,但可以推断,在南方的许多地区,亩产量一般是2石米。现有的资料似乎表明甚至税亩的折算也没有得到中央政府的正式认可。

所有这些情况证明了本书一开始就提出的观点,就是在这个庞大的帝国强制征收单一的田赋,这种中央集权的做法超出了当时的技术能力。尽管洪武皇帝将单一税率确定到每一个府,但是这个目标是根本达不到的。这种单一的税率在《大明会典》中提到,即是民田每亩0.0335石,官田每亩0.0535石,但这只是确定税率科则的指导方针[85]。这一方针也仅仅在北方新设立几个府县付诸实施，而且这一方针还被要求进行地方修改和内部调整。在南方，纳税土地常常包括山丘、池塘、沼泽地等，通常在同一片土地中就有各种地貌。根本不可能实行单一的田赋税率。那些产量较高的田地其实应该有较高的科则。另外，前朝遗留下来的官田，新王朝的籍没田，无法确定产权的土地，所有这些田地都要重新进行调整，因为明政府并不想将官田的租米收益与田赋正税相区分。因此，每一个县在税亩折算后还要按照不同等级的土地区分不同的税率。在此后的时间里，在北方，一个县可能分为五六个税则，这就被认为是较典型的情况。在南方，税则不会少于 20 种。在 1543 年，浙江省湖州府上报其税则达 599 种。郑晓（1499—1566）在其记述中描述了同一个省的 7 个县，税则被分成了 800 个等级。如果包括了附加税和加耗，税则将膨胀到上千种[86]。一些复杂性无疑是王朝后期积累下来的，但其基本原则在明朝一确立时就已经存在了。

复杂、多变的地形也是摆在税收部门面前的一个严重障碍。没有证据表明明朝克服了这一障碍。《明史》简单的记述造成了一个印象，即洪武时代进行了全国性的土地清丈，并编类为册。由于所绘制的土地册的地界边线，状若鱼鳞，因而名之为鱼鳞图册[87]。然而，最近的研究表明，全国性的土地清丈其实是一种误解。事实上，1386 年在浙江与南直隶开始进行的土地丈量，第二年初便丈量完毕[88]。但这并不是一次全国性行动[89]。在其他地区，鱼鳞图册只是偶然提及，没有证据显示土地清丈是依据一个普遍的标准，在中央的统一指导下进行的。实际上,鱼鳞图册并不是明朝的发明,它的起源至少可以追溯到宋朝。蒙古人也曾准备在南方的几个省实施这一政策[90]。另一方面,在北方一些地区,像河南杞县、北直隶大名府,一直到 16 世纪也没有编制过鱼鳞图册,这是众所周知的事情[91]。税亩折算的多重标准也更进一步证明了明初并没有大规模地整理编制过土地数据。毫无疑问,对于 14、15 世纪的明朝统治者来说,要克服自身固有的各种技术困难企图建立起一个土地分类的统一标准,借以将整个中国所有的耕地简单地分成几类,这是相当困难的,而且也是根本不可能做到的事情。即使在现代,制定这样的方案也是很难有效的。然而,明代的统治者过高地估计了自己,企图实现中央的统一管理,使得这些基本的问题一直保留下来得不到解决。

注 释

[1] 关于"九卿廷议",见 Hucker,'Governmental Organization',p.65.

[2] 《太祖实录》页 2544—2545。

[3] 《明史》81/849;《英宗实录》页 0224;和田清《食货志译注》页 721—722。

[4] 吴晗《朱元璋传》页 212。

[5] 对于阁臣作为皇帝与官僚之间调解人所处的困境可参见 Hucker,'Governmental Organization',p,30.

[6] 对于宫殿的布局见孙承泽《梦余录》6/8—17、56—57。

[7] 对于这些服务性机构的职能见《梦余录》6/56—57、《大明会典》30/1—19、何士晋《厂库须知》各处。

[8]《大明会典》30/2、18;《明史》79/835。关于"内府库"详见刘若愚《酌中志》97、149。

[9] 对于广惠库的运作见《大明会典》30/5—6;《大明官制》4/2431。

[10] 内官监曾经是级别最高的宦官机构,统领所有宦官。大约在15世纪前期,其权力逐渐落入司礼监手中。见孙承泽《梦余录》6/56。也参见:《明史》74/778; Hucker, 'Governmental Organization', p, 25.

[11] Hucker, 'Governmental Organization', p.25.

[12] 倪会鼎《年谱》2/11、4/8。

[13] 对于洪武朝户部的重组见《明史》72/740—741;《太祖实录》页0609、1261、1481、1723、2068。

[14] 见《明史》139/1747、149/1833、157/1904、202/2347;《英宗实录》页1647、1684、1904;《大诰》1/73;严从简《殊域周咨录》17/6。

[15] 依据《明史》中这七位大臣的列传,《明史》111/1400—112/1455。

[16]《明史》160/1929、186/2170、194/2266、214/2488、220/2543、241/2749、256/2897;蒋平阶《毕少保公传》22。

[17]《明史》151/1847;《英宗实录》页1786、2024。

[18] 对于南京户部的职掌,《大明会典》卷42有概述。又见毕自严《留计疏草》。日本的学者们引用了一本叫《南京户部志》的书,我没有见过。(《南京户部志》藏于日本前田侯家尊经阁,梁方仲在《明代黄册考》一文中引用过该书。——译者注)

[19]《大明会典》41/42—44;《大明官制》4/2431—2432、2455。

[20]《大诰续编》1/181—182。

[21]《神宗实录》页1076。(当为页0176。——译者注)

[22]《崇祯存实疏抄》1/100。

〔23〕《太祖实录》页 1481、1723、2066—2067、3054；《大明会典》2/4—10。

〔24〕"蒋臣"，见倪会鼎《年谱》4/8—9。

〔25〕《明史》75 / 795；《大明会典》2 / 4—5；孙承泽《梦余录》37 / 1—2。

〔26〕《明史》72 / 743、225 / 2596；《大明会典》14 / 1。

〔27〕《明史》225 / 2595。

〔28〕鹿善继《认真草》卷 1、2。

〔29〕《日知录集释》13 / 79。

〔30〕孙承泽《梦余录》25 / 29。

〔31〕同上书，38 / 1。

〔32〕早在 1444 年就有这样的先例。见《大明会典》21 / 21、22 / 32—40。

〔33〕《明史》92 / 968；《太祖实录》页 1441、1526；《大明会典》150 / 1—18；孙承泽《梦余录》53 / 5。

〔34〕对于工部的职责见：《明史》72 / 749—751；《大明会典》卷 181—207；孙承泽《梦余录》46 / 1—3；何士晋《厂库须知》各处。

〔35〕"坐办"的例子可见于《徽州府志》8 / 4。这些特贡费用从徽州府永丰仓中扣除。

〔36〕贺仲轼《鼎建记》；项梦原《冬官纪事》各处。

〔37〕1575 年，工部为宫廷的派办进行辩解。见《神宗实录》页 0951—0952、0956。

〔38〕《神宗实录》页 10764—10765、10768—10769 有这方面的说明。

〔39〕对于 1373 年的体制，见《太祖实录》页 1503。对 1393 年的重组，可见《大明官制》4 / 2361—2362；《明史》71 / 734、75 / 803。对于行政区的数目，见《太祖实录》页 1149。

〔40〕Hucker, 'Governmental Organization', pp, 44—45.

〔41〕《明史》75 / 803。

〔42〕对于州的职掌，见《明史》75 / 803。

〔43〕例如，在1590年，户部要求云南将原来被允许存留的资金解运到京师。见《神宗实录》页4177。

〔44〕《天下郡国利病书》32 / 46。

〔45〕《明史》75 / 803 略述了知县的财政职责。至于其细节有必要参考地方志。

〔46〕席书、朱家相《漕船志》5 / 12。

〔47〕《明史》75 / 803；Hucker, 'Governmental Organiztion', pp. 45—46.

〔48〕苏州知府王仪是最早开始这项工作的地方官员之一，他在1538年进行了土地清丈。对于王仪采用的方法，见清水泰次《土地制度史》页556—561。

〔49〕Hucker 认为"知府的副职数目不定"，见 'Governmental Organization', p. 44；顺天府有7个副职，名称不一，见《大明会典》2 / 28—29。

〔50〕Hucker, *Censorial System*, p. 73. 一般而言，所有的地方政府部门由六个部分组成。对府衙的说明可以见《大明会典》9 / 15—16。

〔51〕各地仓库一览见《大明会典》21 / 14—21、22 / 1—27。

〔52〕Hucker, 'Governmental Organization', pp. 43—44. 按察使司下设分巡道可以追溯到洪武时代，见《太祖实录》页3231—3232。布、按二司所分诸道可见《明史》75 / 799—801。

〔53〕对于兵备道的设立，参见《明史》75 / 810（应为75 / 801。——译者注）；《英宗实录》0298、0301；Hucker, *Censorial system*, pp. 71, 78.

〔54〕《明史》79 / 834；《英宗实录》页0135；《大明会典》22 / 29。

〔55〕《大明会典》227 / 13—15。

〔56〕《汾州府志》5 / 5、55—56。

〔57〕《大明会典》21 / 21—26、22 / 29—41。又见张学颜《万历会计录》卷23"宣

府"：张雨《边政考》卷4"甘肃"；魏焕《九边考》卷2"辽东"。

[58] Hukcer, 'Governmental Organization', p.9.

[59] 对于宗室成员控制的松弛，可参见《神宗实录》页0609、0637—0639。1590年，他们被允许参加科举考试（见《神宗实录》页4162—4168，大概这一许可在1595年开始生效，参见 Ping-ti Ho（何炳棣），ladder of Success，p.22。在17世纪早期，一些宗室成员被任命作为税课司大使。见祁彪佳《日记》，原文的分页是不适当的，但这一条被发现在第5册，日期是1643年阴历九月初二日。

[60]《太祖实录》页0070。

[61] 韦庆远将人户分为三类：军户、民户和匠户，参见《黄册制度》页20、21。还有一类为灶户，出现在《大明会典》20/5。八种分类，则除以上四种外，还包括医户、儒户、僧户、道户，参见《大明会典》9/25。

[62]《大诰续编》1/150—151。

[63] 例如，冯琦的祖上为军籍。这个家族连续四代为进士，冯琦最后成为吏部尚书和礼部尚书。参见《冯宗伯集》，也见《明史》216/2506。

[64]《大明会典》20/4、104/2—6。

[65] 每一个猎户被要求每年上交虎皮一张和杂皮九张，参见《徽州府志》7/47。

[66]《大明会典》104/19。

[67] 何士晋《厂库须知》9/62—63；《天下郡国利病书》9/46。

[68]《天下郡国利病书》6/4、5、38、39—40、72、94—96。

[69] 梁方仲《一条鞭法》页37；山根幸夫《明代徭役制度の展开》页43–47。

[70]《大明会典》20/10—11。

[71]《太祖实录》页1279、1507、1724、2653；《明史》78/825；《大明会典》29/2—3。

[72]《太祖实录》页2144。

[73]《太祖实录》页1724—1725；梁方仲《粮长制度》页42。

[74]同上，页6、48、54。

[75]同上，页62—63、70—72。

[76]《天下郡国利病书》6／47、83—84。

[77]《大明会典》卷145—146列举了各地水马驿站。另外《大明会典》卷147还列举了140个递运所。详情可参见苏同炳《驿递制度》。

[78]一年两熟的土地纳税两次的例子可参见韦庆远《黄册制度》页Ⅱ–Ⅳ。然而，在明代后期，许多地区对所有的土地拥有者征收夏税与秋粮，每一块土地纳税两次。

[79]《明史》78／823。

[80]1584年，漕粮的临时折银首先开始于南直隶嘉定县。此后折银三年一请。大约在1596年，折银成为常例。见《天下郡国利病书》6／25。

[81]记载每亩产2石粮食的地区如下：南直隶常熟县、浙江上虞县、义乌县、福建漳州府、广东顺德县。除了浙江上虞县外，所有资料来源都是1600年以前。见《常熟县志》4／13，《漳州府志》5／53，《顺德县志》3／1，《天下郡国利病书》22／118，倪会鼎《年谱》3／13。

[82]叶盛（1435—1494）记述南直隶昆山县的大多数土地亩产4石米或麦，见《水东日记》31／12。根据王鏊1506年的记载，宋代上田每亩纳税粮1.5石，而当时的税率是30％。这两人的记载表明大约1500年左右，上田能够年亩产5石。尽管没有说明谷物的性质。一般认为宋代的税粮为米（宋代的计量单位可能略小），参见《姑苏志》15／1。在明朝早期苏州府的一些土地确实每亩税粮达2石米。同上，15／6。

[83]何良俊《四友斋》3／179。亩产量也从3石米到1.5石米不等。

[84] Ping-ti, Ho（何炳棣）, *Studies on the Population*, pp.102—123.

〔85〕《明史》78／824；《大明会典》17／13；清水泰次《社会经济史》第17页起。

〔86〕同上，页17。

〔87〕《明史》77／819。

〔88〕《太祖实录》页2726。可参照《金华府志》6／2。

〔89〕Ping-ti Ho（何炳棣），*Studies on the Population*，p.48；藤井宏《田土统计》页104—105。

〔90〕和田清《食货志译注》页48。韦庆远《黄册制度》页74。

〔91〕《天下郡国利病书》2／28；藤井宏《田土统计》页105；清水泰次《土地制度史》页462。

第二章　16 世纪的现实与主要的财政问题

这一章所要讨论的问题的根源必须追溯到王朝建立之初。1368年，朱元璋登基称帝，年号洪武。在中国历史上，很少有几位开国之君能够像洪武皇帝那样任意行事。他推翻了一个可憎的、臭名昭著的外族统治，对于现存的法令，甚至习惯性做法，除非服务于他的目的，否则就被废止。这个深受内战之苦，已经残破不堪的国家，急切需要建立起法律与秩序。在洪武皇帝加强皇权的过程中，他最关心的事情之一就是如何确保自己的权力，使其臣下只是执行皇帝的旨意，而不要求他们发挥其主动性。地方官员甚至不许亲自下乡[1]。乡村建立起自治组织，选择"老人"承担起乡村民众的教化[2]。在财政管理方面，重视账目管理却忽视具体的运作。皇帝的俭省政策使得政府的预算与管理费用降到了最低程度[3]。因为把财政供给的重点放在较低水平的侧面收受（lateral transactions）上，没有必要建立起中间一层的后勤供应能力。

这种方法回避了建立合理有效的行政机构以提高行政效率的可能性，而是过分依赖于君主自己不断地调整与监督。尽管税收总水平很低，但税收法律由皇帝在首都发布，很少关注各地的实际情况。皇帝自己就认为财政立法受到了许多技术困难的困扰[4]。一旦发生税收拖欠，就不能在最后期限内完纳税粮，而变通执行皇帝的法令或者地方财政账目不符时，君主则拒绝做任何让步。皇帝采取恐怖统治，对于没有很好执行其命令的官员处以死刑。在他看来,技术的困难可以通过暴力来克服。在1382年和1385年他进行了血腥迫害,两次财政账目不符的事件,牵涉了成千上万的人[5]。撇开这些极端残酷措施的必要性不谈,这种不切实际的做法使得明朝的财政结构从一开始就没有建立在一个合理的原则基础之上。

如上一章所言,物资和产品是在低水平上的侧面运输,其目的是节省服务。但是洪武皇帝却厉行节俭,他无限制地扩大了这种方式的应用范围。1388年,他甚至想出了一种补给方法,要求每个县对数拨给邻近卫所官军俸粮。税粮的交纳根本不通过正常的官方途径,而是由纳税户直接解送给军队。起初是命令南直隶应天府试行这种方法一年,金吾卫服役的5000名士兵不再由专门的人员发给配给与口粮,而是由5000多民户完成这一职能,由他们将税粮解送至军事驻地。1390年,这一方法被宣布是可行的并被要求推广到整个帝国[6]。尽管后来这个荒唐的想法被废止了,但是不首先确保税额而去预先支配税收收入的原则却一直保留下来了,清代继续沿用这种方法,一直到19世纪才发生改变(参见第八章)。

洪武皇帝是以简陋的财政方案来实现其目标。王朝的建立者无意向外扩张其势力范围[7]。在国内,他满足于农村简单朴素精神的统治[8]。然而,在1402年永乐皇帝继位之后,这些限制就完全被摒弃了。新皇帝不喜欢琐碎的细节性问题,也很少顾及内部组织结构。只要民众能够保证军队和营建计划的供给(见本节后文),他就从来不去认真考虑实施财政的手段。

当明朝进入15世纪第二个25年之际，帝国的体制已经有了一些变化。新的王朝建立时所具有的威力已经成为过去。陆军已经受到削弱，水军也所剩无几。皇帝也只能支配官僚而不再能够直接统治整个国家。官僚们对君主的绝对服从支撑着君主专制体制。文职官员中意识形态的凝聚作用要比国家的军队和财政力量更为重要。在京师，大家采取的普遍态度就是保持现状。官僚们，实际上代表着上层绅士，仍然试图保持着传统的儒家政治经济观念，而把任何大规模的改革看成是一种异端，有所疑虑。

当时，已经不可能对财政体制进行全面的重建。即使现实已经要求政府进行制度上的改革，但也只能是修修补补。管理部门最大的问题是国家的财政收入零散不一，名义上是集中管理，实际上根本不可能完整划一。15世纪下半期是明朝历史上一个死气沉沉的时代，皇帝对于公共事务很少有大的举措，国家的各种机构设施每况愈下，而宫廷开支却不断上升。

到了16世纪，危机不断扩大，矛盾日益显露，问题已经无法回避。当时，军事力量与货币制度的恶化是最为紧迫的问题，财政管理者所进行的各种调整的主要目的都是为了解决这两个问题。

第一节　国家的收入水平与变动因素

定额制度

16世纪文人的描述常常会使人形成这样一种印象：当时国家的支

出与税收急速攀升到很高的程度。这种观点其实是一种误解。与此正相反，当时最主要的问题是国家的计划性收入太少，而且从不调整。1502 年，户部向弘治皇帝提交了一份长长的报告，列举了国家所有的主要收入项目。其中最重要的是田赋正额，它大约占全部收入的 75%。每年的收入总量，达税粮 26799341 石[9]。

在宋代，国家的收入和支出已经以铜钱缗（贯）作为标准的财政计量单位。在明代，每缗铜钱与 1 石粮食相抵。宋代的记载显示，到 11 世纪中期每年国家的预算已经达到 12600 万缗到 15000 万缗之间[10]。尽管这些数字要充分地考虑到通货膨胀的影响，但可以认为，明代的财力要比 4 个世纪前的宋朝差了很多。10 世纪 50 年代，宋王朝每年要生产 3500 吨（short tons，1 短吨等于 0.907 公吨——译者注）铜和 5000 吨的铁。1159 年，市舶司海关收入达到 200 万缗铜钱[11]。而 16 世纪的明朝根本无法与之相比。

造成 16 世纪税收基数有限的原因是洪武皇帝的财政政策，在其统治期间，确定了税收定额制度[12]。1377 年，皇帝分遣各部官员、国子监生和宦官巡视 178 个税课司局，固定他们的税收额度[13]。1385 年，他命令将各省和各府税粮课程一岁收用之数刊刻于石板上，并树立在户部厅堂内[14]。1393 年，田赋收入达到 322789900 石[15]。洪武皇帝对此很满意，随后宣布北方各省新垦田地永不起科[16]。自此各地定额税收作为不成文的法律固定下来，后来也偶尔进行过小的调整，但基本定额从来没有被摒弃。

1412 年，在永乐皇帝统治时期，来自于农业土地的税粮收入据说达到创纪录的 34612692 石[17]。这种上升的原因并不清楚，很可能是安南作为一个新归附的省份，其额度也包括进来的缘故[18]。而当发现在那一地区完全无法征税时，帝国的田赋收入又重新调整到接近 3000 万石[19]。

1430 年，开始更进一步地调整税收上限。在 10 年中，北京一直关注安南问题。而长江三角洲地区的土地所有者们，对附加在他们田赋之上过高的额外费用已十分不满，他们有意拖欠税粮，以至于逋赋总额已经超过了 3 年的全部税收。为此，宣德皇帝做了让步，下令全面减免这些地区的税粮，蠲免额达 300 万石。长江下游地区受益很多[20]。然而，这一缺额并没有加征于其他地区。此后，每年的计划收入一直保持在 2700 万石左右，但对于可耕地和人口的上升却不做考虑。实际上，绝大多数地方官员在给帝国政府的上奏中都只是想恢复地亩原额作为现在的统计数据（见第二章第二节）。新增地亩很少上报，一般的原则是以此进行税额内部调整，而不是作为增加税收的依据。这样做的结果使得税收与耕地面积相脱离。1502 年户部上报的情况就是最好的明证。应该指出，税收定额制度是明代基本的政策，唐、宋时代从来没有像明代这样僵硬地执行这一政策。

除了田赋之外，明朝对劳役和基本物品的征派也有很大的依赖，也采用了定额制度，这同样基于洪武皇帝的财政政策，其恶果将会在稍后的章节中进行讨论。

预算不足

深受儒家思想影响的官员们普遍认为低税收必然对纳税人有好处，其实这种看法是错误的。明代的例子就显示出情况并非总是如此。税收收入的不足意味着政府不能最充分地管理帝国的资源，这样实际上会对纳税人不利。16世纪资金不足导致了许多政府职能的丧失。其中表现最显著的方面是金属货币（见第二章第四节）和户口食盐钞制度（见第五章第四节），这给人民带来很大的灾难。

由于正常的税收收入不能弥补支出，必要项目开支就要通过其他各种方式来解决。这些私下的派征缺乏有效的审核，容易造成资金的浪费。

预算不足的另外一个后果就是明朝官员十分猖獗的腐败行为。很明显，许多部门的管理费用甚至连最低水平的开支都不能保证（见第四章第五节），政府官员的俸禄水平荒谬可笑。明代的文官很少，1371年地方官员总数仅有5488名[21]。1455年，京师在任的文官有1520名[22]。即使在16世纪早期，各个部门的规模已经很明显地扩大了，但整个帝国文官也仅有20400名。吏员总数虽然达51000名，但既包括供职于文职衙门的吏，又包括供职于军队的吏[23]。行政机构的规模虽然不很庞大，但国家却不能为其提供适当的俸给。

明朝的官俸制度确定于1392年，这一制度名义上延续于整个明代。明代官吏俸给低薄，正一品每年禄米1044石，依次递减，到最低品级的从九品官员岁禄米是60石[24]。然而，从14世纪晚期开始，禄米部分地折成宝钞支付[25]。到 15 世纪，折支的物品还包括丝绸、棉布、胡椒、苏木。折支比例也有规定，四品以上官员折支部分达到或超过一半，四品以下官员则折支比例较低，甚至全部支米。据估计，1434 年确定的折支比例使薪俸时估仅相当于最初价值的 4%[26]。1432年，甚至将赃罚库所收衣服及府库所积物资折充文武官员俸给[27]。1472 年，仓料豆也作为俸禄支给，后来在南京发现仓料豆仅仅适合于喂马[28]，这样从 1475 年到 1477 年的三年中开始回收这些折支物[29]。官员们为了弥补其有名无实的俸禄，甚至采取放卖政府提供的勤杂人员（皂隶）的方式以换取资费，这一习惯开始于 15 世纪早期，官员在经过请求之后，遣出这些皂隶回家，他们每个人可折成白银 12 两。1429 年以后，这一习惯得到普遍认可。佥派皂隶，本为地方力役之一，兵部放弃按例佥派，取而代之的是收集这些额费分配给官员[30]。户部尚书，品级为正二品，他以这种方式每年可额外得银 144 两。这不是从户部的银库中支取，而是来自于兵部。这些收入足以供养其全家。

在 15 世纪晚期，官员薪俸的一部分已由米折成白银，但折支白银部分很少，以至于由北京的中央政府支付的所有官俸银两在整个账目上变得无关紧要（见第七章第一节）。因而政府官员的廉洁具有相对性。

整个 15 世纪，有许多例子显示出一些高级官员卷入腐败。暴露出来的丑闻涉及到了诸如都察院左都御史刘观（1415—1428 年在任）、吏部尚书尹旻（1473—1486 年在任）、礼部尚书周洪谟（1481—1488 年在任）等高级官员[31]。而其他较轻的违法乱纪事件更是不可胜数。即如吏部尚书倪岳（1500—1501年在任）这样受人尊崇、素称廉平正直的官员，也被怀疑有违规章办事[32]。1470年，吏部尚书姚夔上报说有些放债者专门探听吏部内部消息，以此有选择地对在京的官员放债，一旦这些官员赴任地方，他们就会随之而去，其中一些官员就将永远无法摆脱这些债主的控制[33]。到16世纪，情况显然更加恶化。登记在案的弹劾事件显示出官员们道德水准已经十分低下，在明初被认为是十分严重的违法行为现在已变得无足轻重。在京官员，当他们被外放到各省时，没有旅行资费与津贴。顾炎武早在17世纪就已经指出那些官员除了举债以外，根本无法到达新的任职地方[34]。

可伸缩的财政单位

尽管源于田赋的预算收入的最高额被确定为粮食2700万石左右，但政府开支不能总是被限定在这个指定水平之内。而创造额外收入的最容易的方法之一就是扩张财政单位。国家对民众征派的物资与徭役，名义上是通过地方交纳的税粮来支付，这被称作"坐办"（见第一章第二节）。实际上，勾销的税款仅仅是象征性的，根本抵不上征派的徭役与物资的实际价值。永乐皇帝就曾大规模地采用这种方法。根据他的军事行动、宫殿营建以及六次海上探险的记录，可以看出其实际消耗要远远超出国家正常的财政收入水平，据推测可达到岁入的2到3倍[35]。1422年，根据户部尚书郭资的上报，从1419年到1421年的财政年度中，收入帝国粮仓中的田赋实征额不到2300万石粮食[36]，平均每年少于 800 万石。有理由相信大量的税收以不合理的比价支付物资与服务。除了工程营建、造船以及坐办木材和其他物料的记录外，还没有可以利用的账目。而且这些记录提供的证据并不能清楚地显示出政府采购和直接征用之间的差别[37]。官方支付的款项，即使进行估算，也从来不会包括全部的花费。在这种情况下，所有涉及国家预算、税率、地方额度以及会计制度等方面的细微差异都无足轻重。

永乐以后，没有明朝皇帝敢于向纳税户加重负担到如此程度。在 15 世纪早期，几个有作为的皇帝曾作出一定的让步（包括 1430 年宣德皇帝做出的减税行为），但其本意是消除永乐时代过度征敛所引起怨愤[38]，而且这种节制是相对的，这部分是由于技术性困难。当时的基本财政单位——粮食石，还没有被赋予绝对的货币价值，有时候，政府为了弥补财政赤字，就可能扩大它的货币价值。例如，在山西的纳税户被要求解运一部分税粮到北边军镇，在 1443 年，税粮每石被折成 0.25 两白银，而在 14 年后的 1457 年，这个折率就变成每石税粮白银 1 两。这样使得实际税纳是原来的 4 倍[39]。这种做法不仅加重了纳税人的负担，而且也给会计工作造成了很多问题。

因为定额制度和税收收入的不足，上级政府通常都将财政责任推给下一级政府，下一级政府为了弥补赤字不得不尽其所能，常常将这些负担转嫁给那些被佥派的民间税收代理人，这对个人而言十分不公平。这种做法，尽管历史上也有，但在明代应用得最为广泛，因为政府的计划性收入低得可怜。

与可扩大的财政单位相关联的是加耗的征收。最受影响的是"漕粮"——大约400万石米,其作为五个行省以及南直隶田赋的一部分,由运军通过大运河运到京师[40]。这种做法是在洪武与永乐时期确立的,人们要将税粮运到任何一个政府指定的仓库,解运费用也要由自己承担。由运军进行长运之后,运费还是要由纳粮地方或者这一地区专门的纳税户负责,即使到15世纪也是如此。这些加耗不被记入他们的正额之中,而是作为一种额外的义务。如果这些加耗很少,倒不会成为一个问题,然而这些费用常常数额很大。例如漕粮解运最远的湖广行省,其加耗就已占基本税额的80%[41]。

征收这些沉重的加耗也并非完全没有道理。远运税粮在到达目的地之前要经过多次中转。在通过运河水闸时需要搬运工和马车转运,当运河和河流变浅时则需要驳船转运,这些中转都造成了大量的损耗。米受潮也容易发霉。每次中转之后,都要晒干,这些过程都造成了粮食亏折,例如晒米5个小时能亏粮8.5%[42](这是官方试验的结果)。

如果政府考虑到这些损耗是不可避免的,并且将其预算在管理费用之中,问题可能很简单。但是在定额税收制度下,为了保持与明政府的会计方法相一致,每一种收纳项目都计算到很小值,无法包括这些额外的开支,只能从纳税户另外征收。实际上,这些额外加耗也不固定为一种,而是分成六种或者更多的名目,包括提前支付的耗米、芦席费、过湖米、过江米等等[43]。到16世纪,漕粮被部分折纳成白银,各色名目也被计算进去。这一措施基于两点:一是纳税户和税区已经习惯于支付加耗；二是政府也需要额外的收入。事实上，当以实物形式纳税时，加耗就已经被看成是一种盈余，列入预算项目之中，不可能被排除在外。

到了1471年，问题变得更为复杂，当时运军接管了大宗的粮食解运。在此之前，这些粮食还是由纳税户自己直接交纳给运河沿岸的备用仓库，它们即使同15世纪前期由运军接管运输的漕粮来自同一地区，但也没有与之合并为一。他们被称为"改兑"，同"正兑"相区别[44]。

支运改兑后，加耗标准要低于正兑的加耗。在16世纪中期，南直隶扬州的纳税户正兑加耗为米1石，而实际上要纳米1.73石，而改兑纳税户则仅仅纳米1.27石。当漕粮开始折银时，规定正兑每石米纳银1.2两，改兑每石米纳银则依据改折时间的不同而变化于0.5两至0.7两之间[45]。这种加耗标准的不同所导致的混乱是显而易见的，在官方账目中应收税额与纳税户的实际财政负担并不一致。有时即使以石作为评估标准，也无法确切知道一个地区的田赋税率。换句话来说，就是财政单位是相对的，而不是一个绝对的指标。它部分是抽象的，部分是真实的。

粮食"石"也能低于实值。一个显著的例子就是所谓的"金花银"，它在1436年成为一项制度。从表面上看，实行这项制度方便了税收解运。可以想见，总额达405万石的税粮从南方各地解运，并非易事。而金花折银按每石0.25两白银的统一比例进行折纳，又无加耗[46]，自然有利。然而，这种额度总是为最富有的府所独占，在这些地方，税粮解运并不是一个很大的问题。金花银的出现其实是朝廷对这些地区土地所有者的让步，因为这些地区的重赋已引起了他们强烈的不满。这一建议的发起人，户部尚书胡濙（1431—1436 年在任）、南京户部尚书黄福（1432—1440 年在任）和江南巡抚周忱（1430—1450 年在任），都是减免赋税的拥护者。正统皇帝批准了他们的建议。虽然当时皇帝才9岁，还不能理解这一措施的全部意义。这样交纳的折粮税银，低于粮食价格和管理费用，通过这种方法，在没有公开变更以石计算的定额税收的前提下而减轻了这些地区的负担。这项略超出100万两白银的收入被称为"金花银"，从此成为王朝定制。按照传统，这部分银两要被上缴到内承运库，除了部分用于在京师的武臣俸禄外，余下皆为御用，户部无权监管。

金花银的出现具有深远的意义。它从田赋收入中永久地分出了15%的定额，使得国家名义上的收入与实际收入之间又产生了另外一个差异。

缺乏服务保障

侧面收受是适应地方定额税收制度，两者都强调在低水平之上的运作以及半永久性基础之上的联系。但是这种管理模式不可避免的要落后于服务性事业的发展。财政机构首先关注的是税收的征集与解运，忽视了在中间层次上建立起后勤保障。下层部门要为上层部门提供各种服务，而上层部门却缺乏对下层部门的维护和资助，最终使各项运作耗费巨大。在这一过程中存在着大量的、无用的重复性工作，物资与劳动力要么被浪费，要么是解释不清其用途。

缺乏服务保障可以从大运河的管理上得到明证。明朝之前的三个王朝，仅仅元朝曾经致力于海运，包括唐朝与宋朝都是依靠内陆水路运输来调配全国的财政资源。在这两个朝代，运河是由一个或多个"转运使"亲自来管理。这些官员支配地方节余，常常还控制盐的专卖。保证税粮供应仅仅是他们职责的一个方面。许多转运使能够根据情况自由地处理政府的财物。他们也被期望在水路之间进行商品买卖来获取利润，获得的周转资金被用来推进转运工作。他们的权限包括服务船只的修造、人员的组织、运河体系的维护。换句话说，他们综合地区财务主管、运输官员、采购代理于一身，按商业原则运营[47]。

明朝的轻商政策限制政府机构参与商业贸易活动。而且整个漕粮制度和运河管理不能从中央财政获得支持，水路是由地方无偿征发徭役来维持，根本不能从中央政府得到任何补助[48]。在15世纪中期运粮官军有121500名，管理着11775只粮船。这些人员的口粮与配给来自于124个军卫[49]。甚至每十年对服役的船只进行修造的资金也部分地从运粮军士的行粮、月粮中扣除，另一部分则由输纳漕粮的地方承担[50]。运输费用，如上所言，是从纳粮户按比例加征。耗银的剩余都要上交到政府金库，解运到京师（见第六章第三节"轻赍银"）。运输费用的筹集是如此的分散，而帝国政府不但不对其承担财政责任，反而乐于从中收取额外的管理收入。一位监察官员被任命为总河御史，一位军官被任命为漕运总兵，但他们都不去为其下属部门建立起后勤保障。下级官员，甚至旗甲之官，都要对其保管的税粮负有财政责任，这些税粮必须被运送到通州仓后才算完成任务。

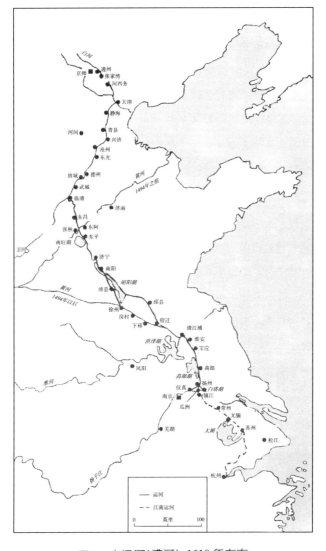

图 1　大运河(漕河),1610 年左右

粮船数量不断减少并不让人感到惊讶。15世纪晚期，就不断有人上报运粮军士的行粮、月粮被拖欠，军士缺员严重，一些军士已经积债达几千两白银[51]。在16世纪早期，有的军官因为没有完成解运任务而自缢身死，还有人则削发出家为僧[52]。为了维持运军的生存，朝廷也开始放松管理，允许运军士量带私物，从中取利，以资用度，这在15世纪早期就已经被官方所认可[53]。到了15世纪晚期，士兵们的收入更低，不得不主要依靠这种私人夹运来维持生计。在1480年，有人报告说南行的漕船装载着很沉重的货物，而开往南方的民船则是空归[54]。国家因此损失了大量的税关收入[55]。

  大运河的管理是政府对服务设施管理不当的一个例子。由洪武皇帝建立起来的后勤保障体系从来也没有进行过任何改革，造成这种情况的部分原因是国家收入的低下。在16世纪，政府收入的每一小部分都已经被编入预算项目之中，收入已经在征收之前进行了分配。收入机构也不允许利用其内部资金来改进他们的服务。这种投资的缺乏也阻碍了政府管理的工厂的发展。一个显著的例子是国家管理下的矿山（见第六章第一节）。

  政府控制下的工厂的规模和由国家调动的大量原材料、物资及人力容易让研究者产生误解。实际上，资金的积累无序、紊乱。管理它们的上级部门既没有权力也没有能力统一他们下属单位的运作。每一个部门的预算收入实际上仅仅是一种计划性最大收入，只有在最理想的情况下资金才能完全到位，因为分散的供给方法不可避免地导致解运部门会有疏忽过失。同时，也没有机构愿意超额解运。总而言之，所有这些组织机构都潜伏着危机。位于淮安附近的国家造船厂就是一个很好的例子。

清江船厂是帝国建立的最大的国家工厂之一,它承担一半左右的漕船修造工作。其全盛时期每年能够造船 764 艘。到 1464 年,它每年还能造船 550 艘。依据前近代的标准,这是相当大的数字[56]。从 15 世纪晚期开始,船厂所需要的原料与劳动力都已经用银来支付,然而早期确立的由运粮军士承担 30% 运船料价的方法还是保留下来[57]。这个船厂依次被分成 82 个厂,每一厂被分派到淮河岸边 30 码宽的狭长地带,形成了自己的区域。各个厂鳞次以居,长达 2.5 英里[58]。这 82 个厂的管理者要对各厂负有暂时性责任,要为造船计划筹措料费用。中央部门仅仅从其账目上分派给他们原材料与劳动力,地方府州县提供的资金很少。在 16 世纪,许多厂官因为沉重的管理任务而亏累负欠甚多[59]。

宫廷开支

尽管 15 世纪国家收入匮乏,但宫廷开支还是不断地上升。宫廷人员数量的变化很能说明这个问题。1369 年,洪武皇帝限定宫廷内宦官的数量为 60 名[60]。对于这一数字,贺凯(Hucker)已经指出它要大大低于实际情况[61]。最大的可能是这一数字仅仅包括了那些有文职身份的宦官,而没有把生活服务人员和辅助人员包括在内。

但似乎可以认为王朝刚建立时宫廷人员数量并不太多,也不臃肿。1420 年以后,宦官开始接管了原来由宫女承担的职责,他们的部门也增加到 24 个衙门。据 1443 年户部的报告，宦官们要消耗掉 120000 石白熟米，如果这一数字的确是一年的消耗量，可以据此推测宫内人员数量有 30000 人[62]。嘉靖朝曾经努力削减宫廷人员的数量，但到 16 世纪中期他们的数量还接近 10000 人[63]。据一位现代学者的估计，到明朝结束时，供职的宦官有 70000 人[64]。

洪武时代光禄寺厨役定额 800 人。永乐早期在南北两京都有厨役，他们的数量增大到 3000 人。在永乐朝后期更是扩大到 9000 人。宣德朝厨役有 9462 人。1435 年，由于一个厉行节俭的计划使他们的数量降到 5000 人，但到 1487 年他们又上升到 7884 人，接近永乐朝的数量[65]。

宫廷供给的增长也是如此。王朝之初，南直隶常州府岁进宫廷茶叶 100 斤。到 1431 年，数量增至 290000 斤，约为 200 吨[66]。用来做蜡烛的黄蜡在 15 世纪晚期也增长得相当快。1430 年岁计 30000 斤，而到了 1488 年就达到了 85000 斤，1503 年则超过了 200000 斤[67]。

为了保证柴炭供应，宣德皇帝在北京西 100 英里左右的易州设立山厂，专门生产柴炭。按规定，采烧人夫从山东、山西及北直隶的三个府中征派，其数量超过 30000 人，他们每年要服役 3 个月。工厂的重要性不断上升，相继以工部尚书或侍郎督厂事[68]。在初期，该山厂每年大约生产 1000 吨木炭和好的引火木柴。到 1442 年，它的产量已经上升了 6 倍。向首都运输柴炭变成了沿途居民一项额外的负担。这段距离虽然很短，但估计拖运一吨柴炭也要花费 5 两白银。这种办法很不经济，因此到 15 世纪末，一部分柴炭从京师购买，金派到易州山厂的劳动力也逐渐由士兵取代。即使在那时,每季还要从民户中佥派采烧人夫19900人。据此我们可以估计15世纪京城每年消耗的柴炭燃料需要花费500000两白银,这些花费朝廷要用现金来支付[69]。

宫廷的实际生活费用难以估算。其供给仓库很多,应役者甚众。宫廷人员消耗的白米是田赋正额的一部分。毛皮是由地方上供,缎匹是作为田赋附加税来征集,或者坐派地方。一些特供,诸如皇帝想要的瓷器,因为它们是独一无二的,所以实际上无法计算其价值。1433年,宣德皇帝谕准江西烧造各样瓷器443000件,一直到弘治皇帝1505年去世时,瓷器烧造未完者还有300000件[70]。一些物品甚至有意被列入征收项目之中。所有已知的供应宫廷的各种花费每年可能要超过500万两白银。

这些项目多由"役"来补偿,这抵消了低水平税收造成的后果。由于此类款项主要为劳役和运输费用,这样做很可能造成税收负担更多地落到穷人和本分人身上,他们常常被征召无偿服役。

与宫廷开支密切相关的是公共建筑和陵寝的建设费用以及在首都的超编军事人员的生活费用。京军各营变成了一支庞大的建筑队伍,建筑材料则从各省征用。从15世纪初到17世纪营建计划从未间断,它们可能已经不是政府财政资金中一个重要的因素,后者已经组织得更好。很明显,考虑到王朝有限的财力,优先安排这些建筑工程是很不合适的。由于财政资源的划拨缺乏深思熟虑,军队陷入了巨大的苦难之中。这除了造成京军各营缺乏战斗操练外,在15世纪和16世纪早期的好几个皇帝还以不合格的编外人员填充官军数额。

由于文职官员的任命标准严格，包括皇亲、宠臣及宠臣的亲戚都投充于军队之中，他们多是滥竽充数之徒，造成军队冗员严重。15世纪60年代，京军一卫就有军官近3000人，而其定额，包括军官与士兵才5600人[71]。皇帝的母舅、岳父、内兄内弟常常受封为伯侯，他们的子侄也随后变成同知、千户。受宠宦官的家侄，可能会成为指挥、佥事。一个宫女的父兄也可能得到校尉、百户这样尊崇的头衔[72]，以此作为她勤恳服务的赏赐。这种答谢其功劳的方法与欧洲的王室赏赐给厨师勋章十分相似。

明代军官世袭，造成京军冗员严重，规模逐渐失去控制。同样，居住在各省的藩王宗室也由国家供养。1371年，就有上报说大小武官有12980人[73]。在洪武末期其数量已经上升到28000人[74]。到1455年，在京武职就有31790名[75]。在1469年，据说武职已愈80000名[76]。到1520年左右，武职增大到100000余人，已经失去控制[77]。其中的大多数人无疑要居住在京师。

这种滥封军衔的陋习所造成的财政后果有些奇特，因为这些冗员的俸禄与正式的文武官员一样，数额不大，不会造成国家的预算膨胀。向他们支付俸禄实际上是皇帝自己掏腰包，从金花银中支付。只有一部分的实物（包括粮食与棉衣）由户部来提供。俸禄册上的人员数量越多，每个人所得的就越少。这就成为军官俸禄低的一个原因。

漕粮受冗员影响最为严重。运到京师的漕粮数量一度有很大波动。从1472年开始，它基本固定为每年400万石。其中有一小部分，通常约为300000石被直接送到边境军镇[78]。这样在京师可用于支配的漕粮约有370万石。其分配采用配给制度。一般情况下，所有的文武官吏，不管其职衔高低，每人每月为1石米，以此作为其俸给的一部分。服役的士兵与工匠则减半[79]。到15世纪晚期和16世纪早期，合乎领取禄米条件的人不少于300000名[80]。1502年，根据户部尚书的报告，他们每年共要放支禄米338万石[81]。每当解运的漕粮不足或者有额外支出时，京仓就会发生亏空。这样，耗资巨大解运来的漕粮，却于帝国的财政无补，它虽然解决了首都的食物供应问题，但接受者多为冗员，他们于国无益。

内阁大学士杨廷和（见第一章第一节）曾对这种情况进行了一定程度的调整。1522年，在嘉靖皇帝即位时，这位素来厉行简朴的政治家立即从俸禄册上裁汰冗员148000名，恩幸得官者皆被斥去。这次裁革每年可节约漕粮153.2万余石[82]。这些节余所折成的银两成为明帝国度过16世纪中期财政危机的重要因素（见第七章第一节）。

第二节　土地和人口数据

土地数据

1587年刊行的《大明会典》记载了三组土地数据：1393年是850762368亩；1502年是622805881亩；1578年是701397628亩[83]。直到最近，这些数字还被认为是纳税的田土亩数，具有研究价值。但是经过20世纪40年代几位日本学者全面彻底的研究之后，这些数字的真实性逐渐暴露出来了。现在看来，1393 年的 8.5 亿亩的数字不是一个真实的财政记录，正如藤井宏所指出的那样，这一数字要包括荒地和被指定为需要改造的荡地[84]。而且这一数字也不是像原来所认为的那样是通过全国性土地清丈所得到的数字，各省直的数字大多是随意估计出来的。明代前期纳税田土面积要少于 4 亿亩，这个数字可见于实录[85]。

1502 年的数字似乎来源于那年编制的黄册，但实际面积不及 2 亿亩。而记录在 1510 年刊行的《大明会典》的数字是 422805881 亩。清水泰次最早发现了这一差异，指出后来刊行《会典》的编纂者们可能对湖广布政使司上报的田土总数较少感到有所迷惑，因而随意地给该省增加了 2 亿亩[86]。

按照这两位学者的看法，1578 年的数字同样地夸大了湖广布政使司的地亩数，多统计了 19000 万亩。考虑到统计数字的平衡，田土总数修正之后，应该是接近 5 亿亩。

在和田清的《明史食货志译注》中，藤井宏修正了田土总数：1381 年是 366771728 亩；1391 年是 387474673 亩；1502 年是 422805892 亩；1578 年是 510612728 亩。尽管这个发现有充足的论据，但所引用的证据还仅是一种启示，而不能以此得出结论。他的推论是很合乎道理的，但没有确凿的证据[87]。此外，这些修正的数字还只是税亩数，并不代表实际的面积（见第一章第二节"税亩折算"部分）。

实际上，在 15、16 世纪建立起一个单一的统计标准是很困难的。一旦税收额度与耕地面积挂钩，人口数据对中央政府就变得相对不重要了,他们不再作为税收的基础。高级官员对官方册籍中人口数据的肆意篡改就表明他们无意确保统计数据真实、可靠。

根据藤井宏修正的田土数字,16世纪农业用地是不断上升的,这一点与我们研究的主题有关。由地方部门提交的基本数据有许多问题,给研究造成了很大困难,但是我们可以用这些数字作为一个比较的基础。在下面几章里,将依据地方上报的数据进行一定限度的定量分析,至少能够弄清其内部的情况。

人口数据

16世纪上报的人口数据要比官方的土地数据更容易受到腐败的影响。人口少报是普遍的趋向。与耕地面积不同,对人口数据根本无法进行核对,甚至相对准确的核对都难以做到。按明代一般的做法,大查黄册仅仅是找出上报数字的误差。当分类细目的数字与总数不符时,黄册就会被驳回要求重造,并对上报错误的地区处以高额的罚款[88]。为了避免被罚款,地方政府就重抄旧册,送解了事,有时不过对旧册最后两三位数字做轻微的改动。何炳棣指出,从1522年到1552年这30年间,总共4次大造黄册,浙江奉化县的人户数保持为18865户不变,既没有上升,也没有下降。而象山县登记的人口数甚至一直是17812人[89]。

然而,十年一次的人口与土地的上报从来没有被废止。明朝指定南京城外后湖(今玄武湖)的小岛作为存放这些册籍的地方。整个地区被宣布为禁区,上报册籍被送到之前,已经建有三十间新库房。岛上炊爨有禁，火烛有禁，以此严防火灾。这些册籍的装订版式有严格的规定，纸张也有统一的标准。许多国子监监生被选派来负责黄册的查对，查找新造黄册有无错谬[90]。不过，大多数的工作是一种无用劳动。韦庆远指出，1582 年，南直隶兴化县有百岁以上人口的户达 3700 余户之多。一直到清初，一位官员还提到明末有些黄册所开人户的姓名并事产，多系明初洪武年间的姓名和数目[91]。

当时的文人就已经认识到黄册的弊病。王世贞（1526—1590）称造册与稽查皆同"儿戏"。1609 年，山东汶上县地方志的编纂者痛惜黄册"徒费毫楮耳"[92]。1572 年刊行的浙江会稽县县志记载人口数是 62004 人，与上报的人口数字一致。但是编纂者同时附上实在数目，则是该数字的 4 倍[93]。

《大明会典》记载的官方人口总数为：1393 年为 60545812 口；1491 年为 53281158 口；1578 年为 60692856 口[94]。这些数字本身没有什么价值。不过，按照一般的猜测，16 世纪的人口要比明朝建立之初有很大的增长，而这些数字与这种猜测并不矛盾。这 3 个数字中，1393 年的数字无疑最接近于实际情况。洪武时代管理严格，对于财政记录中的弄虚作假行为进行严厉惩处。6000 万左右的人口也与这一时代上报的食盐产量相符[95]。众所周知，在以后的世纪中，常常有某些个别地区上报的户口数不但没有增加，相反却减少了[96]。因此 6000 万人口可以被认为是人口净增长的标志。

同时代的一些资料显示出当时人口增长是很快的，但是这些资料没有记载具体的户口数。何炳棣对当时的文献进行了大量的、深入的研究之后认为1600年的人口数为15000万左右[97]。这一估计与16世纪晚期经济活动的一般描述比较吻合，也与同时代食盐的产量（见第五章第二节）以及明朝以后的人口记录相符合。

至于人口增长的影响，明代的文人几乎一致认为人口多有利于税收。这种态度是一种意识形态的偏见而非客观的分析。他们很少顾及由于人口增长所导致的人均收入的下降。当然，16世纪的明帝国还有许多未开发的地区，特别是湖广和河南，所以人们很少关心人口的压力。而且，不断发展的手工业也为新增加的劳动力提供了出路[98]。然而，这些都无法改变这样的事实，那就是在一些地区，新增加人口的吃饭已经很成问题了。上面所引的《会稽志》就指出该县的自然资源也就仅令一半人口"不饥耳"[99]。在福建，由于粮食的不足促使当地居民无视帝国的海禁政策而从事海上贸易，并且在16世纪中期以后导致了沿海地区严重的海盗行为，对于这一点，明代的文人与现代的学者有同样的看法[100]。许多历史学家关注明代后期的城市文化，他们对繁荣的长江下游地区土地所有者从事经济作物与商品生产进行了广泛的讨论[101]。由于资料缺乏，使我们很难去评估明代普遍的生活水平。但是，彭信威在他的关于"中国货币史"的研究中就提到了当时由于人口的增长导致生活水平的不断下降，这反过来也影响到税收[102]。

另外一个因素也要考虑，那就是明代的财政机构过分僵化，从来不进行有效调整来适应复杂多变的社会。教条的儒家学说认为劳动力越多，税收收入就越多，实际上这是一种空想。即使这种想法成立，明政府也没有能力进行有效的管理。有些地方人口减少，有些地方经济破败，但额税制度使得税收负担无法进行调整。人口逃亡后，所缺税额一般摊征于余下居民身上，这就导致更进一步的逃亡，税款也无从征收[103]。与一般看法相反，增长的人口很少直接有助于税收增加。过剩的人口往往成为流动人口，很难对他们征税。即使对过剩的人口能够进行登记和评定，地方管理者也不愿意如实上报，担心上报人口增加会促使朝廷重新调整地方税收定额，增加税收。他们至多是重新调整税收负担，由于纳税户的增加，每户的税负减少，使税收相对容易征集。同时管理者也获得了仁爱的名声。

地方在编造黄册之初，就已经背离了规定的程序。到15世纪末，出现了一种叫做"白册"的册籍。作为例行公事，地方官员还是解送黄册到后湖，而他们另造一套实征册，习惯称之为白册，以便进行实际的税收管理。据说在1479年左右，时任南直隶巡抚的王恕（1416—1508年）曾私下默许地方官员编制白册[104]。这些统计数据开始出现在16世纪编纂的一些地方志中[105]。

第三节 军队的维护

军队自给的神话和面临的现实

一般认为洪武和永乐朝军队通过军屯实现了粮食自给，这一点一直是我们正确了解明朝财政史的一个障碍。这一神话是明末的学者吹捧夸大所造成的，他们很可能是受到了早期记录的误导。这些记录的内容十分丰富，为他们的结论提供了资料。《大明会典》记载军屯田土总数为8900万亩[106]。《实录》记载1403年的军屯子粒总产量超过2300万石，这几乎与田赋收入相当[107]。《明史》甚至记载每军受田50亩，以米18石为最低标准，其中12石听本军自支，余粮上交军仓。在边地，三分守城，七分屯种。在内地，二分守城，八分屯种[108]。这些估算显示出至少有100万军士在从事粮食生产。我们由此可以推测这样一个大的计划如果能够很好地实施，可能会解决军事供给以及所有的其他问题。

然而上面的推测不仅与实际情况不符，而且也根本不可能实现。16世纪末期，甚至当时的人士也开始对早期报告的真实性提出怀疑。孙承泽经过计算，认为1400年左右，四川一省的屯田面积有65954526亩，而按屯军数量进行折算，每人要耕4500亩土地[109]。在同时代的其他著述中也很容易发现这种自相矛盾的说法。洪武皇帝自己就曾说过南直隶的两个指挥领军屯种20年，还不能实现屯食自给[110]。通过《实录》的记载可以看出14世纪末、15世纪初军事卫所的粮食供应主要还是依靠民运，这种记载很多，不再一一列举[111]。1404年，在永乐皇帝大力推进军屯之后，一些地区还是"一人所耕不足自供半岁之食"[112]。到了1423年，全国的军屯子粒定额下降到接近500万石[113]。实际产量可能会更低。1429年，户部尚书郭敦（1427—1431年在任）上奏宣德皇帝说许多卫所下屯者或十人，或四五人，屯收子粒不足百石，而每卫官军一年所支俸粮动以万计[114]。

上面的情况显示出，所谓的军屯自给被夸大了，全国性的统计数字仅仅代表着一种预计的目标,各个层次都对其做了过高的估计。现在我们还无法确知军屯计划前期的实际效果,这部分是因为明朝官僚们对王朝的建立者有所恐惧疑虑而隐瞒了这方面的情况,也因为缺乏来源于武臣方面的资料,他们没有留下什么记录。王毓铨在对明代军屯进行专门研究之后认为,歌颂军屯的言词都"不免夸大",夸大到甚至"很不符合事实的"的程度[115]。

军屯水平必须根据屯田计划组织的情况加以观察。实际上,军屯没有事先作出计划,进行周密准备,没有进行过实地调查,没有做过试点,也没有建立起专门管理的部门。仅仅是由皇帝签署命令,要求军官进行屯田,至于财力、物力则由屯军自己去解决。通过现有的材料我们可以看到种子与耕牛分发以及人力与屯田的分配都不是由中央统一管理[116]。所以,这项计划很难成为一项持久的制度。

交错的补给线

洪武皇帝建立起一支庞大的军队。1392年,估计现役军人有120万人[117]。登记的世袭军户有170万到200万户左右[118]。但军队缺乏内部的凝聚力。登记在册的军户并非经过挑选,他们包括许多政治犯、刑事犯、充军犯人以及西北的少数民族[119]。洪武时代,湖广、广东、福建、山西的许多民户也被临时征入军队因而被佥为军籍[120]。即使在明朝建立前后,军士逃亡也是很普遍的事情[121]。

每一世袭军户,除了要供一人应军役外,还要承应本卫、所的征召。其中有一项义务是要承担30%的军用装备,其他70%要由邻县或邻府的军户来提供。这种方法很可能在洪武朝末期就已经确立了[122]。

士兵没有现金收入,有时候皇帝会赏赐给现役官兵宝钞,但这些赏赐是不固定的。军士固定的配给是月粮每人一石,还有少量的盐,以供家小之用[123]。冬天服装的发放依据供给情况,要么是发给现成的冬衣,要么是发给棉布和棉絮[124]。洪武朝,一个士兵每年通常能够得到25贯的宝钞,报酬还很丰厚。然而在永乐中期,大约在1410—1420年左右,这些赏赐渐渐取消了。此后除了新皇帝继位之时可能还略有赏赐外,其他时候则完全没有[125]。

卫所事实上有两种类型。在北方边地、某些海边地区以及贵州,卫所的指挥官实际上也履行着地方政府的职能。在王朝早期,这些地区的全部人口实际上都登记为军户,所有的土地都归政府所有,实行军屯,每名军士分地50亩[126]。但是这些地区的产量一般都很低,又缺乏安全保障,自然条件又不好,推行屯田无疑有很多不利因素。内地的卫所没有管理地方的职责。他们与一般民户杂处,可供军屯的土地很少,且分布零散[127]。一些零星的数据表明每个士兵一般只能分配给20亩或者更少的土地[128]。到1402年,又更定科则,每个屯田士兵除了纳粮12石自支外,还要纳余粮12石,要完全按照这个科则来执行是很困难的事情[129]。很清楚,这个标准必须要求人力与物力发挥到极限程度才能完成。

军屯计划在1371年大规模推行以后[130],原本期望卫所能够自给,以减轻民户的负担。尽管这样,早期的补给方法还在继续应用。在上一章中我们已经解释过明朝从来没有建立起一套完整的后勤保障体系。按照户部规定，地方官员要对拨税粮给邻近的卫所。低水平的解运遵循这一固定的方法，发展成为遍布整个帝国的供给网络[131]。根据现有的记录，我们还无法确知这样分配的税收收入有多少。会计制度的复杂性成为有明一代主要的问题，这个问题一直没有解决。这就造成军官们有可能夸大军屯的成绩，而事实上却是由文职政府来供应军队。1407 年，当永乐皇帝发布严厉的命令要求扩大军屯时，一位监察官员上奏说军屯的实际产量难以确知[132]。这是很值得注意的问题，它一直存在于其后的几个世纪之中。

卫所制度的衰落

早期军屯计划的实际效果还不清楚，但它在 15 世纪的头 25 年里就已经衰落却是现实。1425 年颁布的法令将每个屯种军士所纳的余粮定额减少到 6 石，此后一直没有改变[133]。这一变化是深思熟虑的结果，也是现实的选择。然而定额减少，却没有新的补给来源。同时也中止赏赐给士兵宝钞，田赋收入也不断减少，还有临时的税收蠲免，所有这些都更进一步削弱了地方政府对军事卫所的补给供应能力。

从 1435 年起，屯军自己支用的正粮子粒为 12 石，可以在收获时直接留存而不必经由卫所军官盘量[134]。在理论上，耕地是从来不会分给各个军士成为其个人财产的，军士只是受领一小块公地耕种。但实际上不可能永远如此。这一制度不过是将军士又变成农民向他们收取税粮，而且其税粮额是正常田赋的 5 到 10 倍。到 15 世纪中期，也可能更早，军士已经开始典卖自己管理的土地，这类事例在明代后期的记载中可以经常见到[135]。

15世纪中期以后的大约100年间,明朝军事实力急剧下降,特别是内陆省份的军队,其衰落程度在中国历史上都是罕有的。当时补给短缺,士兵配给减少。他们的部分粮饷与配给也被折成棉布、胡椒和苏木。折支比率依据都司卫所不同而不同,军士已婚未婚折支也有所不同[136]。月粮1石的供给本来就不充足,而折支事实上取消了报酬。1468年,一些军士被告知他们的部分军粮折色自此以后将被减少到每人4两胡椒和苏木,这些物品给散不时,又且数少,军士不愿关领[137]。1489年,山西的一个千户所的指挥官报告说其军士已有两年不支俸粮,不支布花更达6年之久[138]。只是到了1511年,明朝政府才解决这些拖欠,其中包括河南两卫旗军9年未曾关领之月粮折色钱钞。这些迟发的配给当时是按每米1石折铜钱20文的折算率发放,支付的款项仅相当于原先价值的5%[139]。1528年,皇帝在一个诏令中承认许多"卫所军士月粮多有经年累月不得关支"[140]。

这样就导致了军士大量逃亡,军队缩编严重,卫所制度已经无法存在下去了。朝廷的"清勾"政策也无力改变这种局面。当一个军士逃亡后,"清军御史"要勾取其亲属和邻居顶充[141]。在这种情形下,许多承担军役义务的人同意花钱募人代役,支付代役人结婚和迁移的费用,由代役人顶充空缺[142]。但是所有这些办法都过于迟缓,一件事情解决了,另外一些逃亡又发生了,直到最后,卫所被架空。

洪武朝广西官军有120000人,到1492年只有18000人,仅剩原来的15%[143]。江西南昌左卫旗军原额4735人,到1502年,在城操练者仅有 141 名，不到原来定额的 3%〔144〕。金华千户所定额有 1225 人，到 16 世纪，在营操演军士只有 34 名，还有 300 人充之运船〔145〕。

16 世纪早期，内地的军事卫所仅维持规定员额的 10%，这是很典型的情况。北京周边的 78 个卫所在 15 世纪早期有军籍 380000 户。但编入京军各营仅有 50000 到 60000 人。他们中许多人从事宫殿营建、军马养护，或者作为部门随从、家内仆役等，在营操练者不超过 10000 人，而且其中一部分人还雇用贫民乞丐顶充军役〔146〕。

北方边镇的情况略好。1487 年官方的记录显示出各边官军约有 300000 人〔147〕。当卫所军逐渐被募兵所代替时，这些军镇的情况也发生了变化〔148〕。1500 年左右，估计募兵已经占到操军的一半以上〔149〕，这也就意味着帝国政府不得不增加北边军士的粮饷。而当时京运旧额只有 480000 两白银〔150〕，这一额度在 16 世纪初急剧增加。从 1500 年到 1502 年的三年间，为了应付来自于蒙古各部的军事压力，户部迅速加拨 4150200 两白银的紧急资金给一些军镇〔151〕。这种趋势一旦确立就根本无法逆转。边军供给成为户部一个最大的问题，但却又是最棘手的任务（见第七章第二节）。

尽管相对于帝国的财力而言，以上所引的数字也非过于庞大，但政府并无专项收入用于这种开支，而军队自给这种不切实际的神话却还在继续。这样不仅它的财务出现了问题，而且卫所制度本身也成为 16 世纪管理者的一项负担。虽然这一制度的效率已经降到最低，但它既没有被废除，也不进行改革。对于后代的管理者来说，它虽然是国家的一项基本制度，但已经没有什么财力供其支配，也不敢冒风险对其进行改革。仅仅在1643年,明朝灭亡的前一年,户部尚书倪元璐大胆地建议彻底免除军籍,但是他的建议被崇祯皇帝拒绝了[152]。

第四节　货币问题

宝　钞

明初洪武、永乐两朝宝钞的通货膨胀所造成的恶果已经普遍被经济史研究者所认识到[153]。然而,通货膨胀政策对政府财政所造成的实际损害程度还没有被全面评估过。简单地观察可能会认为其影响仅是暂时性的。实际上,通货膨胀有长期的影响,因为一个错误会导致另一个错误。宝钞的破产引起了连锁的反应,导致了铜钱以及后来税收管理中用银的失败。明代财政账目缺乏统一管理,同时税收定额制度一直延续下来,虽然造成这种结果有许多原因。但无疑缺乏有效的货币制度也是其中的一个原因。所有这些都源于明初滥发纸币的政策。

我们很难解释洪武皇帝对宝钞的态度。他过分自信权力。他的通货膨胀政策实际上形成了一种新的税收形式,虽然还没有迹象表明他曾经这样理解,但事实却是如此。可以想见,通过无限制地发行纸币来支付开支,这些纸币不久就会饱和。没有证据显示他认识到这些背后的关系。

众所周知,洪武皇帝是以赏赐的方式流通宝钞,他把宝钞作为特殊的赏赐授给皇子、高级官员,也把它作为外国朝贡使团的回赠礼物。同时，洪武皇帝也用它来购买粮食，或者分发宝钞赈灾。尽管很难确切知道宝钞的实际流通量，但其大致数量还是能够确定的，其流通量大得惊人。

依据《实录》的记载，仅仅在 1390 年一年时间里，这位开国皇帝在各种场合赏赐宝钞的记录就有 69 处[154]。在这 69 个事例中有 53 个事例或者是指定了赏赐的准确数量，或者是清楚地说明了分发的类别可以计算出总数，总计达 88607315 贯。余下 16 次的数量虽然没有明确说明，但其总数估计可能接近 700 万贯。这样，仅在那一年，皇帝赏赐的宝钞就有 9500 万贯。而那一年政府记录的收入以按纸币来折算有 20382990 贯[155]。以前面的数字扣除后面的数字，我们可以知道洪武皇帝仅在 1390 年就发行了 7500 万贯新钞，造成市场上通货膨胀。按照当时官方的比价，每石米为一贯，流通的新钞就相当于明代两年半的田赋收入。即使按照当时的市值每石粮食折钞 4 贯来计算[156]，钞额总数还是相当于半年的田赋收入。

这一估计并不与宝钞提举司的造钞能力相矛盾。皇帝自己的话就透露出在 1385 年的一年中，各钞局印制的新钞就在 2700 万贯到 3400 万贯之间[157]。这一数字明显低于 1390 年的 7500 万贯这个数字。不过在 1385 年，宝钞的市值是每石粮食折钞 2.5 贯[158]，当年投入流通的新钞的价值还是与半年的田赋收入相差无几。

到了 15 世纪早期，宝钞的通货膨胀已经失控。1404 年，都察院左都御史建言实行统一的户口食盐之法，各户食盐纳钞。其最初的计划是希望每年可增收 1 亿贯。户部则提出反建议，决定将这一数额减少一半[159]。但即使这样,这一政策也从来没有按照原来的计划或者户部的建议实行过。当时的计划性收入对于流通中的货币总额抱有不切实际的幻想。很显然,永乐皇帝的政策加重了国家的通货膨胀。尽管将官方制定的比价降低到每石米 30 贯[160],但宝钞的实际购买力还要低于这个水平。

1425 年,宣德皇帝继位时,宝钞仅仅相当于其最初价值的 1/4 到 1/7[161]。然而,这样的比值与现代社会中由于市场的供需关系所产生的波动而形成的价格指数不能相提并论。在 15 世纪早期,民间商业很不发达,商业交易中大量使用纸币极为少见。所谓纸币的市场价值,部分的是由使用者来决定的,很大程度上还要依靠国家的控制力。只要这种控制力一丧失,民间就会拒绝使用纸币,结果,纸币要么进一步贬值,要么废弃不用。

明朝政府自然不会忽视对私下交易的管理。1426 年,又重新强调了早期禁止用金银进行交易的法律[162]。1429 年,对违法者处以高额的罚款,私下交易 1 两白银,就要罚钞 10000 贯[163]。然而这样做并不能取得实效,因为私下商业交易过于分散,而白银相对来说比较充足。宣德皇帝在其即位之时,就赏赐官吏军民人等 963829 两的贵金属,这种做法与其货币政策相左[164]。

保持宝钞价值最有效的办法是为这些在民众中正在流通的货币找到市场。在 15 世纪早期,政府允许用钞交纳税课与赎罚,但是采取谨慎的态度,严格限制宝钞纳税的额度。官员们对宝钞普遍信心不足,不敢收纳大量的宝钞,这要承担一定的金融风险。因为政府没有任何预算盈余来保证宝钞稳定。

下一步是创造新的税收收入，专门收纳宝钞。1425年，户部尚书夏元吉向洪熙皇帝上奏要求增加市肆门摊税。宣德时，扩大了税收的范围和税率。1429年，他下令在33个城市中将门摊课钞增加5倍，每个店舍最高每月要上纳500贯。驴骡车每次进出北京和南京还要交纳300贯的通行费用。对于运河上的船只，除去一般的税收外，还要计其载料之多少、路程之远近纳钞，一般来说，一艘船通过整个运河要纳钞500贯[165]。1431年的年终报告显示出当年各种杂课钞收入达到2亿贯[166]。到1433年，这些杂课钞收入达到了28800万贯[167]。进行通货紧缩的努力被宣称取得了成功。皇帝谕称"内外钞法颇通"。他要求统一降低税率，普遍地降到原有税收水平的1/3。正统皇帝与景泰皇帝又进一步降低税率，到1442年，税率已经相当于最高时的1/10。1452年，车辆在城门的通行费已经分成四种，分别是8、4、2、1贯，4贯仅相当于原来费用的2%[168]。

1429年的计划显然过于苛刻，给商人和公众造成了很大困难。但是一旦这种激烈的步骤已经实施，在它的目的也已达到的情况下，就不应该轻易废弃。但是明朝政府在没有采取一定的后续措施来巩固纸钞的地位、使其永久制度化的情况下，就宣布废弃了这种做法，这是不明智的行为。很明显，这错过了一次进行宝钞改革的绝好机会。如果仅仅认为政府缺乏技术知识而没有能够抓住这个机会并不令人信服，因为早在1425年，一位军士就已经提交了一个钞法改革计划，要求以新钞取代洪武宝钞*。皇帝不仅读了这个计划，而且还在群臣中传阅，皇帝认为这个建议很有道理，"皆合朕意"[169]。考虑到这些，我们只能得出结论，进行这种改革已非明廷能力所及。

我们应该注意到，由军士提交的这个计划并不简单局限于发行一种不同类别的宝钞，他也指出需要进一步统一财政管理，必须有可信的财政统计资料，同时保持预算平衡。这一计划如果完全实施，将会完全背离洪武皇帝的政府财政观念。而当时的宣德皇帝，正由于逋赋问题与安南的困境而焦头烂额，无法指望他能够进行这样的冒险。在没有进行体制改革的情况下而仅仅发行一种新的纸币是没有什么意义的，这只会进一步动摇公众的信心。作为其结果，此后发行的宝钞皆用"洪武"年号[170]。

帝国的主要问题是田赋与军屯。在 15 世纪 20 年代和 30 年代，朝廷在这种压力下，仅仅降低一些款项开支，根本不足以弥补税收缺失。为了使宝钞有出路，就人为地对城市地区的人口课以重税。因为只有在城市中，国家能有足够的、有效的控制力量。然而，在一个农业占支配地位的社会，流通的基础过于狭窄。而且又是一种封闭性流通。每年 2 亿贯的杂课钞，其价值不超过 500000 两白银。同时，通行费与门摊税过于沉重，不可能长久持续下去。因此，这一政策的失败是预料之中的事情。

---

* 明代早期，许多饱学之士从军。这个特殊的人物是一个政治犯。宣德皇帝在读到他的奏疏之后，取消他的军籍。

1435年，宣德皇帝去世，幼帝登基。广西梧州知府奏请在民间贸易中铜钱合法化（当时禁止使用铜钱的法律虽已成为具文，但仍然保留）。这一奏请得到批准，因而给人们提供了一个不再把禁止铜钱流通的法律看成有效的借口[171]。第二年，朝廷开始以银征收田赋（见第二章第一节"金花银"），宝钞的法定货币命运已定。它的进一步贬值是可以预料的。

1436年，根据报告，钞1000贯可兑换银1两[172]。但是，到15世纪40年代，明廷又一次制定法律禁止使用铜钱，这也是最后的一次努力，使宝钞的价值有所上升，钞不足500贯可兑换1两白银[173]。这一步骤在理论上是行得通的。宝钞的最大面额是1贯，尽管与白银不可相比，但是贬值的宝钞可以取代铜钱作为小额零钱。1448年，一条禁用铜钱的法律被宣布生效，朝廷令京师的锦衣卫、五城兵马司巡视，"有以铜钱交易者擒治"[174]。但是考虑到宝钞原来的发行历史，官方发行的宝钞难以重获信任，小规模的交易很难管理。第二年，明朝的军队在土木堡遭到重创，年轻的皇帝被瓦剌首领也先俘获，紧接着出现的紧急状态，使得这条强制性法律根本得不到重视。此后，也就再没有进行任何的努力以便使政府发行的宝钞获得普遍接受。

然而，宝钞却从来也没有被完全放弃。即使它已经不再流通使用了，但它还是作为一个财政单位而存在下来。洪武朝的一些以宝钞估定的税收额度在16世纪按每贯0.003两白银的兑价进行折算，宝钞贬值甚多。同时，在15世纪早期为了扩大宝钞的使用而新增的税收收入也没有进行全面的重新整理。从原则上来讲，这些项目的一部分还应该用宝钞来支付。1466年，已经有人报告说宝钞"甚至积之市肆，过者不顾"，但到16世纪80年代，在京师的文职官员还被要求购买宝钞以便完成他的税收解纳义务[175]。

宝钞本身没有商业价值，除非一些商贩在其商业活动中购买它，然后再转售给那些纳税人，这些纳税人纳税时必须交纳一部分宝钞。从1488年开始，政府大体上公认每钞1贯折银0.003两[176]。但是仍以宝钞核定税额。事实上，以宝钞计算的税额很少[177]。1527年，官方计量宝钞不再用"贯"，而以"块"计，其被赋予的价值依地区不同而不同[178]。

一直到15世纪中期，明廷还用宝钞来折支部分官俸，有时也以此折支军饷。从那以后，这些习惯大都停止，宝钞变成了一种礼仪性货币，它分发给官员作为有名无实的旅行路费，有时候有功的大臣与总督也会得到一包宝钞，一次绝不超过1000贯，这被看作是君主给予的一种特殊形式的荣誉。在各种庆祝场合，皇帝以宝钞作为奖励赏赐给他的朝臣[179]。1618年，政府还向辽东的一些军士支发宝钞[180]。最后一次以赏赐的形式发放宝钞似乎是在1620年天启皇帝即位之时。当时已是宝钞停止广泛使用之后的一个半世纪了[181]。

铜　　钱

有明一代，铜钱充当的行政职能被认为要超过其公共服务职能。铸币厂没有成本预算，劳动力有工食，但没有薪水。通常情况下，其原材料要么由工匠提供，要么按照政府定价由指定商人来采购。完成这些供应也是他们的义务。15世纪中期以后，绝大多数劳动力都是以银雇役，而不是亲身服役。实际生产的工人多为受雇应役。然而，许多早期做法却还保留下来，例如工人和供应者要对铸币厂的运作负有财政责任。一些铸币厂的工头通常被称作"炉头"，他们负责供应必要的木炭。一个17世纪的手册显示出熔化金属要很好地把握火候，过了火候会多耗费原料，而这些多耗费的原料要由供应者来弥补。同时，火候不够，则硬币的出产量要比要求的少，炉头也要对此负有财政责任[182]。

明代的绝大多数铜钱都是以"钱"或"文"为单位。有时，西方的学者将其归类为铜钱（copper "cash"）。但是钱（mace）也是重量单位，为1/10两。在理论上，至少每个1钱硬币，重量也应当是1钱。换句话说，就是10个硬币重量为1两，160个硬币为1斤[183]。币值较大的铜钱很少铸造，只是在洪武时期铸造了一些10钱的铜钱。17世纪天启朝也曾铸造同样的铜钱，但却完全失败了[184]。金银作为货币的理论已经确立很久，明代比前代更强化了这种认识。明朝的货币政策可能进一步阻碍了人们信任抽象的货币符号。

按照原则，铜钱由纯铜铸造。混合一定量的锡也是可以接受的，但这样会降低其本身的价值[185]。1505年，有人奏请皇帝允许造币时掺入1/16到1/8的锡。但是这条规则当时仅仅适用于在京师的铸币厂[186]。14世纪，在禁止私下用贵金属交易之前，就已经规定了1000文铜钱合白银1两。1500年以后，部分地由于铜价的上升，这一兑价降为700比1有时是800比1。民间私下交易的实际兑价与这一标准则有很大的不同，这要视当地的铜价与铜钱的质量而定[187]。

铜钱的铸造不是冲压而是以模子压铸。《天工开物》一书对此有说明，按照该书的描述，两个半分的空范类似于立放的公文包，它包含着许多硬币印模，熔化金属从其顶端的孔道灌入[188]。硬币被浇铸后，还有许多工作要做，包括锉边和磨光。有资料显示为了铸出高质量的硬币，最多锉磨掉三分之一金属[189]。对这一锉边磨光过程还不十分清楚，但看来是采用了类似于车床之类的镟车，将硬币固定于一个位置进行修磨锉治，这要用一个方形的棍将它们直贯，两端用夹子固定。在 16 世纪早期，有人建议革去车镟以使"工费轻省"[190]，于是铸工竞相杂以锡、铅以便锉治。这就造成了政府鼓铸之钱质量下降，反过来又引起盗铸日滋。这些细节问题非常重要，这与其说是缺乏技术，不如说是资金不足造成了生产标准的下降。

由于提倡用钞的政策，使铜钱铸造从一开始就发展迟缓。政府不愿意铸造铜钱，以避免同其推行的法定货币相竞争。甚至宝钞贬值之后更是如此，让宝钞与铜钱有同样的地位[191]。我们已经说过，一直到 15 世纪中期，明朝不时地禁止铜钱流通。但这些命令没有什么效果，人们多用前朝所铸旧钱进行交易。

尽管铜钱在洪武、永乐、宣德年间铸造次数不多，但在 1433 年后有 70 年根本没有铸钱[192]。早期生产的记录是不完整的，但是一些零散数字显示出铸钱数量不是很多。洪武朝铸造数量最多，例如 1372 年铸造了 222401956 文铜钱，1374 年铸造了 199849832 文铜钱，两下合计价值接近 200000 两白银[193]。官方的记录显示出即使在产量最高的 14

世纪国家每年也仅能铸钱 190667800 文[194]。根据北宋的经验，我们可以知道要想保证货币供应充足，国家必须保证每年要铸造 20 亿到 30 亿文铜钱，也就是每人每年大约要有 50 文新钱[195]。而明代铸钱数量不断波动，从来也没有接近这一水平。同时，明初铸造的许多铜钱又流失到海外。郑和的远洋探险行动输出的铜钱还无法确知其总数[196]。同时铜钱也被赏赐给外国的使者。1453 年，仅仅日本的朝贡使团就运走了 50118000 文铜钱[197]。然而，当时的明朝，国内市场铜钱的流通还没有合法化。

大约到 1450 年，取消了禁用白银、铜钱的禁令。由于对铜钱的强烈需求导致了"铜荒"，然而在整个世纪的后半期，政府没有采取任何实际行动来解决这种短缺。与此同时，市场上出现了许多私铸伪钱，这些私铸者们，以某一种正在流通的古代钱币为标准，掺杂以铅、铁以及沙子进行鼓铸私造[198]。

当朝廷在 1503 年最终采取行动时，却没有资金去铸造铜钱。当时在京师的铸币厂生产能力有限[199]。解决的办法是按照 14 世纪的先例将铸钱配额分派给各省，要求各省按照中央的统一标准铸造一定数量的铜钱。一般来说，铸造铜钱是一项有利可图的事情。甚至到 16 世纪晚期，铸造铜钱还可获得 40% 的利润（第六章第二节）。然而在这些事例中，中央政府并没有授权地方长官铸造他们自己的货币。正如一位监察官员所指出的那样，要求地方长官铸造一定数量的铜钱实际上成为一种新形式的税收[200]。按规定，南京要铸造 2560 万文钱。许多在南方的官员联合起来上奏皇帝说地方灾伤，如果定额太高会加重平民的负担。皇帝随后将其定额减少到原来的2/3[201]。然而这一定额,即使能够全部完成,也仅相当于36657两白银,这一数量根本无助于解决铜钱短缺问题。

1505年,甚至官员们都公认政府的工匠无法同私铸工匠的技术水平相比。一些官员在参观了京师的铸币厂之后,奏报说政府的工匠"乱加锤錾",铸出的钱"斜仄拙劣,殆不成文"[202]。1503年,鼓铸铜钱的命令发布之时,预想能够铸钱2亿文[203],到1505年夏天,户部上报说所铸之钱还不到定额的20%[204]。甚至到1509年,这一计划也没有全部完成,整个计划一拖再拖[205]。

嘉靖皇帝是最后一个力图维持铜钱制度的君主。1527年,他下令重新开始铸钱[206]。尽管努力改进铸造工艺,增加每文钱的重量,但在其统治期间货币的混乱却更加恶化。到16世纪50年代,市场上充溢劣质私钱,私钱对白银兑价跌至6000文兑换1两。一些光棍无赖胁迫商民接受官定的每700文铜钱兑换1两白银的比率,迫使民间闭门罢市。1554年,有人上奏皇帝说许多流民死于京师街头,是钱法不通造成的结果[207]。虽然这其中的因果关系并不清楚,但我们有理由推断这可能是食品价格急剧上涨以及失业人数大量增加造成的后果。

经济史学家李剑农注意到按照格雷欣法则(Gresham's Law),劣币要驱逐良币。他因此断言因为嘉靖钱法量过重,私铸者为了得到金属而将其销毁熔化,其未被销毁之善钱则深藏不出[208]。用这一理论进行解释有一定道理,但完全这样解释却不能令人满意。他忽视了16世纪政府铸币的数量因素和其质量管理。

嘉靖铸钱是一个最容易引起争议的话题。《明史》宣称1553年政府的铸币厂铸钱总数达950亿文,这条材料来源于《大明会典》[209]。著名的中国货币史研究权威彭信威指出这种不切实际的数字"在事实上不可能"。他本身作为一个收藏家,认为没有什么证据显示铸造了如此多的钱,这种事情至多是一种拟议,并没有真正实施过[210]。另外,在16世纪中期,950亿文钱的价值约略等于明朝政府20年间全部的现金收入。要想铸造如此多的钱,政府铸币厂的规模必须扩大100倍。

所有的证据显示出铸钱总额很少。1527年,南京和京师的铸厂仅仅铸钱41491200文。1540年,由于无利可图,铸钱再被推迟[211]。在整个明代,最大胆的铸钱建议是给事中殷正茂(后来任户部尚书,1576—1578年在任)在1555年建议利用云南铜鼓铸铜钱,他认为每年费工本银39万两,可得钱65000万文[212]。但当这一计划实施时,工本银被大量削减,仅投入白银2万两,每年铸钱不超过3300万文,其价值不到白银5万两。尽管这个计划名义上有150%的获利,但必须要求当地人将钱运到中部各省才能够实现。因此云南的地方官员不断地奏称负担过重,难以为继。到1565年,终罢云南铸钱[213]。

南京和京师的铸钱一直推迟到1540年以后才重新开始,当然具体的时间还无法知。但在1564年内阁大学士徐阶(1552—1568年在任)在给皇帝的一篇奏疏中透露在京师铸币的宝源局投入的工本费仅仅为28000两白银[214]。总之,没有证据表明嘉靖朝的哪一年铸钱数量曾经创纪录地超过1亿文的水平。在一些年份中,铸钱完全被推迟了。即使嘉靖皇帝企图建立一套银钱双本位制的货币体系,铜钱供应不必与宋代人均比率一致，新钱低于一人一文的比率，但考虑到明代经济活动已经达到了很高的水平，这种做法不可能适应时代的普遍要求。

嘉靖朝铸钱缺乏质量管理，在徐阶的文中得到证实。政府宝源局生产的铜钱种类很多，徐阶将各种制钱并私铸之钱每项各五文封进圣览，让皇帝裁察。其中有的钱用镟车磨边，民间称之为"镟边"；有的以金漆背，谓之"金背"，还有一种，表面黑色、粗糙，称之为"火漆"。而劣质钱币众多，无法归类。徐阶认为这些问题并非一般民众梗法所致，而是政府机构管理不如法的结果。在他的建议下，工部宝源局暂停铸钱，第二年云南也停止铸钱[215]。

对于这些问题，明朝前期的皇帝也要承担一部分责任。首先，铸钱从一开始就没有按部就班。本来起步较晚，先天不足，而在16世纪，官方又过分低估了这一问题的重要性。在应该倾其财力、物力去铸造新钱的时候，却又只关注眼前的利益，损害了长远的计划。由于新铸铜钱数量很少，质量低下，所以很难推行下去。明朝的铜钱也沿袭传统的设计，无法取代前朝铸造的铜钱。朝廷也仅仅是颁布法令宣布前朝旧钱废止使用，却没有任何实效，相反只会使民众产生困惑[216]。

在16世纪60年代的努力失败之后，再没有进一步的努力去约束管理私下交易的兑价。皇帝连续发布命令通告民众"行钱但从民便"[217]。一直到明朝灭亡，以铜钱纳税也仅限于城市的商业税和一定比例的钞关税。官方收税时偏爱铜钱[218]，但这并不意味着明代的铜钱是一种法定货币。1571年以后，官方的宝源局也偶尔开工铸钱[219]。1576年，又发布了铸钱的命令，甚至还期望人民能够用铜钱来支付田赋，这是一个永远也不能实现的目标[220]。政府的态度通常是谨慎的[221]，他们接受铜钱本身的市场价值，有时候还利用市场的波动铸钱获利（见第六章第二节）。

在16世纪晚期，无论是税收支付还是民间交易，白银的交易量都逐渐上升。贵金属总是以锭、饼、小银块的形式进行交易。现在还没有证据显示当时有任何铸造银元的提议与想法。一直到19世纪，中国才开始第一次铸造银元[222]。在明代，推行铜钱的惨痛经历所形成的长久惯性是很难消除的。

白银（unminted silver）*用于税收管理和作为公共交换媒介

近代开始之际，在一个大国还没有用银币来进行财政管理是一种很奇特的情形。明朝政府没有能够从银的开采中获利很多（见第六章第一节），也完全失去了对货币和信用的控制。这就意味着明朝的财政管理者在履行其职责时缺乏必要的手段。这也就妨碍了税收的征集与解运，同时还会有其他更深远的影响。

16世纪晚期的货币供应还只能进行推测。据梁方仲的估计，从1390年至1486年，国内的白银产量总计达3000万两以上。在明朝灭亡前的72年间，海外输入中国的银元至少在1亿元以上[223]。据彭信威

---

* 作者在这里意指未有铸成银币的银锭、银块、银条等。——译者注

阐述，元代中国白银就已经持续地流入中亚。到了明代，进行官方交易时，白银供应不足。他引用 17 世纪的一份资料认为一直到明朝结束，民众手中仅有 25000 万两白银，这一数字包括能够随时换成现钱的银器和银首饰[224]。如此推测需要许多证据。但似乎存在这样一个事实，即 16 世纪晚期流通中白银的数量并不很多。有证据表明，当税收折银以后，收割后的农产品价格有急速下跌的趋向。这一问题还将在后文中与田赋管理一起讨论（见第四章第三节）。价格的变动在任何情况下都可能发生，但是变化的剧烈程度表明不充足的货币供给可能是一个关键因素。

在税收管理中使用银锭（silver bullion）完全没有计划，甚至也没有选择的余地。其缺点是无法预料也不能进行修正。16 世纪的赋役折银是一个旷日持久的、相当无规则的过程。流通中白银的不充足无疑是一些赋役从来没有折银的原因。顾炎武在考察了 17 世纪中期的情况之后，还认为赋税征银是一个错误，赞成恢复实物纳税[225]。

在 16 世纪晚期，税收的解运基本上是向北方解运银锭。中部和南部各省要将税额解运到京师，同时，北方各省除了向京师解运外，还要将税额解运到更北的北边军镇。16 世纪中期以后，中央向这些军镇供应的年例逐渐增加。盐课收入也是遵循着同样的运输路线。我们可以估计这些例行的解运至少从东南向西北运送了大约 500 万两白银[226]。毋庸置疑，大多数的白银又回到了它最初的起运地。对于白银，北方边境是一个绝对的障碍。没有它的流回，向北的运动不可能不间断地超过一个世纪。尽管资料还不充分，但好几位现代学者在其论著中通过对棉花和棉制品贸易、瓷器以及同时代边境记录的研究，认为白银大概也是通过其解运过来的路线流回南方，因为物资注定要从南方，特别是东南各省采购[227]。

这一来回流通的过程斜放在明代的地图上，就像一个巨大的回形针，不断促进着货币的流动，而且也可以相信这一过程加剧整个帝国地区间经济的不平衡。它促使这一过程的一端通过工业生产获得白银，而在另一端则通过政府的服务性事业来获得白银。顾炎武在广泛地周游、考察之后，指出当时在山东登州和莱州、陕西鄠县白银十分短缺，这两个地区不在白银流通范围之内[228]。同时，由于税收征集和解运过程的缓慢而滞留的白银在整个货币供应中占很大的比例，它们有好几个月脱离了正常的市场流通。

对此更详细的研究是一般经济史学家的任务。但是站在财政史的角度，可以认为16世纪税收管理中白银的利用由于没有有效依托铜钱，产生了很多问题。提高白银（unminted silver）的地位实际上会阻碍投资。很清楚，一个拥有10亿文铜钱财产的人不可能持有这么多铜钱，但是，明朝末年一个大财主可能会在其家中窖藏100万两白银。1580年的一份上奏透露出在长江以南的许多家庭确实贮藏有成千上万两白银[229]。通常为了安全，都是将这些银条、银锭埋入地下[230]。可以理解，白银广泛用于制作珠宝、首饰、器皿，它们在理论上可以看成是一种现金，实际上却减少了流通中货币的数量。

不过，这一体系也有一个好处，它减轻了通货膨胀的压力。16世纪以白银来计算的长期价格结构是相当稳定的。除了由于地区差异、季节变动以及自然灾害的影响外,在这100年中主要商品的价格没有多大变化[231]。惟一值得注意的例外是1570年到1580年间农田价格的全面下降,这可能是张居正财政紧缩政策的结果(见第七章第三节)。众所周知,张居正在任时,国库白银充溢。到这个世纪末,价格开始回升,但还是比较缓慢的。只是到17世纪早期,由于军事开支不断加大,扰乱了正常的经济秩序,造成了物价急剧上涨。此外,这一时期我们还要考虑到白银不断输入的影响,这一趋势又持续200年。

注 释

〔1〕 1384年,福建布政司右布政使因为违反这个规定而被斩首处决。见《大诰续编》1/117—118、119—121。虽然以后没有再强调这条法令,但还是被记录在《大明会典》中,见《大明会典》173/3。

〔2〕《太祖实录》页3396,《太宗实录》页0654—0655,《宣宗实录》页1991。

〔3〕 在1371年,所有地方官员数量是5488人。参见《太祖实录》页1176;Hucker,'Governmental Organization', p.70.

〔4〕《大诰续编》和《三编》有许多这方面的记载。

〔5〕 对于1382年的事件见《明史》94/987—988;吴晗《朱元璋》页166—168。孟森认为这一事件实际发生在1376年,见《明代史》页57。对于1385年的事件,参见:《太祖实录》页2490、2581、2631;《大诰》1/26、29—31、54—55、77;《续编》1/143—145、147—149。吴晗推测这两个事件牵连被杀的人有70000到80000人,见《朱元璋》页159。

〔6〕《太祖实录》页2871、2998。

〔7〕洪武皇帝列举了15个国家为不征之国，要求子孙们永远不要无故兴兵冒险。见《皇明祖训》3/1589—1591；吴晗《朱元璋》页154。

〔8〕皇帝并不期望税收增加，他公开谴责以前历朝善于理财的财政专家，认为他们是人民的敌人。见《太祖实录》页2141、2681—2682。

〔9〕参见《孝宗实录》3548—3555。《校勘志》页648—650修正了错误。

〔10〕王志瑞《经济史》页135。

〔11〕同上，页31、62。17世纪的一位学者也注意到明代的税收收入低于宋代，见沈德符《野获编补遗》2/27。

〔12〕《大明官志》指出各项课程已有定额，见该书4/2430、2452。1387年，规定河泊所课程不在定额之列，见《太祖实录》页2779。

〔13〕《太祖实录》页1848。

〔14〕同上，页2647。

〔15〕同上，页3370。初期的田赋收入是保持上升的势头。1381年，田赋收入是26105251石，1385年是20889617石，1390年是31607600石，到1391年则达到了32278800石。同上书，页2218、2673—2674、3078—3079、3166—3167。

〔16〕同上，页3532；《大明会典》17/16—17；《日知录集释》4/46。

〔17〕《太宗实录》页1652。

〔18〕1408年，掌交阯布政司事尚书黄福被授权确定安南地区的税额。同上，页1043。

〔19〕从1425年到1428年，田赋岁入保持接近3000万石。在1428年，这一数字达到30249936石。见《宣宗实录》页1196。

〔20〕《明史》153/1863—1865；《宣宗实录》页1448、1639—1640。

〔21〕《太祖实录》页1176。

〔22〕《英宗实录》页5417。

〔23〕《西园闻见录》34 / 2。

〔24〕对于洪武皇帝确立的官俸制度见《明史》82 / 864；《太祖实录》页 1182、1598、2061—2062、2101、2778、3249。

〔25〕禄米部分折钞开始于 1377 年。折支比例及后来所进行的调整参见：《太祖实录》页 1784，《太宗实录》页 0270—0271，《仁宗实录》页 0136，《宣宗实录》页 2254—2255，《英宗实录》页 0414。

〔26〕《大明会典》39 / 8—10。

〔27〕《英宗实录》页 2033、2160。（当为《宣宗实录》。——译者注）

〔28〕《宪宗实录》页 2136、2218。

〔29〕同上，页 3583。

〔30〕放卖皂隶，获取工食银，参见：《明史》158 / 1910—1911；《大明会典》157 / 10；《宪宗实录》页 3940、4917，《孝宗实录》页 3945。对于其起源，见 Hucker, *Censorial System*，pp.267—268. 山根幸夫《徭役制度》页 110。

〔31〕《宣宗实录》页 1342—1344《宪宗实录》页 4686，《孝宗实录》页 0452；Hucker, *Censorial System*，pp.260—262.

〔32〕《明史》183 / 2148—2149；参见何良俊《四友斋》2 / 99。

〔33〕《宪宗实录》页 1499。

〔34〕《日知录集释》3 / 85。

〔35〕这些支出的一部分是通过发行宝钞来解决。据估计，按照两个钞局的发行能力，永乐朝每年宝钞的发行量约在 5000 万到 1 亿贯之间，这些宝钞的购买力不会超过 300 万石米。

〔36〕《太宗实录》页 2341—2342。

〔37〕同上，页 0686、0835—0836、0936、0988、1128、1435、1482、1545、2267；《西

园闻见录》92 / 1；孙承泽《梦余录》46 / 63；焦竑《献征录》59 / 112；陈文石《海禁政策》页85。

〔38〕这从皇帝的法令中就可能看出这一点，见《宣宗实录》页1639—1640。这个法令是1424年由洪熙皇帝签署的，实际上是对原来横征暴敛表示出歉意，见《仁宗实录》页0015—0017。

〔39〕张学颜《万历会计录》24 / 22。

〔40〕Hoshi（星斌夫），*The Ming Tribute Grain System*，各处。

〔41〕《宣宗实录》页1949；《大明会典》27 / 30。

〔42〕《宪宗实录》页0556。

〔43〕《大明会典》27 / 27—29；《江西赋役全书》"省总"，6 - 7。

〔44〕《宪宗实录》页2315、2378；吴辑华《海运及运河》页127；星斌夫《漕运の研究》页64—68；又参见Ch'ü T'ung-tsu（瞿同祖），*Local Government*，p.140.

〔45〕《天下郡国利病书》12 / 95。

〔46〕《明史》78 / 824；《英宗实录》页0293、0414—0415、0966；《大明会典》30 / 1；堀井一雄《金花银の展开》页64—68。

〔47〕唐宋时代转运使的职能见：《旧唐书》卷49；《新唐书》卷53；《宋史》卷186、327。最为成功的转运使当为刘晏（715—780），见Twitchett，*Financial Administration*，pp.90—96.

〔48〕作为地方劳役的一部分，共有47004名专职人员在运河服役。山东一省岁出夫役14150余人，见《天下郡国利病书》15 / 9。

〔49〕《大明会典》27 / 11—15；席书、朱家相《漕船志》3 / 2—3。

〔50〕同上，1 / 2，4 / 11—15。

〔51〕《宪宗实录》页2178。

〔52〕《皇明经世文编》108／1—5；黄训《名臣经济录》22／22。

〔53〕《大明会典》27／40—41。

〔54〕《宪宗实录》页3578。

〔55〕周之龙《漕河一覕》卷8。

〔56〕席书、朱家相《漕船志》3／12—14。

〔57〕《孝宗实录》页0254；《大明会典》27／51；席书、朱家相《漕船志》3／20—21、4／2—5、6／44—48。

〔58〕同上，1／5—9。

〔59〕同上，7／15、25。

〔60〕孙承泽《梦余录》6／58。按照规定，宫中每一个监局只有2到5名宦官，见《孝宗实录》页0152。

〔61〕Hucker, *Traditional Chinese State*, p.11, and *Censorial System*, p.24.

〔62〕《英宗实录》页2067。

〔63〕郑晓《今言类篇》3／137。

〔64〕丁易《特务政治》页22—26。

〔65〕《宣宗实录》页0143，《英宗实录》页0152，《孝宗实录》页0624。

〔66〕《宣宗实录》页1883。

〔67〕《孝宗实录》页3664。

〔68〕《英宗实录》页1947，《宪宗实录》页1909、3934；《大明会典》卷205、206。

〔69〕这是基于1468年每人每月1两白银的折算比率计算出来的。其依据是《大明会典》206／3的记载。

〔70〕《明史》82／863；《大明会典》194／4；也见于《英宗实录》页1557，《世宗实录》页2499。

〔71〕《英宗实录》页 6750。

〔72〕《明史》197 / 2292；《孝宗实录》页 0090—0091。

〔73〕《太祖实录》页 1503。

〔74〕《世宗实录》页 2406。

〔75〕《英宗实录》页 5417。

〔76〕《世宗实录》页 2407。

〔77〕《西园闻见录》34 / 2。

〔78〕《明史》79 / 831；《大明会典》27 / 5、62—63；《孝宗实录》页 3549。

〔79〕《大明会典》39 / 1—7、41 / 9、13、15。

〔80〕在首都，除去文武官员外，还有京军 100000 名。另外还有 150000 名为宫廷各机构服务的轮班工匠。每年春秋两季，还有从河南和山东抽调 40000 名士兵编入京军。还有好几千名蒙古人登录在俸禄册上。尽管官位实际上有许多空缺，粮食一般还是按照额定人数分派，所以许多粮食被总兵和宦官截留。对于这个猜测的证据可参见：《明史》90 / 951,《大明会典》289 / 10,《宪宗实录》页 2475、4069,《皇明经世文编》36 / 16。

〔81〕《孝宗实录》页 3549。

〔82〕《明史》190 / 2217；《世宗实录》页 0202、0258、1153、3768。还有资料显示实际上每年可省京储粮 168 万石，见《西园闻见录》33 / 25。

〔83〕《大明会典》17 / 1、4、8。

〔84〕藤井宏《田土统计》页 108—110；和田清《食货志译注》页 55—56、60—61、68—69。也见于山根幸夫为清水泰次的《土地制度史》所写的序言，见该书 6—7 页。

〔85〕《太祖实录》页 2218、3166—3167。

〔86〕清水泰次《土地制度史》页6—7、514—516。

〔87〕例如,《后湖志》也记载1393年田土总数是880462368亩,韦庆远的《明代黄册制度》74—77页引述了这个数字。能够支持藤井宏理论的资料比较零散,多见于明代后期的地方志,其记载洪武时的田土数被指为"垦田之数",见《天下郡国利病书》7/56,《上海县志》3/2。

〔88〕韦庆远《黄册制度》页142—151。也参见《世宗实录》页5799。

〔89〕Ping-ti Ho（何炳棣）, *Studies on the Population*, p.18.

〔90〕韦庆远《黄册制度》页92、115—120。又参见《宪宗实录》页4128。

〔91〕韦庆远《黄册制度》页225。

〔92〕龙文彬《明会要》下册944页;《汶上县志》4/1—2。

〔93〕《会稽志》5/2。

〔94〕《大明会典》19/1、6、12。

〔95〕根据《明史》80/837—838和《续文献通考》页2955—2958的记载可知每年的盐产量估计为459316000斤。《太祖实录》页1433表明从1368年到1372年每年的盐产量接近6亿斤。

〔96〕Ping-ti Ho（何炳棣）, *Studies on the Population*, pp.12—13.

〔97〕同上,页23、277。

〔98〕小山正明《大土地所有》页64。作者着重指出佃农已经部分依靠手工业来维持生计。

〔99〕《会稽志》5/2—3。

〔100〕佐久间重男《海外私贸易》页1—25。

〔101〕例如,人民大学《社会经济》页221—248有这方面的讨论。

〔102〕彭信威《货币史》页464、466—467。

〔103〕《西园闻见录》32 / 6、16；韦庆远《黄册制度》页 197—198。

〔104〕《明史》77 / 817；韦庆远《黄册制度》页 228。

〔105〕提及这种情况的书有：《天下郡国利病书》7 / 7；《杭州府志》28 / 6；《上海县志》3 / 25—26。

〔106〕《大明会典》18 / 1—2；孙承泽《梦余录》36 / 2、42 / 72。

〔107〕《太宗实录》页 0489。

〔108〕《明史》77 / 820；这些记录部分地依据 1403 年签署的一条法令，见《太宗实录》页 0495。

〔109〕孙承泽《梦余录》36 / 3。

〔110〕《大诰武臣》1 / 附 9。

〔111〕《太祖实录》页 0919、1089、1203、1290、1442、2510、2620、2771、2777、2781、2902、2998、3184、3377、3470、3559、3591。

〔112〕《太宗实录》页 0500。

〔113〕同上，页 2421。

〔114〕《宣宗实录》页 1224—1225。

〔115〕王毓铨《军屯》页 104—105、210—211。

〔116〕在中央政府，军屯事务由工部屯田清吏司监管。后来这个机构"徒存其名耳"。见孙承泽《梦余录》46/3。整个计划缺乏管理可以参见：《大诰武臣》1 / 附 9；王毓铨《军屯》页 114—120、194—199。

〔117〕《太祖实录》页 3270—3271。有印刷上的错误，参见《校勘志》页 728。吴晗强调军队的数量是国家秘密。见《明代的军兵》页 157，也登载于《读书札记》页 101。

〔118〕《太宗实录》页 0589，《孝宗实录》页 3322。

〔119〕《太祖实录》页1881—1882；孙承泽《梦余录》42/10。

〔120〕《太祖实录》页1331、2533—2534、2735、2788、3192、3225、3264—3266。

〔121〕同上，页1292、3592；《太宗实录》页2172；韦庆远《黄册制度》页55。

〔122〕《顺德县志》3/21；《金华府志》21/6—7。

〔123〕《大明会典》41/4；《大诰武臣》1/附20。

〔124〕《大明会典》40/1—2。

〔125〕作为不定期的收入，最后一次向军士赏赐宝钞是在1423—1424年的冬天。见《太宗实录》页2426、2475。

〔126〕据说一些军士拥有300到500亩土地。见《太祖实录》页1203、2782，王毓铨《军屯》页72。这可能是有一些军户家庭原来就拥有土地，也有一些人在军屯体系之外获得田产。

〔127〕《太祖实录》页1478；《西园闻见录》91/2；王毓铨《军屯》页191；清水泰次《军屯的崩坏》页37—38。

〔128〕根据《顺德县志》3/12可以知道每个士兵受田20亩。其他类似的例子见王毓铨《军屯》页63—67、70、190。

〔129〕《太宗实录》0495—0496；《大明会典》18/12。

〔130〕朱元璋在明朝建立之前就已经要求进行军屯，此后不断地发布法令，重复强调这件事情。见《太祖实录》页1203、2782、2902、2910、3104。

〔131〕这种供给方法见《大明官制》4/2452；《大诰》1/16—18；《太祖实录》页2791、2998。对辽东的供给则是一个例外。

〔132〕《太宗实录》页0927。

〔133〕《明史》77/820；《仁宗实录》页0214；孙承泽《梦余录》36/3。永乐早期可能暂时地减少产量定额。见《大明会典》18/13。

〔134〕《英宗实录》页0014；《大明会典》18 / 13。

〔135〕《顺德县志》3 / 14；《天下郡国利病书》13 / 71、26 / 106—107；孙承泽《梦余录》36 / 4；魏焕《九边考》1 / 25。

〔136〕《大明会典》41 / 3—18。

〔137〕《宪宗实录》页1166。

〔138〕《孝宗实录》页0579。

〔139〕《大明会典》41 / 17。

〔140〕《世宗实录》页2066。

〔141〕对"清军御史"，见Hucker, 'Governmental Organization', p.51 和 Censorial System, pp.75—77。陆容在《菽园杂记》1 / 11 中记述了一个实际的事例。

〔142〕倪会鼎《年谱》4 / 22；《顺德县志》3 / 4；王毓铨《军屯》页244—247。

〔143〕《孝宗实录》页1261。

〔144〕同上，页3424。《校勘志》页587 校正了错误。

〔145〕《金华府志》21 / 5。

〔146〕《宪宗实录》页4069，《孝宗实录》页0809、1899、4058。

〔147〕1487年，弘治皇帝登基，赏赐边军每人2 两白银，这样分发赏赐的白银总计有615320 两。见《孝宗实录》0095。边军的部署见《宪宗实录》页2109、3908—3909。

〔148〕对于早期募兵见《孝宗实录》页3418、2447、3682；《皇明经世文编》90 / 7、99 / 7。

〔149〕《明史》91 / 956。也参照吴晗《明代的军兵》页221。

〔150〕《孝宗实录》页3554；孙承泽《梦余录》35 / 14、18。实在定额总数为483132 两。

〔151〕《孝宗实录》页3554。

〔152〕倪元璐《全集》"奏疏" 11／6—7。

〔153〕朱偰《信用货币》页156—157；彭信威《货币史》页432—433；李剑农《经济史稿》页102；Lien-sheng Yang（杨联陞），*Money and Credit*，p.67.

〔154〕这69次记录可见于《太祖实录》页2981—3078。

〔155〕同上，页3079。

〔156〕同上，页3062。

〔157〕《大诰续编》1／143—145。

〔158〕以《太祖实录》页2458、2926的记载为依据。

〔159〕《明史》81／849；《太祖实录》页0509、0589—0590；也参见和田清《食货志译注》页608。

〔160〕《大明会典》31／582（应为《会典》31/3。——译者注）。通过士兵与劳工不断上升的支出可以看出宝钞实值更低。参见《太宗实录》页0623、0691、0836、1657、1681。

〔161〕1425年，购买一石米要花费40贯到70贯宝钞。见《宣宗实录》页0175。

〔162〕同上，页1133—1134。

〔163〕同上，页0493、1171。

〔164〕同上，页0095。

〔165〕对于门摊税和其他用钞支付的税收，可参见：《明史》81／849；《大明会典》31／4—6、35／2—6；《仁宗实录》页0219，《宣宗实录》页1324—1326。

〔166〕同上，页1977。

〔167〕同上，页2406。

〔168〕对于1433年的降税，参见《宣宗实录》页2305—2306；《大明会典》31／6—7。

〔169〕《宣宗实录》页0151—0153。

〔170〕《明史》81／849；彭信威《货币史》页422。

〔171〕《英宗实录》页0224。《明史》81／849中的记载有误，参见和田清《食货志译注》页1—2。

〔172〕《英宗实录》页0293。

〔173〕同上，页2723。

〔174〕同上，页3209。这条规定在1435年被景泰皇帝废除。见《大明会典》31／7。

〔175〕《宪宗实录》页0533；沈榜《宛署杂记》页57。

〔176〕《大明会典》35／44。

〔177〕以宝钞支付税收，参见《大明会典》35／8、47；《孝宗实录》页0093、1104、1690。关于商贩买卖宝钞参见《宪宗实录》页2471、2680、2971。

〔178〕到16世纪中期，每钞1张为1贯，每千张为一"块"。对于征税者来说，每块准银4.6两到10两。见《世宗实录》页1634；彭信威《货币史》页441。

〔179〕李剑农《经济史稿》页103。

〔180〕彭信威《货币史》页441。

〔181〕《熹宗实录》页0051。

〔182〕何士晋《厂库须知》1／19。

〔183〕《大明会典》31／8。

〔184〕《熹宗实录》页2342、3142、3355。

〔185〕《皇明经世文编》244／16。

〔186〕《武宗实录》页0081。

〔187〕官定兑价在1481年是800：1，1527年是700：1，1567年是800：1。见《大明会典》31／10、12、13。

〔188〕铸币过程参见《明史》81／850；《武宗实录》页0080—0082；孙承泽《梦余录》

38／12；和田清《食货志译注》页748—749；宋应星《天工开物》158—159、166—168。

〔189〕《西园闻见录》92／18。

〔190〕《明史》81／850；《皇明经世文编》244／16。

〔191〕彭信威《货币史》页425、437。

〔192〕同上，页425。

〔193〕《太祖实录》页1419、1617。

〔194〕根据《诸司职掌》"工虞部"24—25，可以计算出铜钱的生产能力。各省每年可铸钱177867800文，南京的铸额是1280万文。彭信威估计每年可铸钱166090400文，见彭信威《货币史》页438—439。

〔195〕从981年到1080年，宋朝平均每年铸造新钱在20亿文到30亿文之间，产量最低是981年，为5000万文，产量最高是1086年，为50.6亿文。见王志瑞《经济史》页85，彭信威《货币史》页281。

〔196〕皇帝颁布的法令提及了与这些与航海活动有关的铜钱铸造。见《太宗实录》页2267和《仁宗实录》页0015—0017。梁方仲在《国际贸易》页281—282中提到郑和的远航造成了铜钱流失。彭信威和陈文石都证实了这一点，见《货币史》页442—443和《海禁政策》页84、86。

〔197〕《英宗实录》页5141；陈文石《海禁政策》页60。

〔198〕《宪宗实录》页3663、3689。

〔199〕按照《孝宗实录》页3622和《诸司职掌》"工虞部"25的记载，北京的铸厂每年的生产能力仅仅是12830400文。

〔200〕《孝宗实录》页3622、3644—3647。尽管皇帝命令地方可以暂留一部分收入以为铸钱之费（同上，页3657），然而看起来这条命令根本没有得到执行。

〔201〕同上,页4005。

〔202〕《武宗实录》页0081。

〔203〕这一估计根据《孝宗实录》页3622的记载。

〔204〕同上,页4241。

〔205〕《武宗实录》页1130。彭信威认为1505年以后,这一计划被延迟了,见《货币史》页425。

〔206〕《世宗实录》页1855;《大明会典》31／11。

〔207〕《明史》81／850;《世宗实录》页7119—7121;葛守礼《葛端肃公集》2／3。

〔208〕李剑农《经济史稿》页103。

〔209〕《明史》81／849;《大明会典》194／9。这条内容可以追溯到《世宗实录》页7063,但是从中还无法清楚究竟铸造了多少钱币。

〔210〕彭信威《货币史》页426、444。

〔211〕《大明会典》31／11,194／9。

〔212〕《明史》81／850;《世宗实录》页7297—7298。

〔213〕例如,1558年,铸钱为6175万文。同上,页7789、8819。

〔214〕《皇明经世文编》244／17。对于南京铸厂暂缓铸钱一事,参见傅衣凌《市民经济》页28。

〔215〕《明史》81／850。这篇奏疏也收入于《皇明经世文编》244／16—18,时间是1564年。也参见和田清《食货志译注》页748。

〔216〕皇帝的命令常常不一致。见《大明会典》31／10;《武宗实录》1585,《世宗实录》7059、7119。

〔217〕《穆宗实录》页1113—1114,《神宗实录》页1141、1802—1803。

〔218〕沈榜《宛署杂记》页56—58。

〔219〕例如，明朝分别于 1571 年和 1574 年又铸造了少量铜钱。见《穆宗实录》页 1519、《神宗实录》页 1293。

〔220〕《大明会典》31 / 14；《神宗实录》页 1130—1131。这项工作一直拖到 1580 年。同上，页 1802—1803。

〔221〕彭信威《货币史》页 445。

〔222〕杨端六《货币金融》页 71—72。正式的银币实际上最早是在西藏铸造。又见彭信威《货币史》页 508。1197 年，女真族建立的金朝就已经开始铸造银锭了。同上，页 364。

〔223〕梁方仲《国际贸易》页 267—324，《粮长制度》页 127。

〔224〕彭信威《货币史》页 461、471。

〔225〕顾炎武《文集》1 / 13—14。

〔226〕估算的依据是：盐课 100 万两；金花银 100 万两；由北方各省解边税收有 250 万两；杂色收入 50 万两。见表 14、23 和 26。

〔227〕佐久间重男《景德镇窑业》页 483；西嶋定生《棉业市场》页 74；傅衣凌《市民经济》页 6—17。也参见顾炎武《余集》13；王士琦《三云筹俎考》2。

〔228〕顾炎武《文集》1 / 13。

〔229〕《西园闻见录》92 / 21。

〔230〕周玄暐《泾林续纪》2，5。

〔231〕彭信威《货币史》页 459—460。

第三章 田赋（一）——税收结构

无可否认，明代后期的田赋，虽然不如美国20世纪的个人所得税复杂，至少也旗鼓相当。当今的所得税之所以复杂，是因为税收明细表必须处理很多种特别的事例，在这其中，最复杂的要数上层集团的纳税情况。然而，明朝体制的复杂性，包含了所有的纳税人，从拥有5亩土地的小户，到拥有5000亩土地的大土地所有者都是如此。这就使得税收结构难以描述。此外，尽管明朝的地方税收遵循着一个总的模式，但在各府之间，有时甚至在一县之内，也存在着许多内部的变化。

考察财政制度的传统方法是以一个大致的描述开头，然后解释术语并给出图表。我并没有完全抛弃这种方式（田赋制度的主要特征已经进行了说明，可见第一章第二节及图3，那里做了概括性的介绍）。但在处理明代税收体制时，这种方式却有其局限性。一个对此问题更详细的研究将会很快表明，没有办法列举出所有的情况并包含那些发生过的例外。在这种情况下，概括就很容易让人产生误解。

因此，此章将按这样的顺序进行：首先，选择一县的税收规章进行论述，并探索其复杂的渊源。这也应该为相同制度下的其他事例提供有价值的视角。其次，略述主要的地区性差异。第三节的主题是正赋和役的合并，它是一个导致情况复杂的根本性原因，并且还是明代财政史上最重要的事件之一。随后是对剩余一般税收名目进行解释。虽然列举了所需要的数字,但对赋税征收总水平的讨论,将留待下一章《税收管理》中进行。

符号略语:

(A)=全部折银　(DAS)=直接纳银　(FCSP)=有可能进一步折银

(M)=绝大部分改折　(R)=很少改折　(P)=永久改折

(S)=部分改折,亦可用于加耗　(TP)=可用于坐办　(VR)=几乎不改折

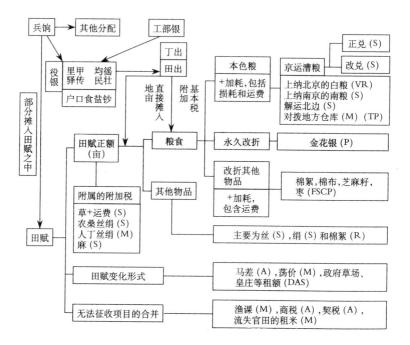

图2　16世纪晚期的田赋结构

换言之，对特殊个案的局部精确评估将会先于全局总括，某些结论的给出将会早于对大量数据的梳理。对制度进行的动态分析，也将早于详尽的术语解释。

这种顺序调整，因主旨而定。明代田赋绝非完全静态，而是受到控制与反控制增长的制约。我们可以经常从这些不协调中发现变化的依据。如果能确知在其增长过程中何处受到控制，何处又缺乏控制，那么理解田赋的结构和功能也就不会那么困难了。

第一节 税收结构的复杂性

复杂的程度：以顺德县为例

1585 年版的《顺德县志》中的《食货志》部分讲到，该地佃农通常是每亩土地向地主交纳 2 石稻谷（unhusked rice），相当于0.9石的稻米（husked rice）。由于基本税率估计为每亩0.03 石米，则征收部分只占田主收入的 1/30。由于佃农与田主五五分成，实际上税额也就占农作物总收成的 1/60。县志提出了这样一个问题：为什么还会有税收过重的抱怨呢？[1] 当代史家也许会问同样的问题。然而，在回答此问题之前，有必要描述一下税收估算的地方背景。

顺德属于广州府，位于现在西江东南岸的广州附近。这里的气候和土壤都适合种植水稻。丘陵土地只占本区税田面积的 8%[2]。1581 年，为了重新分配税收，进行了一次土地清丈（张居正的土地清丈，见第七章第三节）。像其他地方的情况一样，直到那时，县里的税收估算还很不合理。虽然官方的记载显示，官田有48313亩，但实际上，这种公共财产无法确知。纳税人被分为较高和较低的等级，然而，纳税大户到底占有多少最初曾是官田的土地无法确定。同样，纳税小户对他们的土地是否拥有清晰的产权，也是不能确定的。换言之，土地的使用和占有变得混乱，官租很难与民田正赋区分开来。赋税额的差异与地力也没有多大关系。土地清丈结束后，县衙最终承认官田已经丧失，这一点显然得到了中央政府的认可。随后，所有登记的地亩都被视为民田。缺失的官租就由所有新注册的民田田主共同分摊。充分利用土地清丈的成果，使得正赋在全部田主中进行了重新分配。因此，帝国政府分配给县里的税额就平均地分摊到所有纳税人头上了。

重新分配无疑是很大的改进。由新田主共同担负官产流失的决定，不可避免地受到了批评，但尽管如此，分到每个单独纳税人头上的数量却是微不足道的。

税收评估的新规则既公平又简单。它主要包含以下三项：[3]

（a）根据地力，把县里所有应纳税的土地分为上、中、下三等。山地被列为下等。上等田的基本税额为每亩科米0.0404石；中等田每亩科米0.0273石；下等田每亩科米0.0172石。

（b）无论纳税田土的分类情况如何，每亩纳税0.0094石粮食，用以补偿流失的官米损失。

（c）将7%的加耗添加到田赋中以弥补管理损耗。这适用于正税和余租。县志中的正税是指民米（civilian rice）和官米（official rice）。

为避免混淆，在以下的段落将采用这两个术语。

列出这三个主要规定后，县志修纂者没有进一步记述从各类土地中可以征收的官米、民米和加耗的总数。很奇怪，他们回避了如此简单的数学计算。他们只需要算出精确的民米税率和官米税率，再加上两者之和的7%。据此可以算出上田的税率为每亩0.053286石，中田为每亩0.039269石，下田为每亩0.028462石，这个比例接近于5：4：3。

事实上，这种计算几乎没有什么实际意义，因为到1585年，这个县的所有赋税都是用白银来交纳。民米与官米之间的折纳比率有一些差异。前者按每石米0.6028两白银进行折纳，这接近于16世纪晚期的市场价格；后者则按每石米0.2653两白银折纳，对于纳税人而言，这是相当有利的[4]。这使得收税手续相当麻烦，但并没有妨碍对全部税额的计算。惟一不同的是，此次7%的加耗被分开追加。当分别加耗后的官米和民米款项合在一起，就构成了全部的税额。这种计算显示，上等田的税额估计为每亩0.0287262258两白银，中等田为每亩0.0202767782两白银，下等田为每亩0.0137623186两白银，三者的比例接近于4：3：2。

可能会产生这样的疑问：为什么如此重要的数字竟被县志忽略了呢？同样令人不解的是，为什么当官田流失后，民米与官米两种税名仍然保留，并有与之相适应的不同折纳比率呢？第一个问题在这里可以得到完整的答案；第二个问题将在下文"复杂的原因"一节中进行讨论。

应该牢记，明代任何时候都没有将白银宣布为官方标准。国家仍然以粮食的石数来作为基本的财政单位,为了保持帝国财政体制的同一性,地方官府也只能如法炮制。即使粮食和白银之间的折纳已经很普遍,在理论上却不能保证当中央政府遇到突发事件时,不会命令州县官员把一定数量的粮食运送到另一个地方。出现这种情况时,折纳比率就会被丢开,而加耗比例也会被修正。在县志中被大略描述了的税收则例,迄今为止,事实上都包括永久性规则和临时变通性做法;它们都遵从中央会计制度和地方惯例。在当时的情况下,以粮食石数分配到州县的全部税额,都可以被视为永久性税额。民米和官米的基本分配比例,原则上与整个国家的标准一致。然而,本色折银,7%的加耗,以及复杂的折率,都要服从于后来的调整。

而且,上面以白银计算的税额在小数点后都包括十位数字,这并不是单个纳税人上交的实际数量,而仅仅是一个大致的标准。税收结构还必须与役的部分摊入相适应。1585年,顺德县有七项主要的役(每项又可以分为两种或更多的部分),都全部或部分地按田土来征收。与其他地区二十多项附加税相比较,这算是简单的了。这部分是由于广东省按察使(应为巡按御史。译者)潘季驯的努力,他积极地推动税收的简化(第一章第一节)。1559年,潘季驯要求其下属在所有辖区内都推行均平银,这与一条鞭法改革很相近[5]。

县志显示,顺德通过三条渠道征收均平银。其一,由全体壮年男子组成的纳税人构成,即"丁"。其二,以每田五十亩加一"丁"的均平方式进行收税,形成抽象的"丁"。这个税额添加到所有的"丁"的头上。其三,额外的"随带(piggy-back)"税,被添加到每石民米正税的征收之中[6]。

此规则中最引人注意的是，它包含了人头税与财产税，前者以第一条渠道为其税源，后者则以第二条和第三条为其来源。但第二条和第三条却不能合并起来，因为它们体现的是不同的税收原则。以五十亩纳税土地为征税单位只涉及了面积，而不管地力如何，它的目的在于使税收具有广泛的基础，确保每位田主都为他的田亩数付出他的那一份。少于五十亩的田主同样也要付抽象"丁"的相应部分。另一方面，增加到民米上的总数，既反映了土地面积，也反映了粮食产量，并以后者为其重点。一个要交纳大量民米正税的人，可能是因为拥有较好的土地，并具有很稳定的粮食来源，而未必就是因为他占有大量的下等田。既然均平银意味着这个人既要按他的田产，又要按他的粮食收成来两次纳税，这一制度就意味着是累进税制。在理论上，即使富有的田主将他的财产分成很多的小块土地，或者以不同的名字来登记，也能有效地实施这一制度。

均平银用于支付知县每年的办公管理开支，并代替了一部分里甲正役。与此相似，用于取代各种劳役而征收的均徭（第三章第二节），也同样由知县掌握。在县志出版的时候，还没有迹象表明，这两种役会合并，因为均徭征收刚由五年一征改为一年一征，而且方法还没有固定下来[7]。均徭也吸收了人头税和财产税的特点，然而它是由两部分，而不是三部分演化而来的。它是基于丁的征收和加征民米的附加税，但省去了每五十亩纳税土地转为一个抽象"丁"的部分。理所当然，它的比例与均平银也就不同了。

另外，在工部的监管下，该县还办纳上供物料。这些物资的一部分以实物的形式，由知县派人解运，一部分折银支纳。由于会计预算体制是基于预先分配而不是征收后进行分配，这种估算仍然包括各自分开的三项（宫廷供给，实物；工部物料，实物；工部物料，现金），每项都涉及了对官米和民米的附加税。在每一种情况下，官米的比例都要比民米少得多。因为按以前的原则，官田佃户要向官府交纳更多的粮食收入，因而役的负担要比民田田主少。但由于现在每位纳税人的基本税额都同样包括官米和民米，这三种役的估算也就导致了对其财产的六种不同附加税[8]。知县也被要求为附近的驿站提供银钱，它是由民米的一项单独附加税发展而来的[9]。与其他县的情况相似，顺德也不得不维持它的民壮额，这通常由御史随粮带管。大约所需费用的2/3按民米编银，剩余的1/3则按"丁"编银[10]。

上面的项目显示，官米有三项附加税，民米有七项，这些税收多合并于田土之中，其中还有三种按户丁计税。另外，还有其他的较小的几种役银，例如为附近卫所军需而征收军器料的银钱[11]。其数目很小，在此被视为小额税而不列入讨论范围。

很明显，最初的、似乎是单一的税收方案，能够衍生出大量复杂的附加税费。我们已经有了几个模拟的税收个案研究，不同的纳税人有上、中、下不同的田则，每户丁数亦有不同。如果按照通常的写法，至少还得花一个半小时去解释最简单的个案。因为财政单位中的十进位小数点，在理论上可以无限延伸。在另一方面，尽管有14种附加税，实际上的税收标准仍然较低。对那些少于30亩土地但主要是下等地的、以及家里不多于两个成年男子的小田主来说，税收负担通常不到他们粮食收成的5%。累进税制也能得到证实，对一个拥有300亩土地，而且主要是上等田，以及户中有五六个成年男子的中等田主而言，他的税收负担接近于他粮食收成的10%左右。

税收的低标准可以进一步从县志汇集的数字中得到证实。1585年，民米、官米再加上7%的加耗，总计为34689石粮食，这一数字实际上是折成17952两白银交纳[12]。依据县志详细记载的关于赋税征收方法的描述，我们把摊入田土之中的额外税收负担算做是一种役的再分配，它一共有七项，但不包括人头税估算份额，通过计算，合计为11324两白银。因而税田的负担为29276两白银。以此数除以登记的883706亩土地[13]，可以知道每亩土地的平均税收负担为0.0332两白银。由于在顺德的全部纳税土地中，仅有8%的田亩为山地，它的低产不应该很明显地影响当地的粮食平均产量。县志的卷首提到，每亩土地的平均产量为1.8石米，而当地的粮价大致为每石米0.5—0.6两白银（第四章第二节），即使不考虑正常季节会混种各种不同的作物，平均每亩土地的年均收入也应当在1两白银左右。因而大致的税额，接近于土地收入的3.5%左右。一个非官方的资料显示，可能是受1570年至1580年间通货紧缩的影响（第二章第四节，第七章第三节），在16世纪晚期，广州府的粮价可能跌至每石0.3两白银[14]。如果是那样的话，就会使估计的收入下降每亩0.54两白银，但即便如此，税收依然不会超过土地收入的6.12%。

然而，我们却不难想像，当这个复杂的税收结构在16世纪的农业社会中，被人员不足的地方官府管理时的真实情形。明代文人留下了大量的关于殷实大户逃避税收以及乡村收税人、吏胥的腐败和滥用职权的记载，他们对这些行为深恶痛绝。这些不法行为有各种形式，并采取了不同的手法，这也是可以想像得到的。

  税收体制的根本问题，不是因为税率过高，也不是因为税收立法缺乏平等性的条款，恰恰相反，这些容易受到反对的特征很少存在。这个体制的缺陷在于税收明细表的复杂性，即使县志也不能将它们全部列举出来。税率可以多达小数点以后的12—14位数字，这是很荒唐的，在明代以前从来没有出现过这样的事情。大约在同时代，面对同样的荒唐情况，南直隶松江府的府志编纂者写道："银至厘而止，米至合而止，其下悉宜抹除之，不然堕入奸人云雾中"[15]。然而，明代从来没有进行过类似的根本性改革。第一个取消小数点后5位数字的帝国法令是在1685年由清朝的康熙皇帝签署的[16]。即便如此，复杂的数字依然在清朝的账目上又保留了50年。正如所观察到的那样，顺德县也开始采用小数点后不多于4位数的税率。小数点后位数的增加，既不能因县志编纂者的呼吁而停止，也不可能因皇帝的法令而消失。因为，它是基本税收结构多样性、复杂性的直接后果。

复杂性的原因

  在16世纪晚期那些正在施行的税收方式中，顺德县的税收方式绝不是最复杂的，当然它也不是最简单的。因为每个地区都有自己税制方面的特殊问题，所以不可能引用一个典型的个案。但绝大多数复杂的方法,都有一个共同的起源。结果可能不同,但起因却都是相似的。顺德县的税收管理,已经被描述得相当清晰,因为它的县志已经通过更多的解释方式,逐步得出了征税的比率。

在导致税收结构诸多复杂因素中,农耕方式是不应该被忽视的。种植水稻,尤其是涉及到梯田种植时,它对田主有决定性的影响,因为它导致了耕地的分割。对不同坡度的稻田进行的灌溉,因地貌不同而显得更加复杂,无法进行大规模的耕作。何良俊曾认为,在他的家乡,属于南直隶的华亭县,一对夫妇只能耕田5亩至25亩,这种情况在许多南方省份中肯定也适用[17]。这导致了将耕地分成很多小块,有时甚至考虑不到土地的所有权问题。何良俊还进一步证实,一个民户可能拥有二十块分散于各处的小块土地,而这些小块土地的总税额,则在0.1—0.2两白银之间变动[18]。

大约在1525年,浙江省嘉善县的每个里的纳税面积,被记载为"不下3000亩"[19]。当它与110个纳税户相除时,意味着平均每户拥有的土地,包括山地和池塘,接近于30亩,或者说略少于5英亩。当时,一些小块的土地被进一步分成更小部分的做法是很普遍的。有时,为了出售或典当,甚至有将一亩土地分成很多块的情况。傅衣凌最有揭示性的研究成果,提供了许多实际的例子。在福建省永安县的小村庄里,发现了这种自16世纪以来,小块土地因出售、典当协议及家庭契约而产权变动的情况[20]。傅衣凌所举的例子很小,因为他所用材料的类型,肯定是非常少的,而且从来没有被传统史家视为可信的资料。韦庆远引用的1644年南直隶祁门县一户的清册供单,也有相似的意味。这个纳税户,总共有不少于32亩的土地,其中包括分散于4个不同村庄的8块土地[21]。事实上,此类记载能不时被发现,表明了在明代后期,地主在各地拥有小范围的田产,绝不罕见。对耕地产权的分割,还可以从1566年版的南直隶《徽州府志》及1572年版的浙江《会稽志》得到进一步证实[22]。

这种局面对税收管理形成了一个双重问题。税收法规必须同时应付众多的小土地所有者、少量的中等田主和大田主。为了照顾到小的纳税户,税率不得不固定在一个很小的范围内,回旋余地受到限制,而且增加附加税也必须非常谨慎。原则上,大土地所有者承应重役,但田土产权分布的零星性,又使得富户很容易以不同名字分开登记不同土地,以此方式来逃避过重的支出。顺德县的税收方法显示出突破此两难局面的尝试,它抛开了分等级的"丁"并让所有的壮年男子按统一的标准纳税,通过采用抽象的"丁"和将十余项附加税附在基本税额之上的方式进行征收,力图在一定程度上平均税收负担。如果中等田主和大地主的所有地产合并到一起,绝大多数复杂性无疑会被消除。如果那样的话,较重的税率就能直接加征到这些富户头上。

田赋的评估单位亩很小,但支付单位却过大。与唐宋时代以铜钱为财政单位不同,明代从来没有发展起一套有效的货币体系(第二章第四节)。问题在于,当税收中使用没有铸成银钱的白银时,即使是这种贵金属的最小重量,对于一般纳税人而言,也是太重了些。在16世纪中国的南方和中原地区,0.6两白银差不多是一石稻米的正常价格。即使是基本税额被简化到每亩0.03石粮食,计算成白银也要到千分之一两,而对基本支付的附加税也不能固定为一个总的比率。相反,每项都有一个单独的比率;例如在顺德,均徭是按每石民米0.1403两白银的比率征收[23]。实际上,没有哪位纳税户以整石交纳民米,而多为1石的百分之一或千分之一,折银更小。就技术角度而言,如果一开始就将多项附加税率固定,那么将这些附加税合并为一个较大的部分是很容易的。而附加税的随后合并也是自然而然的事情了。

如顺德的例子所显示的那样,几项役银都代表着不同的开支。税收中侧面收受的存在,使得合并这些收入变得极端困难。帝国中央政府没有建立起区域性的银库,省级官员也没有建立起集中管理的银库,即使白银已经广泛地应用于赋税征收,由于没有通过银行技巧来处理公共基金,现金的流动就不得不遵循以前的程序,从一个省到另一个省或者从帝国一端到另一端的许多商品输纳只不过是被等价的白银输纳所取代罢了。认为使用白银是财政管理上的一个重大改进的想法,没有什么实质的理论意义,它不过是类似于在不同的乐器上演奏同一种曲调罢了。

只要中央政府不修改总的财政方法,它就不会放松对地方行政管理的控制。地方的税收不断地为各级政府提供经费,不仅每项账目都有各自的额度,而且还必须足额征收,既不能超额,也不能短缺。此外,税收解运人与解纳期限也有不同。按何良俊的说法,一直到16世纪中期,乡村各种不同款项的征收也是由不同的人经手。由于收税是如此的缺乏整体性,以至于村民每隔几天就会碰到征租索钱之吏[24]。因此,地方官员感到不管有无上级政府的法令许可,都有必要进行一些基本的改革。

实际上，各种各样的役不仅仅分别摊入田赋之中。它们也源于其他税收，依照同样的税收计算原则而部分或全部地进行征收。顺德县征收均平银是为了取代对一定数量的里甲物资征索，以及原则上取代里甲正役。均徭银取代了力役。民壮起初也来自于里甲。因此，这三种征收都是按"丁"征收。考虑到该县税收水平很低，危害还不会太大。如果所说的差徭已经取消，而整个财政负担也合并到田赋之中，过分简化的益处也是可以取得的。然而，这是不可能的。原则上，必须坚持所有的丁都有为国家服役的义务，不管他们有无财产。废除这项原则就将会损害帝国的统一性。将丁作为税收单位的好处是，如果纳税人不付钱，他们也可以被召集起来亲自服役。这就是为什么上面只提到了三种征收办法，保留了一些人头税特征。然而，其中任何一种都不是仅仅作为一项人头税，大部分负担都是摊于田土之中。税收结构不能取得所期待的简化，是因为它服务于多种原则和多种目的。

将官米保留为一项财政名目，是传统的强烈影响的又一个例子。16世纪很多省直的官田已经完全流失（第三章第二节）。这能从包括顺德等在内的一系列地区看出来[25]。但也仍然有一些州县宣称在当地仍然保有这项田土[26]。由于无法进行有效的调查，只要地方官府根据确定的份额继续上交官米，帝国政府就只好不追问细节。尽管如此，它还没有决定把取消官田作为一项基本政策。结果是绝大多数的州县，都将官米保留为一项独立的统计款项。江西省的官田可能在16世纪中期以前就没有了[27]，但在1610年的全省统计上，仍然保留了此项收入，即征收官米 657274 石和民米 1871519 石[28]。因此，并不仅仅是在顺德，其他地区也有假想的官米的存在。

然而，实际上，通过地方官员的机智，那些已不存在的财政项目，仍能被利用起来服务于特定的目的，这一点很值得注意。其目的是将其与金花银征收联系起来。从 1436 年起，大约 400 万石粮食的田赋，已经按照每石 0.25 两白银的比例，永久地折纳成白银。这项收入落入了皇帝的私人腰包（第二章第一节）。顺德分担这项金花银的数量大约为 4000 两白银。从 1585 年起，以官米名义征收的款项作为金花银解运京师[29]。当官米不够时，则挪用部分民米，以维持平衡。官米的改折，由地方官员确定为每石 0.2653 两白银，实际上代表了金花银基本折纳比例并加上接近于 6% 的一小部分加耗。由当地的所有纳税户负担官米的损失是不合理的，但通过这种分配，命令的强制性被有利的折纳比率缓和了。地方官员可以宣称，一定数量的粮食仍然作为官米来征收；同时，通过将其作为一项单独的项目来征收，以确保有足够的收入来完成金花银。金花银运抵京城后，是被单独管理的。对于每个纳税户而言，他们都被同时指派了不同的官米和民米额，对于以后进行额外加耗也很方便。因为正如已经指出的那样，官米是基于田土面积而民米是基于粮食收入而征收的。

顺德县的税收结构看上去显得比其他地方更为复杂，其原因是县志在列出税率后，又给出了精确的计算方法。这种细节通常要被其他地方的官方出版物省略掉。

然而，省略这类计算方法决不意味着其税收结构简单。正如一个现代的会计在计算顾客的所得税时,是由自己处理技术细节以简化税收程序,同样的,其他州县没有出版税收计算方法,但可以从它们税率中的小数点中觉察得出来。

交错补给线在帝国形成了一个奇怪的网络,这是税收改革的另一个实质性障碍。其不仅难于梳理也难于了解。供应首都的土贡,就明显地造成了很多地方的税收项目复杂化。因为原则上,要从公共税额中拿出一定数额用以补偿这项费用。1590年,南直隶的上海县被要求向太医院上交12两白银以替代当地应交的药材。在理论上,这项支出与其他几项一样,依然是分配到每个纳税人以及该地区的每亩纳税土地之中[30]。

通过对比可知,顺德的情况还稍好一些。因为相较湖广、浙江和南直隶的其他各县,它上纳京师供应很少,也没有被要求去长途解运它的税粮,更没有被要求像北方的州县那样,提供官马的马差(第三章第二节)。除开丧失的官田,顺德的土地占有与使用情况也较为简单,从来没有产生像福建和江西那样复杂的土地租佃关系(第四章第二节)。

这些复杂性是随后一些章节的主题。这里首先进行一个大致的观察,即绝大多数的复杂性都有一个长期形成的历史渊源。马差始于洪武皇帝的法令。大运河缺乏中央财政的支持,导致了对税粮运输不同的和额外的加耗,这是起源于永乐时期。第一个永久性的税粮改折方案发生于1436年,起初它只是想解决一个临时性问题而把比例固定,并没有考虑到它会对将来的管理产生什么影响。税收收入的侧面收受，是明王朝缔造者的基本政策。一个似乎不可能发生的事实是，到了 16 世纪晚期，明王朝的基本田赋结构变得过于复杂，已经无法再进行彻底的简化。任何深层次的改革都不可避免地会引发管理的完全崩溃。

然而，税收体系是一个整体，如果白银能正式被宣布为国家财政标准，而余下的实物税收能够被通行改折为白银，那它就仍会有一些存在的合理性。1572 年，浙江会稽县的田赋以银征收的部分，占全部财政收入的 82%[31]。1591 年，山西临汾县，95% 的田赋用白银来支付[32]。1585 年，广东顺德县的田赋及其加耗，已经百分之百地彻底用银征收了。即使是在 16 世纪晚期，运送到京师的漕粮，也只有大约 250 万石粮食，不到帝国田赋总额的 10%（第七章第一节）。然而，没有采取任何措施，来消除以粮食石数作为基本财政单位的方式。

没有采取以白银作为标准和完全改折，是有许多原因的。改革会损害掌管内府库太监的利益。如果以白银来作预算，朝廷自身也将会受到更多的限制。在现存体制下，它依靠以粮食作为财政单位，在一些地区内可以随意伸缩。可以按照喜好，确定更低或更高的折纳比率，并且强制要求地方坐办各种物资，而不考虑和当地物价的关系。此外，全国各个地区的粮食价格和白银供应量也有很大的不同，这也会产生一些问题。

即使绝大多数困难能够被即时解决，对体制任何有意义的重建，都需要有一个不同的国家管理观念，因为它将不可避免地影响整个帝国的结构。宣布以白银来作为国家标准是很容易的事，但是户部在各省建立地方性的银库将会导致中央收入与地方收入相分离。加强省一级后勤保障能力将会要求增加工作人员和行政预算。完全取消实物税和强制性徭役，必将会要求提高正税征收水平，要求用可调节的预算来替代定额税收体制，并要对乡村地区实施更有效的控制。不用说，明后期的政府既无能力亦无雄心去进行这样一项根本性的变革。即使是到19世纪晚期，清代的改革家们也无法完成这一变革。

因此，16世纪的税收结构包含了许多因素，它的一些基本原理源于更早的先例。早期皇帝的特殊决定，被恭敬地奉为习惯法。随着时间的流逝，将会愈加难以进行一些细微的调整。王朝建立之初，当帝国政府还妄称拥有广泛权力的时候还不能实施有效的控制。到了16世纪，明政府是既不能加强权力，又不愿意放弃控制范围。

因为中央政府不能推进所需要的改革，简化赋税征收的努力，就只有落到地方官员，通常是知府和知县的头上。他们改革的范围必然很狭窄，他们的努力也不能互相协调一致。16世纪晚期，绝大多数的官员只有三年的任期。由于"回避法"[33]，他们通常被委派到很远的地方。用顾炎武的话来说，即"风土不谙，语音不晓"[34]。当一个官员熟悉他自己辖区内的具体事务时，他的任期也就快要结束了。

在进行地方税收改革方面，地方官员们取得了一定程度的成功。但他们之中的许多人都要受到长期的阻挠，会遭受挫折。1547年，浙江会稽县知县试图将该地区64种税则合并为三大类。他的建议被送到了其顶头上司绍兴知府那里。知府征询自己的佐贰——官粮通判的意见，讨论推行这种新方法的可行性，以及它对本府管理及公共舆论可能的影响。考虑到这一点,知府特别指出,任何重新将税收归类的行为,都只能局限于附加税和加耗,由于基本税额实际上是一种"成宪",因而要被排除在讨论范围之外。这个计划又被送到代表布政使的分守道长官那里。在他的指示下,一纸公告送到了府县衙门,要求"各乡耆旧"发表自己的意见。该地区有影响的人被单独召见并征询意见。由于会稽也是一个盐场,从灶户那里征收的田粮已经成为当地盐政收入的一部分,故而也需要征得帝国巡盐御史的许可。新的税收法令上呈后,经由省级行政机关和巡抚获得最后的支持。当地的税率后来确实被分成了三大类,但每一类都有如此多的例外,例外之外还有例外,因此很难说还存在多少种类[35]。结果,这个最初的建议实际上大打折扣。

  地方改革的主要阻力,可能都是来自于当地乡绅。他们是致仕的官员或有功名的人士,享有一定的赋役优免。在理论上,这种特权只适用于他们自身及其家人,并且要依据复杂的则例。通常,他们利用现存税收方法的漏洞来扩大自己的利益。因而,任何税收改革都会影响到他们的利益。一旦不满,他们就会故意拖欠不交赋税,或者通过有影响的人物向地方官员施加压力。有时,他们向上级官府寻求仲裁。这些手段可以是正式的,也可以是非正式的。向上级官府呼吁的正式合法手段,被称为"吁请",但实际上是以民事诉讼方式来反对地方官。会稽县知县杨节,在1572年记录了该地区的5个案例(其中之一可以追溯到上个世纪)中,有一个案例是当地有影响的地主向上级官府吁请,以否定知县的税收法令。杨只是简单地把这些例子称为"争讼"。至少在一个例子中,知县的决定被推翻,另一个例子则引起了北京的关注[36]。

税收立法遭到地方强烈反对的最有名的知县是东阿知县白栋,1574年,他在山东东阿任职。白栋在当地推行一条鞭法,每地一亩,征银0.011两,外加差银0.0092两,丁一人,征银0.13两。这个比例,在中国北方并不能算太低,但手续相当简单。"行之一年,逃移自首归业者一万一千余家",白的成绩甚至得到了张居正的认可,但由于地方不满,他被一位监察御史弹劾,而且直到张居正亲自过问之后,案子才得以了结[37]。

明代后期,绝大多数地方官员在推行税收改革之前都会求得当地精英集团的认可与赞同,这样的改革将较为稳妥。大约在1609年,山东汶上县知县在县志中写道:通过观察,他解释了当地赋税文册的不合理性,"乃荐绅先生各执所见,弗思润泽,纷纷之议,几聚讼矣"[38]。当然,尽责的地方官员并没有向豪绅屈服,而是进行顽强的反击。然而,这种英雄主义行为很少会受到奖励,反而常常是要求这样一些尽责的地方官员有相当大的自我牺牲精神。民众心目中的理想官员,是他能在没有反对意见的情况下,进行他的管理。因而可以理解,许多地方官员无意进行革新,放任自流成了保护自己和官运亨通的最好策略[39]。

因此,税收结构的复杂性是多种不同原因的产物。水稻耕种的方式,货币体系的特性,税制原则的差异,地方政府制定法律必须符合中央法规,没有运用银行手段来管理公共资金,某些临时性调整却成为定例,中央政府不能进行普遍性的改革,地方政府权力有限,地方官员不能自由采取行动,所有这些都导致了税收结构的复杂。明代的田赋,在折衷了如此多的矛盾之后,已经不再是一个简单的财政体制问题,它必须同时也被视为一个政治和社会的制度性问题。

第二节　区域性差异

长江三角洲

传统上,长江三角洲包括南直隶的苏州、松江、常州和镇江府,以及浙江嘉兴和湖州府。对帝国管理者而言,它不仅是收入的源泉,也是问题的频发地带。由于土地肥沃,以及太湖周边较高的地下水位,这一地区农业产量甲于天下。由于水道运输发达,它的多余粮食能够外运。在此三角洲地区,手工业也相当发达。因此充分利用这一富庶地区的财富,会使王朝能够解决它的绝大部分财政问题。但是,从该地区获取更多的收入,却不是一件简单的事情。

自然力无疑加大了这种难度。当时的文人就提到,在长江三角洲地区,大片的土地会被洪水冲走,而洪水过后又出现了新的冲积土地[40]。由于人为的失误,这种境况更加恶化。正如清水泰次所指出的那样,传统的灌溉方式是不停地与自然力作斗争。修堤坝而不考虑到地下水的基础,开挖河道以改变河水的自然流向,在获得了短期的收益后,水利工程自身既增加了洪涝灾害的频率,又加剧了它的强度,这反过来周期性地改变当地的地形[41]。通常认为，一旦鱼鳞图册（第一章第二节）编纂完成，所有的田产便固定于册籍之中。然而，实际情况并非如此，因为土地清丈不可能经常进行，而地形特点却不是固定不变的。

由于当地地形经常发生变化，地方官员不得不采用一种临时性的局部补救措施，但其并不是依据精确的土地数据。当纳税田土被冲掉后，损失的收入就只能分摊于其余的土地之中。任何新的冲积土地都难于被发现，并能很容易地逃税，即使是最警觉和最尽职的地方官员也只能是对税收结构进行修修补补。对于这些问题并没有发现合适的解决办法。

在这些地区，地权因法律的模糊而更加复杂。其原因可以追溯到南宋，当时为了减轻财政困难，政府强行从长江三角洲地区的田主那里收购耕地。从顾炎武的描述中我们可以知道，这个政策是极不受欢迎的，非但没有解决财政问题，而且还产生了更多的难题。即使是在宋王朝灭亡后，按售价分期付款的许诺，仍然没有兑现。元朝可能继续将此种财产作为官田，并扩大了它的面积[42]。当洪武皇帝用武力占领该地区后，他设法回避了这个法律难题。他仅仅是说，这一地区的百姓，尤其是苏州府的百姓，支持过他的政敌，因而他们的财产被没收充公了。但他没有建立起一套机构来管理这些籍没的财产。这些官田的租米也被合并到正赋之中[43]。这种模棱两可性，再加上变化的地形，使得登记田产完全没有实效。在顺德也存在同样的问题，但是根据1581年以前进行的土地清丈可以看出当地官田只占全部耕地面积的

5%。而长江三角洲地区，在王朝建立之初，籍没的土地及其他官田就已经占到当地土地的绝大部分，以至于民田所剩无几。例如，常熟县在1391年登记的官田有933763亩，相比之下，民田只有308737亩[44]。官田占到全部地亩的70%以上。

没有证据表明，最初官府已经默许了私人出售官田。然而，土地所有权既不能通过实地确认也无法利用清丈册籍进行核实，所以15世纪前期已经出现了官田私售现象。从历史上看，分割土地进行典卖会加剧混乱性。顾炎武说，有时买主根本不知他们所购买财产的性质[45]。在一个多世纪的时间里，明朝政府从不努力消除这种模糊性。只有当更多的纳税大户不断地拖欠税粮时，各地官员才会窜改税收册籍，降低税粮折算（见下文）。

到16世纪中期，土地的占有与使用已经异常混乱，根本不可能再无视这些十分棘手的问题了。同时，登记的官田没有为国家带来任何实际的财政收益。1547年，嘉兴知府赵瀛建议，所有的纳税土地都要被确认为民田。由于找不到官方的正式批准文件，目前还无法知道这个建议是如何最终得到官方认可的。地方志显示，流失官田的余租，如顺德县采用的方法一样，许多年以后，在所有的田主之间进行了分摊[46]。于是长江三角洲地区的许多府抓住这一机遇，进行了同样的奏请[47]。此项庞大官田的取消，无疑是明代财政史上最重要的里程碑之一。这就是说长江三角洲地区在创设官田时，没有颁布过任何正式的法令，差不多两个世纪后，又是在没有任何公告的情况下被取消了。

然而，官田与民田的合并，产生了特殊的问题。由于有大量的官田被勾销,它大大地增加了所有纳税户的平均税额。在苏州府嘉定县1547年的再分配中,造成了平均每亩土地的基本税额为0.3石米[48]。邻近的长洲县是平均每亩科米0.37石,而接壤的太仓州是每亩科米0.29石[49]。这些平均税率,差不多是此三角洲地区之外通行税率的10倍。但考虑到这些府的土地亩产量很高,这个比率绝不意味着是完全不合理的。而且由于税收已经部分地折成金花银以及其他隐蔽性好处,实际的支付进一步减少。但有的时候,当帝国把公平看成第一税收原则时,这种偏见性的税率,就会给了当地的田主一个不满的口实。

长途解运赋税的费用及其特定的折纳,并非三角洲地区所独有,但却造成了混乱。南直隶的四个府被指派把总共1206950石漕粮解运京师的任务;也就是说,占整个帝国年度税额的1/3。通常的加耗额要达到漕粮55%[50]。随着1471年实行的"正兑"和"改兑",漕粮更进一步分为两类,改兑只付加耗比例的一半(第二章第一节)。此外,还有214000石的白粮运输之役。白粮多指宫廷岁用的白熟粳、糯米,部分会直达皇帝的餐桌,部分则作为祭品。白粮主要是从长江三角洲地区征收,并且规定了严格的标准。运输概由民解,而不交由运军解运。在运河运输途中,解运粮长不得不甘受洪、闸官吏勒索。而交纳白粮时,监收内官更是科索无厌[51]。"南粮"也是征自长江三角洲地区,总额共64391石,要由纳税户解送到南京。但解运距离短,加耗不多[52]。其他对拨地方粮仓,加耗更少。因为这样才有可能由纳税户解运大部分税粮。因此,该地区总共有五种税粮解运方式,每种方式又都有不同的解运盘费。只有税粮交入中央政府指定的仓库时,才算完成税粮。所以,五种运输方式实际上形成了五种不同的税收支付形式。

另外,这四个府也被要求按 4 石税粮折成 1 两白银的比例,支纳 365135 两金花银。这种支付均远远低于当地的粮价。有一部分税粮也被折成棉布,总计 322774 匹,根据质地以每匹 1 石或 2 石的比例折纳。这种折纳算是对纳税户的一种补偿[53]。通过当地县志关于 16 世纪晚期的物价、加耗和解运费用的记载,我计算了每一个纳税户每石税粮折银后的实际财政负担,如表 1 所示[54]。

表 1　1585 年左右南直隶四个府纳税户
税粮解运或折纳的财政负担

(单位:两)

每石粮食的税收支付形式	折银后费用估算
白粮	1.91
漕粮正兑	1.30
漕粮改兑	0.90
南粮	0.75
地方对拨的税粮	0.63
折布	0.44
金花银	0.26

很明显,此明细表既不十分合理,也不适合于按照它所显示的那样进行实施;很有必要在不违背帝国法令的前提下进行一些小的调整。这一调整实际上是被周忱(1430—1450 年任南直隶巡抚)推行。他想用加耗和折收比例中的不均平,来平衡基本税额。要注意,在 15 世纪,官田制度还没有被取消,而且经过几次转手之后,大部分田产

的税率要么过高,要么过低。有些税率高得惊人,多至每亩科粮2石,甚至地方官员也承认他们也不知其起源[55]。为了不完全打破这一切,周忱引进一种他称之为"平米"的新方法到税收结构中来。

首先,他命令所有的基本税额,不管能否确定土地使用权,也不管税率是高还是低,都要保持原样。但他取代直接根据税额加增耗米,也没有将它们改折,而是向所有纳税户均增加耗。在实施的第一年,他实际上将加耗比例增加到90%。它对基本税额平均加增90%的耗米,称为"平米"。尽管如此,它却不是完全用粮食来支付的。凡是科则较轻的田土(每亩0.4石或更少)的纳税户要纳本色实物。科则较重田土的纳税户则纳棉布、金花银等,这些折色实际负担较轻,纳税户可以从中得到了好处。通常的加耗和解运负担被取消后,90%的耗米成为当地政府的节余,以之应付各种各样的解运费用。换句话说,纳税人通过交纳平米,在其本地就解除了他们的税收义务,而地方官员在征收后则进行再分配。这在县级及其上级,实现了更为集中的管理。90%的耗羡,成为第一年的盈余,这些耗羡会被留用到第二年,以便于减少第二年的比例。因此,这一征收并不完全受制于定额制度,而且也显示出年度预算的特点。然而,纵观他的巡抚任期,周忱每年调整的耗费,却从来没有低于过50%[56]。

1450年,周忱在大量的批评声和弹劾的威胁下致仕,其罪名首先是专擅征科,其次是由于对耗羡的管理不利[57]。耗羡体系被永久废除了。没有哪一位地方官员被允许均增加耗成为耗羡。但平米却作为一个制度而幸存下来,并被推行到长江三角洲地区的所有各府,且一直到明王朝灭亡，仍还有影响。与周忱的平米体系不同，16世纪合并的解运盘费，被计算出来固定到一个最低的水平，实际上肯定了定额制度。1547年，因官田的流失而引发的赋税再分配时，平米不再根据基本税额计算，而是以田亩为依据。在1581年的土地清丈之后，松江府的上海县报告说，它登记的纳税田土有1494775亩，该科平米391307石[58]。与此相似，苏州府吴县登记的纳税田土有714129亩，1589年该科平米为157193石[59]。但平米仍然与国家账目上的税收定额不同，因为它合并了地方的多种额外费用和改折，然后均平地摊到所有纳税人身上。国家账目仍然是指特定仓库实际收到的款项，折色项目也仍然以粮食，而不是以折色的价值来计算。

表面上，平米的征收，尤其是当它取代了基本税额后，已经代表了一种最大可能的税收结构简化。但更进一步的观察却显示，改革并没有走得更远。平米仍然是一个抽象的赋税单位，它的大部分，仍然在16世纪晚期改折为白银。从此，每位纳税人不得不部分用粮、部分用银纳税。后者的一部分要用来支付上供棉布的开销。而且，由于平米已经被永久地固定为尽可能的最小幅度，已没有进一步调整的余地。这就限制了地方官府在处理各项事务中承担起财政责任。它的职责只是从里甲中佥派民间代理人进行物资和资金的解运，因而又恢复了粮长。当缺额不可避免地出现时，就由解运者本人赔补。地方志中有很多的例子表明，地方政府征收的耗米与运费几乎不足弥补实际的开支，许多解户因而破家[60]。而且解运是里甲之役，没有办法阻止这些官方佥派的解运人向老百姓勒索物资、劳力和资金，以济解运。这方面的细节,将会在"税收管理"一章中进一步讨论(第四章第一节)。但在此必须指出,税收构成不够广泛,没有能包括各项花费。

由周忱在 15 世纪开始征收的平米,体现了与一条鞭法改革相同的原则(第三章第三节)。平米适当地合并了田赋,而一条鞭法将这种合并扩大到役。两者都在征收之先合并了各种名色税收,并在征收后分配收入,而且两者都有同样的局限性。即使地方税收实现了合并,上层仍然缺乏整体性。各色收入,包括金花银、官布、白粮、南粮和漕粮,已经在国家账目中作为开支款项而永久地被分配了。侧面收受及交错补给线仍然在继续。地方官员从来没有被授权去获得足够的运作费用,以支持扩大后的管理职能,这一点可以从耗羡的取消中看得出来。分离的解运体系意味着,这些数目繁多的项目仍然是税收结构中不可缺少的组成部分。

北部中国

在北直隶以及山东、河南的部分地区,税收结构的复杂是多种原因造成的。在北方,以马差替代了田赋。而在 15 世纪又建立起了皇庄和贵族庄田。此外,官田和政府草场仍然保持。

马政开始于王朝建立之初。洪武及永乐皇帝都力图在中国以外的地区获得马匹。在 14 世纪晚期和 15 世纪早期,马匹是通过购买或以物易物的方式,从北边的朝鲜、女真,甚至中亚的浩罕(Kokonor)、撒马尔罕(Samarkand)获得。官方记录显示,到 1424 年,明朝政府已经拥有 1736618 匹马,而且马的数量以 10%—15% 的年增长率递增[61]。尽管这两个数字似乎都明显地被夸大了，但很清楚，马匹太多的话，对政府机构而言，是难以维持的，其中的一部分马匹不得不改由民牧。洪武皇帝通过将官马寄牧给长江以北的几个府，开始了这一进程。当选定北京作为首都后，北部中国成为养马的重点地区。固定的马差，由北直隶的七个府、山东的三个府及河南的三府一县的民众来提供[62]。

直到1568年，所有的马匹都是分配给民户饲养。根据不同的上报，在15世纪，它们的总数量在100000至120000匹之间[63]。尽可能地以5户为一组，养马5匹*。这些马户的田赋及其他差徭负担可以进行减免，但饲养、看护马匹的开支要由马户自支。每一组马户每年都要为北京上交一匹军马。另外，马户还被希望养出一定数量的马驹。由马户饲养，直到被征用。从15世纪晚期开始，一个通行的原则是，种马一匹每三年产马驹两匹。种马死，或者是孳生不及数，都由马户赔补[64]。

从1466年起，军马之役逐渐折银[65]。1468年，帝国太仆寺始设常盈库，贮藏管理这些折银[66]。到16世纪早期，马匹上交很少。例如，1528年，本来应该有25000匹马上供，结果却只送来了3000匹，其余部分代以折银[67]。根据改折的时间及行政区域的不同，折银比例变化很大，从每匹马折银12两到30两不等[68]。同时，地方牧马仍在继续。帝国分派郡监到各府，为新马打制烙印、处理孳生的马驹，以

---

* 依《明史》卷92："江南十一户，江北五户，养马一"。——译者注

及监管马匹损失的赔补[69]。为了简化税收管理，绝大多数县将他们的纳税土地分为两类，并冠之以"纳粮地"和"养马地"的名称。这种划分很有必要，因为马政运作每三年一循环[70]。除了岁纳外，马头还必须保证能达到规定的多产（每三年孳生两匹马驹）。只有群监官作出决定，否则这一账目将无法了结。用于养马的土地面积相当大，例如，大约在1500年，北直隶宛平县登记的纳税土地有355999亩，其中有142143亩，约42%的土地留作养马[71]。这一情况在16世纪的大部分时间里都没有发生变化。

1568年，朝廷下令进行一项重要的税收改革，即变卖种马，总数大约有100000匹。1581年尽将种马卖尽[72]。要不是在京师有特殊的财政程序，马政将会正式结束。帝国太仆寺负责为军队提供战马，需要有自己的预算收入并因而继续维持这一账目。年度开支款项还是来源于地方，依然以先前马匹的配额为依据，继续送到常盈库[73]。现在，民众已经不再负有孳生马匹的责任，不再有赔补马匹的风险。马差在每个地区都被固定在一个年度额上，能够被再度视为田赋的一部分。在北部中国的这些地区，纳税土地与马地合二为一。每年向帝国太仆寺上交的税额，在所有的纳税人之间进行平均分配，就如同在南部中国征收金花银的方式一样，这无疑是一个巨大的进步。在赋税账目上，马差仍然与田赋正税分开，这就使得这些特殊地区的基本田赋税率看起来要大大低于其他地区通行的税率。

在北直隶的一些县，马差一直持续到1581年。然而，不再是让民众分牧种马，而是让他们领养马匹。马匹是由太仆寺在北边购入。领养期限很短,官员根据情况任命一些马头。1590年,宛平县与香河县都被迫按每马编地650亩的标准执行。官员给帖付马头收执,马头在650亩纳税地的范围内每月向邻户收讨银数。1585年,固安县也有相同的差役,但每马平均编地为430亩[74]。

皇庄及庄田基本是从15世纪发展起来的。大约到1500年,这些地产的扩展达到了顶点。它们中的绝大多数集中于北直隶的四个府,即顺天、河间、真定和保定。王府庄田也同样出现于山东和河南[75]。整个16世纪,政府一直试图核查他们的扩张,并对其加以控制。直到17世纪早期,王府庄田一度又开始增长。当时最受影响的地区是南方的湖广省。

土地占有与使用的复杂性和模糊性也是这些田产扩大的部分原因。为了鼓励北方垦荒,洪武帝曾于1390年、1393年和1395年,重申了在北方三省,民间田土,尽力开垦,永为已业,永不起科[76]。在15世纪的最初25年,这些早期的法令已经引起了无法控制的混乱。在同一府或同一县内,有时甚至在同一村子中,有些田主需要纳税而另一些则不需要。民众中的争执和诉讼非常频繁,而且一些地方仍有广阔的土地,此时或彼时因被政府征用而做过牧场。很难说对这些田产的后来占有者,是合法占有者,或者只不过是擅自圈占者[77]。

皇庄的创立始于1425年[78]。当时,皇室分拨一些北直隶的土地作为皇家财产。宣德将一些抛荒土地,理论上的无主荒地分配给高级将领,于是又出现了最早的贵族庄田的记录[79]。随着这两项先例的出现，于是有了对不纳税土地的大量争夺。在15世纪晚期，皇子、公主及受宠太监和皇帝姻戚，开始到处发现不纳税的土地，奏讨皇帝赐予，作为他们的私人田产，并通常指明面积和地点[80]。在许多情况下，他们侵犯原主权利，使他们沦为佃农[81]。1489年，户部尚书李敏（1487—1491年在位）报告说，畿内之地，皇庄有5处，共有地1200000亩，勋戚太监等官庄田332处，共有地3310000余亩[82]。

1521年，嘉靖皇帝登基后，政府力图登记这些田产。贵族庄田数目急剧减少，而且有一部分从民户那里掠夺的财产被退还原主。最臭名昭著的庄田占有者——寿宁侯张延龄被皇帝处斩[83]。大体来说，没有哪个贵族能够长达五代地保持同样的地产，也不允许他们赶走庄田上的租佃户，租粮应由州县收纳，给领占有庄田的贵族[84]。

16世纪晚期，这些财产与先前的草场，可以被分成下列六大类（他们的面积、位置、收入，可见附录A）：（a）皇庄；（b）王庄；（c）其他贵族庄田；（d）京军草场；（e）太仆寺草场；（f）皇帝御马和皇家苑囿土地。

所有这田产都同纳税土地分开，它们的收入也与田赋正税收入相分离。然而实际上，这些土地的租金也产生了一个与田赋相类似的情况。除了很少的例外，它们都由地方官员管理，甚至租率也与田赋正税相同。北直隶的香河县，在合并了一部分徭役之后，税收接近于每亩0.027两白银，与通常每亩0.03两白银的租米比率相当接近[85]。到16世纪晚期，绝大多数的牧场和苑囿，都已经转化为耕地，收取同样的租米。贵族作为土地收益的接受者，除非他们自己耕种，否则是不允许他们以田地为生，因而他们的永久佃农也就是事实上的田主。这些强加于地方官员管理的田产租金的征收变得更为困难，因而又不得不为此金派另外一些税收代理人来完成征收。

分配给德王的庄田在山东东昌府境内，占地451495亩，分布于六个县和两个州。包括黄河洪水泛滥之后被开垦的荒地，它的纯收入也只有6552两白银。根据府志的记载，到1600年，租粮仍然由地方官员管理[86]。

土地的占有与使用不明确的问题，到此还没有结束。1529年，河南杞县知县说，在辖区原额外得"不可知者"之无粮地1174046亩。为了"不之深究"，他于是通融税额，平摊于新旧地亩之中[87]。相似的调整也出现于西华县，其纳粮地亩已10倍于洪武时期。永城则是16倍于洪武时期。这种再分配，在允许这些县降低正赋税率的同时，也扩大了地区间的不平衡性。虽然顾炎武并不是一个主张增税的人，但他也认为这些地方是"宜增而未增"[88]。1556年，河南省报告说在辖区内有14080975亩这样的土地。省志认为它是"先前未征，已在掌股"[89]。在17世纪早期，山东泗水县，仍然登记了一些很成问题的土地，它被称为"白地"（untitled fields）[90]。这些财产，与湖广的冲积土地一样，为藩王所垂涎，成为潜在的庄田。

其他的不规则性

税收结构还有其他的不规则性。土地测量和分类标准的多样性已经论及。由于地区的特殊性，有时这种差异还能导致非常罕见的情况。在浙江淳安发现了一个这样的例子:那里的林木收益甚至比种植水稻更有利可图。然而,由于牵涉到技术难题,还找不到适当的办法去丈量这个山区。直到1558年,对一亩土地的传统规定,即确定为一个人喊的声音能被听到的范围[91]。"丁"是役征收的财政单位,在大多数情况下,和正常的税收没有什么关系。但在湖广永州府,自南宋以来,当地田赋的1/3由丁出,每丁估计要交0.3石粮食作为基本税额。此种做法是为了将当地少数民族包括在全府税收账目之中。晚至1571年,这种现象还没有完全消除[92]。在浙江杭州城,城市居民要根据他们居住地房屋的间数,交纳一小笔税金,所有地基面积都被包括在当地的土地数据中,而且这种间架收入也被纳入田赋之中[93]。这种做法的起源,可以追溯到唐朝,到1579年,该城仍然沿用这种做法,而其他任何地方都找不到这样的例子。在福建省,从王朝建立早期开始,该省的大部分寺院财产已获得税收优免。到16世纪中期,当政府决定对这些财产征税时,却发现佛寺主持、方丈从来没有掌管过这些土地,而仅仅是名义上征收租金而已。这些财产只是表面上由田主捐献给寺院,目的是在于逃避赋役;实际上,这些原主仍然任意地出售、抵押和出租这些土地。1564年,当谭纶(1520—1577)任福建巡抚时,他建议没收所有寺院财产的60%,但这项行动却不可能真正展开,因为这些土地的每一块都涉及好几个方面的利益,而且这一点连其原主也弄不清楚。没有迹象表明该问题得到了解决。按照原则,向这些土地征税,在理论上应受到支持,但它的实际执行时却有赖于地方官员能否找到最为可行的办法。现存的资料显示出,只有无数的解决这一问题的建议和反建议,而没有任何可行办法[94]。

第三节 役及其部分地摊入田赋之中

1500年以前役的分类

王朝建立之初,役与正赋被很清晰地分开。他们是两种不同的税制。前者计丁派役,后者是计田定赋。然而,这种分类不可能绝对,因为不可能完全忽略纳税户承担役的能力。在农业占主导的社会中,评判这种能力的主要标准是拥有的土地。因而很自然,到了16世纪,这两种类型的税收会逐渐地合并。

役派征于里甲,它体现了累进税原则。其实际分派没有固定的标准。从《实录》的记载、地方志的描述以及许多论著来看,各地在实际管理中,有相当大的不同。例如,在许多地方,官府对物料的需求,是由现年里甲承应。然而,《实录》中有一卷却记载,四川重庆府遇有朝廷征科,现年里长自出十之三,其余十甲共出十之七[95]。在浙江湖州府,一定的劳役被分配到那些很勤劳的田主头上,因为他们有足够的土地去满足 2.5 石种子或更多的要求[96]。另一方面,也有很多例子,在很多地方,这个命令由里长临时决定。《实录》的另一段记载当时实际上是"贫者出力,富者出财,各随所有,听从其便"[97]。

然而,这条资料似乎可以这么来看:在王朝的早期,物资和劳役的需求都较小。项目也不多。沉重的差役义务,比如驿传,原则上从当地的税粮大户那里直接征收，是在里甲体系之外进行的。在这种情况下，才有可能让这种体系以非正式的方式发挥作用。

15世纪，对物资和差役的需求显著增加了，因为田赋额没有增加，各级政府的额外开支，也只能由里甲来支付。上文已经提到，当俸给不足以维持官员生活时，就允许官员从民众中征用皂隶，很快地，这种皂隶差役折支白银。于是可以理解，它需要从同一里甲中征用更多的人员从事真正的差役，但是贯之以一个不同的名目。在15世纪，税收就是通过这些名义逐渐增加。

里甲体系被看成是简陋地方政府体系的补充，而地方政府是适应于简单的农业社会（第一章第二节）。在一个村子里，要求10户农民家庭在里长的指导下，决定应该由谁来提供维持政府的运作费用，这个做法有些荒唐。很清楚，一旦政府变得复杂，而富户逐渐能够逃避他们应该承担的财政负担时，这个体系就不可能维持不变。因此，很有必要进行调整。

第一个全国范围内的重大调整，是1443年均徭法的引进，均徭法产生的年代已经被山根幸夫和海因茨·弗里斯（Heinz Friese）的各自研究所确认[98]。这种方法并没有取代里甲体系，事实上，它还依靠里甲来运作。它的主要特征是把以前徭役的十年一循环，分成两个五年一循环。在此之前，每户十年一次承办物资、承应劳役。在引入此均徭法后，他们要在同样的十年期间，应召服两次役。有一年服劳役，叫做"均徭"；另一年提供物资和解运税收，被叫做"里甲"。在这里，里甲变成了一个财政术语。但它不能和里甲组织相混淆，后者仍然管理着两种役。对于纳税户而言,原来九年间歇,现在变成了更短的四年间歇[99]。

原则上,当每个县推行均徭法时,知县会编印均徭册,详载当地各项差徭,同时根据负担的轻重,将各项差徭分等。同样,里甲各户,也分成三等(上、中、下),每个等又被分成子一级的三等。这种分等自然会将重点放到财产所有上。那些不能提供差徭之户,被单独列为一本,叫"鼠尾册"(字面意思是"老鼠的尾巴"),他们被期望提供各种辅助性的徭役。编审均徭,按户等高下佥派"本等差役"。这样就有可能检查出长期以来里长对权力的滥用,避免一些人重复应役、而另外一些人却逃避差役的问题。

但以上只是一种总的构想,其中一些做法可以追溯到宋代。通常,只能说均徭法增加了应服差徭周期的频率,扩大了民众的参与性,影响了官方差徭项目以及先前对于役的分类。均徭更看重于财产,加强了政府的监督,削弱了乡村的自治,其结果方便了杂泛差役折银。这些特点都是有内在联系的。

由于在不同的时间里,均徭法既被明朝政府采纳过,也受到批评,所以均徭法并没有完全取得成功。但在很多地方,却是完全自觉地推行了这一改革。1488年,朝廷最终命令所有地区,都编审均徭[100]。实际上到那时,许多府已经这么做了。

"民壮"或者说是军役是另外一项"役",它开始于15世纪30年代早期[101]。但正式地成为全国性的制度,还要到1494年。那一年,朝廷命令每个里都要根据自己的大小,佥派民壮2—3名[102]。由于这是一种新的差役,而且只是一种兼职性的任务,所以民壮变成了一项单独的项目。与此相类似,为驿站提供后勤支持的驿传(第一章第二节),根据它自身的独特性,也没有与其他役合并。

因此到1500年,所有地区都有四种役,根据它们在地方志中一般列出的顺序,将其排列如下:

(a)里甲:税收征纳和各种物资征用,包括涉及解运的短期差役。

(b)均徭:全职的、全年的差役。

(c)驿传:维护驿站,提供服务。

(d)民壮:军役。

从均徭法到一条鞭法改革

世纪之初,需要进一步的改革。对物资和差役的需求仍在增加,政府机构在扩大,官员数量日益膨胀,驿站忙于提供馆舍服务与公文传递。宫中人员数量也在增加。因而朝廷继续增加额外的隐蔽性的税收。例如,南直隶的徽州府有富庶之区的美誉,因而工部总是要求其提供固定数量的生漆及桐油。到1493年,这些物资是通过"坐办"取得,意即他们的费用是从地方的田赋收入中扣除的。然而到第二年,知府接到北京的命令,从今以后,相同的供应被要求每岁坐派里甲供应(岁办),意即此款项必须要由当地民众提供,而不是由政府出资。总计银3777两,由该府分摊给属下五县,而知县们则又将它分摊给里甲[103]。因此以前专门用于应付坐办的定额,现在被用于应付新的派办。这些额外的供应必须要解运，仓库管理也需要更多役差，因此各地出现的对物资需求的增加不可避免地导致了对力役需求的增长。即使是采用了均徭的方法在十年内轮值两次为期一年的官役，但村民们的税收支付能力是有限的。里甲体系压力的增加，使乡村管理又一次陷入了困境。

与此同时，开始于15世纪早期的以白银纳税的方式，已经逐渐变得普遍起来。到16世纪，由于海外白银的涌入，流通中贵金属数量大大增加了[104]。可以设想，在这种情况下，取消役差，并在一个相对短暂的时间内，将财政负担转移到农业耕地上，已经相对变得简单了。然而，这一方法在实际推行过程中却是十分复杂。四种役的负担代表着不同类型的收入，分配方式更多。没有哪一位明朝官员会希图将它们完全合并，因此与田赋的合并过程遵循一个明确的顺序。下文将会对他们分别逐项进行讨论。

在四种役中，驿传转变最为迅速。这部分是由于供给驿站的义务问题总是涉及了特定的财产资格。另外，通常每个县也只供给一个驿站，因而驿传账目要比其他项目较为简单。尽管驿站网是一项全国性的制度，但是每一个驿站的后勤保障体系则是完全分权于地方。因此花了几十年的时间才有一定效果。应该注意到，这些驿站的服务实际上是没有限制的。只要一个持有兵部勘合的官员途经此地，他就有享受免费的交通、馆舍、食物和饮水的权利。而在16世纪，对此类的通行又没有什么限制。对于地方政府而言，其财政预算固定而且有限，地方官不愿意在支付白银后，再承担此项财政义务，这是可以理解的。1490年,一个对这方面有影响的建议被提出并得到了皇帝的批准,当然,现在我们还无法获知这个命令是如何传达的[105]。但当兵部提出另一个建议之后,全面改折命令才实际签署[106]。据记载,福建漳州府的驿传转化为田赋的附加税,于1520年完成,其估算标准按每石粮食附加0.12两白银用于驿传。这个比例相当高,接近于基本税额的25%。由此,这项税收负担也就完全并入耕地之中[107]。相类似的变化,1524年出现于北直隶,1528年又出现于广东的潮州府。费用可能摊给了所有的田主[108]。在16世纪的第二个25年,尽管改革不彻底,但已经广泛推行。然而,到16世纪50年代,杭州府依然佥派各户来为驿站服务,结果导致了很多应役者破产。当该地最终决定将役差分摊于所有纳税户之中时,并不完全是计田纳银,其中一部分是根据丁来征收[109]。

在此应该指出,许多地方改革只是包含了驿传的账面款项,而没有完全包括所有驿站运作的费用。许多驿站的实际花费,不能为固定的预算所限定。它们的赤字常常由轮值应役者负担,尤其是仓库收纳者,他们的役差已被包括在均徭账目之中[110]。

民壮的转化,账目相对简单,发生得稍迟一些。无疑,它因16世纪中期抗倭战争而加速。在同倭作战中,军事统帅们发现,志愿者比佥兵战斗力更强,绝大多数地方因而被命令要为募兵提供银两,而不是继续佥派军役。战争结束后,这种办法仍在继续[111]。然而,民壮与驿传不同,因为驿传在大多数情况下,完全丧失了作为役的特点;而民壮即使在改折后,也仍然保留了人头税的一些特点。广东顺德县就是一个典型的例子,本章开篇就已详细论及。当然也有一些例外的情况,如南直隶的宁国府以及湖广的新化县,那里所有的财政负担,都被摊入土地之中[112]。但在中国南方的大部分地区,民壮费用是由田、丁共同承担。

在北方的许多省份,并没有受到倭寇的影响。民壮没有作为一个单独的项目列出。16世纪中期以后,许多地方开始把它与均徭合并。山东汶上县报告说,当地和邻近地区的民兵仅仅是存在于字面之上[113]。河南彰德府为那些只是偶尔召集起来服役的民兵付钱,而资金则是源于其他的途径,民壮没有成为永久性款项[114]。

余下的两种役转化为田赋,被证明是最困难的。里甲与均徭是基于户等而存在了许多年,并且无疑是真正的人头税。里甲正役包括的不仅有物资供应,还有对它们的解运,这尽管也被视为力役,但在明代,却经常与物料上供不可分割。因为政府从来没有试图去发展它的中间一层的保障能力,省直官员也就既无人力又无资金来接管解运职能。惟一的办法就是要求民间机构管理这些供应,并对指定仓库中的物资负责。尽管在16世纪,明朝廷不停地要求把正赋折成白银来支付,但宫廷供应却很少包括在内。明代由部级官员所做的两个分别独立的估计表明,在1600年左右,每年解送至宫中府库的各种供应,价值四五百万两白银。一部分供应由田赋而来,一部分则来自于对里甲的征索[115]。与文官相似,政府并不为内府库的太监提供日常开支,内府库也没有任何预算来维持正常的运作费用。通常的办法是,太监向税收代理人榨取费用,这称之为"垫钱"和"礼钱"[116]。如果供应被折成白银，款项将会由大臣们控制，宫中人员的额外收入就会减少。在推迟里甲正役的改革中，太监扮演了一个至关重要的角色。

均徭包含了一系列对改折不利的分工。如官府仓库的库子、斗级，必须要编写税目清册，任何短少都由其个人赔补，有时甚至是可以解释的亏空[117]。狱卒也要为他们的职责承担财政上的义务，因为他们看守的绝大部分犯人，都可以在付一定数量的罚金后释放。巡卒也在同类之列。迟至1590年，南直隶上海的沿岸巡盐应捕，要负责缉拿一定数量的私盐贩。当年是中国的闰年，即这一年比其他的年份多出一个月，这种数额就增加1/12[118]。各级官衙所谓的"门子"，是一些工程的实际监督者，他们负责各种建筑物的修缮，这就要支付一定的费用。换句话说，这些包含财政责任的义务要分摊于纳税户。

这种供给办法反映了明代管理体制的真正特性，这不仅仅是官吏们腐败造成的，而且这也是税收水平低下、官员数量严重不足、固定的预算控制以及各级官府的相对自给自足的直接后果。所有这些都有很长的历史延续性。

通观16世纪的大部分时间可知，许多地方官员都力图将保留下来的各种差役折成白银支付，而更直接和更根本性的改革，被证明是不可行的，变化必须保持在很小的范围和很低层次的管理上进行。

在最初的对供应方法的改革中，十分有必要扩大地方行政费用预算。例如，广东的潘季驯发明的均平银支付（第三章第一节），允许知县征收多征一倍的里甲银，部分摊入纳税土地，部分按丁计银。但由于数额很少，即使是进行了这样100%的增加后，一个富县至多也不过

1000两白银[119]。尽管纳税人名义上支出是以前的两倍，但实际上他们一旦从里甲正役中解脱出来，就能从方法的变化中受益。其他省直相似的征收被称为"纲银"或"里甲银"[120]。

所有的这些支付款项都有如下的共同特征：十年一次出办供应由每年支付所取代。这些财政负担的一部分被并入田土之中，余下部分则按丁出银。并公布一个统一的支付比率，消除了先前的等级差别以及里长佥派，以此希望通过此种征收为地方政府提供足够的现金收入，满足它的绝大部分办公开支，并用于北京的科派。但解户由里甲佥派并未完全取消，而是适当贴补。一定量的小数目供应，或是由县衙解运，或是合并到府一级，并且任命一些官方代表来配合民间代理人工作[121]。所有这些都是一个缓慢的过程。进行这种改革的人多为相当有威望的官员[122]。他们对此体系的修改，顺应了时代的发展。同时，抗倭战争则为这一改革提供了一个契机。在当时的紧急情况下，南方几省的地方官员获得了一定程度的财政自治，由此在16世纪中期以后，改革获得了明确的推动力量。但是，改革从来不是彻底的，例如在长江三角洲，一直到王朝结束为止，大量的物资解运仍是一项公共义务。

均徭改革也经历了同样的耐心和持久的努力。由于同倭寇作战的负担成为许多地区的最大役差，因此均徭改革成为全部改革运动中最复杂的任务。它开始最早，却费时更长，结果也不令人满意。16世纪之初，许多地方已经把这些役分为两类。不连带任何财政责任的工作分派，被称为"银差"，包括知县的抬轿夫，官学膳夫，府衙号手等等。将此类差役进行折银十分简单,只要给了钱,地方官府总是能募招他人充役。另一类则包括狱卒、门子、巡栏等等,被称为"力差"。此术语实际暗示应役者与财政责任不可分割。尽管可以雇倩他人,但必须由应役者自己雇人,以便他们能继续承担责任[123]。通常,改革的方式是将银差即时折纳,并减少力差的分派,或者有时减少他们的财政责任。而且,此类改革也不彻底。即使地方上的力役大都改折,但一定数量的力差分派也仍然存在(第六章第一节)。

尽管已经折成银差,用货币支付,但省直官员仍然没有呼吁过要取消里甲制度。地方管理者仍然坚持财政负担由田、丁共出这一制度,因而村民有义务每十年应役一次。但除了按丁均派外,还有一个附加的费用,也被添加到了那些将要在那年应役的田主的纳税土地中。这种做法发展成为著名的"十段锦法",它首先是在南直隶的某些地区推行,后来又扩展至浙江和福建[124]。

在十段锦法推行的早期阶段,它与里甲体系没有什么不同。每年一甲一户轮应一里之役,只不过是用现金抵付义务。很快,管理者发现每年应差户的数量是相同的。但有的年份,户中有更多的丁,通常就会拥有更多的土地,在其他的年份,情况正好相反,有更少的丁和更少的土地。既然役的需要是相对稳定的,这个方法就意味着用变数来除以定数。当有更多的纳税单位时,每个财政单位的负担就相对轻一些;但是当纳税单位非常少的时候,每个单位的负担就会相对增加。于是为了避免这种情况的每年波动,官员预先将该地区十年内的全部徭役统一分配,尽管十年轮役依然保留,但通过征收统一的比率，银差款项就会在丁多和地多的年份有盈余。这种盈余将会用于补贴丁少、地少的"歉"年。

在此应注意到，里甲组织、十年轮役，实际上不是方便而是妨碍了征税。依理而言，下一步骤应该是从所有的项目中解放均徭项目，按统一比例，将十年的支付分成平均的十等份，并且每年把它们均摊于每甲所有的丁及全部纳税田土之中，这种做法似乎更简单一些。当税收管理进入这最后的阶段，我们就能说，地方已经为进行一条鞭法改革做了很好的铺垫。各式各样的银差，已经每年按照相同的比例确定，现在对于每个纳税人而言，已经合并为单一的支付额。合并的支付额能够进一步与正赋中折纳的部分合并。由于税粮不能也像这样折纳，因此余下的力差项目当然也就从这一文册上删除了。

一条鞭法改革及其局限性

在过去的半个世纪中，中日两国学者已经就一条鞭法写出了许多篇论文和专著，对它的起源问题投入了特别的关注。现在绝大多数学者都同意，作为一项全国性的制度，一条鞭法应该起源于1531年。那一年，这一术语出现在一个官员的奏议中，并引起了嘉靖皇帝的注意[125]。

这一研究尽管满足了我们的好奇，但这个调查却没有相应地增加我们的认识，因为一条鞭法自身并没有明确的界定。

在16世纪70年代，于慎行（1545—1607）指出一条鞭法是一个笼统的术语，而没有明确定义，他认为其可以是如下的任何一项或者几项：(a) 丁不分上下，一体出银，(b) 粮不分仓口，总收分解，(c) 差不分户，则以丁为准，(d) 粮差合而为一，皆出于地。因此没有必要为满足对一条鞭法的描述，而让税收改革来符合所有这些条件[126]。于慎行的观点最近被当代学者重复引用。梁方仲认为一条鞭法的内容也有"精粗深浅的不同"[127]。而费正清则声称一条鞭法"不过是一种合并的趋势"[128]。

实际上，界定一条鞭法，用否定的方式远比用肯定的方式来得简单，尽管描述一条鞭法操作的下限是很困难的，但它的上限却是可以确定的。因而，基于以上学者们的研究，我冒昧地给出了如下的定义：

> 一条鞭法代表了16世纪明代管理者试图获得一种理想状态的各种努力：役被完全取消；里甲体系，不管在形式上，还是实质含义上，都不再存在；任何残留的人头税，都将并入田赋之中。而纳税人可以通过分期支付单一的、固定的白银来履行对国家的义务。

很明显，没有任何地方能够推行一条鞭法改革到如此理想的程度，即使在最先进的形式下，也只能是接近这一目标。非常明显的困惑是，这种改革运动，在经过如此艰难的准备后，却从来没有最终完成。然而，对此问题的解释很简单，即明代财政结构不能适应如此彻底的重组。

在16世纪70年代到90年代，一条鞭法改革达到了它的最高潮，但中央政府既没有建立一个区域性的银库，也没有一个通常的采买机构。尽管地方政府的后勤保障能力有所提高，却仍然不足，还必须由民众无偿应役。预算也没有任何增加。税收解运仍然是由专门的接收部门对应专门的分配部门，没有什么变化。例如，1592年北京宛平知县报告说，他被要求将起运银两送到中央政府指定的27个不同的仓库和部门，但所涉及的总额不到2000两白银[129]。在这种情况下，就依然需要依靠纳税人服役。消除民众所有的役差，将会造成现有的财政机器所无法跨越的许多后勤保障鸿沟。

所有这些都意味着，尽管一条鞭法改革是中国经济史上一个很重要的里程碑，并有很多的积极因素，却注定会局限在一定范围之内。它的失败是可以被预见的。从这一点来看，20世纪50年代一些大陆学者对一条鞭法的描述很明显有夸大、误导的成分[130]。即使是梁方仲的早期开拓性研究，以及最新的研究成果，他们的笔调也是过于乐观了。如果不能从以前论著的错误观念中摆脱出来，我们就不可能对役摊入田赋之后的税收结构进行很有意义的讨论。

首先，京师的宫廷坚决反对进行全面的税收改折。除了保存下来的税粮、棉绒、棉布、马草等项目仍由实物支付外，实际上在王朝灭亡之前，有的地方仍然要上交漆、茶、蜡、金属、弓、箭等等。倪元璐是明代最后一位户部尚书，他在1635年力图要把这些供应物资折银，但却是徒劳。1643年，离王朝灭亡只有一年，他作为户部尚书，又旧事重提。他列出了58项挑选出来的项目要求折银，但由于太监的反对,其中只有 8 项被改折[131]。

第二,力差涉及了纳税人亲身应役,虽然已经减少,但并没有完全取消。即便是一条鞭法改革中最有力的推动者海瑞(1514—1587)和庞尚鹏(1550—1575 年在任),在他们的直接监督下,也没有办法取消官府仓库的库子、斗级之役[132]。16 世纪 70 年代,改革在浙江沿海府县广泛推行时,正常佥派的弓兵、巡捕被革除。他们的缉捕的走私额度就由均徭来弥补,而均徭是分派到所有纳税人身上。但绍兴府对这方法是否能适用于盐务巡察表示怀疑,最终巡盐应捕成为一个"例外"[133]。

令人不解的是,有时一些地方志提到了召募力差任务的工钱。列出门子、算手等役工钱来,称之为"榜注",意即"贴出的标准",但仅仅是官定比率,它只是为雇人应役者以及地方官提供了一种指导性方针,以便在几个应役者之间分摊职役的财政负担[134]。1566 年版的《徽州府志》表明,当一个纳税人估计要交 1 两白银的力差任务时,他可能最终会支付 5 两或 6 两[135]。在广东肇庆府,纳税人的实际费用,可能要高达榜注所标明的 100 倍[136]。有些地方从普通百姓中征收力差钱付给应募者,并要他对所负担工作承担财政责任[137]。因此,从所有纳税人中间征收力差钱,并不能被认为是差徭已经改折的证据。在大多数情况下,它仅仅意味着应募者按照榜注的标准接受公众的贴补。根本问题是,由于地方政府的行政预算过低,而且僵化不变,以至于在行政运作过程中,很难不让一些纳税人为它的亏折负责。

1584年，河南中牟县推行一条鞭法，但直到1626年，该地区仍有127种力差。而且还要为上级官府提供差役，超出了知县的管辖范围[138]。1620年，北直隶的香河县仍然保留了419项力差摊派，县志也哀叹应役者与代役者的财政义务过重，这些人"产化身倾而奔命未已"[139]。

　　应该记住的第三点是，在中国北方，这个改革要比南方几省晚一些。当南方官员将已经在他们家乡行之有效的方法推行到北方时，引起了骚动。主要的争执是"户银"。在16世纪，北方的大部分地区，特别是山东，已经将其附加到"丁"上。户银同时也被分为三个主要的类别及九个子类，最高一等的户银每年约为40两白银[140]。很可能户银愈高，丁银就愈低；下丁之银只是一种象征性的税收。推行一条鞭法改革，将会取消户银，而许多地方官员争辩说户银是一种累进税制。一条鞭法改革的支持者转而断言，这种累进税制从来不可能真正实现，因为绝大多数上等之户，在很多情况下，却享有赋税优免[141]。1570年，当争论带到京师时，朝廷也无法裁决（第七章第三节）。后来，当一条鞭法改革在这些地区推行时，户银通常被取消了，但不同的丁银却被保留下来。1590年，一个折衷的计算方法得到了皇帝的许可[142]。大约到1600年，山西潞城县，北直隶的怀柔、香河县，山东曹县和邹县都宣布推行一条鞭法改革。但他们全都保留了分等级的丁银[143]。个别地方甚至顽固地保留了户银。这就暗示出必须在乡村确定户等。一条鞭法改革的一个主要特点就是财政方法的标准化与统一化，但维护地方确定的税收原则就违背了这一根本要求。

第四个局限性是一条鞭法改革只是修改了税收征收方法,但并没有简化基本的税收结构。相反,它使其更加复杂化了。税收结构,如顺德的个案所显示的那样,仍然包含了大量的名目。地方官府所能做到的,只是创造了"条编银",即将各种各样合并的银两分成两大类,一类按土地摊派,另一类按人丁摊派。由于大量的税收名目仍然被保留,这种做法不可能简化账簿,而只会使官方文移更为繁杂,这一点是可以想像得到的。

在一些地方,由于技术困难,甚至不可能统一比率[144]。地方政府不过是将每个单独纳税人的各项税额累加起来;尽管它阻止了乡村管理者们对于税收法规的歪曲滥用。但它只停留于账面之上。梁方仲在探讨一条鞭法时,曾经引用过一张在隆庆(1567—1572年)早期由浙江会稽知县刻印的钱粮条鞭由帖,时间可能是1568年。1572年纂修的《会稽志》将其全文迻录,《会稽志》的手抄本现藏于哈佛—燕京图书馆,十分珍贵。这一由帖显示此县一个典型的纳税户估计有14种不同的粮差税银[145]。

尽管在南方,尤其是在沿海省份,改革可能已经停滞不前。但到1590年,合并编派的确已经达到了它的极限。省直官员在其权力范围尽了最大的努力,已经无法走得更远。在中国北方,这一运动可能要持续另外15年。例如,山西省直到1588年才宣布推行一条鞭法改革[146]。由于军费开支和其他政府需要不断增加,到17世纪早期,税收改革实际上已经停止。然而,这并不意味着已被摊入田赋中的部分差役,又回到了先前的体制。而毋宁说,对额外税额的增加不可避免地导致了公共报效的进一步增加。这意味着体制回避了预算限制，恢复了乡村派征，并再一次让纳税人有亲身应役的优先权。《明史》总结这种情况为："条鞭法行十余年，规制顿紊，不能尽遵"，"粮长、里长，名罢实存"。[147]

役摊入田赋的方式

将部分役摊入田赋之中，官府通常采用了三种方式。第一种方式广泛应用于浙江、福建和广东，是以正赋税粮的石数作为基本单位，添上一个附加费用，类似于美国现在的对个人所得税的附加税。第二种方式，是将役直接添加到每亩纳税土地中，实际上是创造了一项总量的增加，这种做法在中国北方广泛应用。第三种方式是将以上两种合并编派，比如在长江三角洲的苏州府和松江府就是这样，它意味着当地的里甲和均徭依据田亩征收，而驿传和民壮则对每石平米征收附加税。在此章的第一部分，我们发现广东顺德县采取了一种混合方式，并作轻微调整。

"随带税"（附加税）的方式是最直接的。它的最大缺点，如已经在顺德的个案中解释过，是折算必须有无限多的小数位。在16世纪晚期，南直隶的嘉定县采取了这种方式，每石平米要科均徭银0.0147445814487两[148]。这小数点后面的13位数字还只是一个开始，它们还要乘以每个纳税人小数位的平米石数。

在北方，直接把估算的役添加到地亩之中的方式更为流行，因为北方各个地区的土地等级更为统一。否则，当每类土地，包括水田、旱田、沼泽地和山地,都被分开来估算时,结果将会和基本支付估算一样复杂。这些地方选择直接按统一比例将役分摊到田亩之中,一般不考虑土地的产量。只有当役的负担很少,产生的经济不平等可以被忽略时,这种做法还说得过去。但这种税收方式仍受到了批评[149]。

这种方法的优点是难以理解的。或许这种不一致性是过去税收立法不协调的结果,所以当不同的役被逐渐摊入土地之中时,它导致了一种基本田赋额的附加税,直接按田亩估算。税收优免也是一个因素,在一些地方,一种役差可以被免除,而在另一些地方则不行。

税收优免是很复杂的事情。明朝的制度允许对现任官员和致仕官员优免役差,同时也优免那些通过科举或捐纳获得生员资格的人的差役。优免自身非常复杂。优免比例通常根据品级而定。但对不同的文官和武官,以及在任和致仕的官员而言都有不同,京官享受全免,外官半之[150]。优免也包括免丁和免田。土地的优免不按亩数,因为田一亩在不同地区有不同的意义,因而免田就不是由面积来估算,而更多是照粮免田。例如,1545年优免则例规定,在京城的正三品或从三品官员免粮20石,人20丁。但这并不意味着官员能够从他的基本税额中扣除20石粮食;扣除数是地方官府对20石基本田赋税粮所加征的役。大学士申时行(1578—1591年在任)曾估计过,这种优免通常值6两白银[151]。这一优免则例于1531年公布,1545年修改,1567年又进行调整。原则上,免丁及免粮可以互准,换句话说,如果户内丁不及数,也不许以丁准粮。但各省官员经常调整当地的优免比例,朝廷也准许地方酌裁优免,背离了自己制定的法律。结果是各地都用自己的方式来解释帝国法令,绝大多数的地方都可以丁、粮互准。

为使这两类优免可以互准,以便计算,地方将每个单位的丁和田土的征收比率,都固定到一个简单的算术比例上。如下文所引证之例。由于帝国通常的赋税优免是以粮食的石数作为纳税单位进行估算,对于那些将役看成是附加税的地区没有困难。但对那些将役分摊到地亩之中的地方,调整则不可避免。例如,南直隶的武进县正三品官员役的优免是准田670亩,而不是20石粮食[152]。优免数量在各个地区可以有很大的不同。山东沂州府只优免62832人中的910丁[153]。由于优免之数所占的不到总数的1.5%,优免也就无关紧要。但南直隶的上海县,优免之丁达12789人,而是该地区全部登记在册丁数为73623人,优免丁额占17.8%,因而引起了更大的关注[154]。除了官员及有功名者以外,该县还有大量的办纳盐课的灶丁得到优免[155]。1586年该县的税收方法使这些人本身免于里甲和均徭,但由于驿传和民壮额是以全部土地为标准的,所以就没有任何优免[156]。

合并的范围

现在还没有完整的、连贯的数据来说明1570—1590年间税收的合并范围。通过第二手的材料、稀见古书以及影印的或做成缩微胶片的明代地方志等资料,现在已经调查了175个州县的情况,大约占明朝全部1138州县中的16%。然而,这些资料很少能够提供必要的信息。在16世纪,详细的赋税册籍以"实征册"的形式被编辑[157],它们是地方官员的手册,从来也没有正式印行过。地方志只是将那些认为有长久价值的基本内容进行概述,因而他们给出的赋税征收方法既不完全,也容易受到歪曲。这样就造成了无法进行准确的估计。但研究也不是完全没有意义,因为还有少数的例子,能让我们一瞥税收合并编派的方法是如何展开的。

在长江三角洲,上海县能被视为一个例证。1590年,那个地区在除去税收优免后,有1210007亩纳税土地(包括那些面积已被折成到"税亩"的次等土地)和60834个应役之丁。对里甲的征收比率为每丁0.0042两白银,每亩0.0021两(注意,比例为2∶1)。均徭的征收比率是每亩和每丁均为0.0148两(比例为1∶1)。这种计算方法实际上是把这两项财政负担的94.2%摊入土地之中,只留下5.8%由丁出。县志也揭示出,有一种附加税是要摊入该区的全部农业耕地中的,没有任何优免,它叫"贴役银",共征收3128石米及10010两白银,用于支付县里的民壮、驿传及其他杂泛差役[158]。考虑到这一因素,丁出的负担进一步减少到低于4%,并很可能接近于3%,这要取决于实际米价。

在长江三角洲,役很大程度摊入田赋之中,这似乎十分普遍。例如,何炳棣提供了1617年苏州府7个县的数据,显示大量的差徭与田赋合并。比例从吴县的65.5%到太仓州的92.6%之间[159]。他的资料没有涉及任何"贴役银"的信息,但苏州府从1538年起就已经开始征收"贴役银"了[160]。如果包括这项支付,田出之银还要略高。

但是,长江三角洲税收合并的高比例,是个特例。该地区耕地多,产量高,由此导致了过高的田赋税率,并产生了一个更大的税额，正如被同时代的人所指出的那样，合并编派到这个程度是很简单的事情。上海县的纳税田土所承担的全部徭役负担（包括那些用米支付的负担）的价值超过 30000 两白银[161]。但当它被分摊到此区的总共包括 155573 石米及 111433 两白银的田赋正额之中时，额外的支付可能只占基本税额的 15%（假定当地的粮价为每石 0.55 两白银），长江三角洲以外没有哪一个地区能够享受到税收合并后如此有利的情况。

而且，长江三角洲地区差徭文册的也容易产生误导，因为各府的实际差徭要多于官方册籍的记载。一个例子是将白粮和棉布运输到北京的费用，部分仍由解运人支付，而不是由役银来贴补（第三章第二节）。

长江三角洲地区以外的东南某些地区，徭役折银后与他们的田赋相比，数量很大。福建漳州府即是其中之一。1572 年，该府十个县的全部田赋收入，估计只相当于 56262 两白银*，平均每县的份额不到上海县的 3%。但该府的役银总数为 71599 两。

为将役摊入纳税土地之中，漳州府采取了附加税的方式，换句话说，是以基本田赋额中的粮食石数作为财政单位。征收里甲时，丁、粮的比例为 2∶3，但征收均徭和民壮时比例相同。驿传只是依据土地而不依丁来估算。根据这个税收计算原则可以做出以下推算，如表 2

---

* 该府部分正赋仍由实物支付，在此是按每石粮食 0.5 两白银折算，这是漳州府一般折算率。

所示[162]。

这一赋税原则通常被描述为"丁四田六",意即丁出 40% 的役银,田出 60% 的役银,而实际的分配比例也接近于此。应该注意到,表中作为附加税征收的 42504 两白银,并入 56262 两正赋之后,就意味着税收增加了 75.5%。

表2　1572 年福建漳州府的役银征收

役银项目	丁出 两	丁出 %	田出 两	田出 %	征收总额 (两)
里甲	3004	43.4	3910	56.6	6914
均徭	11786	53.4	10255	46.5	22041
驿传	0	—	15955	100.0	15955
民壮	14335	53.5	12384	46.5	26719
役银总额	29125	40.6	42504	59.4	71629

一个县的役银接近或超过正赋,并不为奇。尽管这种情况在北部中国很少见,但在东南地区却有很多这样的例子。抗倭战争期间民壮账目的膨胀(它包括军事供应,见第三章第四节)是其中一个重要的促成因素。另外,由于多个原因,特定地区的正赋,已经在王朝早期被固定到很低的水平。但地方官府的运作开支却不能保持相适应的低比例。因而,由地方提供给上级官员的开支,是根据户数而不是根据他们的田赋额来征索。表 3 所列的 6 县即是如此,那里的役银与正赋相比较时,显得很不协调。

在这六个县中,顺德已经在此章的第一部分中讨论过了。漳平县位于漳州府,前文已有论及。开化县位于山区,拥有的林地要多于可耕地。而遂安县专门生产生丝。歙县和休宁县位于徽州府，那里是许多富商的故乡，经常被要求向京师上贡物料，因而积累了大量的役银项目（第六章第一节）。

表3 1572—1621年东南地区六个县的役银分摊[163]

年份	地区	役银 丁出(a) 两	役银 丁出(a) %	役银 田出(b) 总额	役银 田出(b) %	役银总额 (c=a+b) (两)	正赋价值估算(d) (两)	役摊入田赋后的增长幅度 (e=b/d) (%)
1572	福建漳平	2189	32.4	4558	67.6	6747	3185	143.1
1582	浙江开化	3457	27.3	9191	72.7	12648	9808	93.7
1585	广东顺德	5304	31.9	11324	68.1	16628	17952	92.1
1612	浙江遂安	2218	29.0	5427	71.0	7645	9528	58.6
1621	南直隶歙县	7657	32.7	16012	67.3	23669	24940	64.2
1621	南直隶休宁	7559	26.6	13785	73.9	21344	16010	86.1
	全部六县	28384	32.0	60297	68.0	88681	81423	74.1

很清楚，在那些地区，役银额之多很不协调，将大约70%的款项并入田赋之中，将会导致田赋额显著增加。在一些情况下，达到或超过了基本额度。这种情况发生在东南沿海各地。尽管这些数据过于零碎，不可能进行任何全面的评估。例如，福建福宁州于1578年进行一条鞭法改革后，通常每米1石折银1.37两[164]。16世纪70年代早期，同在福建的龙溪、南靖、平和，在合并了徭役之后，米0.963石就要岁纳本折色银1.2两[165]。由于当地粮价不可能超过每石0.6两白银，这些地方上的实际支付额就会达到或略超过基本税额的两倍。

当税率达到这个水平时，可以说将役摊入田赋的进程就达到饱和点了。这并不意味某个地方实际合并的税额达到基本额度的两倍时，耕地的纳税能力已经枯竭。毕竟，明代的田赋从来没有定到一个很高的水平（第四章第三节），也不统一、精确。由于各府的税收水平并不相同，这就为调节提供了相当大的空间[166]。然而各地实际税率，已经存在了许多世纪，并已经成为地方制度。对它而言，民众已经把自己与土地的占有、租佃、地租全部一古脑儿地揉在一起。因此实际上，明显的税收增加是相当困难的。具体操作过程中，"1石粮食"的税收可能要超过1石，而且通常也是这样。但当它达到2石时，公众舆论就会认为这是太多了。将役摊入田赋之中，其目的只不过是把一种税收形式转化为另一种形式。但对一些田主而言，它却代表了一种不合理的税收增加。值得注意的是，在税收改革的高潮时期，尽管已尽很大的努力去限制丁的数量，并缩小它们的重要性（见下文），却没有提出任何完全取消丁银的建议。役的征收的人头税原则总是受到支持的。

在那些田赋定额很低的地区，役的并入不会受到批评。在长江三角洲区域之外的南方各地，通常是60%的役银被分摊到土地之中。1572年浙江杭州府8个县的情况就是一个很好的例子[167]。在那里，合并编派导致了正赋的增加，其中四个县增加了50%到60%，另外的四个县增加了34%到47%。一般来说，小县比例较大，反之亦然。换句话说，该府的田赋在吸收了60%的役银后，增长了近40%。这些数据已在表7中列出（见第四章）。

由于可提供的情况或者是不完整,或者是完全混乱,因而不可能对任何南方内陆各省份进行这样的调查。即使这些省份宣布推行一条鞭法的最初阶段,它们也没有像沿海省份那样推行的较为彻底。1566年,湖广巡抚宣布辖区内的所有地区推行一条鞭法改革,但实质上他的重点也只是均徭项目[168]。1570年,岳州府的账目仍然显示,有许多里甲上纳实物[169]。1571年,永州府也是采用同样的方法,那里的纳税人每五年一次轮流服劳役,尽管事实上,役已大部分地折成银两[170]。

然而,在这些省份,对纳税土地中的役银进行估算不应该有严重的问题。通常这些县的役银额与田赋额比较时比例较小。江西是一个富庶的省份,1610年的田赋正额为2616889石粮食,然而据说其役银达到687660两[171]。后者不可能超过前者价值的一半*。1582年,江西彭泽县的账目显示,它的役银为6502两白银,而当地正赋为13277石粮食[172]。在内陆省份,役银相当高,但其役银与基本田赋的比率,却从来没有达到过如表3所显示的水平。

在北部中国,役银通常都比南部少得多,因为北方各县解运到京师的物资不多。民壮也从来不像受抗倭战争影响的区域那么紧迫。最主要的原因可能是北方,尤其是北直隶,仍然要由民众完成的许多劳役没有列出[173]。

---

* 这只是一个总的估计。通常田赋在征收程序中有不同的交纳形式,一些折银,一些由实物支付。加耗及折纳比率因交纳方式的不同而有差异。

几乎不可能详细再现北方省份将役分摊到田赋中的情况。一些县公布了丁额总数,但却忽略了每个丁的丁银。其他指明了各个等级的丁银,却忽略了每一类的总丁数。为了方便起见,每个县都采用了以一组数字作为其税收立法的基础。任何其他的数字变化都被当成是不时进行的必要调整。许多地方志只记载了永久数据而忽略其变动。然而,在以下的3个例子中,它们都是17世纪早期的数据,所有的丁数及每个单位的比率,都被清楚地列举出来。田赋正额及加耗都已折银。这种役银分摊的计算如表4所示[174]。

表4　1608—1620年北方地区三个县的役银分摊

年份	地区	役银 丁出 (a) 两	役银 丁出 (a) %	役银 田出 (b) 总额	役银 田出 (b) %	役银总额 (c=a+b) (两)	正赋价值估算 (d) (两)	役摊入田赋后的增长幅度 (e=b/d) (%)
1608	山东费县	3296	55.3	2657	44.7	5953	16074	16.5
1608	山东郯城	3046	56.6	2336	43.4	5382	14162	16.5
1620	北直隶香河	1387	58.7	975	41.3	2362	8990	10.8
	三县总额	7729	56.4	5968	43.6	13697	39226	15.2

在北方地区,通常可以估计有45%到50%的役并入田赋之中。以上这些例子虽然不多,但役银在北方各省可能很少,因此降低了合并后田赋总额估算错误的风险。山西的33个州县、山东的21个州县、河南3个州县以及北直隶3个州县的税收账目已经清楚地显示出它们的役银和正赋相比较时,比例是很小的。在大多数情况下,前者的价值占后者的25%到40%。只有5个县的役银略高于正赋的50%。可以肯

定,役银收入要高于正赋收入的地方,只有山东汶上县、山西河曲县和保德州。根据表8,可以估计出山西汾州的7县1州,50%的役银作为田赋的附加税征收。役并入田赋之后的税收增长幅度很小,浮动在13%(平遥县)和22%(灵石县)之间[175]。即使估算合并的程度有20%的误差(即意味着役的30%至70%能被摊入土地中),最后税额估算误差也就7%左右,这是可以接受的。表8将在下一章中给出,因为它同时也涉及了每亩的最终税额(第四章)。

税收合并的后果

对一条鞭法改革进行概括是很困难的事情。它包含着大量复杂的、不一致的税收法规与做法。20世纪50年代,中国大陆的一些历史学家毫无保留地坚持认为改革对穷人有利而损害了富人的利益,任何批评改革的人,"集中地反映了腐朽的地主阶级的这种反动愿望"[176]。这种教条言论只是感情用事,而非理性思考。无可否认,一条鞭法改革有许多积极意义。在乡村公布统一的税率,以代替非正式税收摊派,这是一个很大的进步。取消实物税和由纳税人亲身应役,虽然保留了很多限制,但也确实向较为现代的税收结构迈进了一大步。改革至少澄清了地方税收账册。但即便如此,也难以确信一条鞭法是一个经济公平的法令。

前面提到的历史学家的结论是建立在过于简单化的观念之上,认定改革前的役银按丁派役,而一条鞭法将此税收的主要负担转移到土地所有者身上。他们没有认识到,"丁"从来不是一个简单计算的"人

"头"数,而包含了许多对财产资格的考虑。累进税制的原则,恰如崔瑞德(D.C.Twitchett)已经指出的那样,可以追溯到唐朝中期,而正是一条鞭法终止了这一原则[177]。

到16世纪中期,累进税制已不能维持下去。大土地所有者或是把他们的财产分成更小的部分而分开登记,或是通过宣称优免而逃避差役,因此沉重的差徭通常就会落到财产较少的人身上。在同时代的文人那里,这个术语是指中户,意即拥有大约100亩或更多的土地之户,他们不属于最低的收入阶层。役的义务十分沉重,通常连带有很大的财政责任。如果官员将这些义务佥派到这一标准之下的应征者身上,将会是不明智的,因为他们无法全部履行这些义务。

由于一条鞭法减轻了中户的困难与生活的不稳定。改革是一个好的改革。从管理者的角度来看,它也是对问题的一个可行性的解决办法。然而应当指出,改革并没有将绝大部分差徭转移到大土地所有者身上,反而是将其扩展到大多数纳税人身上,包括那些可能只有5亩地的小户身上。改革的目的是将差徭分派到绝大多数纳税人头上,结果形成的统一税率很低,以至于富户发现它不值得逃避,而真正的穷人也不会受到太大的损害。山东地方志的编纂者拥护改革,他说每年的税费是"贫者日之庸金可具也"[178],甚至改革者也没有引用通常的经济公平作为一条鞭法最主要的优点之一。

事实上,改革的影响因地区不同而有所差异,它依赖于当地的情况和各县的具体规定。有些州县不愿意完全地抛弃累进税制原则,而是修改了统一的税率。顺德县创造出抽象的"丁"(第三章第一节),

就是其中的一个例子。而在北方的许多地区保留了有等级的"丁",这是另外一个例子。1607年,山东费县从全县23775个丁中,每人征收了0.13两白银,但其余的4320名没有土地的"丁",被要求按统一税率的1/3纳税[179]。1606年,同在山东省的曹县知县坚持维持每四十亩纳税土地派纳一丁的做法[180]。对地方"丁"额的固定化明显源于按等级估算的做法,它试图保留一些关于"丁"的财产资格的考虑。北直隶怀柔县的财政账目表明到1604年很少的"丁"已经无法通过计算人头得出[181]。这些折衷的办法,都是对一条鞭法改革精神的偏离和违背。一条鞭法改革的目标是普遍和统一,而不是简单的经济公平。

改革反对者的动机似乎很复杂。为缙绅的利益辩护很可能是其中之一。例如何瑭(1474—1543)批评改革,认为它损害了富人的利益[182]。一个与众不同的观点由葛守礼(1505—1578,1567年他任了六个月的户部尚书)提出的,他带着理想主义的色彩为累进税制原则进行辩护,认为这一税制维护了小户利益。应该强调,当一条鞭法改革被引入北部中国时,它没有局限于改革各种徭役,而是也涉及了对正赋的再分配。不同等级的田土的折算比率和加耗征收,早在一个世纪前已经在南方完成。但在北方却仍然陌生。葛守礼的论证表明,改革是在缺乏准备、没有预先调查的情况下进行的[183]。因而不难设想,它将对那些拥有瘠田和相当数量成年男子的穷苦纳税农户而言,会产生多么大的压力。试图去修补这种局面而引入的调整,成为了改革并不总是公平的旁证。

整个改革,可以被描述为对不令人满意局面修补和调整。实际上，其税收改革观念与财政结构格格不入。当这些潜在的矛盾继续存在时，就意味着所宣布的为了平等而制定出来的统一税率只能是存在于数字意义之上。尽管表面上税收的基础很广泛，但实质上它的范围很狭窄，因为此后税收水平的进一步增长要受制于纳税人的支付能力，这些纳税人的支付能力很差。换句话说，链条的强有力性被它最弱的一环损害了。

我们已经提到了改革者缺乏深思熟虑。到16世纪晚期，即使是根据所提供的不完整的信息也可以知道，役银在税收中已经占有相当大的比例，在任何一个县所列举出的账目中，很少有低于3000两白银的。在东南一些省份，除了少数的例外，役银最少也达7000两白银，超过20000两也非罕见。即便如此，这些征收也没有包括所有实际预计的开支，特别是地方的管理和税收征解费用。这将会在下一章中一并讨论。

帝国划一的愿望与地方自治的要求之间有很大冲突，税收的合并导致的进一步去制定规章制度。尽管采用的不同方式，以及由之产生的许多税收原则已经被官方认可为法律，但所有的州县仍然拘泥于标准的赋税名目。通常适用于所有地区的税收方案，已由中央政府依照王朝缔造者及后来统治者的敕谕而创立，没有任何税收收入能被取消。原则上，或者是由来自京师的明确法令，或者是经习惯性做法，每项税目都有其固定的额度。地方官员仅仅去设计出具体的征收方法。尽管各种项目能在实际征收中进行合并，但它们在账册中却必须被单独列出。税收法规表面上整齐划一，而在实践中却变化多样，在北方各县发现的对待丁银的方式，就已经证实了这一点。

考虑到与小数点后面数字的斗争，就可以了解到中央对地方官员进行集权控制的后果是很严重的。不消说，为了外在的统一，税收结构通常过于牺牲理性。1590 年，上海县的账目（见上）显示，该地区的丁银从 60834 丁中征收[184]。一个较合理的办法是将此项款额全部放弃，并将财政负担转移到该地区 120 万亩纳税土地中，其所涉及的也不过是增加 0.001 两白银，或者说每亩少于 1 文钱。然而，为了维持人头税的原则，同其他地方一样，上海县继续征收丁银，这显然需要大量的繁杂文移和过多的管理费用。

事实是一条鞭法改革要求明确所有的杂项税收，并认真地登录在册。然而不可否认的是，改革在阻止乡村税收代理人滥用权力的同时，又为许多衙门吏胥操纵官府账册创造了机会。税收结构实在是积累了太多的复杂性，这一点它本应该避免但却没能避免。

第四节　税收结构的进一步调整

兵　饷

这一章讨论的所有赋税收入，包括现在的这部分，都是永久性项目。一旦它们出现于赋税账目中，就希望被固定在那里。尽管不时会有一些小的调整，但征收的总水平却被认为是固定的。对此惟一的例外项目是兵饷。

兵饷的出现始于抗倭战争。海盗在东南一些省份抢劫洗掠，暴露了卫所制度的虚弱（第二章第三节），所以不得不召募自愿者补充军卫，也很有必要组织新的作战部队，并为他们提供装备，租用或者立即修造船只，所有这些事情都需要钱。而在16世纪50年代，京师也受到了俺答汗入侵的威胁，国库并无余银。朝廷只能授权南方的军事长官，尽可能地自己解决财政问题。

面对危机，没有时间进行周密考虑。解决的办法是兵饷。它采用了对现有赋税收入的普遍加征额外的费用，这种方法可行而且即时。在某些情况下，现有的收入额度也同样被拿出一部分以应付危机。此外，许多新的收入来源，通常数额很少，而且征收也很麻烦，也因同样的目的而出现。所有这些都不加选择地被贴上"兵饷"的标签。严格地讲，兵饷不是一种收入款项，而是为了一种特定开支而指派的收入。后文将会讨论其全部的意义（第七章第二节）。在此只描述它对分割田赋结构的影响。

有许多把兵饷摊入田赋的方法，例如在浙江会稽的山地，税收很轻。在战争期间，它的税率被相应提高了[185]。福建省对以前优免的寺院财产开始征税[186]。许多地方的民壮折银也被划入兵饷账目中。对正赋的直接额外征税也开始了，通常是以基本税粮附加税的形式进行。然而最聪明的增税策略，却是所谓的"提编"。

英语中没有与此术语相对应的词，在它的两个字中，"提"意即举起，"编"意即组织。在16世纪50年代，即使大多数的役已经折银，而多数州县的纳税人仍然按5年至10年为一期，轮流服里甲和均徭之役。通过使用提编的办法，军事长官征召那些按规定下一年服役之户在当年应役。实际上他们不要求提供物资或劳役，但他们却需要提供银钱，上交给战争金库。第二年，需要的役就被本应在第三年轮应之户来完成[187]。它的意义在于，许多地方的丁银已经部分地被摊入地亩之中，因而提编相当于一个附加税的附加税。

整个程序极端庞杂，而且又需要好多种农村地区税收代理人，一些人为当地政府征收正赋项目，一些人为军事当局征收提编项目，另一些人征收里甲和均徭，并与那些征收正赋的明显分开。何良俊以幽默的夸张语气进行批评："奔走络绎于道路，谁复有种田之人哉？"[188]这种荒唐的情况是导致许多地方官员进行一条鞭法改革的原因。

没有人会料想兵饷会长期存在，而是希望一旦战争结束，即将其取消。但实际上，军事行动在海盗威胁已经减轻时，仍然缓慢地持续了很多年，直到16世纪晚期，军队复员也只是部分的。由于募兵的存在，所以兵饷只能保留。随着时间的流逝，它早期的特殊性逐渐消失。在绝大部分地区，它被合并成单一的附加税，40％丁出，60％田出。这样，它就与民壮几乎没有什么差别。但在理论上，至少兵饷是为地方防务而征收，而民壮一直是后备力量。前者依地方军队的实际军事开支而定，可以调整，而后者则是地方定额税收的一部分。1572年，当沿海防务减轻后，福建漳平县的兵饷被削减一半，而民壮账目仍然如前不变[189]。在账目上，这两项通常总是各自列出，因而每个纳税人要继续分别承担兵饷与民壮。

然而，在以前的章节中，为了估算总的征收水平，兵饷数字已经和民壮数字合并，这是为了简单起见。在描述征收役的过程中间介绍兵饷，将会产生不必要的复杂性。实际上，此项是对正赋的双层附加税，正如表3中所显示的那样。

附属附加税

附属附加税实际上是一种固有的附加税，按纳税地亩征收，并用农产品来支付，这可以追溯到王朝的早期。尽管与基本税收相脱离，它们也和其他类型的、由相应的管理原因而来的附加税不同。在数量上，它少得令人惊讶。

有一个普遍的错误观念，即明政府征收大量的棉花、棉布、丝绢和缎匹，作为田赋的附加税。这个错误理解来自于《明史》和《明实录》的记载，这些记载表明洪武皇帝下令帝国内所有的田主都要拿出他们的一部分土地，用于生产麻、棉花和丝绢，所有的田赋都要包括这些物品。如果田主没有遵命，就必须以惩罚性的比例交纳棉花和织物。这条法令的确在明帝国建立之前的1365年就签署了，并于1368年得到重申[190]。但到1385年，政府意识到不能通过强制手段来增加这些经济作物的产量后，就废除了以前的命令[191]。至于丝的生产，那些已经接受特定的土地种植桑树的田主，要根据早期的法令交税。1385年确定的每个县的丝绢份额因之而长期存在。这项征收被称为"农桑丝绢"，无处不在，但由于政府无法强制命令种植，每个县的数额都不太大，有的还可能相当小。除去这个小的份额，田主是可以种他想种的任何东西的。而棉花甚至都没有被提到过。

在那些丝绢生产已经专业化的地区，丝和丝织物大量出现在赋税册籍中，地方志中将这些项目作为基本的税额清楚地列出。这些地区以丝绢代替粮食来支付税收，恰如他们在以前王朝所做的那样。这与"农桑丝绢"没有任何关系。

浙江遂安县即是其中之一例，它共有 367332 亩纳税土地，税粮定额只有 1685 石，而它的丝绢是 111663 两，接近于 10000 磅[192]。后者的价值接近于前者的四倍。同省的临安县税粮额有 11362 石，而它的丝棉额为 11046 两。另外，它还要额外提供农桑丝棉（绢）的份额，在 1572 年，这个份额只有 2517 两丝棉。既然每两丝棉约值 0.04 两白银，可知后者的价值约为 100 两白银[193]。

在其他地区，农桑丝绢的收入少而且可以被忽略。1608 年，山东汶上县从此项来源中收取了 419 两白银[194]。1620 年，河南中牟县因之也征收了 1100 两丝绢，它的 33320 棵桑树定额，显然是由于洪武早期的法令而遗留下来的[195]。此县的农桑丝绢额的市场价值不到 50 两白银。1562 年，南直隶徽州府的农桑丝绢银只是刚刚超过 10 两，平均每县只交 1 两到 2 两[196]。

另一种附加税也是征收丝绢，称为"人丁丝绢"。它只是在北直隶、河南和南直隶的徽州府征收，在前面已经提到，它的起源还搞不清楚。很可能是来源于以前的王朝允许一些地方上交丝绢以部分替代差徭负担。《徽州府志》的编纂者争辩说，在一定程度上，这种征收实际上是对赋税原则的误解，这可以追溯到王朝建立之前。他断言这是户部颁布的一个不公正和错误的法令,它使该府每年要多花费6146两白银[197]。

棉绒和棉布从来没有作为附加税而征收过。原棉叫做"提亩棉花绒",在四川、陕西、山东和北直隶专门种植生产。按基本税收估算,每10斤棉花相当于1石粮食[198]。然而,令人迷惑的是,在一些地区,税粮定额有时也能部分地用棉花和棉布代纳。例如,山西的基本税收没有这两种物品,然而它却不断地上交,以替代粮食。这构成了实物折色,并减轻了税收运输的问题。

南方的几个县还交纳麻作为附加税,但份额不是平摊,而且它的影响可以被忽略。更多的麻实际上是源于渔课(第六章第一节)。

附属附加税中惟一对纳税人有很大影响的是马草。这种征收只限于山东、山西、陕西、河南和南北直隶,按每100亩纳税土地16束草的比率征收[199]。在16世纪晚期,南方的官定比价是16束草大约值1石米[200]。然而,这种附加税负担要比它表面上重一些,因为运输数量巨大的马草是很困难的事情。其所占总额的比例是很可观的,因为基本估算额通常很低。有一些县,这项附加税在基本税额之上额外增加了20%。

这项附属附加税对户部相当重要,因为即使它的分摊与增加额度不一,而且额度变化很小,但它们稳定增长,成为不可或缺的现金项目(第七章第一节)。实际上,马草的改折收入要比所有钞关的收入还要多。

杂税和无法征收项目的并入

所有在此提到的项目,将会在第六章中重点讨论。然而,在此却有必要提到它们,因为实际上,许多县将它们合并到田赋中了。一个原因是由于它们与那些已经合并到田赋之中的项目,在性质上非常相似。同样,它们数额很小,以至于无法进行单独征收。

他们的并入既不完全,也不统一,但有些地方已经简单地将这些项目添加到田赋项目中,好像将两者合并已经得到了正当的授权[201]。

在这些项目中,有两种上交工部。一种是"四司料价",四司是指工部的四个分支机构。直到16世纪中期,工部的这四个司才偶尔要求县里为他们提供银钱,以帮助应付办公开支。到1566年,它决定每年都向各州县永久征收总计达500000两的白银,成为这些部门的固定预算,用作行政管理费用[202]。尽管它可能被视为里甲征收的变化形式,但对此项征收却并没有减轻县上对各部物资供应的责任。另一种类型的支付,叫做"匠银"。最初地方登记的工匠,都被要求到首都去服无偿徭役。1562年,这种徭役被完全改折,工部转而命令知县一次性解纳折银[203]。因而它可以被视为均徭的变化形式。一些府县仍然能从匠户中收钱,但大多数选择了将其归到徭役账目上。随着一条鞭法改革的推行,这种税额也变成了一种双层附加税,因为当他们归入徭役时,后者的一部分却顺次并入田赋之中。

一个相当奇怪的项目是"户口食盐钞"。它最早征收于1404年。起初它的目的不是为了盐的专卖,而是为了确保宝钞流通。允许每个成年人每个月有 1 斤盐的配额，强制纳钞 1 贯。未成年人的配额和支付是其一半[204]。从最初开始，这个计划就没有彻底施行过。到 15 世纪晚期，也只在广东和山西的部分地区由政府管理盐的分配，而且这些地方后来也完全停止了。16 世纪早期，一些州县仍然纳钞，但实质上它们一钱不值。到 16 世纪晚期，各地都已折银支付，成了一种人头税，税率很低。一些县是每人每年纳银 0.018 两，有的县则为 0.0028 两[205]。因为它的征收范围不仅仅包括丁，也包括妇女和不成丁的全部人口，所以户口食盐钞还不能被看作是役的正项。

例如，1548 年，广东顺德县将此项征收转变成人头税来征收。该县仅登记了 26011 个丁，却是按照 41656 口来征收。这项收入全年也不过 717 两白银。这项税收的另外一个奇怪之处是，官吏并随宦不仅不享受优免，反而被要求纳以双倍[206]。许多其他州县也发现此项收入总额实在太少，甚至不足以维持麻烦的征收工作。例如山东聊城县，此项税收仅为 66 两白银，因而没有将其单列，而是摊入到田赋之中[207]。

其他同样摊入田赋的税收，包括门摊税、酒醋税、房地契税、渔课，甚至还有一些商税（见第六章）。这些项目的绝大部分都是产生于南宋时期，当时称为"经制钱"[208]。明朝确立了这些税收项目，但从来没有认真对待。在王朝的早期，这些项目的份额已经被固定到宝钞"贯"上。当宝钞失败后，合理的解决办法将是要么调整份额，要么全部取消。由于这两种方式都没有被采纳，惟一的办法就只能是将它们摊入田赋之中。表 5 显示了他们的额度是如何折成白银的[209]。

表5　1571年湖广永州府的渔课和商税定额

县	渔课（两）	商税总额（两）
零陵	32.87	未注明
祁阳	12.83	22.00
东安	5.54	3.09
道州	8.10	2.77
宁远	4.98	8.00
永明	1.78	19.54
江华	3.57	4.97
总计	69.67	60.37

因为有几项收入本应该与田赋相结合，但实际上却是以其他的名义征收，因而有时会采取相反的办法。"荡价"的字面意思是"湿地的支付（marsh-land payment）"，即是其中之一。在王朝早期阶段，将沿海地区的土地集体分给灶户，称之做"草场荡地"，这些保留地为制盐生产提供燃料。到15世纪早期，一些灶户已经离开海边，并将这些草地和相邻的土地开垦为稻田，而它们仍然能享受税收优免。这些土地逐渐地变得肥沃起来，以至于官府最终决定向其征收田赋，而不是要求纳盐。但由于每个县的田赋额和每个盐场的收入已经固定下来，这项专门的收入就没有并入正赋，而是交给了盐务管理部门，以弥补盐课的不足[210]。例如，1566年，南直隶的上海县，其账目上明列向盐务管理部门补纳盐课银4647两[211]。对这部分田主的徭役估算，是一个长期的管理性问题[212]。作为食盐生产者，他们享有徭役优免，但作

为真正的田主,他们必须承担此项税收负担。这些复杂性也同样影响了财产转移的登记和税率的调整。在浙江和南直隶明显地发现,"荡价"对于田赋而言,是一个变量。其他的变量还包括马差(第三章第二节)、官米和芦课(第六章第二节)。

注 释

〔1〕《顺德县志》3/1。

〔2〕《明史》45/507;《顺德县志》3/6—8。

〔3〕同上,3/9。

〔4〕《顺德县志》3/15。

〔5〕《明史》223/2574;张萱《西园闻见录》32/9;焦竑《献征录》59/95;《世宗实录》页8181—8182;《顺德县志》3/23—24。

〔6〕同上,3/24。

〔7〕同上,3/26—27。

〔8〕同上,3/19—21。

〔9〕同上,3/31—32。

〔10〕同上,3/30—31。

〔11〕同上,3/21。

〔12〕同上,3/15。

〔13〕同上,3/19。

〔14〕周玄暐《泾林续纪》47。周也发现,此地区的粮价可能是最低的。

〔15〕《天下郡国利病书》6/65。

〔16〕张其昀等《清史》Ⅱ，页1464。

〔17〕何良俊《四友斋》3/179。

〔18〕同上，3/190。

〔19〕《西园闻见录》32/24。

〔20〕傅衣凌《农村社会》，发生于清初的例子也包括在其中。

〔21〕韦庆远《黄册制度》，清册供单图见该书附图二（计四幅）。

〔22〕《徽州府志》7/19—45；《会稽志》5/8—9。

〔23〕《顺德县志》3/27。

〔24〕最坏时，每个月有12个纳税截止日期，尽管不是所有的截止日期都适用于所有的纳税人。见何良俊《四友斋丛说摘抄》3/167、173。

〔25〕常熟县在1462年取消了官田和民田区别，杭州府是在1572年，参见《常熟县志》2/33；《杭州府志》29/19。

〔26〕《安化县志》2/8；《金华府志》6/29；《漳州府志》27/15。

〔27〕《顺德县志》3/9。县志显示出该地区是效仿江西的先例。

〔28〕《江西赋役全书》，"省总"，1—2。

〔29〕《顺德县志》3/15。

〔30〕《上海县志》3/12。

〔31〕这个估计以在县志中未经编辑的数字为基础。很明显，在45213石税额中，只有9780石纳本色实物。见《会稽志》5/1—6。

〔32〕我计算出在全部的57213石税额中，只有2780石由实物支付。见《临汾县志》4/2—5。

〔33〕也就是说，一个官员不允许在自己的家乡任职。除了少数情况外，也不许官员任职于本省。在云南和甘肃的有一些特例，见《大明会典》5/14—15；又见Parsons,'The Ming Bureaucracy: Aspects of Background forces', pp.175—213.

〔34〕《日知录集释》3/85。

〔35〕《会稽志》5/13—18。

〔36〕《会稽志》5/17—18。

〔37〕《神宗实录》页2953—2954;《西园闻见录》32/27;张居正《张江陵书牍》4/1。

〔38〕《汶上县志》4/4。

〔39〕地方官缺乏进取心,受到了顾炎武的批判,他认为这是政治体制不可避免的后果。顾的文章已由 de Bary 在 Sources of Chinese Tradition 一书中进行了翻译并作出了概括性说明,见该书Ⅱ,页611—612。

〔40〕《明史》78/825;《西园闻见录》33/7。

〔41〕清水泰次《明代土地制度史研究》页460—462。

〔42〕《日知录集释》4/53—56;《上海县志》3/1。强行购买似乎开始于1263年。

〔43〕《明史》71/818、78/824;《日知录集释》8/53。

〔44〕《常熟县志》2/31。

〔45〕《天下郡国利病书》6/74、7/4、8/32。《日知录集释》4/53。参见周良霄《苏松地区》页65—66。

〔46〕《日知录集释》4/53;和田清《食货志译注》页187。

〔47〕《日知录集释》4/53。

〔48〕《天下郡国利病书》6/13。

〔49〕《日知录集释》4/53。

〔50〕《大明会典》27/25—26、28。

〔51〕《大明会典》27/61—62;《天下郡国利病书》12/13。

〔52〕《大明会典》40/40—44;《天下郡国利病书》6/47。

〔53〕《大明会典》26/13—15;《天下郡国利病书》6/47。

〔54〕当地粮价估计为每石米 0.6 两白银。其他的参考资料有:《天下郡国利病书》6/12、41、67—9、83—4，7/32—3，12/95；《明臣奏议》34/656；《皇明经世文编》438/18—9。西嶋定生《棉业市场》页274。

〔55〕《姑苏志》15/6。

〔56〕《明史》153/1863—1864；焦竑《献征录》60/5—10；《天下郡国利病书》6/41、69，7/53；《上海县志》3/5—6；(《常熟县志》3/50；)《昆山县志》2/21—2。

〔57〕《英宗实录》页 2349—2350、2727、4220、4453、4478。参见陆容《菽园杂记》5/54。

〔58〕《上海县志》3/18。

〔59〕《吴县志》8/1、3。

〔60〕《皇明经世文编》438/18—19。《天下郡国利病书》6/50、79，12/13。《西园闻见录》32/18。

〔61〕《仁宗实录》页0194。这一比率的依据《太宗实录》的记载计算出来。见该书页2182、2245、2301、2364、2421。错误已经以《校勘志》为基础进行了修正。

〔62〕《大明会典》151/6—13。

〔63〕《宪宗实录》页0655；《孝宗实录》页1498。杨时乔《马政记》8/2。

〔64〕《明史》92/968；《大明会典》152/7；孙承泽《梦余录》53/1—3；陆容《菽园杂记》4/41。

〔65〕《孝宗实录》页0092；孙承泽《梦余录》53/5。

〔66〕杨时乔《马政记》8/1；孙承泽《梦余录》53/5。

〔67〕《大明会典》152/4。

〔68〕《大明会典》152/4—5；孙承泽《梦余录》53/4。

〔69〕陆容《菽园杂记》4/41。

〔70〕《宪宗实录》页1070。

〔71〕沈榜《宛署杂记》页44、68。

〔72〕《明史》92/970；杨时乔《马政记》8/4；孙承泽《梦余录》53/4。

〔73〕《大明会典》152/6—7；沈榜《宛署杂记》页71。

〔74〕《大明会典》150/15—18；沈榜《宛署杂记》页68—71；《香河县志》5/2；《固安县志》3/15。

〔75〕见清水泰次《土地制度史》页16—90、91—115。

〔76〕《大明会典》17/16—17；《天下郡国利病书》1/61；《太祖实录》页3532。

〔77〕《明史》157/1904；《英宗实录》页5488—9。

〔78〕《明史》77/821。

〔79〕《英宗实录》页1876—1877。

〔80〕这些事例见于《英宗实录》页1518，《宪宗实录》页0402、1065、3561、3678、3708；《孝宗实录》页0629、3924。

〔81〕《天下郡国利病书》1/61；《武宗实录》页1531。

〔82〕《孝宗实录》页0629。

〔83〕《明史》300/3366—3367；《世宗实录》页2369—2370。然而，似乎嘉靖本人也不喜欢张延龄。

〔84〕这些规章见于《大明会典》17/25—26。对于不断发生的暴力事件的报道，见清水泰次《土地制度史》页87—90。

〔85〕《香河县志》4/2、13。

〔86〕《东昌府志》11/4、6、8、10、13、15、17、19、26、31、33。又见《武宗实录》页0468；《神宗实录》页4557。

〔87〕《天下郡国利病书》13/51。

〔88〕《日知录集释》3/63—64；顾炎武《天下郡国利病书》13/71。

〔89〕《河南通志》12/6。

〔90〕顾炎武《天下郡国利病书》15/164—165。

〔91〕海瑞《海瑞集》页73。

〔92〕《永州府志》9/3。

〔93〕《杭州府志》7/35；29/9—10；31/17。

〔94〕《漳州府志》5/51—53；《天下郡国利病书》16/69、86—88、90—93；《神宗实录》页5269—5270。

〔95〕《英宗实录》页6032。

〔96〕由山根幸夫引用，见《徭役制度》页66。

〔97〕《宪宗实录》页0650。

〔98〕山根幸夫《徭役制度》页105；Friese, *Dienstleistungs-System*, p.97.

〔99〕《英宗实录》页2425、4202、2975、6031—6032。

〔100〕《大明会典》20/11。

〔101〕民壮的起源，见梁方仲《明代的民兵》页221。参见《明史》91/959。民兵不应与地方均徭之一的弓兵之类相混。

〔102〕《孝宗实录》页1702。

〔103〕《徽州府志》8/4。

〔104〕梁方仲《国际贸易》页278—279、281—282。

〔105〕《孝宗实录》0795；苏同炳《驿递制度》页277。

〔106〕《武宗实录》页0700。

〔107〕《漳州府志》5/38。

〔108〕苏同炳《驿递制度》页287；山根幸夫《徭役制度》页169。

〔109〕《杭州府志》31/15。

〔110〕苏同炳《驿递制度》页320。

〔111〕梁方仲《明代的民兵》页227。

〔112〕《天下郡国利病书》9/48；梁方仲《明代的民兵》页227。

〔113〕《汶上县志》15/170。

〔114〕《天下郡国利病书》16/59。

〔115〕冯琦《冯宗伯集》51/34；孙承泽《梦余录》35/21。

〔116〕1522年，八种私派，每一项都以固定的比率加征漕粮；他们由运粮军官使用。见《世宗实录》页0440—0441。这些做法在当时相当普遍。

〔117〕梁方仲《一条鞭法》页7。

〔118〕《上海县志》4/32。

〔119〕《顺德县志》3/24；《西园闻见录》32/9。

〔120〕《明史》78/826。在王毓铨所译的梁方仲的《一条鞭法》第42页，译者所加的注5有误。此文中官银与盐课没有任何关系。

〔121〕梁方仲《一条鞭法》页56—60。

〔122〕诸如王恕、庞尚鹏。见《皇明经世文编》357/6—7；《吴江县志》10/11—2；《吴县志》7/7—8。

〔123〕参见梁方仲《一条鞭法》页6。注意梁方仲的解释是力差多输于近地，银差则多输于远地。当然，16世纪有一些与此种解释不相符的例子。见《天下郡国利病书》6/18；海瑞《海瑞集》页249。

〔124〕见梁方仲，'The "Ten-Parts" Tax System of Ming'（《明代十段锦法》），p.6。载于Sun and de Francis, *Chinese Social History*, pp.271—280；也见《天下郡国利病书》7/9—17；《大明会典》20/14；《徽州府志》8/42—43；《杭州府志》

31/4。

〔125〕和田清《食货志》页217。他是依据《世宗实录》页2971的记载。这个术语在没有精确定义的情况下,使用了很多次。粟林宣夫认为,一条鞭法到1560年时才较为完备,见《一条鞭法の形成》页115—130。

〔126〕《西园闻见录》32/27。在此所作的说明做了轻微调整。

〔127〕梁方仲《一条鞭法》页1。

〔128〕J. K. Fairbank(费正清),in *East Asia: The Great Tradition*,与Edwin O. Reischauer合著(波士顿1958年),页340。

〔129〕沈榜《宛署杂记》页49–50。

〔130〕见Feuerwerker的文章:'From "Feudalism" to "Capitalism"',pp. 107—108。

〔131〕倪会鼎《年谱》4/8。

〔132〕海瑞《海瑞集》页269;《杭州府志》31/14。

〔133〕《会稽志》7/5。

〔134〕官方标准见于《顺德县志》3/27,《天下郡国利病书》27/53。也参见《大明会典》20/15。

〔135〕《徽州府志》8/38。

〔136〕《天下郡国利病书》22/53。

〔137〕1579年,此法在杭州府实行,见《杭州府志》31、14。

〔138〕《中牟县志》2/15、17—18。

〔139〕《香河县志》4/2—3、19—22。

〔140〕《天下郡国利病书》15/175—176;山根幸夫《役法の特质》页221—250。

〔141〕最强烈的反对者是葛守礼,他于1567年任了六个月的户部尚书,参见葛守礼《葛

端肃公集》2/10；3/19；14/15；15/11；15/18；《家训》27。参见片冈芝子《土地所有》页148—149。

[142]《穆宗实录》页1200—1201；《神宗实录》页1095、1100、1112、1245、1338、4124。

[143]《潞城县志》3/46；《香河县志》4/2；《怀柔县志》2/6；《天下郡国利病书》15/175—176。

[144] 许多地区的役是永久固定的，而其他项目可以短期调整。理论上，前者不能与后者相混淆，后者也不能自相混淆。见梁方仲《一条鞭法》页32。

[145]《会稽志》7/12—13。梁方仲在《一条鞭法》中提到这一由帖，见该书页60—61。

[146]《神宗实录》页3755。

[147]《明史》78/828。

[148]《天下郡国利病书》6/61。

[149]《神宗实录》页4214。

[150] 优免则例可见于《大明会典》20/19；顾炎武《天下郡国利病书》7/20—21；海瑞《海瑞集》页141—142。

[151]《西园闻见录》32/21。

[152]《天下郡国利病书》7/20。

[153]《沂州志》3/2。

[154]《上海县志》3/25。

[155] 此县有12084个灶丁享有一定形式的徭役优免，见《上海县志》4/8。灶丁也受此规定的影响，见《大明会典》20/18。

[156]《上海县志》3/24—26。

〔157〕地方志偶尔提到"实征册"。见《杭州府志》28/6;《上海县志》3/25—26。

〔158〕《上海县志》3/24—25。

〔159〕Ping-ti Ho（何炳棣）, *Studies on the Population*, p.29.

〔160〕《吴江县志》10/11—12;《皇明经世文编》397/13。

〔161〕葛守礼《葛端肃公集·家训下》27。

〔162〕《漳州府志》5/19—50;《天下郡国利病书》26/85。

〔163〕《天下郡国利病书》23/27;《会稽志》3/1—11;《顺德县志》3/1—27;《遂安县志》1/48—65。《徽州赋役全书》,"歙县"1—3,"休宁"1—10。

〔164〕《天下郡国利病书》26/63。

〔165〕同上,26/88。

〔166〕王士性对此变量的范围做了评论,顾炎武在《日知录集释》3/62—63中引述了该评论。

〔167〕《杭州府志》29/1、31/70。

〔168〕《永州府志》9/22。

〔169〕《岳州府志》各处。

〔170〕《永州府志》9/11。

〔171〕《江西赋税全书》"省总",1—55。

〔172〕《彭泽县志》3/10、11、12。

〔173〕例如,为了一些宫廷礼仪活动,宛平县被要求提供1000名女轿夫,见沈榜《宛署杂记》页125。

〔174〕《沂州志》3/1—32;《香河县志》4/1—3。

〔175〕这些数据见于《汾州府志》5/3—46。

〔176〕引自人民大学《明清社会经济形态研究》页170。

〔177〕Twitchett, *Financial Administration*, p.24.

〔178〕《汶上县志》4/14。

〔179〕《沂州志》3/25。

〔180〕《天下郡国利病书》15/180—2；Ping-ti Ho（何炳棣），*Studies on the Population*, p.31.

〔181〕《怀柔县志》2/6。

〔182〕何瑭的言论见于《天下郡国利病书》13/112。

〔183〕《皇明经世文编》278/8、11。

〔184〕丁钱按每人0.019两白银的比例征收，60834个丁仅有1155.84两白银。见《上海县志》3/24—25。

〔185〕《会稽志》6/3。

〔186〕《漳州府志》5/51；《天下郡国利病书》26/51。

〔187〕"提编"见《明史》78/826。它也在河南、山东和北直隶征收，见《世宗实录》页7574、7859—7860、8703。

〔188〕何良俊《四友斋》3/167、173。

〔189〕《漳州府志》27/28—29。

〔190〕《明史》78/823；《太祖实录》页0231、0541；清水泰次《社会经济史》页53。

〔191〕《大明会典》17/41。

〔192〕《遂安县志》1/49—54。

〔193〕《杭州府志》30/17。

〔194〕《汶上县志》2/4。

〔195〕《中牟县志》2/16。

〔196〕《徽州府志》7/63—64。

〔197〕《徽州府志》7/55。

〔198〕《大明会典》25/3。

〔199〕按照《太祖实录》页1067的记载，这项征收始于1370年。各地额度见《大明会典》25/34—38。

〔200〕通常每束草折成0.3两白银。在中国南方，一石米有时可以卖到这个价钱。见前注14。

〔201〕梁方仲《两税税目》页57—61。

〔202〕《大明会典》107/3—15；《徽州府志》8/11。

〔203〕《大明会典》289/10。

〔204〕《明史》81/899；《太祖实录》页0589—0590。

〔205〕顺德县是每人0.018两白银。而淮安则是每人0.0028两，见《顺德县志》3/18—19；《淮安府志》(1627年)12/16—17。

〔206〕《顺德县志》3/18—19。

〔207〕《东昌府志》11/5。

〔208〕王志瑞《宋元经济史》页141。

〔209〕《永州府志》9/11。

〔210〕《明史》153/1864；朱廷立《盐政志》7/69；《天下郡国利病书》6/120。

〔211〕《上海县志》4/19。

〔212〕《皇明经世文编》357/1—6。

第四章　田赋（二）——税收管理

明代的税收制度一经确立，就僵化不变，矛盾重重，极大地阻碍了这一体系的运作。上一章已经对此进行了说明。尽管 16 世纪晚期田赋征收的基础较为广泛，但明初所确立的事无巨细的税收评定做法却一直还起作用。附加的各种零散的税额使得税率十分复杂。在估算每一个纳税人的负担时，每一项国家的支出都必须单独进行考虑。这种方案即使在现代社会，充分利用计算机来辅助计算，都很难施行。而在明代，这些事情让地方政府疲于奔命。

而且，即使不可能保持理论上的绝对平等，但为了确保税收有一个广泛的、普遍性的基础，也很有必要保护单个纳税人，使其免受不公平的做法和敲诈勒索的损害。但是，明王朝并没有进行这方面的努力，这就造成了虽然上层的税收管理还比较稳定、合理，但在下层却是摇摇欲坠。如同其他的权力结构一样，财政事务的责任是沿着一种向上的方向，从下级部门到上级部门，从民众到政府。上级部门不对其下属负责，他们甚至也不必去解决下属部门的技术性、细节性问题。这一制度的各种不切实际之处就这样在最下层累积起来，理论与实际严重脱节。

所有这些情况使得在税收体系中无法推行连贯的经济政策。其运作反而取决于通行的社会价值观、地方绅士的权力以及习惯性做法。

田赋管理反映了传统中国社会有许多自相矛盾之处。它既不是一个完全有秩序的、和谐统一的社会,同时也不是完全没有理性的社会。税收法律依据情况的不同,有时候非常僵化、严格,有时候又非常宽松。

现代的对于明代管理腐败进行批评的人们力图造成这样一种印象,那就是这些腐败完全是明朝官僚反人民的一个巨大的阴谋。这既不是事实,也是不公平的。在下文中,我们将会看到有许多明朝的官员在其施政过程中都是尽力去实现公平与公正。事实上,在他们的著述中已经把大多数陋习揭露出来了。但是他们的努力无法弥补基本制度的缺陷。

第一节 地方政府的税收管理

征税准备

从来没有哪一个国家一次性征收全年的土地税,这样不仅对纳税人来说是一项难以承受的财政负担,而且对于管理物资与资金的地方政府来说也有巨大的压力。明代的税收分几次交纳,通常来说不会少于4次[1]。

在16世纪,税收的最后截止期限依地区不同而不同,要视地方习惯而定。但地方官员为了管理上的方便总是进行一些小的变动,以便他们能够在截止期限内完成税收解运。赋税的大宗通常是主要作物收获后立即征收,在这时候,土地所有者最容易筹集到现钱。南方的大多数县,征收开始于农历十月末,相当于公历 11 月或 12 月初。而在山西的一些地方,征收开始于农历年初,但先期交纳的两部分为"丁站"之役,而田赋的大宗却是在夏秋两季征收[2]。在山东,役银在农历五月征收,有时也在六月,这时小麦和大麦已经收获[3]。

在长江三角洲,征收时间比较复杂,每石平米(见第三章第二节)同时包括白银、棉布、粮食,长运和地方对拨费用也包括在内。例如,在嘉定县,平米一石,先征银 0.33 两,秋末起征。明年农历正月之初,征北运米,这包括为京师征收的漕粮。然后轮流征收解运地方的本色或折色,这部分数量不大。所有这些都必须在阴历三月、四月完成,有时拖到五月,这样就使得税收征纳不会拖到农忙季节。棉布或者其替代物,在其收获后征集[4]。

为了防止运输漕粮到北京的船只由于春天的洪水而耽搁,朝廷分别于 1564 和 1570 年两次下令要求漕粮务要在年底之前终兑完毕[5]。这给地方官员造成了相当大的困难,他们不得不相应地修改税收征纳时间表。

每个纳税户的税额依据实征册来计算。至少理论上要求算出一个极其精确的比率,以保证同本县税额完全相符[6]。从 1583 年起,所有各省和直隶各府都编辑了《赋役全书》[7]。《赋役全书》罗列了所有的赋役及耗派项目,一直到县一级。其目的是固定十年内的年度预算,下次编辑再行修改。然而,固定的预算也只是一个指导性方针,实际征收时每年都要调整。

在每一个县，漕粮、南粮、北边粮以及对拨地方的额度都差不多是固定的。任何一项税收都可以部分折纳银两。折纳的数量与折纳比率由上级部门决定，有时候也必须修改。解运方式与折率的变化不可避免地会影响到地方一级的征收，每一个纳税户的数额也要重新计算。

在浙江的一些地区，知县对纳税田土进行分类，下等瘠田的税收永久折银。仅在一些县的中心地区的纳税田土还部分地收纳实物，因此还受折纳比率的影响[8]。

地方坐办和额外的里甲需索也同样影响到税收分摊。因为在原则上，每一种税收都必须平摊到每一个纳税人、每一亩纳税田地之中。南直隶徽州府的"坐办"很多，数额虽小，但很频繁。为了减少文移之烦，知府要事先从罚赎金中拿出资金先行动支抵解。这些小额征需料价积累到一定数量，知府就会把它们合并分派到下属各县。同时，府里还要多征收额外之费以弥补府库预先垫付的费用。因为这一做法有违常规，1557年，巡抚下令将其废除。从那以后，凡坐办一应钱粮，立即逐项行县，府衙派征于每个税户的期限通常为两个月[9]。

征税准备过程中需要大量的文书工作，这主要集中在县一级。1558年的法令规定每一纳税户事先要从知县处得到钱粮文册（被称做"由帖"，有时也称为"青由"）[10]，其形制标准由户部确定。但因为各地税收法规不一，无法对各县统一标准，因此地方官员有必要制作他们自己的钱粮文册[11]。另外，各户发给青由之后，其一时加派，也要一例均派，知县另给印信小票，解释加派的性质、加派的授权部门及折纳比率[12]。一个中等的县大约有20000纳税户，人口多的县可能超过100000户，但是一个县税收部门的吏书人员一般不会超过6人（实际上，除了文书职役之外，还有非正式的帮手，可参见第四章第四节）。

知县的事务性工作很多，包括确定税率，配合上级部门安排税粮解纳，佥派民间税收代理人，分派税收解运，调整税收期限，进行税收听证。知县总是过多地忙于这些事务，很少去关注税收过程中一些技术性、细节性问题。钱粮文册通常是留给书算手一类文书人员去准备，但对其又缺乏监督。这些下层吏书长年操持部门的日常事务，蠹蠹其中，作弊钱粮，这是明代行政管理上的一个突出特点，也成为弊孔多端的重要原因[13]。大约在1582年，赵用贤（1535—1596）考察了其故乡南直隶常熟县的情况后指出有些小户土地被洪水冲毁，钱粮应予开除，但如果他不重贿"世主其籍"的猾胥，则要照纳无误[14]。

由于地方政府缺少办事人员，税收程序又相当复杂，因此缺乏一个有实际有效的方法去检查钱粮文册是否与农村实际情况相符。16世纪晚期，一些地方官员开始进行改革，同时也力图保持本地区的税收稳定。他们知道任何对税收的重新调整，总是为那些里胥及收兑诸人敛财受贿大开方便之门，从而损害了纳税人的利益。要想避免这种情况，只有进行专门的改革，并且在严格的监督管理之下实施。"一条鞭法"的改革实际上就是想永久地固定这些税收账目。当税额被固定为"一条鞭银"之后，大多数地方官员是反对任何进一步的对钱粮文册的修改，惟恐破坏税收稳定。尽管一些官员认为这一改革有很多问题，但他们也感到相对于改革之前，情况有了很大的进步[15]。某些地方宣称税收无论"加编"，还是"稍减"都会产生危害[16]。在王朝最后的25年中，因为《赋役全书》已经刊行，税收册籍勒石为记[17]，所以许多县都力图固定"丁"的数量（见第三章第三节），这部分反映了求稳的愿望。

然而，正如已经论述的那样，期望的稳定只能维持很短的时间。税收账目固定不变只可能在行政管理简单明了的地区有效果。但在中国南部和中部发达地区，由于有许多外来因素的干扰，赋税征收变得相当复杂，这种想法根本不切合实际。

税收代理人

在"一条鞭法"的早期研究中给人们造成了这样一种印象：在16世纪晚期，人民依次来到县衙门前缴纳赋税，自己包封银两，亲自投入木制的银柜中，而不受官方监督者的干涉[18]。这种描述当然有一定的依据，包括浙江会稽县、南直隶淮安府等地的地方志中都有如此的描述[19]。"木柜"的使用后来又从南直隶扩展到山东、山西、河南及北直隶。然而，这种有秩序的投纳税银并不代表全部内容，这些记述都忽视了明代赋税征收过程中不可避免出现的各种高压、残暴和欺诈行为。

事实上，高压手段在当时是一种必不可少的征税手段，即使是中等水平的税收也是如此。一些纳税人要完成税收十分困难，而许多富户又采取拖欠的办法来逃避他们的义务。一般来说，想百分之百地完成税收是很难实现的事情,在16世纪后期,即使完纳税收80%也被认为是很大的成绩[20]。1570年,仅未收之税银总额就超过200万两[21]。当然,由于对小户的税收减免,可能降低了这一问题的严重性,但是这样的办法在16世纪是很不切合实际的。

如果一个普通人拖欠税粮,他可能被抓捕、鞭打。归有光(1506—1571)就说过有许多人为此被鞭朴致死[22]。顾炎武记述了山东和陕西许多民众因为不能在最后期限内完纳税收而自尽的事例[23]。当然,大多数官员避免采用如此极端的办法。当16世纪70年代张居正掌权之时,逋赋者要被控告(第七章第三节),但是张居正的这种做法受到同时代许多人的批评,最为有名的是王世贞[24]。问题的严重之处在于许多积年逋赋者多为富户,他们捐纳官身以免除县官的体罚与拘捕,州县官只好将这类事情向上一级政府报告。但这样的事例上报太多,除了显示州县官自己的无能外,不会有什么效果。比较有效的办法就是没收拖欠者的家产。在西方,通常都是采取这种方法,但是在传统中国仁爱政府的观念支配下,这种办法很少采纳。而且,这些拖欠者都很狡猾,他们一般也交纳部分税收,并不全额拖欠,同时许诺以后会补交余额。

在这种情况下,地方官员不得不自己想办法来解决这些问题。通常的办法是进行道德上的训诫,知县亲自劝说本县绅衿大户按时交纳税收,期望这一小部分有声望的人的行动能够带动其他人去效仿。16世纪30年代,南直隶的一位巡抚曾下令如果谁逋欠税粮超过50石,则由各户自己进行解运[25]。1568年,松江府曾经试行过一种办法,就是分立官甲，将有官方身份的纳税户分成一组，要求他们作为一组来完成本折钱粮，但这种办法的结果没有记录下来。山西某州的地方志中记载了多种催科之法，其中有一种方法是"勾牒已具而故稽之"，民户畏牒之或下，则赶紧输纳，其实抓捕勾牒未必真正使用[26]。

对于赋税拖欠，会在一段时间内进行追征。但是拖欠二三年后，就不能再指望拖欠者们补交欠税了。对于逋赋者，抛开人道主义考虑，鞭打、关押他们是很少有用的。这些累积起来的欠税成为最新赋税征收中的一个巨大的障碍，所以只能蠲赦逋赋。这种事情在明代后期是很常见的[27]。皇帝可能下令蠲免某年以前的逋赋，这可能由于地方官的申请而适用于某个特定的地区，也可能适用于整个帝国。此外，像皇子出生、立太子以及新皇登基之时，按惯例都要蠲免赋税。

所有这些都鼓励了逋赋行为。守法者按时纳税，后来却发现这些赋税被蠲免，但交上去的赋税既不能退还，也对下一次纳税没有了任何好处[28]。另一方面纳税人总是希望皇帝慷慨，能够蠲免逋赋，所以拖欠不交。在这种情况下，逋赋行为会蔓延开来。某地曾上报说当地一些纳税人共同倩人代杖延挨，不肯纳粮[29]。

很显然，在一条鞭法改革初期，它的推动者们希望将所有纳税人口置于文官政府的直接控制之下，取消乡村中的中间代理阶层。如果这个宏伟计划能够实现，很可能有深远的影响。然而，在实际生活中，每一件事例都反映出这一中间阶层要么是被完整地保留下来，要么是以新的形式出现。因为他们虽然是造成了县级财政赤字的重要原因，但他们也是赋税征收中不可或缺的代理人。在这里适用的原则是集体责任制。在面对20000户潜在的遍赋者时,知县需要得到帮助,他只能去依靠金派的200名左右的税收代理人来管理农村的税收,通过他们来向乡村催征税粮。南直隶武进县,是试行税收改革的先进地区,早在1542年就开始实行"自封投柜"办法收纳赋税,到1573年,就被认为已经完成了一条鞭法的改革,将均徭与正赋合并。即使这样,它也从来也没有全部取消所有税收代理人,到了1603年,一些原来被取消的税收代理人又重新出现[30]。

税收代理人的分派与职能

明代后期,赋税征收实际上是一种两头管理,地方政府管理文书工作,民间代理人进行实际运作。1584年,上海县组织编派情形如下。

这个县被分成56个区,平均每个区约有12个里。每个区设有"总催"一名,他的职责是了解其监管之下所有纳税户的情况,催办他们按时交税[31]。每十天,他要上报知县,报告税收情况,如果延误拖欠,就会被加之箠楚。在其他时间里,他要去巡察里甲及各个纳税人户。然而,他很少亲自管理税收。

在56个区中,有44个区必须负担运往北京的漕粮。里甲完成初步的征收后,由各区金派的"收兑"统一将钱粮递运到码头,交由运军解运。中转仓库和短距离的运输的船只则由地方政府提供,但是进行修理和维持的费用也要由收兑负责,同时收兑还要自己出钱雇用簿记人员。平均每一个收兑要负责1300石到1400石漕粮的征收工作,而且也要承担里甲遥赋的赔补。收兑只有从运军处得到收讫单据，才算完成义务。军士亦以收据来勒索收兑，一旦其要求得不到满足，则拒开收据[32]。

此外，还要佥派33名税收解运人（听解）从事远距离的解运与税银征收。还要从中佥点8人在县府管理银柜，称之为"柜头"或"银头"[33]。我们必须强调即使纳税户亲自到县衙交纳银钱，也不能认为是"官收"[34]。这一程序只是能够使县级行政管理部门更加严格地控制这些税银。纳税户交纳的大小不一的白银都必须重新熔化铸成椭圆形的银锭，以便解运，其标准根据支付额不同而不同。在上级部门，必须要求有额外的银两来弥补缺额，这称为"滴补"。州县官也常常榨取"火耗"，这在后文还会论述[35]。当每个纳税户包封银两投入木柜中，他也就履行了自己对政府的义务。大量银两随后被交由柜头保管，进行重铸，补足短缺。在许多地区，即使银两被安全地存入县库中，柜头也不能算是完成了任务[36]。作为"税收解运人"，只有大宗银两被解运出去，所有各项征收任务完成之后，他们才算完成工作。在上海县，每一个"柜头"在其任内征收大约1000两白银，自己就要费银四五十两[37]。

除去柜头以外，其他的"听解"要亲自解运"白粮"和"官布"到南京和京师（第三章第二节已有详述），按惯例，官布由里排按照规定价格从官方指定的机户领买[38]。

上面提到的职位总共有133个，由知县佥派，"选田多、淳谨者"为之。每一职位尽可能由一个纳税户独充，但通常是由四五户朋充。

服役的时间为一年，但每次都是提前五年指定，这样这一地区所有的中等之户都要轮到。例如，柜头一职常常是由一个拥有300到400亩土地的纳税户来充当，或者是合起来能够拥有这些土地的各户朋充[39]。

除去上面提及的代理人外，知县还任命一个全县的"总书（或县总）"。上海县与另外两县的总书，轮流作为"府总"。总书，与其他的税收代理人不同，他没有财政责任，其职责更多的是进行协调，领导总催和收兑，确定从钱柜解送银两的时间表。供役这个职位可以得到很多的不正当收入，因而为许多人所热衷。县志中记述了有些人不惜"捐数百金"谋取"总书"这个职位[40]。

以上介绍了上海县整个税收代理人网络，包括了里甲之上的各类民间辅助人员。这不是什么独特的体制，在相邻的华亭县与青浦县也有同样的网络[41]。这种代理体制在常州府武进县可能是最为完备，在那里，要从收兑中选派粮长人役解送白粮到京师[42]。佥点民间代理人也不局限于南直隶。16世纪晚期的浙江海盐县每岁轮161人为粮长[43]。山东在进行一条鞭法改革时，曾试图雇募商人代理税收职役，但是从曹县、东阿、汶上各县及青州府的推行过程就可以看出这个计划最后不光彩地失败了[44]。东昌府在1587年推行一条鞭法时，也有民间税收代理人，通过1600年出版的地方志中的记载，我们可以知道这项职役与上海县没有什么太大的差别[45]。在17世纪初，汪应蛟（1628年去世，1621—1622年任户部尚书）曾报告说北直隶的一个州任命了多达300到400人作为银头负责征税[46]。香河县在里甲之上大约有50名农村税收催办人[47]。尽管任命府总、县总并不是很广泛，但我们可以知道 1581 年进行土地清丈之时,在南直隶武进县、宁国府和松江府,浙江杭州府,北直隶香河县,以及山东省都设有这一职位[48]。

在 16 世纪晚期,除府总、县总之外,对其他税收代理人的指责与抱怨并不是很多。资料似乎显示出大约 1570 年以前赋税征收过程中有很多弊端,但是从这时以后,赋税征收已经有了很大的改进。这些新的税收代理人多被描写为中等土地所有者的代表,他们不是这一体制的恶徒,而是其受害者。这种情况形成的部分原因是当时推行的地方税收改革(见第三章第三节)。各种"力差"的取消使得许多中等之家得到解放,但现在他们又被佥派为税收辅助人员。

当时的许多文人对于税收代理人表现出很大的同情,他们对许多税收催办者并非自己有错却常常受到"血杖之苦"深为愤慨[49]。一位知县在 1609 年写道:"敲扑愈多,而负课愈甚。"[50] 势力之家行为傲慢,故意将催办者拒之门外。许多催办者被佥派之后四五年还不能脱掉干系。同样,对于收兑、柜头及听解诸人,时人也有一样的同情,很明显,这种无偿佥派职役的结果,导致了他们的破产[51]。

由于强迫中等之家赔付短缺,这在很大程度上减少了税收陋习。然而,很难感觉到普通人户能够从中得到什么好处。一条资料很清楚地显示出在 1570 到 1590 年间,税收催办者已经有了"奸巧"的名声,他们被指责私侵纳税户钱粮入己[52]。尽管实行"木柜"制度,但一些纳税户投纳银两还是继续依靠总催或者其他等中间代理人员,这显示出征收赋税过程中人的因素还是非常重要的[53]。许多地区也同上海县一样,税收催办人有权为地方政府征收各种杂色款项,诸如为地方水利建设项目量派赋役等[54]。归根到底,来自于上层的压榨都要由最下层民众来承担,越朦胧不清,就越不能进行抵制。张居正在1576年曾说到:"势豪积猾,畏纵不问,反责下户贫民包赔[赋税]。"[55]很清楚,仅仅认为"自封投柜"就能够为纳税人提供法律保护是很天真的想法。

税收支付

每当田赋的一部分被要求用白银来折算时,实际上就是缴纳白银。没有证据显示清代地方的税收常以铜钱来代替白银。顾炎武所说的由于不能在截止期限到来之前完税而自尽的事例,本意是为了证明不发达的省份即使在17世纪也不适合税收折银的观点[56]。他提到山东德州府是惟一的以铜钱支付部分税收的地方。在16世纪后期,白银十分短缺,一些管理者担心税粮折银可能会压低当地的粮食价格。例如,在浙江崇德县,粮食产量无法满足本地的需要,当收获后征收田赋时,纳税户宁愿典当粮食筹集白银交税也不愿意卖掉粮食。当各户自产的丝织品上市时他们就可以有钱支付当息赎粮[57]。

众所周知,实际征银的小数位有一个固定的标准。1661年,当清朝政府清理长江三角洲地区的逋欠钱粮时,官方甚至列出小至0.001两或者0.0007两白银的欠税[58]。这似乎表明计算的精确程度达到小数点以后的四位数。这种做法很可能就是开始于明代。

火耗也称"耗银",其起源同样不很清楚。17世纪中期,顾炎武提到火耗"盖不知起于何年"[59]。毫无疑问,由于上级政府要求全额完纳折银，因此火耗也就成为必要。金属熔化后再重新铸造总是有耗损，一般为2%。归有光曾提到在16世纪50年代，苏州府税银"火耗"按3%征收，这个比率还比较合理[60]。1562年，当海瑞任浙江淳安知县时，当地的惯例是耗银为5%，他将其降至2%。这样做的实际结果是使得一些费用有了节余，但其他方面则有亏赔[61]。

整个16世纪，这种不正规的额外费用受到广泛批评。1594年，一位监察御史说纳银0.1两，耗银就达0.05两，增加了50%[62]。当然，这可能是一比较特殊的例子。

熔化和铸造白银会有损耗，这由柜头负责赔付。地方官员并无正当的理由去征收正税以外的耗银。然而，里甲正役并不足以保证地方政府经费预算。16世纪中期以前，地方政府还能够比较自由地支配罚赎银钱，此后，这部分费用也逐渐上纳给中央政府（见第六章第二节）。官员们只好加征耗银。不过，在许多地方，知县仅仅要求银头支付像额外的公家买办、迎送上官以及他们自己出巡的费用[63]。

因此，在16世纪的最后25年间，"耗银"不再是一种额外的支出项目，而是成为一种收入来源。官吏们开始利用这部分钱来贴补他们的俸禄。这部分费用留存于县的部分被称作"常例"，供纳上级政府（包括府衙）的部分被称作"羡余"。这既不是合法的收入，也不是绝对的非法，它既被官场上所接受，也为一般民众视为当然[64]。尽管银头还要对这些费用承担总的责任，但这些额外的银两是要从纳税户中榨取。耗银是作为一种惯例而附加征收，并不正式地记入账目之中。

有一些零星的资料显示,甚至在 17 世纪早期,地方官员通过这种方式得到的资金并不很多。一位浙江省的官员对通行的做法有如下的描述:银两从"银柜"中取出后存放在县库中,直到要解运之时,才熔铸白银成锭。当管理县库的吏员完成任务后,他要按 50 两扣除 1 两的习惯将所扣之银两交给知县[65]。顾炎武在 17 世纪中期就提到火耗"正赋之加焉十二三,而杂赋之加焉或至于十七八矣"[66]。

税收解运

一直到 16 世纪中期,除漕粮以外,税收多为民解。然而,在 16 世纪 60、70 年代,越来越多的税粮运输开始由地方政府接管,这是当时改革的一部分。绍兴府在 1568 年推行一条鞭法改革,宣布今后凡至白银 500 两以上就要差佐贰、首领官等解运,达到白银 300 两到 500 两之间则由殷实候缺吏员解运[67]。在长江三角洲,官布的解运也曾一度由政府负责。苏州府的吴县为此还专门置田一块,指定其收益作为解运官布的费用[68]。

当然,并不是所有这样的改革都能取得成功。因为地方政府的工作人员常常不足而无法完成所有各项解运任务。1573 年的一条法律更是禁止知县派遣诸如荫医、武职等辅助人员作为解运人[69]。解运的费用也是一个问题。甚至在 17 世纪早期,浙江衢州府各县还没有资金解运税银到省城,而从当地到省城的距离才 250 英里[70]。而另外一个影响改革的实质性障碍就是普遍存在的腐败行为,这在京师十分盛行。

在首都各接收仓库的所有的工作人员都向地方解运人索取钱财,

这是公开的秘密[71]。交纳白银比较简单，银的纯度由银匠与解运人共同保证。而实物税收则要由内府宦官监收，他们可能因为不满意其个人所得，借口质量次而拒绝接受解运来的物品。在仓库进行交接时，解运人和接收者之间由专门揽纳之人进行操作。任何解运人都恐怕其货物被定为低等，但是拿出一定的费用就可以确保顺利交纳。16世纪后期，在税收解纳过程中声名狼藉的揽纳之人是武清伯李伟，他是万历皇帝的外祖父[72]。

在张居正在任的最后几年中，他试图设法消除这个最后的障碍，包括李伟的影响（见第七章第三节）。但效果仅是暂时性的，解运人的命运总是难以预料，充满了危险。1600年，嘉定县典史因解送的官布不中额而系狱于北京[73]。1621年，山东巡抚要求民间解运人由官方解运人代替，但其中有一个县对官解比民解好的观点提出怀疑[74]。一些官员实际上还认为由精明的民间代理人解运更为周全。一旦官布在北京被拒绝接收，不仅官方解运人要被拘禁，同时数以千匹的棉布也要被退回起运地，纳税户不得不再重新交纳新布。如果解运人是佥派而来的，则只由他自己承担责任。

相比而言，这一改革在山东、河南等北方各省推行较为成功，因为这些地区解运的距离较近[75]。同时，官解税银要比官解实物更为成功。在南直隶松江府，供应北京宫廷的物资一直采用民解。在一些地方，上供棉布改由官解之后，却行之不继，不得不又改回民解[76]。

在一些沿海地区，解运者还要履行其他职责。这些地区要负责海岛军卫的供应补给。海岛悬崖峭壁，进入十分困难，而且本地粮食供应匮乏。通常情况下,知县要以一定数量的银两而不是粮食交给解运人,希望他们能够解决供应问题[77]。

第二节 影响一般管理的因素

税粮定额和相关因素

16世纪晚期,帝国政府的税收管理改革十分有限。户部所面临的主要问题是缺乏明确完整的土地统计数据。有明一代,从来没有系统地进行过土地清丈。洪武皇帝零散进行的土地清丈(见第二章第二节)以及张居正在1581年所进行的全国性土地清丈(对于其复杂性将在第七章第三节进行全面论述)都没有以任何统一的标准为指导,也没有确切的结果。这样获得的数据似乎从来也没有汇编成全国性统计数据,户部也无法依据这些数据进行征税。对户部来说,惟一可利用的统计数据是1587年出版的《大明会典》所记录的1578年的统计数据。然而这些数据并不准确*。

田土面积数据的缺乏很容易造成逃税行为,当然这也不是最严重

---

* 《大明会典》的数据源自于《万历会计录》,《会计录》编纂于1582年,随后立即印行。现在在芝加哥大学和哥伦比亚大学可以通过缩微胶卷看到该书,但是缺失第3卷和第6卷。通过张学颜的序言可以看出,该书的土地数字不包括1581年的土地清丈结果。它主要是依据官方档案和早期各地的出版物,也包括一些私人著作。虽然这部著作包括了一些有用的内容,但是编者本人都认为其中的土地数据并不充分(该书4/99—100、9/87有这方面的说明)。

的问题。据记载，只有湖广及福建沿海地区有一些成片的土地不交纳赋税[78]，这些地方可以看作是管理的边缘地区。而在其他地区发现没有登记的田土则是一些孤立的事例。尽责的地方官员总是不断地向逃税之人催征税粮，可是也有一些欺隐田粮之人因为有官方身份，总是设法挫败知县的努力。知县在催征无效之后，可能将他们的名字连同其田产记载在地方志中，以此显示出法律执行松弛决不是普遍存在的[79]。

一个更紧要的问题是税收的重新分派。地方官员总是有一种或另一种册籍，而中央政府又缺乏进行大规模税收调整所必需的、全面性的统计数据。地方定额税收从14世纪晚期开始就很少进行调整，所以这种地区定额还是当时课税的基础。

田赋税额以粮食石为标准，但各地不一。南直隶松江府3个县的田赋加在一起与整个广东省持平，而广东有75个县、1个州。上一章中我们也注意到上海一个县的税粮定额是福建漳州府的三倍，而漳州府包括10个县。陕西紫阳县则更为极端，它是最穷的地区之一，每年的田赋收入是341石粮食，不到上海县的千分之一[80]。

到16世纪，一方面，人口密度、农业生产力和经济发展的地区不平衡不断扩大。另一方面，各地的税粮定额却是200年以前确定下来的，这既不能反映不平衡的情况，也不适合进行重新调整。税收制度过于陈旧，失去了调节经济的活力，甚至已经不适应经济的发展。每一县的田赋固定，类别也不变，又因为府州县官一般在任时间不长，因此当地的田主总会在税收管理中占据上风。

货币制度也是弊窦百出，中央制定的计划难以执行。在宋代，铜钱被确立为统一的财政标准，即使在元代，早期也是以铜钱来估算田赋。需要征收实物时，是按照铜钱来估算，一些地方志记载了这样的情况[81]。这就使得税收账目容易统一。明朝计算税额，则主要以粮食为计算标准，这其实是一种倒退。当16世纪田赋的大部分以银折纳时，这种估算标准在账目上引起了很多混乱。各地粮食价格以白银来计算有很大不同，也有季节性波动。在15世纪，当税收折银时，为了暂时的方便而没有考虑粮食的价格，从而造成了一些混乱。在16世纪，当各式加耗、加派及役部分地摊入田赋之中时，我们很难说财政标准是白银"两"还是粮食"石"。1578年，湖广布政使司应该解运102400石粮食协济贵州，该银30720两[82]。1591年，临汾县征秋粮48449石，该银49769两[83]。

在16世纪晚期，各级部门要求进一步折纳税粮，固定其比率。一般而言，管理赋税征收机构和支出机构的任何部门都有权发布折收命令。例如，只有中央政府能够要求折收解运的漕粮，因为漕粮的接收者由其直接监管。但是各省巡抚管理其本省军卫和诸县，可以将后者向前者对拨的税粮进行折纳[84]。16世纪后期，尽管折纳比价一般接近地方粮食价格，但是折纳比价的增加，有些是永久性的，有些是暂时性的，有些是由中央政府确定的，有些是由省级官员确定的，即使管理者本人也会对此不知所措。有时，同样的税收被分成两部分，每一部分有一个单独的折率。一些事例显示出地方当局向纳税人征税时，准许他们按照指定的比率或者交粮，或者纳银[85]。由于所有这些细节性资料的混乱，财政单位又多达 1200 个，因此我们可以理解中央政府为什么不能保持完整的记录。试图发现田赋折银的全国性账目是根本不可能的。

因此，只要定额税粮作为全国性账目的惟一财政标准，粮食"石"就没有绝对的价值。银两有普遍价值，但却不是账目标准。同时又缺乏对全国田土数量的准确掌握，所以在京师的朝廷并不了解各地的实际纳税能力，也不清楚当前的税收征集水平。这使得正税税率的增加变得十分困难。在这种情况下，增加税收的办法通常是重新调整额外的里甲征索或者重新调整加耗。但这些办法只会使税收结构更加复杂，而且增加的收入零星分散，数额不大。

由土地占有、土地租佃及农产品价格所引起复杂情况

16 世纪后期的土地占有与使用情况的资料十分缺乏。根据当时许多文人的记述以及许多现代学者的研究，长江三角洲地区被看作是明代后期土地所有权最集中的地区。然而从 16 世纪一直到今天，对于当时确切的情况还是有很大争议。而其他地区资料更少，所以现在还是主要讨论这一地区的情况。

中国大陆的学者们，根据一些保留下来的当时人的一些随机记载，认为在 16 世纪晚期、17 世纪早期的长江下游地区，一个或两个地主占有的土地总面积相当于一个大县的全部土地面积。这样的情况实

在是令人惊骇*。这些说法与当时的社会经济情况有很大出入，与上个世纪末制定的税收法规有很多矛盾之处。下面的事实就应该引起充分的注意：

（a）16世纪70年代，在张居正与南直隶巡抚的来往信件中，就提到长江三角洲地区最大的地主拥有70000亩土地（参见上一段的*注）。这些巨富已经在巡抚的监控之下[86]。

---

* 这些结论主要是依据当时的一些作品的记述。诸如"膏腴万顷"、"田连郡县"之类的俗语，这些话语都是一些文学语言，不能照字面意义来解释。

按照这些研究，徐阶（1503—1583）据说是有田240000亩（见《明清社会经济形态的研究》一书中王方中的记述，见该书页132），或者是400000亩土地（吴晗，《海瑞集》序言，页7）。而董其昌（1556—1637）则说有100万亩土地（《明清社会经济形态的研究》页132）。另一条经常引用的记述是张居正写给南直隶巡抚的信，在信中，张居正认为苏松地区的某些大地主（或他们中的几个人）占有土地达700万亩，税粮达20000石（《皇明经世文编》327/12）。

徐阶确实是一个大地主。他的绝大多数财产是通过一些"投献契约"得到的。实际的土地所有者将土地契据交给徐家，并交纳名义上的地租，同时依靠徐阶在京师的影响，使他们能够免除官府的差役负担。上面提到的土地亩数相当于一个中等或小县的土地数，这一数字源于其敌意者的描述，可能被夸大了。房兆楹在为"明代人物传记计划"写徐阶的传记时，给这一数字加了括号。在与现代的学者讨论这件事时，房教授认为这种投献行为是非法的，所以不可能确知实际情况。

董其昌家族在松江府臭名昭著。他的儿子与下层人士进行不公平的交易，从他们身上敲诈钱财。这引起民众骚动，并烧毁了董家的房子。这一事件在民间广为流传。而上文所说的亩数也是源于此种传说，值得怀疑。谢国桢在《明清之际党社运动考》（上海，1935）中记述了这个故事，见该书页270—273。

张居正的记述明显有技术上的错误。在苏州府和松江府，交纳20000石税粮要有土地是70000亩，而不是700万亩。这似乎是张居正用错了顷（100亩）和亩。这一错误已经被《皇明经世文编》的编者注意，王方中在《明清社会经济形态研究》一书的132页也注意到这件事。但傅衣凌却没有注意到这一问题，可参见《明清农村社会经济》页82。

(b) 在常州府，最富有的地主据说有田 20000 亩或更多[87]。

(c) 1610 年，华亭县的殷实大户田余 2000 亩[88]。

(d) 在 1611 年，青浦县知县在当地进行了一次严格的清田行动。发现实际上所有的大块田产都已被分割成为小的部分，分别登记，这部分田土达 160088 亩。在公布清丈结果之时，他依据田土面积而进行分等，范围从 250 亩到 2500 亩不同[89]。

(e) 1636 年，大学士钱士升（1633—1636 年在任）指出，在整个长江三角洲地区，许多富家只拥田数百亩。有田数千亩之户不超过富家总数的 40%（富家大概为有田 200 亩以上之户）。而拥田超过万亩者则十分罕见[90]。

(f) 叶梦珠在 17 世纪 60 年代写的著作中指出在 17 世纪中期，华亭、上海、青浦三县中还没有人拥有土地超过 10000 亩。只是此后才出现这样的大地主[91]。

(g) 1661 年，当清朝以违法拖欠钱粮为由惩处长江三角洲地区绅衿地主时，其所提到的未完钱粮的文武绅衿共 13517 人[92]。

上面的事实连同许多地方志中的记载，似乎显示出 16 世纪土地集中的程度虽然很显著，但在最近的研究中却被夸大了。没有证据显示出在南直隶的这四个府中，任何单独一户能够占有土地超过 70000 亩。在整个地区，拥有土地超过 10000 亩之户也就一二十个。绝大多数的大地主，他们拥有的土地在 500 亩到 2000 亩之间。拥有 500 亩或更多土地的田主，其土地面积总和能占到全县可耕地面积的 25% 以上。这部分土地所有者只占全县人口的一小部分，每一县不太可能超过 1000

户,一般接近500户。

除了大土地所有者以外,也有相当数量的中等土地所有者,其田产在100亩到500亩之间。仅在上海县,在5年之内被佥派为农村税收代理人的中等之家就不下1000人(见第四章第一节)。小户则数量更大,苏州府登记的纳税户有597019户,常州府登记有234355户[93]。尽管还无法确知他们之中有多少户没有土地,不过有证据显示出许多租佃农民也有自己的小块土地,最近又发现了更多的这类事例。甚至在17世纪60年代,当土地所有权更加集中的时候,租佃农民也有瘠田3到5亩[94]。

从管理的角度来看,极少数特别富有的大地主相对容易进行管理。1570年,海瑞任南直隶巡抚,他能够强令在其辖区内最大的地主——徐阶退田一半。在两个人来往的信件中,尽管没有列出具体的数字,但显示出巡抚的目标至少部分地实现了[95]。当王思任这个无所畏惧的官员在1610年出任青浦县知县时,他威胁那些诡寄、花分土地于他人名下而逃避税收代理差役之人要没收他们的土地,这一威胁有很大成效[96]。

官员们发现最难于管理的群体是那些次于巨富的一般大地主们,他们拥有成千上万亩土地,势力很大,有碍公正。而且他们数量很多,难于对付。不仅他们自己逋欠赋税,还常常为其亲友提供保护伞。按照冯琦(1558—1604)的观点,少数有势力的缙绅地主并非税收管理中最大的障碍。但是他接着说:"吴中抚台之难,倍于两浙者,独以催科一事耳。催科事难,不在士大夫,亦不在民,难在以民而托之士大夫"[97]。

小户的存在使得税率的调整非常困难,税率提高更是如此。尽管当时税率并不高(见第四章第三节),但任何轻微的变动都可能对依靠税后收入维持生计的小户有很大影响。1583年,苏州府嘉定县的漕粮被永久折纳银两,这对于土地所有者而言有莫大好处。按照规定,每亩地不到0.05两白银,又由于地方负责的税粮解运费用亦得奏免,因而实际的利益还要多一些。这样一个小的变化使得当地田价倍增,一些原先卖掉土地的人也赶紧回赎他们的田产,导致了民间讼争频繁。一些小户无疑也卷入讼争之中,因为一些资料显示出有些买主不习置对、不能与辨,文化水平不高[98]。因此,我们不难想像出同样程度的税率上升亦会导致相同程度的社会后果。

对于小户而言,另一个困境是他们易受农产品价格波动的影响。唐顺之(1507—1560)在16世纪中叶写的文章中就揭示出当时每一石米的价格从银0.7两上升到0.9两。很显然这是与倭寇作战的影响。他也提出江南"平价"为每石米0.5两白银,这与其他资料显示出来的价格基本相符,这也是16世纪大部分时间的基本情况。唐顺之还明确提出粮食每石折银应该被限制在0.5两到0.7两之间[99]。到16世纪晚期,绝大多数项目的折银还是保持了这个标准。然而,这个所谓的"平价"没有考虑地区性、季节性及年度波动。上文已经提到粮食刚刚收获之后,其价格通常会下降。根据上报,1580年左右的南直隶,每石米的价格仅为0.3两[100]。首辅申时行的话也肯定了这一上报,他说:"米价甚贱,率米三石易银一两。"[101]土地所有者为了交税，不得不在低价时卖掉农产品，这样他最后支付税收额差不多为其预想的两倍。当农产品价格严重下降的同时，国家又加增税收，这常常会导致农业用地的价格急速下降，小户便会陷入困境，不得不以低于正常年份收入的价格卖掉他们的田产。这些事情听起来似乎是不可能的，但葛守礼曾报告说山东发生过此类事情[102]。大约一个世纪后，叶梦珠提到长江下游地区也发生过类似的事情。1663年，原来每亩可值5两白银的田地当时仅值0.5两。而这时，每石米最低价格为银0.6两[103]。当然，这些说法可能有夸大的成分，对此要持有谨慎的态度。但是，有一点很清楚，那就是农业缺乏保障，小户根本无法应付来自农产品价格下降和税率提高的双重挤压。

按照一般的观点，长江三角洲地区租佃比重是很高的，但是论据并不充分。持这种观点的人经常引用顾炎武的记述，顾炎武提到17世纪的苏州府"有田者什一，为人佃作者十九"[104]，这句话的意义相当含糊。在征收田赋之时，无疑要考虑田主的回报。《顺德县志》中就明确地指出了这一点（见第三章第一节）。1643年出版的苏州府吴县的地方志中记载："上田岁入不过一石二斗，除纳本折粮银外，民余不过柒斗有零。"[105]第一个数字提到的"石"可能是指去皮稻米，否则将与通行的征收比率和一般的税收惯例不相符。这一记载显示出每亩的产量约为2.4石，这与同一地区观察到的其他情况相吻合[106]。按照通常的主佃五五比率分成之后，地主的税前收益是1.2石。大体上，某些地区的田赋在每亩0.4石到0.5石之间。仅仅相当于全部收益的20%。但是从地主的角度来看，就相当于其收益的40%。

那些小户命运也降临到了地主身上，这样的税率已经很高，任何进一步的上升将会是无法承受的。苏州被公认为整个帝国税率最高的地区。即使是1643年，在明朝灭亡前夕，仍然是田赋较重的地区。但以上的事例也显示出当地的田赋在整个明代并没有增加很多。

有时候，纳税人也采用一些特别的办法来阻挠管理。16世纪，在福建和江西的一些地区，风行一种奇特的土地租佃方式，通常称之为"一田三主"。它起源于外居地主的一种做法。外居地主为了减轻纳税的义务及其附带的役，将土地以较低的价格名义上"卖"给第二个人，但同时他自己还可以从这块土地上得到一定额度的地租。这个所谓的买主被看成是实际的土地所有者，他必须承担所有的政府义务，同时也要向原主提供收益，这部分收益是不纳税的。第二个层次的人也不亲自耕种田地，而是将这块土地永久地租给某个佃户。这种契约关系保留了好几代人仍然有效。每一层次的人都是这一连环中必不可少之人。第一层次的人被称作"业主"，第二层次的人被称作是"大租主"。佃户有时被称为"粪主"，因为他们出力于土，诸如施粪于田地，或者是因为其向所有者交纳了一部分押金，因而他们也宣称对土地有永久所有权。佃户除了得到一定的粮食分成以外，如果没有他们的同意，也不能转让土地[107]。

这种订立契约由他人纳税的做法一经出现，就可能会超出这种三重关系。在16世纪60、70年代，福建漳州府的一些"大租主"，尽管自己本身就是一个税收代理人，但还要为另外一个税收代理人提供保证。后者接受固定粮额，几乎不足以交纳税收和少量的管理费用。因为他们很少能够及时、足额办纳粮差，他们就成为了地方官员一直无法解决的难题。他们被戏称为"白兑"，字面的意义就是"空手纳税户"[108]。

  1572年左右，漳州府制定出一个方案，重新确定分散的土地所有权。其原则是要求一块纳税田土只有一个业主，那种奇特的契约关系及税收管理体系必须废除。要么是由一个层次的人购买其他层次人的权利，要么对田产进行分割。然而，这一计划并没有推行下去。1581年的土地清丈之后，省级官员们不过是试图去登记所有有关各主以便分派其税收。但根据1612年的上报，可以知道即使第二个计划也没有能够在任何地方推行[109]。在福建，像这种土地占有与使用形式也存在于政和、南平、沙县、永安、邵武、龙溪、漳浦、长泰、南靖、平和及澄海诸县，当然各地形式也有不同。傅衣凌已经公布了许多发现于延平府永安县的土地契约文书，证明了这种土地占有制度不仅存在于明代，而且至少还延续到19世纪晚期[110]。

  "一田三主"充分暴露出税收管理上的无能。地方官员三年的任期过短，不足以使他们能够充分地了解地方情况，总结经验，以应付已经存在了几个世纪的习惯。实际上，纳税人与征税人是在玩捉迷藏，很难指望税收水平的调整能够真实反映土地使用者的实际支付能力。税收水平不是取决于土地的生产能力，也不取决于地主的粮食收益，而是取决于辅助管理者的收入所得。

  纳税人在进行田产转让时如何推收税粮也会对税收有很大影响。一个富有的田主从其田产中拿出一小块土地出卖，价格可能很低，但条件是买主要承担卖主绝大部分的税收负担。相反,富户可能高价购买一大片邻居的土地,但却只负担很少部分的税额。通过这一连串的交易,一个大土地所有者只是交纳象征性的税收,而沉重的粮差则落到小户身上。如此奸巧行为削弱了普通民众的纳税能力,导致了逋欠赋税的增加,进而影响到了税粮征收。在整个 16 世纪,这种做法的害处已经得到公认,官僚集团为此经常进行讨论[111]。这种做法似乎也已经扩展到整个帝国,但南方明显要比北方普遍,这是由于稻米产区土地占有和粮差征收有很大的复杂性。依据作者本人的经历就能够证明在田产转让过程中发生的税收与地亩相分离的习惯一直到第二次世界大战时还通行于中国的某些地区。

第三节 征收水平

省直税粮定额(粮食石)

省直税粮定额可见于《大明会典》,该书同时记录了田土总数。因此税率可以很容易计算出来。可见表6。

这个表格当然有其局限性。众所周知,其中的一些地亩数有错误,作为估算的标准——粮食"石",在实际支付时也没有一个精确的标准,这一点已经进行过解释。虽然如此,但这个列表也不是完全没有意义的。在 16 世纪晚期和 17 世纪前期,朝廷的管理者确实依靠这些数据进行财政调整,所以从这些数据的可靠程度不难想像出管理的好坏程度。

表6 1578年省直税粮定额（石）

省份	田土总数（亩）	税粮总额（粮食石）	平均税率（每亩石）
浙江	46696982	2522627	0.054
江西	40115127	2616341	0.065
湖广	221619940	2162183	0.009
福建	13422500	851153	0.063
山东	61749899	2850936	0.046
山西	36803927	2314802	0.032
河南	74157951	2380759	0.032
陕西	29292385	1735690	0.059
四川	13482767	1082544	0.076
广东	25686513	999946	0.039
广西	9402074	371696	0.039
云南	1799358	142690	0.079
贵州	516686	50807	0.096
南直隶	77394662	6011846	0.078
北直隶	49256836	598622	0.012
总计	701397607	26638642	0.038

户部完全意识到这些数据的可靠程度。所以其政策是利用这些数字作为一般性参考，而不是完全受到这些数字的束缚。1619年*进行的税收加派就说明了其态度。为了给辽东战事筹措经费，户部尚书李汝华在万历皇帝的同意下，向全国加派银两，只有贵州除外。依据全国性账目，每石粮食的价值在各地有很大不同，所以这次加派的标准

---

* 依《明实录》等资料，这次加派时间应为万历四十六年九月，当为1618年。——译者注

不再以额粮为标准。而是按照各省直登记的田亩数进行分派。然而，这些差不多是50年前统计的土地数据有许多不准确与矛盾之处。户部依照这些数据按每亩银三厘五毫进行加派，数额并不是很大。这些加派并没有直接分摊到每个土地所有者身上，而是分配给各省及南北直隶，再由巡抚进行内部调整分配[112]。

众所周知，上表中的湖广布政使司和南直隶淮安府的田土总数过多，不合实际。按照一般的分配原则，这两个地区要特殊对待。折衷之后，湖广被加派银333420两，这是按照田土9000万亩左右进行加派，而不是按照《会典》上所记的22100万亩来确定加派额度的。淮安府同样是按照略超过1000万亩土地来加派，而不是按照全国性账目上所记的13082636亩来加派[113]。对于其他地区则没有例外，因为总税率上升不多，不会造成很大的不平均，也不会引起严重的关注。这种加派是按地亩而不是按照税粮额度加派，它也力图避免向南直隶等重赋地区再增加过重的负担。

根据表6，我们能够进一步看到，平均税率为每亩0.038石，与洪武确定的每亩0.0335石（见第一章第二节）相差无几。不过，地区间的差异很大。更为奇怪的是，从列表中我们可以看出税率最高的地区是贵州和云南，这是两个不发达的省份。而税率核定最低的地区是河南、北直隶和湖广。

这些令人惊讶的事实按照原有的数据进行解释会有许多矛盾之处。贵州、云南以及湖广、江西的某些地区的田赋征收从来就没有遵循过常规。从洪武朝开始，云南就以水银、丹砂等地方土贡代替税粮[114]。一部分赋税则由少数民族部落首领一次性交纳,这与一般的税收不一样。邓川州一直到明朝结束还以贝壳支付部分赋税[115]。而贵州从来也没有编定过黄册[116]。17世纪,有一份给明朝末帝崇祯皇帝的上疏中概述了如下的情形:

> 黔版图原属夷部,所输赋役聊示羁縻,使知汉法。且田土尽属土司,自余民产而隶州县者仅什一耳。[117]

很显然,两地上报的田土数与额粮得不到重视。但因为这两个省的收入很少,所以它们的税收问题很少会成为一个重要议题。事实上,这两个地区还要经常接受其他地区的援助协济。

北直隶的税率低是不真实的,这是因为地方马差费用(见第三章第二节)已经直接以银估算,并不包括在税粮表中。北直隶正赋税则低也是别有深意的,因为所属各府州县临近首都,其民众要经常被征召去京师履行各种差徭[118]。在1623年,因为辽东危机又大量加税的时候,在北直隶,除一个府外,其他六府得到通免。得到优免的顺天府,只征银1227两。但与此同时,北直隶的民众要为过境军队服务,承担军事供给,这些任务相当沉重[119]。这种放弃正式税收而代之以无偿应役的政策与明朝的一贯做法是一致的。因为这些派征直接来自于中央政府,因此对北直隶的影响更大。

河南税率低有真实的成分,也有假象。在16世纪晚期,河南新增大量的、一直不纳税的土地(见第三章第二节),这样许多地区重新调整税收之后，每亩的税粮就会下降。另一方面，沿黄河各府州县要承担"河工"费金[120]，这是很重的财政负担，也要加征到土地所有者身上。

湖广的情况由于其地亩数字不可靠而变得更为复杂，无法确知情况。最主要的困难是大湖地区复杂的地形情况造成的。1582 年，户部尚书张学颜（1578—1583 年在任）注意到虽然这个省的农业生产主要集中在湖泊堤岸，但这些地区也经常被水淹没[121]。环洞庭湖地区缺乏准确的土地数据一直到 20 世纪还是一个难题。

16 世纪晚期、17 世纪早期，户部尚书只能从其公文中了解到粗略的情况，无法知道各种细节性问题。任何另外提供给户部的情况只能是证实、加强这种十分模糊的描述。财政运作具有一种印象派的、艺术家的风格特点。现代的学者如果想确切知道当时的田赋征收情况，就不得不从它处收集材料。地方的记载当然是一个主要来源，但是得做许多考证工作。

从地方记载看税收水平

明代绝大多数的财政记录不能用作统计数据。这些记录很可能是扫视资料之后对正税作出的大概估计，表面上看是将一些无关的因素联系到一起，推测一些缺失的环节。但是，这些数字一般很难进行数学处理，对田赋征收水平进行精确的估计必须充分考虑土地数据的可靠性、改折比率、农产品价格以及会计方法，然而，在所有这些因素中没有一项是绝对清楚的。

我们依据浙江省杭州府的 1572 年记载作为研究个案,列成表 7[122]。杭州府包括 9 个县,分布于府城四周。杭州城的名字一直延续至今。当时,有一些府的土地清丈数据比较接近实际情况,杭州府就是其中之一[123]。杭州府有好几个县是位于山区,像于潜县和昌化县,其田赋额度相对较少。而像仁和县和海宁县这些额赋较多的地区,丘陵和沼泽地很少。

表 7　1572 年杭州府田赋税率估计

县	(a) 田土总数 (亩)	(b) 田赋粮额† (石)	(c) 田赋的 价值* (两)	(d) 田出的 50%役银 (两)	(e=d/c) 役银和田 赋的比率 (%)	(f=c+d) 役摊入后 的田赋 总值 (两)	(g=f/a) 役摊入后 的每亩 税额 (两)
仁和	805238	104980	64948	21942	34	86890	0.108
钱塘	592745	44770	27753	12187	43	39940	0.067
海宁	932706	109243	57061	19461	34	76522	0.082
富阳	686565	17231	14904	7512	50	22416	0.033
余杭	614898	28244	19771	6430	36	28201	0.043
临安	184806	11362	7953	4015	50	11968	0.065
新城	127998	6709	4696	2217	47	6913	0.054
于潜	147259	5099	3569	2028	57	5597	0.038
昌化	90199	3680	3031	1820	60	4851	0.054
全府	4182414	331318	203686	77612	38.1	281298	0.067

† 田赋粮额包括基本税额和加耗。
* 价值包括折色和本色。
注:海宁县和富阳县差徭册原文各有一项缺失,作者进行了估计,并将这两项补加到各自的账目之中。

在一条鞭法改革的积极推动者庞尚鹏的直接监督下,杭州府编定了非常详细的差徭册。其中役的60%摊入地亩之中，这与浙江一般的习惯相一致（见第三章第三节）。1572年，杭州府将仍然征收实物的田赋折成银两，比率是粮食每石0.6两白银，丝每两0.04375两白银，这也是当时杭州的公认的税收折纳比率。

杭州的农田收入水平并不完全清楚。1592年，邻近金华府的义乌县中田1亩产量为稻谷4石[124]。差不多同一时期，同属浙江省的嘉兴县与湖州府上田1亩出产米或其他作物3石[125]。17世纪初，绍兴府的上虞县上田1亩出产稻谷5石[126]。杭州位于这些地区中间地带，其地力不会比这些地区差。因此有把握推测杭州府中田可亩产米2石。当时，每石米的价格为银0.6两，这样中田每亩每年可得银1.2两。

杭州也是丝绢产地。按照茅坤（1512—1601）的说法，15世纪末，太湖地区的每亩桑地岁入达到或超过5两白银。甚至次一等的桑地每亩岁入也在银1两到2两之间[127]。尽管这些收入可能估计稍高，但是认为杭州府税田每亩岁入白银1两的估计则有些保守。

在上表中，最后一项是税率，仁和县最高，约占全部农田收入的10.8%。富阳最低，为3.3%。全府税收收入占该地区全部的粮食和丝绢产值的6.7%。

另外，还有一项重要的因素也要考虑，那就是在16世纪70年代浙江和南直隶地区的粮食价格低于正常水平。1579年，杭州府允许一些纳税人在实际纳税时，以白银0.4两替代1石粮食交纳，这一比率适用于一些仍然纳以实物的税目，当然，交银还是交纳实物可以选择[128]。即使这一政策的实施有一定限制，但折纳的银价可能接近于当地的粮食价格。但当价格普遍低迷时，上面的农业收入就可能下降50%；或者说是税率上升50%。这都将使全部税收占到农业产值的10.05%。

对于西北地区，则很难做出与此相类似的估计。主要是因为缺乏可靠的土地统计数据。何炳棣通过研究后指出山西汾州府关于税亩折算制度的资料很真实、详尽。我们可以根据这些资料将该府的税收水平制成如下的表8[129]。

表8　1608年汾州府田赋税率估计

县	(a) 田土总数 （亩）	(b) 田赋粮额† （石）	(c) 田赋的 价值* （两）	(d) 田出的 50%役银 （两）	(e=d/c) 役银和田 赋的比率 （%）	(f=c+d) 役摊入后 的田赋 总值 （两）	(g=f/a) 役摊入后 的每亩 税额 （两）
汾阳	1007172	48617	42090	8661	21	50751	0.050
平遥	1014313	52493	49340	6160	13	55500	0.055
介休	602032	27491	26289	4719	18	31008	0.051
孝义	905417	26406	25795	3768	15	29563	0.033
临县	316044	14491	13397	2088	16	15485	0.049
灵石	223111	12920	13139	2918	22	16057	0.072
永宁 （州）	469821	27075	23491	4682	20	28173	0.060
宁乡	236982	10615	9072	1935	21	11007	0.046
全府	4774892	220108	202613	34931	17	237544	0.050

† 田赋额包括基本的税额和加耗。
* 价值包括折色和本色。
注：全府税粮总额包括近7210石的加耗，所占比例低于3.3%，这部分已经折成白银。其余部分按每石粮食1两白银的比率进行折纳，这考虑到了粮食价格和役。

汾州府位于省城太原之南。其辖区包括一大片汾河谷地，是山西最肥沃的地区。米麦是主要的农作物。汾阳县的记载显示出从王朝前期一直到 1577 年为止，田赋以米、麦为主，二者一般的比例是 2∶1[130]。在汾河支流上的灌溉水坝对于当地的农业生产有很大益处，因此在地方志中对此有比较详细的记述。

这个府也包括一些很难进行改造的地区。其治下的永宁州和宁乡县就属于这一类。前者位于该府的西北角，远离中部冲积盆地，环绕其四周的荒山一直绵延到黄河[131]。在宁乡县，为了进行征税，传统上将农业用地分成 5 等。1581 年土地清丈之后，取消了这些分等，但是原来属于最差的两等土地被折成税亩，比例是实际面积 4 亩折成 1 税亩。这个县全部可耕地的实际面积有 748137 亩，但是折成税亩之后重定为 236982 亩[132]。这一情况是非常重要的，因为它告诉我们，占全县总面积 90% 的 681540 亩的土地已经被划为低产田而折成税亩，只有占总面积 10% 的 66597 亩的土地被划为上田而没有折成税亩。

在永宁州，则采用了一种不同的折算原则。旱田 1 标准亩，相当于 4 亩斜坡地，或者是 7 亩山田，这被当成 1 税亩。河谷中的稻田则反向折算，实际面积 0.8 亩折成 1 税亩。换句话说，就是每亩相当于 1.25 税亩[133]。通过折算比率可以得出这样的结论：该府 1 税亩的粮食产量可以推测为接近 1 石小麦，或者等值的 1.2 石大麦。这也应该是 1 税亩的最低产量，因为它相当于 7 亩山田，或者 0.8 亩河谷田的产量。如果 7 亩土地还不能有这样的收益，这块土地就可能没有耕种的价值了，或者至少已经没有必要为了税收的目的而将其进行分类。相反，1 税亩的收益也不会超过这一产量，因为它低于这个县西北部能够进行灌溉的土地1个标准亩的收获量。

尽管这个府其他各县在其上报中没有明确说明其土地数据的实际情形，但似乎也是用税亩进行折算。例如，灵石县，其地亩数也是灵活调整[134]。

按照徐贞明16世纪的记载，山西的粮食价格大约比南方各省高出30%，折纳比率为每石米0.8两白银，每石小麦0.6两，这一比率应该相当准确地反映出这些商品的市场价值[135]。根据这些估计，我们可以推测汾州府每一税亩的产量是小麦1石，平均收入为白银0.6两。这一收益水平可能大大低于汾河冲积盆地的汾阳县和平遥县，但是要略高于山区，这些山区运输费用较高，粮食价格低。

我们可以推测出当地的农田收入是每亩0.6两，通过这些比率，可以知道灵石县的税率最高，为全部产量的12%，孝义县最低，为5.5%。全府平均为8.3%。当时已经出现了通货膨胀（见第二章第四节），但粮食价格的上升要低于这一比率的上升。

从其他各种资料看税收水平

当时的一些文人不经意的观察和地方志中的概要记述有时可以用来评估16世纪的税收水平。不过，还从来没有人试图直接地将税额作为农田收入的一部分来进行估算。甚至有关每亩交纳全部税银的记载都很难发现。16世纪晚期的大部分时间里是一个税收重新调整的时代，情况多变，税收细目琐碎复杂，甚至一些地方官员也不清楚实际的税收水平。这类问题只有成为争议的中心时才会暴露出来。

我们从许多地区 100 年左右时间里的各种记载中选出了如下的 10 个典型事例。按照通常的研究方法是将这些调查的结果列表，但是因为这些资料很少而且零散，所以将他们编成统计表必定会妨碍进一步的研究，此非明智之举。当然，更系统地排列这些数据是可能的，但是这将会削弱和模糊一些背景情况，而这些背景对于理解问题至关重要。毫无疑问，明代后期的税收是更深刻理解中国传统社会的一个关键问题，但对这个问题的研究现在还很薄弱，而且这种薄弱还将会持续很长一段时间。因此在初期研究过程中应该尽可能地利用所有的相关调查资料，这是非常重要的。以下就此分别进行讨论。

（a）1543 年，湖广安化县，每亩民田基本税粮 0.02675 石，这一税额又按每石粮食 0.4432658 两白银进行折纳，足以包括所有的附加税费[136]。

这里既没有提到土地的好坏，也没有提到"亩"的类别。然而在 1623 年，当时的湖广巡按御史对该省所有各个等级的土地进行了估算，得出平均亩产量为谷 3 石的结论[137]。最近，一位日本学者估计明代后期湖广的平均亩产量为米 2 石[138]。安化县与稻米的主产区相距不远，16 世纪中期其亩产量应该能够达到米 1 石。该县所在的长沙府传统上是粮食价格比较低的地区[139]。如果粮食价格是每石 0.3 两白银，按照上面的税收原则，每亩实际交纳为 0.01184 两，这就意味着税收占到农田收入的 3.9%。在 16 世纪初，米的价格进一步下降到每石 0.2 两[140]，这一数字则为 5.9%。

（b）1569 年，南直隶溧阳县将田赋分成几类。每亩折银从 0.04 两到0.0065两之间不等。这包括所有的耗银和附加税，还有摊入田土中的役[141]。

溧阳位于长江三角洲的边缘地区，境内有许多湖泊和河流，有理由认为其平均亩产量可达1.5石米[142]。正常的粮食价格是每石0.5两，最高税率不到农田收入的5.4%，最低税率不到1%。这种不正常的低税率并不是由于土地瘠薄造成的，而是有历史的原因。税率的差异也不与这一地区的地力高下有密切关系。所有这些问题，县志中都作了详细的说明。低于1%的税率是迄今所见最低的税率。

（c）1570年左右，葛守礼写信给山东巡抚，提到为了推进一条鞭法改革，布政使司决定要将全省基本税粮额固定为条编银。这些税收分成三等，即0.9两、0.8两、0.6两，取代了税粮石[143]。

在山东，按照一般的习惯，要将三亩或更多的标准亩折成一税亩[144]，最低可产小麦1石。1税亩基本的税粮额是0.05石。1576年，按照县志的记载，汶上县小麦价格为每石0.52两白银，但刚刚收获后小麦每石值银0.37两[145]。

这样的价格就意味着该省官员所能期待的最高税额浮动于农作物产量的8.6%至12.2%之间，最低税额浮动于5.8%到8.1%之间。

（d）1573年左右，福建省漳州府，税田10亩，岁纳本色、折色及驿传等项，总计为1.2两白银[146]。

南靖县、平和县的地租率显示出税田的平均亩产量是米2石[147]。按照通行的石米0.5两的价格，合并的税额占到粮食收益的12%。税额过高的部分原因是由于同倭寇作战，增加了附加税。

(e) 1580 年左右,山东曹州制定了这样的税收规则:由曹州直接管理的地区,每 2.7 标准亩折成 1 税亩,征收条编银 0.042 两。在曹县,每 4.8 标准亩作 1 税亩,编银 0.071 两。在定陶县,3.6 标准亩相当 1 税亩,编银 0.052 两[148]。

假定以上各地有粮食价格一致,估算的亩产量相同,就可以估出这些地区的纳税人的税额分别占到了其收入的 9.1%、8.7%、8.5%。当小麦价格为每石 0.37 两白银时,这一比率将会修改到 12.6%、12%、11.7%。

(f) 1584 年,广东顺德县的田赋平均占到农业产值的 3.5%。当米价下降到每石 0.3 两白银时,这一计数字将变成 6.1%(见第三章每一节)。

(g) 1620 年,浙江开化县为了税收的目的,将 34.428 亩出产上等稻米的土地合并为一个单独的面积单位,基本税额确定为粮食 1 石。这一税额包括除去辽东供应以外其他各色税收,准银为 1.614673 两,税额很高[149]。

开化县主要是一个木材产区,其粮食产量与粮食价格无法确知。然而,可以猜测上田 1 亩,收益不会少于 0.8 两白银。因为有证据显示同省其他地理条件相似地区的土地收益能够高达每亩 1.5 两白银。该县税额简化为每亩 0.047 两白银,估计不会超过农田收入的 6%,还可能更低。

(h) 南直隶苏州府吴县税收较重,上文已经提及(见第四章第二节)。1643 年出版的《吴县志》中抱怨每亩 0.4 石左右的税粮过重,应该被取消。

这是 17 世纪中期的记载,但当时苏州府的情况与 16 世纪晚期没有很明显的不同。17 世纪苏州府摊入地亩的赋税增加不多,略高于原额,政府已经考虑到其重赋问题。

根据基本的估算,长江三角洲地区的税率要高于其他地区通行税率的五六倍。但是由于这一地区折收金花银和官布,一般民众实际上的税收负担降低很多。而且,这一地区役的征收并不像田赋正税那样重。在整个帝国,三角洲地区被认为是土质最肥沃的地区。它包括南直隶的四个府和浙江的两个府。其中只有沿海的松江府由于碱性土壤而土质较差,但当地的土地所有者们却可以从慷慨的税亩折算中得到补偿[150]。

上面《吴县志》中的记载似乎意味着税收要占到土地所有者税前收入的 40%,但实际上不超过农业产出的 20%。1584 年,上海县的账目显示出与此十分类似的情况。纳税田土平均每亩的税率约为本色粮 0.1 石,外加银 0.08 两[151]。全部税额接近产量的 15%。1621 年,南直隶巡抚指出其治下东南四府赋役独重,他在列举了税收册中各项赋税之后,记下了一组复杂的税率,包括本色和折色[152]。然而,这一比率明显不会超过农田产量的 20%。

当然,长江三角洲地区的税额虽然不会比其他地区高五六倍,但还是要高出二三倍。迄今为止还没有证据显示出长江三角洲以外任何地区的税收接近这一水平。

(i) 1643 年,户部尚书倪元璐上奏崇祯皇帝说整个帝国田赋征收比率各地有很大不同，从每亩 0.13 两到 0.2 两有零不等。他警告说这些数字必然隐藏有"私派沿征者矣"[153]。

　　倪元璐的记述也不完全清楚。最重要的问题是这些比率是否比较普遍。如果他们仅仅是一些孤立的事例，就没有理由为此感到担忧。在此七年以前，福建漳州府就已经按照每亩银 0.12 两的比率进行征收，同时长江三角洲地区的税收水平已经接近每亩银 0.2 两。从 1619 年（当为 1618 年。——译者注）起，帝国政府七次下令增加税收，额外加派达到了每亩 0.0268 两白银。此外，各项税收也增加 10%，税额总计超过了 1 两白银[154]。因此，一些地区的税率可能已经达到了倪元璐所提到的那种水平，而并不存在他所指的"私派"。

　　因此，很可能是倪元璐告诫皇帝，在这个变乱时期大多数地区的税率都增加到了这一水平，这反过来意味着 17 世纪之前，经过正式批准的税收征纳要略微低于每亩 0.1 至 0.17 两白银这个浮动范围（用倪元璐引用的税额减去新的加派额）。这与 16 世纪晚期大多数的记载与报告一致[155]。除了长江三角洲地区以外，还没有一个地区的赋税征纳达到每亩 0.17 两，甚至每亩税纳超过 0.1 两的也不多见。

　　(j) 1600 年左右，陕西平凉府的府志中对过去赋税的征收情况进行了回顾。作者提到一夫一妇耕田 200 亩，可获粮 300 石，以十之一纳官 30 石"至足矣"[156]。很明显，后来的征收比率超过了这一水平，但遗憾的是作者没有详细记载当时的税费比例。

　　地方政府新部门的增加，宗藩人口的膨胀，都导致各种役的负担的增加，并使纳税土地减少，这些因素成为税收增加的重要原因。值得注意的是,地方志的作者也认为税收折银导致了普通民众的贫困。为了纳银,纳税户不得不在很低价格时卖掉他们的粮食。此外,"火耗"的征收也使实际税率高于所看到的税率。

税收的全面估计

即使在现在,也很难确知总的税收水平。这需要花去很多年去积累足够多的新发现的原始材料,以更好地补充现有资料的不足。

另一方面,利用现有的记述也还能进行一定程度的全面观察。全部税额包括田赋正额、加耗、附加税以及一部分田出之役,还有并入地亩之中的无法征收项目。通常而言,直到16世纪之初,按照地方正常的粮食价格估算,税收不超过产量的10%。在许多地区,征收额是远远低于这一水平。尽管有些地区税赋较重,像长江三角洲地区,税额接近农业收入的20%。但是这种估算没有考虑到无偿应役、私派及火耗,也没有考虑到不同于大宗粮食的其他额外收入。

整个帝国赋税的平均水平似乎也不超过农业产量的10%,这一估计不会受到长江三角洲地区特例的影响。尽管名义上长江三角洲这四个府的全部田赋额约占整个帝国田赋总额的10%,但由于税收折色和役的合并使其大大降低了。

对于税收的货币价值只能作出一般的推测。1600年以前,基本税额为粮食2600万石(见表6),其中有80%的似乎已经折银。只有大约400万石粮食可以明确知道是按照每石粮食0.25两白银的比率折银交纳(金花银)。其他的折纳比率则有相当大的差异。然而,在南方,绝大多数的折纳比率浮动于每石 0.5 两至 0.7 两之间。在北方，公认的正常折纳范围在每石 0.8 两到 1 两白银之间。加耗、附加税以及其他收入的合并能够提高"石"的平均价值，但是金花银、官布折纳以及通行于湖广的每石粮食 0.3 两白银的低折纳比率，都将会降低这一平均值。如果无论本色和折色，推测每"石"的平均价值是 0.8 两白银，这样田赋正额总值将会略高于 2100 万两白银[157]。对于役，我们根据 7 个省 35 个县的差徭账目可以推算出平均每县征银 9724.26 两（这些县可见于表 2、3、4、7、8）。整个帝国的役银总额可能约为 1000 万两白银。即使它仅仅部分地摊入田赋，整个帝国来源于农业土地的总收入也将增加到 2500 万两，甚至接近于 3000 万两白银。

由于各地价格不一，加耗也不断调整，我们很难作出更准确的估计。不仅现存的资料不完整，而且其会计方法也无法确知。但有一个非常重要的因素必须充分考虑，那就是实际征收额很少会超过计划收入的 80%，有时还会更低。

第四节　税收收入的支出

分配的指导原则

因为大部分管理开支都源于役，因此来源于田赋正税的收入则仅用于以下各个方面：军事开支，宗藩禄廪，官员俸给，生员廪食等。明朝建立伊始，田赋正税就意味着食物这个观念就已经形成，其收益被期望由个人消费或分发给他们。有时税收收入也用来从事大规模的公共工程建设，但拨款基本上用于维持劳动者的生活。地方储备主要是为了应付灾荒及其他的食物需求。漕粮和南粮仅仅是大宗田赋在地理上的重新分配。田赋收入只有用于完成中央坐办上供物料时才可作为自由支配的现金。

至迟到1578年，南京的国子监还要从常州府得到3500石米，从宁国府得到100石小麦，从应天府得到100石绿豆。此外，还要从南直隶以外的湖广布政使司得到20000余斤干鱼。所有这些项目开支都要记入各地税额[158]。像这样的安排在很大程度上是基于过去的习惯，而没有经过仔细地计划。赋税折银消除一些物资供应过程中的复杂性，但还是不可能根本废除这个旧体制。首先，税收收入的分配不能重新调整，改折项目中没有几项被取消或者减少。还有更为麻烦的事情是由于财政单位、地区差价、加耗以及会计方法的多样化，使得账目十分复杂。户部要求属吏进行详细的记录，但总的情况不能送达政府的高层。尽管各部官员偶尔在其报告中提到全国性的统计数字，但在大多数事例中，这些数字是一般性估计，而不是一种确凿的统计数字。值得注意是，户部按地区组成各司，这一制度被清朝承袭下来[159]。

在16世纪晚期，户部也就勉强算得上是一个办事机构。其直接控制的资金很少，仅仅包括一些来源于田赋中的少量杂色收入。这些收入的绝大多数都用于北边军镇，对于这一问题，后文讨论帝国的财政管理时还将分析（见第七章第一节）。户部监管田赋，但却只能安于现状，很少能够进行革新。尽管"起运"与"存留"的分类还继续有效(见第一章第一节),但政府仅仅公布与前者有关的详细账目,却很少注意后者。"起运"成为政府的要务有很实际的考虑,因为这部分收入主要是用来供应南京、京师以及北边军镇。这些开支项目是由户部直接负责。至于存留的各项收入,在许多省份,其并不足以维持指定的开支(见下文)。而且,帝国政府又不断地向地方官员施压,要求完成"起运"。同时,也由于无法征收项目、税收拖欠及赋税蠲免等原因所造成税收缺额都要从存留收入中扣除。一旦资金出现不足,"存留"缺额却无从弥补。

税粮的分配多多少少还有一个长久标准,表9说明了这一情况[160]。

表9　1578年左右田赋的征收与支出估计（粮食石）

	征收		支出	
夏税	4600000	税粮存留		11700000
秋粮	22000000	起运边镇		3300000
		起运南京		1500000
		起运京师		9534000
		京库仓场	(4000000)	
		白粮	(214000)	
		官布和其他供给	(900000)	
		金花银	(4050000)	
		其他固定的折色	(370000)	
		杂色和未有说明的项目		566000
总计	26600000			26600000

尽管这个表格是根据1578年刊行的《大明会典》中的详细记载作

出的,这些数据与户部在1502年做出的概要记述几乎一致,也与韩文(户部尚书,1506—1508年在任)的记载相差不多[161]。因此可以看出,基本定额一旦确立,就从不进行修改。户部在必要的情况下当然可以调用一定的资金,但这种调整是暂时性的,不会成为定例。总之,16世纪做出的绝大多数调整是通过修改折纳比率和加耗而达到目标的,所以并不会影响到税粮定额。

为了更详细地讨论税收收入的分配很有必要考察一些地方的记载。

税收收入的分配:以临汾为例

我们选择山西临汾县1591年的记录来说明中国西北部的税收收入分配情形。即使在1591年,这个县还保留夏税、秋粮项目。就夏税而言,起运收入要解送到5个不同的接收部门,存留收入要解送到7个接收部门。对于秋粮,起运收入被解运到7个接收部门,存留收入解运到16个部门。然而,全县95%的田赋是征解白银,消除了由于财政单位的多样化而造成的最大技术性难题。下面的两个表格中,本色税粮已经按每石粮食1两白银的比率进行了折纳,这是该县通行的比率。地方志中清楚地记载了每一个接收机构的名称和地点,这样就能够确定解纳明细表中每一项支出的性质。地方志中也列出了根据粮食石所做出的原有的分配情况,这样可以对照全国性的记录及最初的解运原则进行比较。这些记录被概括到表10中[162]。同样的支出额,折成银两,分配比例则略有不同,如表11所示。

表10　1591年临汾县的田赋收入分配情况（以粮食为标准）

开支	石	%
起运：边镇军需	21044	37.1
存留：地方卫所军需	1102	1.9
存留：宗藩禄廪	27551	48.5
存留：生员廪食	1044	1.8
存留：俸给，转送到府，等等。	6060	10.7
总计	56801	100.0

表11　1591年临汾县的田赋收入分配情况（以白银为标准）

开支	石	%
起运：边镇军需	20013	36.2
存留：地方卫所军需	889	1.6
存留：宗藩禄廪	21678	39.2
存留：生员廪食	835	1.6
存留：俸给，转送到府，等等。	4646	8.3
杂色和未有说明的项目	7282	13.1
总计	55343	100.0

因为这只是一个初步的解运明细表，而不是实际的分类支出账目，所以不可能确知更详细的分配情况。即便这样，还是可以清楚地看出一定的特点。北方军镇无疑接受了最大份额的税收收入，留作管理费用只有很少的一部分。此中缘由可能是因为明代官吏的俸给低下，官府运作又以役为主。役银同田赋正税分离。在分配各项中，最让人意想不到的是宗藩禄廪成为最大项目。

然而，这类情况也并非不正常。虽然各个府的供应比例不一，但北方的许多地区,特别是河南和山西,宗藩禄廪成为地方存留之中最大的支出项目。也就在《临汾府志》出版的同一时期,邻省河南的开封府及其邻近的几个县同样面临着这种大量支出项目的问题。有人曾估计过,开封与旧属归德 43 州县夏秋粮约 800000 石,其中起运约 300000 石,存留约为 500000 石。而存留中要拿出 300000 石供给藩府。换句话说就是在这 43 个州县中,藩府支给所占比例接近存留的 60%,占全部田赋收入的 40%。与此相对照,官吏的薪俸和官学师生岁用总计不过 50000 石,约占收入的 6%[163]。

然而,有一点必须指出,这些支出预算有虚假的成分。在 16 世纪后期,没有地区是足额支付。尽管对于藩王的供应通常能够按时全额完成,但对一般宗室成员的供给却被削减、拖欠或者被政府官员挪用。早在 1502 年,在河南和山西,如果严格按照官定明细表全额供应藩王宗室,其数额将超过这两省的全部的存留收入[164]。事实上从 1498 年起,政府已经削减了这项支出[165]。但即使比例降低,这项供应还是要消耗掉大量的政府收入。同时,皇室成员的数量也不断地膨胀。在 1529 年,就报告说"玉牒"中 8203 人[166]。40 年后,这一数字达到 28492 人[167]。估计到明末,开国皇帝的直系男性后裔接近 100000 人[168]。

对于某一年实际供给宗藩禄廪总额还缺乏充分的估计。1562 年,一位御史指出按照规定,禄米总额要超过 800 万石[169]。即令地方官员将税粮全部输给宗藩,仍不足完额。而且还没有一个地方官员能够百分之百地完成税收[170]。所以,一般宗室的禄廪要由地方官员和驻在当地的藩王进行协商，这些藩王对当地的宗室成员有管辖权。在16世纪晚期，就不断有人上报说有些爵位低下的宗室拒绝将其子孙登记在玉牒中，因为他们中有的人已经沦为乞丐，有的人到处抢掠，甚至有的宗室成员同蒙古入侵者相勾结。他们中的一些人已经多年未有领到任何禄廪了[171]。

尽管记录在地方志中的宗室禄廪细目也有虚假的成分，但是由于他们而引起的管理问题都是十分实际的。他们截取了很大一部分税收收入，用尽了州县的收入余额，不利于更好地进行税收调整。藩王宗室无疑也是增加税收收入的一个障碍，采用鞭打纳税户甚至致死的方式榨取而来的收入最终只是为了满足非生产性的皇族成员的需求，正直的官员恐怕都不会这样去做。

税收收入的分配：以吴县为例

下面，我们利用南直隶苏州府吴县1575年的记载来说明南方各县的收入分配情况，这些地区不驻有藩王宗室。该县的税收收入是解运到40个不同的接收部门，财政单位是粮食石，其中也有一些解纳项目被折成银两。一些项目的价值由于折纳比率和加耗不一而受到影响，但是因为下面所列各个大项改折比率也高低不一，所以这种影响可能会相互抵消。表12[172]中对收入分配的说明应该是较为准确的。

表12　1575年吴县的田赋收入分配情况（以粮食为标准）

起运	石	存留	石
额解京师的漕粮和白银（包括金花银）	64238	南直隶军卫	47624
驻京藩王	1404	府仓	4544
京师各衙门	2594	苏州府儒学仓米	735
南京各衙门	523	本县儒学仓米	367
抚部院等衙门	1280	本县官吏俸粮并恤孤	1334
起运总额	122980	存留总额	54604
总额177584石			

吴县起运部分比例较高，占总额的73.8%，这在长江三角洲地区也是比较特殊的情况。但是存留收入的支出则在大多数南方县是比较典型的。存留收入的开支比例如下：

	石	%
军需	47624	87.2
府仓	4544	8.4
儒学仓米	1102	2.0
俸粮和地方恤孤	1334	2.4
存留总额	54604	100.0

从上面的存留分配比例可以看出在扣除军需开支之后，其他各项已所剩无几。尽管其他地区军需开支不会总是高达87.2%，但一般都不会低于50%。很显然，这种情况长期存在。15世纪晚期，浙江全部存留税粮为130万石，其中军队岁用约为840000石[173]。16世纪仍然如此，霍与瑕在其私人通信中就提到1561年在他任慈溪知县时，全县粮额37000石，其中转而供军者有30000石[174]。1572年，福建漳州府抱怨说解纳本府常平仓本色粮只有7000石，而仅仅镇海卫就用去9000

石[175]。1582年前后，翰林院学士赵用贤上疏皇帝，说倭难至今已几十年，而苏州府还要运送米55000石、银18000两给三个卫所以供军需。而留存各州县者不过正米10040石，6个州县"官吏、师生之给，皆取足于此矣"，他接着又说，"以故一遇凶歉，府县官束手无策"[176]。

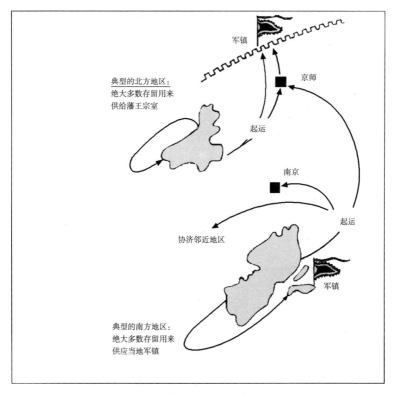

图 3　税收收入分配示意图

然而，供应军队的粮食和资金也未见得全额如数输送。早在1480

年,浙江的存留粮就已经不能足额供应本省军卫的需要[177]。当时抗倭战争已经开始,而南方各省的军卫已名存实亡(见第二章第三节),他们不可能消耗掉如地方志所列的那么多的供给与经费。众所周知,南方的税收拖欠要比北方更为严重,而不断发布的赋税蠲免命令必然会造成地方的预算赤字。北京又不断要求南方各省坐办物资,各省地方长官也会同各部官员进行讨价还价,但坐办无疑也要耗去存留收入。总而言之,军需拨款之缺额并不一定必然得到补偿。

从16世纪中期开始,兵饷(见第三章第四节)的征收目的就是想消弭差额。在理论上,各地方要定期地从田赋中支出部分额度解送给军事卫所,而当时兵饷是被解送到省级军事当局[178]。但是在一些地区,包括上文提到的吴县,这两种款项不久被合为一种[179]。

第五节 田赋制度的最后分析

税率过高了吗?

在16世纪,普遍的看法是税率过高。虽然当时各地情况不同,税率差异颇大,但当时的文人、奏请者和地方志的编者都有这样的看法。

当然,一个主要的困难是缺乏硬性的标准去衡量税收水平。税收水平的衡量在很大程度上要考虑整个的经济发展水平、管理目标以及所期望的服务程度,更不必说诸如保护私人土地所有者利益之类通行的社会价值观。当所有这些相关因素被仔细分析之后，我们就很难再同意当时人的看法。

事实上，一个主要依靠土地收入的庞大帝国，整个税收水平仅为农业产量10%，这看起来是很低的。王朝的建立者应该首先对这种情况的产生负有责任。洪武皇帝要求军队自给自足，乡村实行自治，这些措施不需要很高的税收水平。而且，他也通过大量印制宝钞的方法来应付各种开支。一些地方志的作者曾对明初土地税收水平低下进行过评论[180]。而各地税收定额一旦成为定制，就成为"铁板税"，从不进行根本调整。可是各种耗派和役的征收却是完全没有计划，容易暗中操作。中央政府不了解地方情况，而各省直官员却又缺乏权力。财政管理上整齐划一的要求一直延续下来。即便一条鞭法改革也没有消除累进税制，它只是承认了累进税制的原则不再延续。在这种情况下，已经没有实行高税收的可能性。当时的许多人对于税收的看法纯粹是将其作为一种生产收入的工具，而不是将其当成一个可以调节的装置。当税收不能进行调节时，各地的土地所有、土地租佃以及利息率等情况合在一起就会将税收限制在通行范围之内，税收的任何增长都会让最低层的纳税人感到不可忍受。因此税收水平总是被认为是很高的。

明代财政管理的另一个大的缺陷是皇帝的内库与公共资金混淆不清。1590年，户部尚书宋纁（1586年起在任）曾建议其继任者石星（在任到1591年）不要将地方羡余解送至首都，否则皇帝知道物力充羡，则又生奢侈之心[181]。在山西和河南，如上文所示，任何税收的增长最后都可能是流入藩王的府库。许多官僚坚信向民众加征的任何额外的税收不久都可能被皇帝挥霍浪费殆尽，因此他们对税收采取消极的态度。"藏富于民"这种儒家的原则走到一个极端，政府财政的任何增加都将被认为一定导致民困。1537年，工部尚书林庭㭿仅仅因为建言增加田赋而致仕[182]。很清楚，弹劾他的监察官员没有认识到税收不足与税收过重一样对民有害。

地方政府的运作费用：非正式的税收

低税收的一个直接结果就是所有的地方政府部门工作人员不足，他们收入低下，无法更好地完成各项工作。

一个非官方的统计估计在16世纪，明朝政府有官20400名和吏51000名[183]。但是因为后者同时供役于军，所以可以推测他们中只有30%受雇于府县衙门。这些人员分属于1138个县，意味着即使最大的县也不会超过30个有薪俸的位置，小县则更少。

这些有限的人手要负责所有的地方行政事务，包括税收、审判、治安、交通、教育、公共工程和社会赈济等，这些事情决非简单易办之事。应该知道，明代的官员们除了要履行许多礼仪性职能之外，而且在16世纪后期，他们文移之烦按现代标准来说也是相当沉重的。

我们已经注意到，还没有一个县能够留存300两以上的白银以供每年的薪俸。俸禄等级可以根据1578年的则例中查对得知[184]。一个知府，作为超过100万人口的民政长官，每年的俸禄是银62.05两，这还不够养活一个小的家庭。一个知县每年的俸禄是银27.49两，这要大大低于皇帝一天 36 两白银的配给。与此相对照，到 16 世纪末期，贫民工夫役钱是每日给银 0.03 两[185]，一些募兵每年得银 18 两[186]。

地方政府的运作费用是来源于役银。全国平均每县约有 3000 两，南方的县可达 7000 两，其中有几个县这项收入高达 30000 两。尽管这些资金能被认为足以应付县里的工作，但事实上并不是所有收来的钱都花费到县里。例如"驿传"的大部分是用来迎送来往官员的开支。苏同炳在对 72 个县的账目进行研究后认为平均每县这项支出接近 2000 两[187]，当然，比较贫困地区还常常得到其他地区的协济。"民壮"一般也不用于通常的民政管理。能够全部用于县内事务的役银是"里甲"和"均徭"，但即使这些役银也要部分上交给中央和省级政府。实际上，在支付县府佐贰的薪俸之后，平均每县也只能余银 100 到 200 两用于办公费用。南直隶祁门县被公认是一个极端的例子，公费银仅 27.74 两[188]。浙江衢州府甚至没有足够的资金维修知府衙署[189]。这些情况只会鼓励私派。到了 16 世纪晚期，许多非正式的税收方式在许多地区实际上已经制度化了。海瑞列出了浙江淳安县许多税收"常例"（见第四章第一节），1561 年，他宣布革去这些常例[190]（见附录 B）。地方官员对每一项经由其衙门的收入都附加征税。当商人进出本县时，甚至还向官盐加征一小部分过境税。知府、知县的佐贰以及衙门中吏胥的礼钱也都出自于此。此外，州县之里长要轮流供役于官，他们要支付额外的公费。按照当时通行的惯例，每一位里长出役之时，要向州县官交纳拜见银[191]。同样，吏书门皂也要为得到这一职位向佐贰交纳一定的银钱。倪元璐和顾炎武在 17 世纪初都曾记述当时在每一省中有好几千名吏胥依赖这种半官方的身份而生活[192]。至于火耗和税收代理人盘费的征收，上文已经论及。因此，所谓税收水平低只是一虚假表面上的现象。甚至当时的欧洲旅行者也注意到尽管中国人纳税较其他国家为低，但他们要承担许多"额外的、人身的徭役"[193]。

毫无疑问，绝大多数的财政负担以及各级官员和其仆从的需索都要加之于一般民众身上。增加正规税收会遭到异议，理由是中户、小户无力交纳。然而那些非正规的税收，管理多变，将巨大的负担完全加诸于那些中小土地所有者身上，他们无力逃避、抵制。这样使他们的纳税能力进一步受到削弱，陷入了一种恶性循环。

并不是所有的明代官僚没有意识到这种情况。一位兵备道的官员认为应该通过增加正常税收来弥补开支[194]。北直隶怀柔县知县谴责那些力主保持少量地方行政预算之人过于刻薄，"罔吾民不仁甚矣"[195]。1586年，监察御史张栋在给皇帝的上疏中表达出了同样的主张[196]。

"藏富于民"的谬误

因为税收不足，明政府很少能够造福于民。甚至连治水这种中国政府最应该表现出莫大关心的事情，16世纪的明朝政府也做得远远不够（见第七章第一节）。明代大规模的治水计划通常都是在大水灾过后开始进行。这些计划的主要目的是为了保证大运河的畅通，而不是为了改善水利灌溉。薛尚质就揭示出其故乡，位于长江三角洲地区的常熟县十年之间不能三稔。他认为只要稍微增加一些税收作为水利灌溉资金就可以解决这个问题[197]。他的这一建议与归有光的观点不谋而合。归有光致力于苏州府的水利灌溉事业,他很赞赏地引述了早期怀疑政府的"节制"政策是否明智的文人的观点,认为不通过增加税收收入来投资水利建设项目,非养民、富民之道,仅仅周济水灾饥民不过是"小惠"[198]。

政府也采取一种被动的态度来维持农产品价格,其结果导致了人为地增加了税收。唐宋时代的转运使(见第二章第一节)已经利用税收收入进行贸易,而明代的税收政策则让大部分的硬通货撤出流通领域,通货紧缩的后果极大地加重了小户的困苦。山东汶上县1576年就报告说收获之后,很快就到了税收期限,这时候的小麦价格从正常的每石0.52两白银降到每石0.37两白银,大麦则从每石0.4两降到每石0.25两。三个月后价格又回到了正常的水平。碰巧这个县有一部分差银能够留在库中好几个月。知县于是依次进行折色,先按照比市价高10%的价格征收税粮,这中间的好处给了纳税人。价格恢复正常之后,再支出同样的费用,用于支付给疏通运河役夫的工食,又没有向他们索要贷息。通过这种手段县里也剩银210两[199]。这并不是什么新的办法,事实上宋代就已经广泛地采用了。该事例说明只要管理者自己能够控制一些财政节余的话,这种方法是切实可行的。知县能够进行这种冒险是因为其差银总额达3400两,能够用来备用。由于定额税收制度和控制货币信用的失败,朝廷无力提供这种公共服务,因此其政策只能是有利于高利贷者和典当商人。

更为意味深长的是,低税收的惟一正面的影响是保证了土地所有者的收入,但这种好处并不能惠及直接的劳动者。刑科给事中年富在

15世纪就已经指出了这一点[200]，17世纪顾炎武也有同样的看法[201]。现代的学者，在讨论明末的"土地剥削"时，常常指向几个大地主，忽视了正是税收制度使得各个层次上的剥削成为可能。保存下来的土地租佃契约就证明了有些土地所有者仅拥有5亩或更少的土地，但其所征收的地租相当于农作物产量的50%—60%，而他们的经济和社会地位与其佃客并无很大不同。一些奴仆也能够投资于土地，逐渐成为小户[202]。上文所述后一群体包括了无数的小土地所有者。海瑞（在现代学者看来，他是农民利益的维护者）在他的信件中就透露出他自己拥有零散土地93丘，分散在很大的范围内，全部税额为1.28石。按照海南岛的一般税率可以估定其土地数量大约为40亩。这种土地占有形式，他自己也承认，非常难于进行税收管理[203]。

尽管16世纪的学者们总是对小土地所有者有着深深的同情，却很少有人关注他们的佃户。明代官僚的传记显示出他们中的许多人都是来自于小土地所有者家庭，在某种意义上，这些人的家庭体现着传统的儒家道德。毋庸置疑，他们常常能够利用传统的社会升迁渠道而改变身份，因为低水平的税收能够留给他们一定的农业收入剩余，他们精打细算，不断壮大实力[204]。当他们谈起税收时，其公正感常常受制于地主阶级的社会价值观，他们关心的不是现代意义上纯粹的经济公平。

尽管在中国，这些小土地所有者从来没有因为圈地法令而无家可归，沦为城市无产者，但他们为此换来的是沉重的经济负担。相对于少数大土地所有者而言，他们家庭中存在着大量的无用劳动，其经济丧失更多。小土地所有者的大量存在，使得田赋税率不能充分上调。财政管理的障碍不仅由于不能向大土地所有者征收累进税，同样也要考虑小土地所有者的利益。其实，资金的滥用不必考虑，在传统中国，税收收入严重不足，政府甚至不能正常运作，更不消说求得任何经济上的突破。

注 释

〔1〕 梁方仲《一条鞭法》页52—53。

〔2〕《天下郡国利病书》17/70。

〔3〕《汶上县志》8/61。

〔4〕《天下郡国利病书》6/16。

〔5〕《大明会典》27/35。

〔6〕《天下郡国利病书》7/21；《杭州府志》28/6；《上海县志》3/25—26；《穆宗实录》页0355。

〔7〕 "赋役全书"的准确纂修时间还不好确定。1628年，毕自严在其奏文中认为赋役全书的编纂已有四十年。见孙承泽《梦余录》35/24。因此可以推算1583年左右就已经开始编写"赋役全书"了。

〔8〕 浙江会稽县在16世纪60年代推行这种方法。见《会稽志》5/4—11。

〔9〕《徽州府志》8/20—21。

〔10〕关于这些钱粮文册，见《大明会典》20/13—14；《天下郡国利病书》6/64、66；海瑞《海瑞集》页72；《会稽志》7/12—13。

〔11〕《西园闻见录》33/14。

〔12〕《大明会典》20/14。

〔13〕《日知录集释》3/79—80；何良俊《四友斋》3/184。

〔14〕《皇明经世文编》397/7。

〔15〕《天下郡国利病书》16/34。

〔16〕同上，8/56。

〔17〕人们常常提到册勒于石之事，但详情还不确知。可参见：梁方仲《一条鞭法》页64；《开化县志》3/6。

〔18〕梁方仲《一条鞭法》页59。

〔19〕《会稽志》7/6—12；《淮安府志》(1573)4/13。

〔20〕《穆宗实录》页1039；《西园闻见录》32/19；叶梦珠《阅世篇》6/1。

〔21〕《穆宗实录》页1169，《皇明经世文编》278/10。

〔22〕归有光《全集》218。

〔23〕顾炎武《文集》1/15—16。

〔24〕焦竑《献征录》17/94。

〔25〕《西园闻见录》33/17。

〔26〕《天下郡国利病书》6/92、17/70。

〔27〕叶梦珠《阅世篇》6/1；龙文彬《明会要》下册页1018—1020。

〔28〕葛守礼《葛端肃公集》2/18。

〔29〕《天下郡国利病书》6/89。

〔30〕同上，7/10—11、18、34—37。

〔31〕《上海县志》4/4；《天下郡国利病书》6/75—76。

〔32〕《上海县志》4/4；《天下郡国利病书》6/87。也参见《皇明经世文编》438/20。

〔33〕《上海县志》4/5。

〔34〕这种说法是由梁方仲在《一条鞭法》中提出的。见该书 59 页。

〔35〕《皇明经世文编》438 / 20。

〔36〕《开化县志》3 / 35—38。

〔37〕《天下郡国利病书》6 / 89—90。

〔38〕同上，6 / 81。

〔39〕《上海县志》4 / 4—5；《天下郡国利病书》6 / 74、90。

〔40〕《上海县志》4 / 6。

〔41〕《天下郡国利病书》6 / 83、85。

〔42〕同上，7 / 23、34、36—37。

〔43〕同上，22 / 10—11。

〔44〕同上，15 / 152、169、178，16 / 34。

〔45〕《东昌府志》12 / 42—43。

〔46〕汪应蛟《奏疏》。

〔47〕《香河县志》4 / 19。

〔48〕《上海县志》4 / 6；《杭州府志》28 / 6；《香河县志》4 / 19；《皇明经世文编》397 / 8；《天下郡国利病书》6 / 76、91，7 / 34，9 / 49，16 / 47。

〔49〕《天下郡国利病书》6 / 75。

〔50〕同上，6 / 76。

〔51〕《皇明经世文编》503 / 1—8。

〔52〕《天下郡国利病书》6 / 75。

〔53〕同上，7 / 11。

〔54〕同上，6 / 76—77。

〔55〕《神宗实录》页 1211；《皇明经世文编》325 / 8。

[56] 顾炎武《文集》1／15—16。

[57] 《皇明经世文编》397／19；《汶上县志》8／61；《天下郡国利病书》18／22、22／31。

[58] 叶梦珠《阅世篇》6／4。

[59] 顾炎武《文集》1／15。

[60] 归有光《全集》217。

[61] 海瑞《海瑞集》49、179—180。

[62] 《西园闻见录》32／26。

[63] 《天下郡国利病书》6／89；《开化县志》3／32。

[64] 海瑞《海瑞集》48页以后。也参见 T'ung-tsu Ch'ü（瞿同祖），Local Government，p.26.

[65] 《开化县志》3／30—37。

[66] 顾炎武《文集》1／16。

[67] 《会稽志》7／10。

[68] 《吴县志》9／29。

[69] 《大明会典》38／7。（当为28／7。——译者注）

[70] 《开化县志》3／31。

[71] 《西园闻见录》32／18；《天下郡国利病书》6／79、82。

[72] 《明史》330／3367；《神宗实录》页1495。

[73] 《天下郡国利病书》6／20。

[74] 同上，15／183。

[75] 汪应蛟《奏疏》9／6。

[76] 《天下郡国利病书》6／82。

〔77〕同上，6/21；《常州府志》5/18。

〔78〕张学颜《万历会计录》4/100；《天下郡国利病书》25/41，26/122。

〔79〕1519年，一位詹事府主簿在常熟县拥有52亩土地，他的名字被知县记录在地方志中，同时知县将他自己的名字签于其后。大约在1584年，嘉兴知县在地方志中记载了这样一个人，他在两县交界地带拥有1000亩土地，却对两县都不纳税。在这部地方志中，知县还附加记述了他成功地使另外一些缙绅地主为他们的3340亩地产纳税。见《常熟县志》2/42；《天下郡国利病书》12/30。（《天下郡国利病书》原编第12册30页无此内容。应该载于原编第22册30页，嘉兴县也当为嘉善县。——译者注）

〔80〕张学颜《万历会计录》9/62。

〔81〕对元代的税收评估可见于《徽州府志》7/18。

〔82〕张学颜《万历会计录》14/17。

〔83〕《临汾县志》4/2。

〔84〕例如，在1586年，南直隶巡抚下令上海县折纳税粮40000余石。见《上海县志》3/20。

〔85〕1579年，杭州府允许纳税户进行选择。见《杭州府志》29/21、36、56。

〔86〕《皇明经世文编》327/12；张居正《书牍》3/5、3/21。

〔87〕《天下郡国利病书》7/17。

〔88〕同上，6/79。

〔89〕当时的知县是王思任，1610—1611年在任。他的清丈行动记录被编纂成一本书。顾炎武曾引述了该书序言，见《天下郡国利病书》6/97—99；《松江府志》38/15。

〔90〕《明史》251/2846。时人认为钱士升诚实公正。

〔91〕叶梦珠《阅世编》6/1—8。

〔92〕《清圣祖实录》3/3。

〔93〕大量中等地主的存在有其原因。按照潘光旦的研究,在浙江嘉兴府有91个望族,每一族有户数以百计。在明代后期和清代前期,他们的声望一直保持200余年。见潘光旦《明清两代嘉兴的望族》。税户的数量见于《南畿志》3/2。

〔94〕叶梦珠《阅世篇》1/18。

〔95〕海瑞《海瑞集》431—432。

〔96〕《天下郡国利病书》6/97—99。

〔97〕《西园闻见录》33/13。

〔98〕《天下郡国利病书》6/14、15、24—26、35、61。

〔99〕唐顺之《文集》9/24。也参见《皇明经世文编》261/8—9,彭信威《货币史》页457—461。

〔100〕《皇明经世文编》397/9。

〔101〕《西园闻见录》32/22。

〔102〕葛守礼《葛端肃公集》13/19、14/15。

〔103〕叶梦珠《阅世篇》1/18—19。

〔104〕顾炎武《日知录集释》4/56。

〔105〕《吴县志》9/14。

〔106〕《常熟县志》4/13。也可参见第一章注81、82。

〔107〕《天下郡国利病书》26/85、88—89;傅衣凌《农村社会》页25、45—46、51—59。也参看清水泰次《福建の农家经济》。

〔108〕《天下郡国利病书》22/88—89。(当为16/88—89。——译者注)

〔109〕同上,26/89。

〔110〕这些文书的时间分别是 1808 年、1812 年、1863 年、1891 年,见傅衣凌《农村社会》页 53—59。

〔111〕《明史》78/825;《世宗实录》页 2803—2806;《皇明经世文编》366 / 20、397 / 1;《天下郡国利病书》17 / 111。

〔112〕《神宗实录》页 10862—10865;程开祜《筹辽硕画》11 / 13—17、15 / 41。

〔113〕尽管皇帝的命令中没有清楚指明情况,但很明显,这些调整是有一定理由的。我们注意到 1581 年的土地清丈,湖广布政使司上报土地为 8300 万亩。可见于《神宗实录》页 2412,也参见附录 D。根据一些未整理过的数据我们可以估计淮安府 1573 年的税田为 9705830 亩,见《淮安府志》(1573 年) 4 / 7—8。

〔114〕《明史》78 / 823。

〔115〕《邓川州志》7 / 15。(正文中为"邓川州",原注为"邓州志〔Teng-chou Chih〕"有误。又云南有"邓川州",而无"邓州"。——译者注)

〔116〕《大明会典》17 / 5、10。

〔117〕《崇祯存实疏抄》5 / 1。

〔118〕沈榜《宛署杂记》页 125、135 记载了这类事例。

〔119〕对于详细的情况可见陈仁锡《皇明世法录》34 / 35—37。

〔120〕《天下郡国利病书》13 / 45—46、74—75;《世宗实录》页 3893。

〔121〕张学颜《万历会计录》4 / 98—99。

〔122〕这个表格的数据来源于《杭州府志》29 / 1—31 / 70。

〔123〕Ping-ti Ho(何炳棣),*Studies on the Population*,pp. 108—109.

〔124〕《天下郡国利病书》22 / 118。

〔125〕傅衣凌《农村社会》页 288。(该书无 288 页。——译者注)

〔126〕倪会鼎《年谱》3 / 13。

〔127〕转引傅衣凌《农村社会》页37。(当为傅衣凌《市民经济》37。——译者注)

〔128〕《杭州府志》29/31、36、56。

〔129〕这些数据来源于《汾州府志》5/3—46。

〔130〕《汾州府志》5/4。

〔131〕《明史》41/453;《汾州府志》6/1。

〔132〕同上,5/40—41。

〔133〕同上,5/35—36。

〔134〕同上,5/32。

〔135〕徐贞明《潞水客谈》页12;《万历会计录》7/79。这一估计的价格低于全汉升在《北边米粮价格》页61—62中所引资料,他所引述的资料反映了北边不寻常情况下的粮食价格。

〔136〕《安化县志》2/8—9。

〔137〕《熹宗实录》页1558。

〔138〕安部省三《扬子江中流域》页66。

〔139〕《古今图书集成·食货典》152/5/2。

〔140〕安部省三《扬子江流域》页85。

〔141〕《天下郡国利病书》8/73—74。

〔142〕对于其灌溉体系可参见归有光《三吴水利录》3/39。比较起来,位于长江北岸的凤阳府田稍瘠薄,但其报告的产量达每亩1石米。见《天下郡国利病书》9/13、24。

〔143〕葛守礼《葛端肃公集》15/18。

〔144〕Ping-ti Ho(何炳棣), *Studies on the Population*, pp.105—107.

〔145〕《汶上县志》8/61—62。

〔146〕《天下郡国利病书》26/88—89。

〔147〕《漳州府志》5/53。这一产量已经依据当地的办法进行了折算。

〔148〕《天下郡国利病书》15/175。

〔149〕《开化县志》3/12。

〔150〕Ping-ti Ho, *Studies on the Population*, pp.109—111.

〔151〕田土总数为1495070亩。全部税额为米155537石,外加银121447两。见《上海县志》3/19—21。

〔152〕比率如下:上等之田每亩该纳本色米0.182石,仍纳折色银0.1275两。中等之田每亩本色米0.136石,仍折色银0.410两。下等田每亩本色米0.0637石,仍折色银0.07两。见《天下郡国利病书》6/47。

〔153〕倪元璐《全集》"奏疏"8/6—7。

〔154〕对于战时加派,见笔者的论文《财政管理》页118。

〔155〕巡抚王象恒在1621年提到江南以外的其他地区的田赋多者每亩为0.09两,少者0.04两,最低只有0.02、0.03两。见《天下郡国利病书》6/47。

〔156〕同上,18/81—82。

〔157〕下面的一段事例提供了对比的依据:在1534年,皇帝诏免本年田赋一半,户部说明将花费国库6819000两白银。此外再没有其他说明,但可以推测其中要么是不包括金花银、漕粮以及其他实物税收,要么是不包括其他存留收入。考虑到这些情况,就可以推测全部田赋额可能接近2000万两。对于1534年的命令可见《世宗实录》页3712。

〔158〕《大明会典》42/37、38、43、46。

〔159〕这种管理模式的主要特点一直保持到19世纪而没有变化。见Sun, 'The board of Revenue', pp.175—228.

〔160〕这是概要分析了《大明会典》卷 25、26、27、28 中所给出的资料之后而得出的数字。

〔161〕对于 1502 年的简明统计,可见《孝宗实录》页 3548—3555。同样的简明统计见《西园闻见录》34／1 和 32／24。

〔162〕这一表格根据《临汾县志》4／2—5 中未经整理过的数据概编而成。

〔163〕《天下郡国利病书》13／76。

〔164〕《孝宗实录》页 3552。

〔165〕《世宗实录》页 5169。

〔166〕郑晓《今言类编》1／36。

〔167〕《穆宗实录》页 0843、1424。

〔168〕Hucker, 'Governmental Organization', p.9;吴晗《朱元璋传》页 216。

〔169〕《世宗实录》8448—8449;《明史》82／864。

〔170〕《穆宗实录》页 1039。

〔171〕《世宗实录》页 5753—5754、5902—5906、8191—8192,《穆宗实录》页 0570、0843、0857。

〔172〕表格中的内容来自于《吴县志》中没有整理编辑过的数据资料。

〔173〕《宪宗实录》页 3596。

〔174〕《皇明经世文编》369／9。

〔175〕《漳州府志》5／18。

〔176〕《皇明经世文编》397／16—17。

〔177〕《宪宗实录》页 3596。

〔178〕见:何良俊《四友斋》3／196—197;《金华府志》8／13。

〔179〕这种复合性的预算被称为"练兵米"(troop-training rice)或"练兵银"(troop-training funds），见：《上海县志》3／21；《吴县志》7／17。

〔180〕参见：《姑苏志》15／1；《金华府志》8／40；《徽州府志》7／1、7／4。

〔181〕《明史》224／2585。

〔182〕《世宗实录》页4208、4215。

〔183〕王鏊《震泽长语》1／23；《西园闻见录》34／2。

〔184〕《大明会典》39／1—7；孙承泽《春明梦余录》27／5。

〔185〕薛尚质《常熟水论》10；《皇明经世文编》375／11。

〔186〕《明史》222／2559；《神宗实录》页1986、3317、5491、6543、11266。

〔187〕苏同柄《驿传制度》页439。

〔188〕《徽州府志》8／23。

〔189〕《开化县志》3／31—32。

〔190〕海瑞《海瑞集》页48—49。

〔191〕《西园闻见录》32／9。

〔192〕倪元璐《全集》"奏疏"9／5；《日知录集释》3／80。

〔193〕Lach, *Asia in the Making of Europe*, I, p.769.

〔194〕《开化县志》3／33。

〔195〕《怀柔县志》2／10。

〔196〕《皇明经世文编》438／3—4。

〔197〕薛尚质《常熟水论》3—4、10—11。

〔198〕归有光《三吴水利录》1／5、7。

〔199〕《汶上县志》8／61—62。

〔200〕《英宗实录》0110。

〔201〕《日知录集释》4／56。

〔202〕傅衣凌《农村社会》页11—13、22、24、33；谢国桢《党社运动考》页268—269。

〔203〕海瑞《海瑞集》页418、457。

〔204〕Ping-ti Ho，在 *Ladders of Success* 一文中举出了许多社会地位流动变迁的例子。傅衣凌也认为一般的大土地所有者的土地经过几代即告分散。见《农村社会》页85。小土地所有者阶层可能在这一过程中扮演着重要的角色，他们代表着地位上升的最初阶段和地位下降的最后阶段。

第五章　盐的专卖

盐的专卖管理也许最能表现出明朝政府在商业管理方面的无能。16世纪的大部分时间和17世纪早期，专卖制度规模没有扩大，计划性收入停滞在一个固定的水平。1535年制定的价格此后基本未变。盐务官员从来不知道其财税收入有多少来自于盐课，有多少来自于余盐银。

专卖制度最主要的弊病在于其用管理简单农耕社会的方法和原则施用于宏大的商业性经营管理。由于管理者的无能，专卖制度被分成无数个子系统，其结果就是为了管理的目的，把单一产品划分为七八个不同的类别。16世纪食盐专卖的管理周期，在某些方面与现代商业周期非常相似。

然而无能并不能完全归因于无知。在16世纪，甚至15世纪晚期，好几位明朝的政治家就已经指出专卖制度的不足，并建议了可行的补救办法。但是这些建议被完全忽视了，因为盐的管理仅仅是一成不变的财政制度的一个组成部分，这一财政制度也就是梁方仲所称作的"洪武型"[1]模式。有限的能力和缺乏适应性使得任何彻底的改革在实践中成为不可能。

第一节 盐的专卖机构

国家层面的组织

盐的专卖没有总的主管官员，由户部尚书监管，但从来没有建立起专门的中央机构来管理这项工作。仅仅在1575年，户部尚书王国光要求各地盐务部门要将所有账目提交给山东清吏司，在此之前各地盐务账目还归属本地对应的户部各司[2]。这种程序的改变，仅仅影响到账册管理。虽然山东清吏司从那时开始管理了所有的文书工作，但其领导者并没有成为一个盐务管理者，仍由户部尚书对盐务负全部的责任。而最终都要取决于皇帝的裁夺。

在各地的管理机构包括六个都转运盐使司和八个盐课提举司（见表13）。每个都转运盐使司都控制着一个主要的产区，每个盐课提举司则控制着一个略小的区域。这些管理机构通常并不跨越省界进行管理，惟一的例外是两浙都转运盐使司，其管辖范围包括浙江和南直隶一部分地区。广东则有两个盐课提举司，云南有四个盐课提举司[3]。

盐务缺乏综合管理，这可以部分地由生产技术的多样化以及食盐质量、地区价格、运输条件的不同来加以解释。例如，广东的盐课提举司一个在大陆，而另一个则在海南岛，两者之间的距离使得他们之间的协调变得十分困难。在两淮的北部区域，食盐的生产是通过晒盐法获得的，投入资金较少，生产的食盐价廉质次。在两淮的南部区域,食盐是通过煎海法获得,这种方法能够生产大量的优质盐,但成本较高。在山东的一些地方,盐卤首先要通过洗刷盐饱和的土壤获得,然后必须运到二十英里以外的内地去煎煮,因为在海岸附近没有燃料,整个过程非常的不经济。在山西的河东地区,从一个20英里长、2.5英里宽的湖中直接捞盐。因为这里的湖水盐饱和,在夏季几个月里可以自然地结晶,工人们直接捞采即可[4]。在四川和云南,通过盐井获取食盐。建造新的盐井需要巨额投入并要冒很大的财政风险[5]。食盐作为大宗商品,其价格很大程度上取决于运输成本。那些与人口集中地区有水道连接的产地,就较其他地区有很大的优势。对于明王朝来说,以一个固定的价格结构去适用于整个帝国,并相应地协调食盐生产,这是很难办到的。因此,明朝也是仿效前朝的做法,每个产区都有其行盐疆界,通常都是与省界相一致[6]。犯界行盐则要治以重罪。这样,食盐专卖不可避免地被分成几个区域,缺乏竞争。

理论上所有的盐务机构都隶属于布政使司。在《大明会典》中,他们被列在布政使司之下[7]。然而,实际上从盐场获取利益的机构通常都会对盐场进行管理。在16世纪,中央政府曾经考虑过直接控制两淮、两浙、山东和长芦都转运盐使司。河东盐运司则在中央、省两级政府共同管理之下。中央政府对其他盐区的控制则是有名无实的。广东盐课提举司明显地隶属于当地的知府[8],陕西的灵州盐课司实际上是由军队将领管理[9]。

中央政府通过发布盐务管理法规实施对盐业的控制,它可以向所有的盐务机构发出普遍适用的法令,也可以向某个机构发出特别的指令。同时,中央政府也直接任免盐政机构的官员,或者定期地派遣巡盐御史巡视各个产盐地区[10]。两淮地区为国家财源之重地,因而始终处于最严密的审核之下。巡盐御史的"驻节地"——扬州就位于该区域的中心。虽然巡盐御史任期一年,但是如果没有新任命他很少离任[11]。对于两浙、河东、长芦盐运司也任命专门的御史巡视,但非定例。在其他产盐地区,多由茶马、清军或巡海御史代行监督职能。

某个官员被任命去管理几个都转运盐使司则是例外情况。1560年,副都御史鄢懋卿被任命总理除福建以外的所有都转运盐使司事务;1568年,庞尚鹏总理两淮、长芦和山东盐政[12]。对于他们的职能将在后文论述,但是应当注意到他们只是在短期内任职。他们离开之后,这一官署就会被撤消。

尽管这些御史的任命有临时性质,但他们仍然在食盐专卖中扮演着重要的角色,因为正是他们提出了规范的管理办法。遇到重大问题,他们向皇帝提供建议;小的问题,他们在自己的监督权限内直接向盐政机构发号施令。其他控制食盐的立法经常由北京的监察官员提议。相比较而言,盐政执行机构的工作人员则没有什么重要性,他们仅仅例行公事,不会有太大的革新。明朝的官员认为他们缺乏影响和声望,这是盐务管理的根本弱点之一。此外,巡盐御史职务任期过短,他们中又很少有人熟悉具体的盐务管理[13],这也是一个问题。

都转运盐使司

一个都转运盐使司有三个或四个分司,每个分司都控制一定数量的盐场，通常不超过 12 个，但一般也不少于 5 个。在海岸，盐场占有一块狭长的带形领域，通常不宽于 10 英里[14]。在两淮地区，他们以运河和河流与普通百姓聚居地分开，形成一个单独地区。都转运盐使司的分司在其地域内维持法律和秩序，保持水道畅通，兴修水利，分配救济物资给困乏的灶户。换言之，分司实际上扮演了某种形式的地方政府的角色。最底层的分支机构，即盐场盐课司，从灶户那里征收食盐并在发运前存储。都转运盐使司还管理着一些批验所，它们位于产区的水路要冲地带。然而，山东都转运盐使司，仅有一个批验所[15]。所有从产区运出的盐都必须在其中一个批验所卸下并接受官方的称量和检查。

按照明朝的标准，都转运盐使司算是人员充足的部门。但相对于其高度分散的组织而言，行政管理人员仍然不足。两淮盐运司是最大的区域性办公机构，僚属场官约为 60 人，吏书皂快诸役超过 100 人。分布在 3 个分司、30 个盐场和 2 个批验所，结果每个地方只有 1 名官员[16]。山东盐运司在其分司官署中没有书办，文书职责转由吏典[17]。

专卖工作要依靠于对生产者的控制。灶户一旦被登记注册，就永久地保留灶籍，原则上不允许改变他们的职业和籍贯。在每个灶户中，身强力壮的男子被定为一个灶丁，在王朝早期，要求每个灶丁每年上缴 3200 斤盐，政府每 400 斤盐给付工本米 1 石[18]。灶户被免除日常的徭役，允许他们从特别保留的"草荡地"割取燃料。这样是希望灶丁将会相应地增加。但这种预想在实际中并没有发生。在大多数地方，最初灶丁保持在规定的水平，后来则减少了。都转运盐使司或者盐课提举司的生产被定额所束缚。甚至到16世纪时，一个典型的都转运盐使司的内部机构仍然与早期没有什么太大的变化。

灶户每五年登记一次。同时重新审定灶丁的数量。大约100或200个灶户组成一个团灶，管理者从这些灶户中任命几名总催轮年服役。他们更像是乡村税收催办人员（参见第四章第一节）。事实上团灶与通常的里甲制度有着明显的相似性[19]。有时候帝国的法令宣布灶丁的空额由那些从监狱里释放出来的囚徒填充。有人则建议佥补附近民户为灶户[20]。但是却没有证据表明劳动力的构成曾在某种程度上受到这些办法的影响。

分配办法

尽管盐政机构有转运的权利，但它们并不从事食盐运销。食盐或是卖给某个批发商，或者是由盐商输粮北边中盐。无论如何，商人必须去盐场取得食盐。这种交易体系，即所谓的开中法，它起源于宋代。户部授权边镇军官接收商人的粮草，然后开出仓钞，就是一种"勘合"，商人出示它给盐运司核验，以换取食盐。但是这种仓钞并不能直接兑换成现金，食盐也必须有盐引才能发卖。盐运司必须等收到边镇的仓钞和大多数商人已经在此之前受到核查无误时，才可以准备盐引[21]。

引，也是一种重量的单位。换言之，盐一引授权运送者可以运输一引的盐。引的标准是400斤，但是在洪武统治时期，规定的一引少于200斤。以后每引的重量因地因时各有差异。因而这也是一个可以伸缩的财政单位。16 世纪的大部分时间里，在两淮地区，每引规定为 550 斤，在 1616 年则减少到 430 斤。在两浙地区，每引波动于 350 斤到 300 斤之间。只有在河东运司管辖区域内，每引一直保持在 200 斤[22]。官盐必须有引，否则就被视为走私。

都转运盐使司没有权利印刷自己的盐引。所有印刷盐引的金属引版都被南京户部职掌。每个盐运司必须委官去南京出示底簿和仓钞，以便于印刷准确的引数[23]。不允许储备盐引以备将来使用。大多数运司每年发放一次盐引。但两淮运司却是例外，这是因为两淮是最大的食盐产地，盐引的印刷更加经常。从 1568 年开始，有好几次提议提前印刷盐引[24]。这种方法似乎在 1594 年对两浙地区产生了影响[25]。即使如此，两淮地区 1616 年的记录显示出盐引仍然是在仓钞到达时才行刷印[26]。

一旦从南京户部得到盐引，运司就把持有者的名字填在空白处，商人凭此下场支盐。所有的盐场被分成三类，即上、中、下三等。下等盐场生产的优质盐较少。离批验所更远些，这样就包括额外的运输费用[27]。据说山东运司的一个盐场离惟一的批验所有 600 英里远，这对盐商而言有相当大的困难[28]。原则上，盐商不会得到全是上等或全是下等盐场的食盐[29]。

盐课司按盐引支盐，撕下盐引的一角。然后商人运输食盐到批验所向运司报告。他已经完成支盐。于是运司撕去盐引的第二角。这时食盐被暂扣，在官方检查之前，商人必须等到运送到批验所的全部食盐达到规定的数量批验。16 世纪在两淮地区规定积到 85000 引为一单,也就是4575万斤,接近31200吨(short tons)[30]。当达到这一水平时,运司要求巡盐御史批准核查和称量。称重是必要的,因为在16世纪盐引持有者可以多次使用盐引直接从灶户那里购买大量食盐(参见第五章第三节)。核查人员通常是当地通判和主簿,由巡盐御史委任。当每包盐被称量且付清额外税费后,盐引的第三角被撕掉,这时商人能够把食盐装船运输到指定码头。这些码头由盐运司决定而非商人。全部分配依照一个总的计划,按照各府的人口精确地规定应该行盐引数[31]。当食盐运抵指定码头,商人要向地方官员报告。在完成出售时,已经被撕去三个角的盐引,要送到最近的府州县衙门,由官员撕掉最后一角,上缴给户部与最初的期号相符[32]。即使是在理想的条件下,一个商人要完成这一交易也需要大约两年的时间,记录显示这有可能花费五六年,或是更长的时间。

第二节　政府的管理与控制

灶　户

在一个具有一定流动性为特征的社会中,保持灶户世代为盐的生产者是件非常困难的事情。政府在付给灶户工本米时欺骗他们,使得这一问题更加严重。在采用宝钞流通的14世纪,工本变成了政府的宝钞。当宝钞贬值时,这种工本钞会变得一文不值。到15世纪,政府不再能够为盐业生产提供资金,而是允许盐业生产者直接把自己生产的余盐卖给引商。同时，灶户被鼓励去开垦公共的土地，可以减免税收。但到那时，许多灶户已经离开了海边，而其他人已把官拨草荡地改为稻田。与对军户的态度相反，明朝政府从来没有试图强迫这些生活在盐场外的灶户返回他们的家园，或者强迫他们重新从事他们已经依法登记的行业。

盐业生产者的移民现象在两浙运司表现得非常明显，那里肥沃的土地吸引他们去努力开垦。政府接受了这种现实，继续登记这些人户为食盐生产者，但是要求每一灶丁上缴 6 石米谷代替原来的 3200 斤食盐。这些粮食被用来资助那些仍留在海岸的灶户，再由他们来弥补盐场定额。然而，这种措施后来没有执行下去。留下的灶户都要自给自足，甚至在 15 世纪早期就已经不再普遍发放工本米了，后来逐渐取消。粮食征收事实上变成了一种人头税，向草荡地征收的田赋这时已经指定为"荡价"（参见第三章第四节），二者的收入都归入都转运使司的盐课收入。一旦这种趋势被确定下来就永远都不会改变[33]。在 16 世纪，就像将被描述的那样，两浙地区仅有一小部分收入实际上是来自于官盐出售。

另一个变化是灶丁的减少，这发生在除两浙以外的所有产盐区。1529 年，两淮运司在册的灶丁有 23100 名，与 14 世纪的 36000 名灶丁形成了鲜明对比[34]。山东运司在 1581 年上报大约有灶丁 20000 名，而在王朝早期则有 45220 名灶丁。灶丁的减少不能用来说明实际劳动力的缩减[35]。有明一代，在盐业生产中不存在人力缺乏现象。上报灶丁数量不断减少，仅仅意味着国家控制的食盐不断流失。如果当时的人记载的生产能力不断稳定地发展确实可信的话,从事生产的劳动者实际上也是有很大的增长。好几位明朝官员猜测在16世纪晚期和17世纪早期,两淮地区食盐产量是洪武时期的三至四倍[36]。

这些在16世纪仍然还保留下来的灶户,不仅人数较少而且通常都很贫困。当时的资料记述他们为维持基本的生活而劳碌。但是,其中有少数人变得十分富裕,被称为"豪灶"[37]。他们雇佣帮工并诱使其他在籍灶户为他们工作。自从余盐被允许出售之后,这些生产者通过有效地管理,进行各种合法与非法的交易。把盐业生产变成有利可图的行业,同政府争利。在16世纪晚期,一个灶户登记有30名或者更多的灶丁是很常见的事情,很可能还有更多灶丁根本就没有登记。

我们可以从山东都转运盐使司的定期灶丁编审中看到盐业生产人口的变化过程。在明朝前期登记的45220个灶丁来自13570个灶户,平均每户超过3个灶丁。1581年登记有20000个灶丁、2700个灶户,平均每户灶丁超过7个[38]。从明王朝建立到1486年,所有在山东登记的灶户只有一个人通过了乡试。而从那时到明朝灭亡,17个来自这样家庭背景的人实现了这种跨越。从1496年始,虽然灶户的数目更加减少,但是其中有12个人成功地在会试中考中进士;其中一个人就是高弘图(时间是1645年),他曾担任户部尚书和南明时的东阁大学士[39]。很清楚,并非所有登记的灶户都终身是体力劳动者。

因此,有证据表明一些"新贵"从灶户群体中升起。社会流动性,虽然本质上是好的,但是对于盐务管理而言却是一个严重的问题,因为专卖制度是完全依靠对劳动者的直接强制剥削。灶户中出现了新的势力集团，有截取政府潜在收入的趋向。同时他们也对那些独立的生产者构成了极大的竞争，因为他们为了生存而不得不出售余盐。政府从灶丁那里征收食盐，不得不依照那些独立生产者的生产能力固定统一的税率，但这些独立的生产者却处于困顿之中。部分折成白银的盐课在16世纪不断减少。

虽然各个产区的税率并不相同，甚至各个盐场的税率也不同，但是各处却从未接近明初的3200斤*。1581年，隶属于两浙运司的上海盐场，每个灶丁课税银1.6两[40]。在山东的多数盐场则是灶课银0.6两。包括长芦和山东的盐场，灶户实际上用棉布和豌豆来纳课[41]。然而，在官方的记录中，盐课被重新记述为盐引数目，这样它们可以被合并在总的账目中。在向已经变成土地所有者的原来的灶户征收税粮时也有同样的做法。在两浙运司的仁和县，每丁灶课从最初的6石米**减少到1.44两白银，最终固定在0.333两[42]。这样名义上灶户的田赋优免远远超过了灶课。这引起了许多地方志编纂者的不满，其中一些人宣称名义上的灶户从荡地收取的田租对他们自己而言可以足够弥补盐课。这也就是两浙地区灶丁不同寻常地增加的原因，两浙灶丁由洪武时期的74446名增加到16世纪晚期的165574名，比其他各司灶丁总和还多[43]。很大一部分灶丁并非去生产食盐，他们发现多丁的好处在

---

* 16世纪晚期，在两淮盐运司南部地区，灶丁直接出售给引商的食盐，每3200斤价值5或6两白银。

** 16世纪晚期的浙江，每6石米一般价值3.6两白银。

于缴纳人头税而有很多田赋优免[44]。

我们无法确知盐场中实际生产的每一个灶丁交纳的食盐数量,通过1567年的一份文件可以看出,两淮运司的灶丁进行分等,其课额在600斤到4600斤之间变化[45]。还有更多证据说明实际上的征收远远低于以上期望的标准。

由于商业利益,商人对盐业生产者的接管在后期才发展起来。何炳棣论证了清中期两淮地区"场商"的出现[46]。然而,一些证据表明甚至在1600年以前,盐商就通过向盐业生产者提供贷款而介入实际的生产过程[47]。甚至在山东都转运盐使司的官方记录中显示出一些商人,名义上是由灶户来生产,而实际上却雇佣外地的劳动者从事食盐生产[48]。

在河东运司,那里因为从湖水中捞取结晶盐而只需较少的资金投入,管理者同样发现对法定劳动力的使用也是缺乏效率。那里的工作是季节性的。一旦温暖的天气过去,开始下雨,盐就会溶解。无法预测的因素使得这种情况变得更加复杂。17548个灶丁必须从12个不同的州县征召而来[49]。为每年一次的大丰收而把所有人及时聚集在一起是件困难的工作。而且他们的工作效率很低,以致一位巡盐御史宣称"招募之夫,一可以当十百"。[50]

生产控制

在那些以日光晒盐的地区,控制生产的惟一办法就是巡缉海岸。然而,被佥派的弓丁、逻卒等经常与盐业生产者合谋生产私盐获利[51]。在明朝晚期，他们中的大多数人被要求查没一定额度的私盐（第三章第三节），这个荒唐的规定显示了政府的控制是多么无能。

在那些煎煮海水成盐的地区，政府尽力对制盐所必需的设备进行控制。出于此种目的，盘铁由官方分发。在两淮地区使用的这种盘铁非常巨大，1529年的记载据说有的盘铁重达3000斤，每角花费26两白银。似乎在明朝前期盘铁已被广泛使用，因为1529年的报告显示到那时损坏的盘铁共321角[52]。

这些盘铁，大概有200至400平方尺，使用起来很不方便，容易破裂且替换昂贵。用这种方法获取的盐据说呈青色，其质量要比用较小的锅镦生产的食盐为差。似乎在1552年以后，少数盘铁得到了替换，因为灶户那时已经获准从江南引进一些锅镦，又在临近盐场的一个小镇——白塔河开场鼓铸锅镦。庞尚鹏在1568年总理盐政时，却认为在盐场出现的锅镦鼓励了私盐的生产，因为这使得每个人都可以获得食盐生产的必要设备。他在给皇帝的一份奏疏中指出有些灶户竟然拥有十口锅，每口锅一日一夜可得盐200斤。这样一个生产者每年具有生产将近400吨盐的能力，获得了大约1200两白银的收入。庞尚鹏认为，正是这些富灶成为私盐的主要来源。随后他建议关闭制锅作坊，严格控制制盐设备的生产者，登记所有现存的锅镦和贮存盐卤的砖池。私筑盐池将被查封[53]。这个建议即使得到实施，似乎也不会产生多大的影响，正如后来的人们所记述的那样，盐场仍旧同庞尚鹏所描述的情况完全一致。巨大盘铁的使用从未复兴。这段插曲只是表明了官方为了保护盐的专卖会毫无迟疑地采取限制性手段。

在长芦地区，政府当局分配灶户的锅有几种不同的尺寸，但其实际大小却无据可查。一度曾经有过这样的建议，即要求盐课的评估与锅的尺寸相适应[54]。但是却没有证据表明曾经推行过这种办法。

这种建议是不切合实际的，这是因为官盐是政府从单个灶丁那里征收。如果要保持国家税收在一个必要的水平，最根本的是要支持那些小规模的、独立的生产者。在16世纪晚期，这些小生产者蒸煮海水时，使用以纸粘糊的竹制篾盘，以卤防火，这是一种粗糙的生产方法，说明了他们的贫困程度[55]。然而政府却不能资助他们，也不能试图去限制灶户中大户的生产。甚至这些生产私盐的大户，也经常被编审为一个固定的灶丁数额，并向政府交纳盐课。限制他们的生产将会进一步减少国家收入来源。但是以生产能力为基础进行评估是一个非常不同的观念，需要新的立法和进行结构调整。明代后期的政府，已无力去采取这样激烈的措施。甚至政府用来保护小生产者利益的官方荡地，这时也被大户所垄断了。他们恃强占种草荡，不准他人进入[56]。盐的生产基本上是农村工业，而政府对乡村控制不力，所以不可能利用所有的收入来源。正像地方官员在征收田赋过程中要应付大、小田主一样，都转运盐使司在对待大、小灶户方面也不会做得更好。

只有河东运司似乎对盐的生产控制比较有效。这里的盐湖，自从宋代开始，就已经被墙围起来。1494年，一位巡盐御史又进行了重建。墙有13尺高，围绕起来有13英里长，仅在戒备森严的城门处可以出入。1476年，另一位御史把墙的高度增加到21尺。清朝接管时，发现城墙仍然完整如初。

盐商的角色

原则上，盐课收入一般用于军镇开支。从内陆向边镇地区运输税粮耗资巨大，为了克服这一问题，政府采取了开中制，召商支边。

明朝政府在处理盐商事务时，从来没有宣布过任何一项普遍性政策，盐务机构也没有公布过任何指导性方针。具体适用的方法，是以当时的需要和情况为基础，由各个官员单独制定，这些普遍性做法逐渐成为定例。

虽然官员要同商人进行各种交易，但是他们从来不认为政府同商人之间的关系是一种契约关系。在他们看来，国家高高在上，凌驾于契约关系之上，每个国民都有为其服务的义务。商人们被希望产生利税，而且希望是自愿地参与政府活动。然而，当无利可图，没有自愿者经销食盐时，官员认为征召商人去完成这项任务是完全公平合理的事情，就像他们要求普通百姓服役一样。在某些情况下，商人事实上被期望在同政府进行交易时，要承担一定损失。他们可能认为这些损失在某种程度上是特许经商的费用[57]。

价格、解运办法、截止日期、未完成任务的处罚等，全都由政府单方面决定。虽然地方管理者和监察官员常常提出建议，但所有重大事情都要由北京的皇帝批准。有时，这些建议在提交之前，也向盐商征求意见，但他们从来没有机会同官方讨价还价。商人们希望以投标的方式购买政府指定价格的官盐，但这种建议得不到赞同。在1518年和1526年，一些盐商想出了能被朝廷接受的出价，并进行了两次努力[58]。虽然看起来他们是同京师联系紧密、有影响力的富商，他们的建议能够赢得皇帝的欢心，但却激怒了官僚。户部实际上两次都持反对意见，并要求将这样的商人逮捕、严惩。

政府未能兑现其诺言时，也没有义务对盐商进行赔偿，向遭受巨大损失的盐商分发少量抚恤金是极为少见的情况。当交易对商人有利时，盐政官员随后会以此为借口向他们的利润征税。例如在1527年，一个边镇巡抚认为由中央决定的开中则例对商人非常有利，于是对商人额外科罚。在这件特殊的事例中，盐商（得到户科给事中的帮助）成功地向朝廷求助，罚金最终被偿还[59]。简而言之，盐商所受的待遇，依赖于官员们公平对待的意识。虽然盐商不时受到边镇督抚的打击，但他们还是被迫同政府进行贸易活动[60]。有些情况下，盐商仍发现这些合同非常赚钱，需要竞争才能得到机会。当商人们受到不公正待遇时，科道官员有义务进行保护，但他们更多是出于仁爱政府不应该残暴地对待其臣民的信念，很少是出于对个人公平的关心。

认为盐商由于政府的任意妄为而心灰意冷，这是一种误解。就像灶户一样，盐的经销者也有一个广阔的背景。其中一些人只有少量资本，毫无疑问极容易破产。但是也有一些人通过不断的商业活动积蓄了相当大的经济实力。政府法规的不确定性创造了无数暴富的机会。腐败的官吏易受贿赂，诚实的竞争实际上成为一种例外。办法经常变化，不可避免地产生许多漏洞。精明的商人从中可以迅速获利。然而儒家官僚普遍地对商业利益存在偏见，虽然他们也认识到完全忽略盐商的利益是不明智的，因为没有他们，专卖制度将无法运转。整个16世纪，食盐有供不应求的趋势，其间一些盐商以牺牲其他盐商利益为代价而获利甚多。到16世纪末，这种情况已了然易见。1616年，户部尚书李汝华派遣一个官员前往两淮运司去调查情况。调查者回复户部尚书的报告中指出在每纲盐商中通常存在几个操纵者，通过左右政府规定而聚敛了大量财富。他认为"若以法处之，彼亦何辞"，但他最后认为如果将这些少数商人除去，那就意味着盐的专卖制度的崩溃[61]。

1500年以前的支盐优先权和赤字财政

明代文人留给我们的印象是盐的管理在明朝早期非常完善，但中期却开始衰落了。这种提法并非全然不对，但却未能揭示事情的全部。早期中央政府的管理比较有效，制度的结构性弱点虽然逐步恶化，但仍未完全显露出来。但是所有盐的专卖制度的不健全因素从一开始就已经存在了，这主要包括缺乏对灶丁的资助，管理部门分散、低效，分配设施不足，要求商人承担强迫性义务，等等。最根本的是政府为这项工作提供资金的不足，也缺乏相应的服务。

开中制实施之初，拖欠商人中盐就已出现了。早在1429年，27年前颁发的盐引仍然没有兑现[62]。此后政府常常不能如期兑现许诺。在15世纪的后30年中，这种情况更加普遍[63]。1488年，帝国的一条法令允许报中支盐商身故之后，由其亲属代为支盐，宣称："上纳引盐客商病故无子，父母见在，兄弟同居共爨，不系别籍异财，妻能守志，不愿适人，孙非乞养过继者，保勘明白，俱准代支。妻若改嫁，仍追还官。其伯、叔、妾、侄，并在室出嫁之女，乃远族异爨之人，不许代支。"[64]这条规定暗示出管理的基本原则。

不断延迟支盐导致了食盐专卖的赤字财政。既然政府没有常规的方法获得贷款，那么官盐的处置就变成了取得预期回报的合适策略，然而提前出售的事实却从来没有明确批准过。通过推迟即期交付的责任，以更高价格出售当前获得的食盐，给这些新的买主优先越次放支的特权，同时推迟较早购买者的兑付日期。这种办法最早在1440年开始采纳。每年的食盐分为两类，80%被登录为"常股盐"，剩下20%作为"存积盐"[65]。前者为了正常的流通，后者表面上是储存起来以应付紧急情况，如紧迫的军事需要。但是这种分类一经产生，存积盐也就可以增价开中，因为可以随到随支，所以存积盐对于盐商来讲更有吸引力，可以立即得到收益。1449年，朝廷增加存积盐到60%，同时减少常股盐到40%[66]。

在北京的中央政府完全没有认识到这种行为所引起的长期恶果要远远超出当时所得利益。那些资金被占用的商人，不再把精力投入于正常价格和正常开中则例的常股盐。而且，当存积盐占到食盐年产量的很大比例时，买者不久就发现经销常股盐无利可图。产盐区仍然推托，因为盐运司很少能从生产者那里征收到足额的食盐，灶户仍然未被付给工本，灶丁的数量不断减少。而且，理论上官盐没有市场价格。只要在专卖制度下生产的食盐，其管理者就能规定其价格。但实际上，官盐价格越高，私盐产量就越大。最终，官员们被迫降低官盐的价格，导致了国家收入的减少。

对于盐商而言，国家不同部门之间缺乏相互合作进一步增加了不必要的困难。持有常股盐仓钞的商人，在盐区常常被告知只能得到存积盐。有时情况又恰好相反，虽然盐商得到了随到随支存积盐的优先权，但是盐场接到命令仅优先发放低价的常股盐，而且也不可以进行通融[67]。在1471年，一位巡盐御史视察两浙地区，报告那里盐商已经守支存积盐十余年[68]。当盐的经销商正在等待私贩的好处时，存积盐开始溶解的事情也经常发生。

在15世纪的大部分时间里，理论上所有官盐都从灶户那里征集，由运司支给盐商。但实际的做法却有所不同。盐场很少能掌握所宣称的那么多食盐。许多盐商听到他们的仓钞不能被兑付时并不恼怒。他们只想得到盐引。有了盐引他们就可以直接从生产者那里购买食盐。虽然严格来讲这是一种走私行为，但是这些食盐由于有盐引而合法。这种额外支出仍然少于长时期等待所需的利息[69]。朝廷的盐运司欢迎商人的这种行动，因为这就意味着他们在官方记录上有更多的支运盐以符信用。有时他们劝说商人以救济为名义向灶户提供一小笔费用，由此获得一部分官盐[70]。另外，盐商们通常采用的另一种方法是贿赂官员，以使盐引保持原样从而可以重新使用。朝廷完全意识到这种权力的滥用，1488年弘治皇帝颁布诏书详细地列举了这些情况[71]。

在15世纪晚期，官盐开中仅对于那些有资金、有耐心、有关系并且能为了利益灵活地调整位置的商人才有利可图。当边镇宣布交易时，一些商人更愿意付笔费用给中间代理人，通常是政府官员的朋友和亲戚，由此获得经营特权[72]。最终所有额外的花费都转嫁给政府，政府不得不降低食盐价格。1476年，北部边镇盐引标准每引仅值银0.15两[73]。在1474年，河东运司200斤盐引的价格仅值0.05两，明显低于生产食盐的花费[74]。

1489年，政府规定开中制暂时停止，所有食盐在盐场以现金形式出售。当盐运司不能提供规定的数量时，则允许商人直接从生产者那里购买食盐。在随后叶淇（1491—1496年在任）担任户部尚书时，他沿用了相同的政策[75]。在他的管理之下，每200斤盐的引价上涨到0.4两。由此盐的管理进入了秩序较好的16世纪。

第三节　16世纪的管理周期

盐引壅积

15世纪晚期的稳定很大程度上是一种虚假的现象，盐务管理中的基本问题，包括组织、资金、产品控制、私盐的整顿、灶户的编审等都未得到改善。食盐专卖制度的结构十分脆弱，很容易导致权力滥用，弊端百出。

贯穿16世纪的这项工作经常陷入周期性危机之中。盐务沮坏比较严重的事例分别发生在16世纪20年代、16世纪60年代和1600年左右，整个制度近乎崩溃[76]。大部分时间里官盐在远方的省份供应不足却大壅于盐场，结果国家失去了盐课收入。时人描述了这种情况，声称"盐引壅积"，将其归咎于道德败坏和奸诈之徒的阴谋诡计，只有品行高尚之官员才能补救。从客观的角度讲，虽然可能是不道德的行为引发了危机，但是道德问题的重要性要远远次于基本制度的弊端。

最主要的弊端是在于专卖制度的资金供给。管理者们普遍认为盐场中的食盐事实上远远超过了官方定额，多余部分以走私形式流通。然而把食盐控制在政府手中的最好的办法就是直接提供经费给生产者。盐务官员不时试图在常规定额之外增加新的食盐种类，由其他方法提供经费。官方销售的食盐被分成了不同的种类，这必然在专卖制度中产生差异。维持新种类的资金与常规定额争夺更有吸引力的供给和市场，使后者趋于消亡。新种类更大的利润空间也吸引了势要权贵。所有这些导致了制度内权力滥用越来越大和专卖制度的崩溃。

在16世纪，定额盐，即通过盐引分配的食盐市场被认为更加狭窄。在临近产区的地方，在官盐无法与其竞争的山区，在隶属于两个不同运司行盐区的边界地带，不断增加的私盐贩卖持续发展。在承认这种情况之下，政府制定了所谓的"票盐"制度，专门在这些地区流通。这种"票"仅是一种由都转运盐使司或盐课提举司所发放的非正式的执照，只要付出一笔费用就能绕过所有正常的程序。这种制度最早开始于何时还不太清楚，但是在1529年已得到朝廷的正式承认[77]。虽然其对私盐的遏制是有限的，而且只能产生很少的收入，但是票盐比引盐产生了更大的竞争力，减少了引盐的销售市场。

批验所也成为阻碍这个制度实施的另外一个瓶颈。从管理者的角度来看，放开食盐批发是完全必要的，这样可以阻止盐商相互竞争以及由此引起的价格波动。但是试图加速这一进程来满足供给却是无法做到的。商人们的反映更加清楚地表明了这一点。

1496年叶淇辞官,大约20年后,开中制重新实行。建议推行开中制的人认为这种制度能够鼓励北边的农业生产。只要盐商为了获取内地的食盐,就要向边镇输纳粮草,他们也可以在遥远的北方占有农场,所得产品有助于稳定当地粮价。实际上,没有证据表明这一政策行之有效,但是这些争论听起来有足够的说服力把开中制保持到帝国灭亡,所以盐商采取了不同的手段加以适应,最基本的解决办法是贸易特权[78]。

从15世纪晚期起,出现了两种不同的盐商。边商提供军队粮草,然后出售他的仓钞给盐运使司的内商。后者申请盐引并获得食盐。这是基于16世纪的实际情况而作出的必要区分,因为即使政府机构的服务改进时,正常的食盐等待时间最少也要三年,经常长达八到九年。边商很难同时报中和守支。内商则承担起金融家和支盐代理的双重职能。最后内商也停止在内地市场的食盐贸易,他们从批验所一得到票引就卖给水商[79]。政府试图规范不同商人之间交易的努力没有什么效果。他们之间分享利益的争论使整个事件处于僵局,这项工作只能由所有有关各个方面通力协作才能正常运作[80]。官方的延迟支付增加了不确定因素,这使得一类商人能够以其他商人为代价获得利润。内商因其资金实力而坐享其成。作为惟一的购买者,他们能够向边商指令仓钞的价格,作为惟一的食盐供应者,他们对于水商有同样的权柄。

在16世纪,非常奇怪,商人们不但没有抱怨政府支盐延迟,反而有时企图延迟更久些。特别是水商希望等到零售价格上涨再行支盐。

有报告说他们贿赂主管官员去减慢支盐过程，有时甚至给内商利息以推迟支盐，他们期望以更高价格出售食盐而获得补偿[81]。

16 世纪 20 年代的危机

16 世纪 20 年代的危机可以追溯到 1489 年制定的有关允许生产者私自卖给商人食盐的决定。表面上这个决定没有损害盐的专卖制度，而仅仅是为了补偿政府对官盐支付的拖欠。实际上，这意味着商人必须为同一食盐而支付双倍价钱，一部分是给政府，另一部分则是给盐的生产者。官方仅仅认识到这只是认可一种做法，但实际上一旦私盐得到朝廷的批准就会大行其道。不久盐商就会突破盐引的限制而夹带余盐。批验所的官员只对其征收一定的称为"余盐银"的税收，这可能源于 15 世纪的一种罚款，在 16 世纪就变成了一种消费税[82]。原则上余盐是在册的灶户按照官方要求额外生产的，交纳正课之外余盐可以出售。而在实际过程中，正如预料的那样，大量食盐开始从这个新的渠道流失。以这种方法购得的食盐要比从官方系统得盐更为方便，官盐是以人头税的名义征集而来的。

因为余盐同正盐竞争，这就意味着 1500 年的制度所得到的稳定性开始松动。1503 年，皇帝的姻亲奏请允许他们投资于食盐生产。他们许诺如果得到盐引，他们将从生产者手中直接购买余盐，以弥补官盐积累下来的拖欠，他们宣称这不会成为财政的负担，因为他们实际上为此特权向政府付款。弘治皇帝也许不知道这个建议的玄妙，欣然批准[83]。他的继位者正德皇帝，则经常进行这种授权。皇帝本身认识到出售盐引可以增加国家收入,并以此来为他个人计划提供资金,诸如织造皇帝所用的绸缎,派遣太监去西藏寻找活佛,等等。权贵之人一旦得到盐引,他们就可能重复使用,有时重复使用多年[84]。因此,官盐与私盐之间的区别变得模糊不清。从1508年到1514年,政府通过降低官盐价格,进行了几次不成功的尝试去吸引合法的盐商[85]。这导致了16世纪20年代的"盐引壅积"。

在这次危机之后,政府加紧了对盐引的控制,同时又建立了严格的制度去管理余盐的购买。每个盐引登录了一个固定数量的正盐和余盐。盐商通过报中或向政府直接购买而获得正盐,自己则从生产者那里获得余盐。没有人被允许在没有首先同政府进行交易而私购余盐。另一方面,同政府交易的那些商人,如果没有购买余盐,也不能运走正盐。事实上两种盐必须装在同一包中,这是为了在批验所进行检查[86]。包括余盐在内,必须强制为灶户额外生产提供合法出路,这也是为了防止余盐落入走私者手中。这一办法的复杂性在于盐商必须支付三种税款。首先商人必须通过报中或购买而获得仓钞以便得到盐引和官盐,接下来他必须附加购买余盐,第三,他必须付给批验所余盐银,这本质上是一种消费税。这种方法一直持续到帝国的灭亡。

16世纪60年代和17世纪初的危机

通常的看法是,鄢懋卿应对16世纪60年代的危机负责,他是大学士严嵩(1542—1562年在任)的同党,被描述为奢侈和腐败[87]。在官方文件中,有关于他对盐的专卖管理不善的记载,但是对他在金钱方面的正直品性却很少提及[88]。

从 1560 年到 1562 年，当鄢懋卿作为巡盐御史总理五个都转运盐使司盐法时，明朝需要大量的资金以对抗北边俺答汗的侵扰和南方海盗问题。鄢懋卿因此空前强化盐的专卖制度。灶户被追讨所欠的额盐，逻卒被限获一定数量的私盐，商人被迫去强制性购买。这样他就创造了不同寻常的巨大数额的食盐，也没有进行价格调整，一年之内他从其所掌管的五个都转运盐使司共攫取了 200 万两白银。他离任后，整个专卖制度完全瘫痪了。当庞尚鹏在 1568 年接管时，发现两淮运司等待最后清理的停积引目有 500 余万，需要花费 4 年时间清理[89]。

对鄢懋卿的批评也包括所谓的"工本盐"。事实上，这项措施始于 1553 年，也就是在他出任这个职位的七年前。在这个制度下，两淮盐运司拨出了 82000 两白银去购买灶户余盐，平均每引官给银 0.2 两充工本。然后公开出售，余盐和余盐银被增加到每引正盐中，在这一交易中被认为得到 300000 两白银的总利润。在鄢离任后，工本盐被指责为他的另一种暴政，于 1565 年被取消[90]。

鄢懋卿失败的原因是多方面的。过度生产当然不是惟一的原因。1550 年，户部尚书估计实际上政府仅仅征收了两淮产盐总量的 40%，其余 60% 的食盐则落入了贩卖私盐的商人手中。1558 年，江西巡抚报告该省中有三个府只能私食广盐[91]。庞尚鹏接任后，也抱怨非法出售是主要问题。如果政府想扩大正盐的流通，应该为此提供更大的市场。

庞尚鹏在自己的著作中间接地道出了此事的实情。食盐专卖不是没有机会扩大,但是管理的特点限制了这种扩大。绝大多数部门都面临着很大的压力,早已达到了极限。每一项额外的压力都从上至下达到专卖制度中最脆弱的环节,即由贫困的灶户来承担。在给皇帝的奏折中,庞尚鹏承认即使在常股盐的征收中,总催也从灶户那里额外私索[92]。也没有证据表明工本完全分配给灶户。从灶户那里购买余盐的盐商也对灶户备极逼辱[93]。另一方面,当商人势力衰弱时,他们也受到总催的剥削[94]。税收系统的性质使得合法食盐无法在农村地区形成固定的市场。

庞尚鹏在一封信中进一步揭露出有些地方官员被委任至批验所掣盐,按规定三日内必须起程,却迁延有逾两月而后才来就职[95]。为了加速支盐,他得到了皇帝的许诺,使一部分食盐在通过批验所时可以在船上接受检查。但是这些做法的作用是有限的。从产区支盐太多可能会导致其零售价格下降,政府必须对此加以保护。而且,价格的任何下降都将导致进一步的"盐引壅积",由此影响到国家收入[96]。

官盐的价格由开中则例、余盐的购买价格和称为余盐银的消费税来决定,特别是最后一项成为主要的财源。这些都不可以被减少。开中则例和余盐银已经被列为预算项目,因此被预先支用。余盐价款是基层生产者惟一的合法收入。将其减少则会迫使灶户进行私盐买卖,由此导致合法食盐的缺乏。虽然庞尚鹏没有提及守支正盐期间利息的损失,但是很明显这些因素也影响了食盐的最终价格。正如彭信威所指出的那样,明代放款的最低月息至少也达2%[97]。

正盐根本无望截断私盐市场,因为正盐的价格毫无竞争力。到16

世纪晚期，私盐贩卖在一些地区已经有固定的市场，分配给巡卒私盐定额实际上更像是对变化了的余盐银的随意管理。在这种条件下，盐务管理机构已无法强迫商人在这些地区内发卖食盐[98]。

值得注意的是，甚至庞尚鹏在试图清理壅积之盐时，食盐仍然按年度定额从产区支售。只有在消费地区的食盐零售价格没有受影响之时，才会有一些小规模的调整。因此，很有必要对装在驳船上的食盐进行检查的新制度进行限制，因为通过河道之盐越多，在批验所积压的食盐就越多，只能等待放行。庞尚鹏担心引盐掣卖必待8年而不是原来估计的4年[99]。

盐商以粮食的形式先期付款以获取官盐，也就是批验所暂存有500万引的盐，其余的100万引盐正从盐场到批验所的路上。在批验所支售存盐之前，商人们必须缴付余盐银。一些盐商可以立即筹措付税所需的额外资金，而另一些人必须等到一次贸易完成，在下一次食盐的余盐银支付之前收回资金。可以认为巨额的商业资金被批验所控制的食盐所占用[100]。这也表明资金供给有问题。所有税款都必须以现金形式兑付，要求小商人立即缴付余盐银的命令，将迫使他们以过高的利息率借贷，这将使他们破产。政府从来没有给食盐支售提供资金，也从来没有打算要这么做。政府不能筹措必需的资金，也就没有获得贷款的有效途径。

一位边镇巡抚和一些盐商建议政府增加支售食盐的定额，但是庞尚鹏加以拒绝，因为这将降低食盐的零售价格[101]。增加的定额会成为都转运盐使司的长期负担，导致上文所提到的有关生产和征收的诸多问题经常发生。

简而言之，专卖制度，由于政府投资不足和接连的管理失误而受到妨碍，完全不能有效地利用可获得的全部资源。尽管这些资源十分丰富，可以想像其有无限的发展潜力，但是专卖制度无力去开发这些资源。管理者不切实际，他们被表面上的可能性所诱惑，有时试图强迫专卖制度创造出更多的国家收入，这些尝试仅仅能在短期内获得成功，然而从长远来看，将会导致专卖制度的完全崩溃。这成为食盐专卖管理危机周期性爆发的最根本原因。

同时也有必要把官盐作为单一种类加以对待。任何一种把它划分为不同种类的尝试和在其中建立优先权的尝试将产生失衡，并将逐步损害整个专卖制度的工作。甚至庞尚鹏，他在许多方面的管理能力令人钦佩，但在这一点上也犯了错误。他为了加速检验过程，允许一定的食盐通过批验所时，不采用通常的检验手续，这在他离任后成为惯例。这种新的种类的食盐，被称为"河盐"，随后对普通的"堆盐"形成了强有力的竞争[102]。到16世纪70年代，经营后者的商人资金匮乏，以至于在盐的管理中爆发了一次小规模危机。形势非常严重，甚至上奏到皇帝那里，最终河盐于1578年被中止[103]。盐的管理中的基本原则就是：在利益相同的情况下，专卖制度中更加有效的因素应该让位于效率较低的因素，事实上，明朝的整个财政管理就是如此。

在16世纪晚期，挑战这一原则的盐政官员是太监鲁保。他在1598年被万历皇帝委派管理两淮都转运盐使司。鲁保在任职早期非常成功，他通过恢复优先放支的存积盐，提高了正常定额，为国家增加了数目可观的收入[104]。然而到1606年，超负荷的机器又一次遇到阻碍，结果导致边远省份食盐零售价格急剧上涨，产盐区的食盐大量积压，国家收入严重减少（参见下一节）。

第四节　国家收入、食盐价格及其对消费者的影响

开中则例

在盐的管理中一个非常重要的转折点于1535年到来。在这一年，规定报中的正盐和因为征收消费税（余盐银）的余盐，应该装在同一包中，目的是为了防止后者与前者相互竞争。通过开中获得的粮食分配给边镇卫所，成为帝国政府向他们支付的开支的一部分。余盐银的收入也输纳给这些军镇。但是，户部希望继续控制这种弹性收益，又可将之作为一种应急资金的来源，这笔收入要通过中央，因此这种政策一直被坚持。这种食盐分配的复杂性可以以两淮地区为实例加以说明[105]。

盐引的持有者被赋予如下权利：

正盐250斤在产区支售给商人。价值0.5两白银的粮食已经由商人解运某个军镇。在盐场不需要其他资金。

余盐265斤将由商人直接从生产者购得。政府进行授权但不能保证解运。在批验所征收余盐银0.65两。

35 斤额外的补贴用于包索。

在批验所清查时，每包盐重 550 斤，政府对此一共征收了 1.15 两白银，包括正盐引价和余盐银。

这一基本的原则施行于中央政府直接控制之下的四个都转运盐使司，但也有一定变化。各地根据生产和市场条件也作一些调整。每个盐运司盐引的总重量、官盐和余盐的比率、引价和余盐银都有所不同。甚至在同一个都转运盐使司管辖范围内也存在价格差异。具体情况参见附录 C。

通常情况下，比率保持稳定。例如在 16 世纪的大部分时间里，两淮地区一直强制实行这一比率。在 1568 年庞尚鹏掌管两淮运司时，一度将每包盐的重量减少到 485 斤。余盐银也相应地减少，以便于那些为得到扣押的食盐而一开始就得向政府交税的商人只须筹措较少的现金就可以缴付余盐银。这是为清理批验所壅塞状况所发明的方法之一[106]。情况一经好转，又重新恢复原来比率。1616 年，每袋重量又增加到 570 斤，但是开中所缴粮食的估价仍然是 0.5 两白银，余盐银仅仅增加到 0.7 两白银[107]。修改幅度很小。

来自于食盐专卖和分配的计划性收入

在正常条件之下，盐的专卖制度有一个固定的收入。鄢懋卿和鲁保的额外征收连同"工本盐"的收益经常是作为单独的项目列出。全部盐课收入的粗略估计可见表 13[108]，但其中不包括开中制下运送到边境的粮食。

表13 1578年盐课银收入

机构	岁入（两）	分配
两淮都转运盐使司	600000	解运户部
两浙都转运盐使司	140000	解运户部
长芦都转运盐使司	120000	解运户部
山东都转运盐使司	50000	解运户部
福建都转运盐使司	24545	存留2344两用于地方防务 解运户部22201两
河东都转运盐使司	198565	解运宣府76778两；解运其他军卫74259两，但并入山西的田赋之中；解运山西的宗藩43133两；解运户部4395两
灵州盐课提举司	36135	对拨给三个相邻的军卫
广东的两个盐课提举司	15968	存留4790两用于地方防务；解运户部11178两
四川盐课提举司	71464	对拨陕西
云南的四个盐课提举司	35547	解运户部
总计	1292224	308903两用于地方防务，直接交给军镇，或者用作其他开销；983321两上缴户部

表13中一个引人注意的特点就是由中央政府直接控制四个都转运盐使司的收入全部用整数表示的约略值记述，也就是说管理者必须完成定额。在其他地区，收入和分配的资金则不太正规。

在16世纪晚期，当管理已经开始偏离规定的程序，账目不再被仔细地核查时，四个都转运盐使司都放弃了原有的定额。最大一次背离常规的做法发生于两浙都转运盐使司，那里可供支售的正盐很少。一份清朝资料显示，到1566年，这个产区已经完全停止从灶丁那里征收食盐，而转为折纳白银[109]。只有极少数的灶户仍然从事盐的生产，而且其中很少有人正式在官方登记在册（第五章第二节）。绝大多数折色盐课自然来自耕地。在16世纪60年代，三江盐场有4530名在册灶丁，他们拥有总共155550亩耕地[110]。海盐县抱怨当地盐课负担超过3500两白银，这实际上应该被认为是田赋[111]。然而，这两个盐场的灶丁仅仅被分配1250两盐课。

两浙都转运盐使司的食盐定额是444969引，全部通过开中获得。当边商提呈仓钞时，都使司仅以每200斤给银0.2两付给正盐盐引。然后边商出售盐引，并将权力转给内商，内商到盐场进行支盐。都转运使司官员最终从内商那里征收余盐银[112]。结果花费了二三年的时间才完成了应该每年完成的交易。

在两浙和其他地方，账目更加复杂，其原因多种多样，诸如出售盐票，向商人额外征收疏浚运河、赈恤的款项，余盐银的预征，引盐之外夹带食盐的充公，由巡卒上缴缉获的私盐，拖欠灶丁的工本，等等。决不能指望中央政府将这些细枝末节问题处理得井井有序，而是代之以要求每个机构都要完成每年的定额。一直到1600年，这些收入通常要解运北京，稍有短缺，即要奏报皇帝。1562年，奏报的盐课银为1323811两[113]。1568年为1268435两[114]。晚至1602年为1151519两[115]。这非常接近于表13所显示的总额。当某个都转运盐使司不能完成自己定额时，最容易的弥补办法是强行向盐商借款，或者加强对他们处罚，使他们服从（见下文）。

不在中央政府直接控制之下的其他盐务机构上纳数额不大可信。在抗倭寇战争期间及其以后，一些地区的省级官员开始依赖于盐课收入来负担军事开支。一旦他们取得这项资金,中央政府将很难发现他们是如何管理的。1568 年,户部报告说广东省已经有三年没有申请盐引了[116]。在一份 17 世纪早期的非正式资料中暗示出一名盐课提举司官员在一年任期内可以有 30000 两的个人收入,当然,最初为取得这项任命他花费了 3000 两白银[117]。

在福建,许多官方盐场要么停止了食盐生产,要么是在毫无竞争价格之下生产。其实际的生产活动已经脱离了原来盐的专卖体系而由省级官员管理[118]。这种区域自治看起来已经扩展到了四川和云南。1590 年以后,西南各省因忙于镇压国内叛乱和同缅甸进行边境战争,这样就必须把盐的专卖收入转为额外的资金。没有证据表明他们能同时为帝国的财政作出贡献[119]。根据官方记录,这些机构的收入不是很大,这些收入的缺失也不会严重影响到国家的计划性收入。从技术角度来说,被省直截取的收入仍然用于军事防御,与一般的做法并不矛盾。因为这种账目体系从来不要求中央政府的开支同各省的花费完全区分开来,无需从盐的专卖收入扣除这项缺失的收入。仅仅从这些偶然性的数字中,我们能够感觉到全部收入的分配是武断的,没有总的指导方针。

16 世纪晚期和 17 世纪早期的盐政管理者经常要求上缴的总收入达 200 万两白银。但没有详细的账目可以利用,因为他们仅仅以估计的整数上缴这种收入。在比较多个奏报之后,在表 14 中加以概要说明[120]。

表14　1575—1600年左右盐课岁入估计　　　　（单位：两）

解运户部		1000000
实物解运某些军镇	价值银	500000
由盐的管理部门直接解运军卫		220000
南方存留		280000
总计		2000000

较高的食盐价格和较低的国家收入

根据1578年的生产额度，所有盐务机构生产的食盐，包括正盐和余盐，大概超过84600万斤，约为560000吨（short tons）[121]。如果国家收入总额为2000000两，那么每吨官盐的收入是3.54两。这是非常接近于1535年两淮地区的价格，那里每515斤食盐可获得白银1.15两，也就是说每吨收入为银3.345两。

这一价格很高，但不是过高。在明代中国，每人每年食盐消费通常是以10斤来计算的[122]。这样每个消费者每年因为食盐消费而上纳政府白银0.024两。这个数额并非全是间接税，因为这包括政府转嫁到消费者身上的生产费用。一些明朝的官员在阅读史书时，惊奇地发现唐朝仅从两淮地区每年就可得盐利600万缗铜钱[123]。

明朝的食盐专卖收入不多，却仍然给百姓造成了很大的痛苦，尤其是在发生周期性危机之时。1527年，南京一些地方的盐价零售每吨在25—30两之间[124]。湖广在17世纪10年代危机时，一小包仅重8斤的食盐要卖0.3两，也就是说，每吨要56两。在盐价上涨的同时，粮价却不断下跌，每个消费者食盐的花费相当于其稻米支出的一半。在一些地区,生活必需品已经完全消失了。"虽有孝子慈孙,少求薄卤以奉其亲,不能得也。"〔125〕食盐短缺的直接原因是巡抚试图控制食盐价格,他规定每包最高价是 0.09 两,并竖碑令人们遵守〔126〕。然而缺乏的最根本原因还是在于专卖行为本身的性质。

绝大多数有关晚明盐务管理的信息来自一份奏报。作者是袁世振,曾任户部郎中。他在 1616 年、1617 年被派往两淮地区调查并提出解决问题的办法。他随后奏报皇帝,这一奏疏分成 10 个部分,现代重印达 200 页,其中揭示了许多管理的失误〔127〕,对价格过高的原因做了很多解释。这个报告也认为当消费者承受过高价格时,国家的收入事实上会减少。

虽然袁世振所述为当时的情况,但鲁保的影响仍然能够感觉到,他所描绘的情况可能已经经过很长一段时间的发展。国家收入的减少首先是边商运到边镇的粮食日减。当仓钞不再可以立即兑换食盐时,它们的交易价值也随之降低。这发生在庞尚鹏管理时期。庞尚鹏注意到在 1570 年左右,边商为得到一引仓钞,所有各项花费达 0.5 两白银,而在扬州取得仓钞仅用 0.54 两白银。这就意味着如果运作费用计算在内,边商实际上承受了损失。庞尚鹏又揭示出边境将领知道商人的困境,降低了官方开中则例,按规定每引为 0.5 两白银,但他们接受价值 0.42 两的粮食。他们被迫做出让步,否则商人不肯开中纳粮〔128〕。

到 1616 年,当袁世振进行调查时,开中制已经沮坏。有时候,仓钞根本就没有市场价值。许多边商拿着不售之仓钞上呈户部,哀缓比追新粮[129]。一些边境督抚，取代召商纳粮，仅仅把仓钞作为饷银分发给士兵。甚至粮食仓库都已坍塌。在边镇地区，1引仓钞仅卖银0.07两，大约是官定价格的12%。正如袁世振所指出的那样，"虽卖价极薄，犹于覆瓿"。[130]

在扬州，有"数百"内商从事盐的贸易，但仅有"数个"资产雄厚的大商人投机于仓钞。仓钞的价值，更像是发行的公债，当"到期"时价格猛增。但是并非每个人都能参与这种投机，因为它容易套住资金，要承担很大的风险。袁世振奏说这些投机者以每引0.2两的价格买入仓钞，再以1两的价格出售[131]。后者的价格当然是吸引水商的最低价格，他们再将此转卖给消费群体。另一方面，前者0.2两的价格，意味着边镇实际上所得的最多供给。

两淮地区的实施推迟了三年。但很难说出掌握着哪年的应付食盐。在一些事例中，边镇疏于发放仓钞，那些获得仓钞并在盐运司登记在册的商人后来却抛弃仓钞，因为他们无法按照盐政部门的要求提前缴付余盐银。当开始分配本年食盐定额时，官员们发明了一种复杂的方法，即支售已经发放数年之久的仓钞的同时，那些预先缴纳了余盐银的商人也会全部得到食盐。盐运司必须继续吸引新发出的仓钞，以便使余银收入保持在希望达到的水平。因为本年余盐银的收入不足以达到应缴付给北京的数额，所以必须向商人预征更多的余盐银。都转运盐使司与现代财政部有相似之处，在发行旧债同时发放新的贷款。但是这种制度以极不规律的方式运作。一些商人缴纳了三倍余盐银后仍然得不到食盐[132]。在袁世振调查期间，两淮运司欠内商的债务总额高达 400 余万两[133]。所有这些由商人花费的额外费用，包括为获得优先支售权而贿赂书办和官员开支，都将以提高食盐价格的方式转嫁给消费者[134]。

虽然两淮地区名义上生产 17500 万斤食盐，事实上仅能从灶户那里征收到一半。盐场的官员们因此减少盐商的份额，但是商人们通过额外购买来弥补差额[135]。由于正盐价格较高，私盐贩卖获利匪浅，他们饵灶以更高价格而挤掉商人[136]。此外，商人必须要花费更多的额外费用来获得批验所关文[137]，所有这些更加抬高了食盐零售价格。

最终按照官方的规定非常仔细完成的盐包费用昂贵，超重部分的惩罚十分严厉。一条资料显示，即使超重不足 5 斤，却要按全部重量罚款而不仅仅是超额部分[138]。当内商在码头批卖食盐给水商时，大袋必须被打开，重新装入小袋，满足零售商的要求。

水商将食盐发送到湖广、江西等地市场，仍须由设立在南京长江北岸的批验所复掣，才能放行。这一机构的建立最初可能是为了防止一些水商比其他商人更早到达他们的目的地，从而影响当地食盐的价格，但实际上又是一个瓶颈，食盐在此常积至数月[139]。

有盐引的官盐，在所有钞关检查时应该是免税的，但事实上无法保障不再抽税。掌管钞关的官员们对货物经常加派关税，强行要求商人"馈赠"，并征召其他各类杂役。1561 年淳安县的常例表（"常例"，见第四章第五节和附录 B）显示地方官对于经过盐每 100 引强行征收 0.1 两白银，对住卖盐每 100 引征收 1 两白银。主簿、六房吏和其他官员也有同样的常例[140]。虽然被征收的过路税总额是很低的，每吨只有 0.012 两，但每个县都要抽税。在 1600 年，当太监鲁保掌管两淮运司时，他向皇帝抱怨说在湖广的太监陈奉向他已经放行的食盐征税[141]。

生产食盐的花费总是被忽视。在福建，那里使用晒盐法，1600 年左右每吨食盐的成本为 0.25 两白银，以每吨 0.5 两的价格行卖附近的村镇[142]。袁世振奏报说两淮地区灶户出售余盐，每桶重 150 斤，价格为 0.3 两，也就是说每吨（short ton）盐 3 两白银[143]。而内商向水商出售时，每吨售价不低于 9 两。在许多内陆城市，每吨价格常常在 15 两左右[144]。按照这个水平，一个劳动者每年对食盐的需求将花费他 4 天的工钱。当价格上涨此价的三四倍时，正如发生在 1610 年的湖广地区的情况一样，食盐是普通百姓可望而不可即的东西。

总之，食盐专卖使少数奸商和贪官获得好处，而成千上万的人却备尝艰辛，国家从中所得收入也为数不多，甚至实际收入要比官方统计更少。国家赤字财政主要负担大都落到普通民众身上。政府在食盐交易中占用大量资金事实，鼓励了其他领域的高利息率，这又更加造成资金匮乏。

1617 年的解决办法

1617 年，由巡盐御史龙遇奇奏请，袁世振策划，实施盐法变革，以解决困境。这被描述成自从西汉专卖制度创立以来划时代的变革[145]。

正如已经指出的那样，最根本的问题是不可能调整每年的开中则例、余盐银、盐引数量和食盐流通量。由龙遇奇和袁世振提出的解决方案是承认那些已经预交余盐银盐商的特权，以便于他们自己可以补偿政府所欠债务的损失[146]。

这时两淮的南部区域，据说商人已经预先中纳的余银之数，该有2600000余引。内除"消乏银者"，运司承认所欠2000000引的债务。那些有信誉的商人被组成10纲，每一纲相当于有200000引的窝本。此后，每一年中有九纲被赋予同政府进行即期食盐贸易的权利，剩下一纲则会得到政府拖欠本息。这个循环将在10年内清理全部债务。然而对先前承诺的支付不是通过增加产量，而是从当时分配的食盐中每包抽出36斤来实现。支付并不足额。按照最初的想法，每引仅为142斤而不是570斤。但通过这种安排，商人获得了同政府进行食盐贸易的独占权，每一个纲商都会得到与窝本比例相当的长期定额。注销的债务因为特权的原因也许只用付很低的价钱。对于政府而言这意味着几乎马上就能偿还欠给商人的债务。甚至10年之内名义上的债务也可以注销。同样的方法也适用于两淮运司北部地区，那里轮流商纲制度用了14年才除去了旧引。

开中制依然继续，商人仍须向边商购买仓钞，但是仓钞可以即时製盐，仓钞的价值更加稳定。政府相应地宣布在扬州仓钞的交易价值是0.55两。

承认商人特权的激烈行动也非完全无先例可寻。在1591年山东都转运盐使司曾经列出超过100名内商的姓名，作为按时缴纳余银的"上商"。大约50名商人作为"下商"被列入黑名单，被永远驱除出产区。内商们轮流每日向都转运盐使司官员报告[147]，很明显，他们承应运司要求的各种差役。盐运司规范盐商行为的尝试有更早的渊源，例如早在1592年两淮都转运盐使司就发布了有关商人们的居室和服饰的一系列规定[148]。明朝晚期确立的商人独占贸易特权的制度，为清朝的广东十三行提供了一个非常有用的先例。

第五节　专卖制度失败的责任

官员腐败

虽然晚明的历史著作中充斥了官员腐败的问题，但是进一步的调查是否能够增加我们对于专卖制度失败原因的了解却是令人怀疑的。这一研究已经清楚地证明了食盐专卖制度在16世纪不能被看作是一项合理的制度，而不诚实的管理者更加恶化了其运作与实施。制度本身的不完善十分容易滋生不诚实。在16世纪，一个人如果被任命为盐务官员，其名声立即将受到玷污[149]。大约在1580年，一位贰守官被提升为长芦盐运司同知，他的一位朋友就致信给他，深表遗憾[150]。在1616年，有六位运司之长受到查处与挂议[151]。1623年，有人上奏皇帝说盐务机构仅仅是"破甑疲老"的避难所[152]。换言之，腐败不仅有证可查，而且也是在预料之中的事情。

失败的根本原因

食盐专卖制度失败的根本原因必须追溯到帝国建立之初。明代盐场的基层组织与前朝极为相似,但是管理风格迥然不同。正如前文所述,明朝的财政管理在各个方面从未有跳出过"洪武型"模式,僵化不变。其中心的思路是抑制而不是发展。

全部财政机构深受帝国建立者经济思想的影响,也就是受到节俭的意识和认为"利"本身是一种罪恶的观念的影响。商业营利思想不可避免地与社会和国家的这种观念发生冲突,而且必然受到压制。同时,国家必须克制"国富"观念,因为国富必然意味民穷。虽然这个正统的经济认识受到以前历朝的皇帝和政治家们的推崇,但似乎从来没有像明朝这样忠实地加以遵守。洪武皇帝反复强调为了纳税者的利益应该减少国家的开支,并谴责以前历朝主张财政改革以增加国家收入的理财专家,如汉代的桑弘羊、唐代的杨炎、宋代的王安石[153]。明代没有产生一位与上述诸人具有相同地位的改革家,这决非偶然。

虽然洪武皇帝的确真诚地关心他的臣民的幸福,但是很明显,其政策在很多方面的长期效果与其本意截然相反。16世纪的盐务管理仍然存留着14世纪体制下的基本特点,诸如编审灶户,征收灶课,控制荡地,确立行盐疆界,开中制度,严格管理盐引,等等。

有一个事实经常被历史学家所忽视,那就是国家从来不向盐务官员提供必要的财力来管理这项工作。明朝建立之初,政府无意发展潜在的经济力量,而是依赖于政治控制作为其统治的基础。他们长期忽视建立起最低限度的财力来维持其财政机器的运作,这可以称之为"白手起家"。在这种情况下,由民众提供各种服务在所难免。因此盐务机构从来没有成为一种公共服务机构,仅仅被看成是国家的一种收入来源。在帝国后期，征用的无偿差役甚至连税收机构本身所需要的服务也无法满足。

前文已经提及专卖制度缺乏足够的资金投入和服务设施。尽管管理部门控制着巨大的自然资源和人力资源，在省际商业中拥有绝对的支配地位，但他们没有充足的行政管理预算，而是按照通行的做法，从地方取得各项公费。从一开始，国家收入在征收上来之前就已经预先分配，这些收入虽然从其内部产生，但永远不允许作为投资使用。惟一的例外是在1553年到1565年工本盐的创立（第五章第三节），然而购买工本盐的资金仍然无法从常规收入中得到，而是来自于批验所对食盐超载夹带的罚款[154]。专卖制度强制要求低级的盐务官员强制征收所期望的数额，这就只能导致更加不规范。

管理部门自己没有船只，不能提供任何种类的运输。为了获得赈恤灾荒、疏浚河道所需资金，他们只能向商人施加压力[155]。在17世纪早期，袁世振奏报两淮地区的一些盐场无利可图，因为运河疏浚不力。商人们发现从这些盐场运输食盐的花费实际上大大超出了支买食盐的价格[156]。

无法确知国家收入水平低到什么程度，才由食盐专卖制度来承担赤字财政的任务。政府强行贷款并延迟执行国家义务，却认识不到也增加了同样多的公共债务。朝廷无力偿还，只是把压力推给盐务管理者，后者又转嫁给商人，而商人反过来抬高盐价，将负担转嫁给消费者。管理不当的影响必然会越积越深。

受到忽视的改革建议

到 1500 年左右，盐的专卖制度已经很明显地表现出衰败的迹象。根本问题是由于灶丁纳盐持续不足，一旦政府允许余盐自主出售，就应该放弃对灶丁的编审。与其保持食盐专卖的虚象，还不如仅向所有食盐征收消费税更好。大学士邱浚（1491—1495 年在任）在他的《大学衍义补》这本据说弘治皇亲都读过的书中就提出了这样的建议〔157〕。但是没有证据表明在他任职期间曾经公开讨论过这件事。

开中制也遇到了相似的困难。到 15 世纪时，开中制明显无利可言，难以为继。叶淇曾经暂时停止开中之法，但他被谴责为一个奸臣。一些批评他的人故意歪曲事实，目的是为了控告他提高了淮安商人利益〔158〕。在这些人的呼吁下，又恢复了开中制。七十五年后，庞尚鹏也认识到使用现金兑付食盐比效率低下、浪费巨大的开中制更好些，但他是在一封私人信件中表露出这种观点，并没有写入给皇帝的奏疏中〔159〕。

虽然明朝政府商业管理的无能容易受到批评，但必须承认在 16 世纪进行财政改革并非易事。由朱元璋建立起来的税收管理和财政做法有强大的军事和政治权力为后盾，但是到了帝国中期这些力量已经式微。任何激烈的财政改革都可能加速这一衰落进程，导致完全失去控制，而不是提高效率。政府缺乏财力也就成为进行大规模改革的自身阻碍。

邱浚的建议，虽然合理，但是完全免除盐丁的差役也有很大的害处，普遍征收余银也是纸上谈兵。到 16 世纪，有些土地所有者作为灶户被登记，而许多实际生产食盐的人却没有登记注册，私盐市场已经根深蒂固，仓钞仅仅代表一种商业投机的机会，南方盐务机构的管理者任意支配收入。在这时候，中央政府是否能够推行大规模的改革是很令人怀疑的。同时，保持管理一致的需要也成为一个限制性的因素。"丁"是一个通用的财政单位，适用于包括军户在内的所有民众。取消灶丁编审所导致的结果是多方面的，例如，很可能有许多人会为得到优免而声言自己也是灶丁。

仓钞除非变得毫无价值，否则仍然提供给边镇将领作为其发放的特权。许多管理不善的奏报显示出边镇地区存在着非常多的既得利益者，他们对开中制的废除无疑会感到非常不快。总而言之，政府不愿意推行任何大规模的改革有很多动机，包括理性与非理性的，隐藏的与公开的原因。晚明的官员们惟一能够达成共识的方面就是坚持"成宪"，即洪武皇帝的最初规定。

注 释

〔1〕 这条论述参见《明代一条鞭法年表》，最初发表在《岭南学报》12 卷 1 期。我不曾亲见此文章，而是转引自人民大学《社会经济》页 192。

〔2〕《明史》225 / 2596；《神宗实录》页 0979；《校勘志》页 309。

〔3〕《明史》80 / 837。

〔4〕 产盐地区的详细情况，可参见：《明史》80 / 838；《天下郡国利病书》15 / 133、17 / 82、84—86、19 / 93—102；《河东盐法志》1 / 1。

〔5〕《皇明经世文编》382 / 4。

〔6〕关于行盐疆界,可参见《大明会典》卷 32、33。

〔7〕《大明会典》卷 15、16。

〔8〕《天下郡国利病书》17 / 81、28 / 8;孙承泽《梦余录》35 / 44。

〔9〕《天下郡国利病书》18 / 27。

〔10〕《明史》73 / 859、75 / 802;孙承泽《梦余录》35 / 44、48 / 43。关于巡盐御史,参见 Hucker. *Censorial System*, p. 83.

〔11〕朱廷立《盐政志》9/9—14,书中列出完整的巡盐御史任职表,一直列到该书出版的时间。

〔12〕《明史》80 / 842、227 / 2316;《世宗实录》页 8047。

〔13〕《天下郡国利病书》12 / 42;《皇明经世文编》475 / 23—29。

〔14〕盐场具有地域职责是可能的,见《两浙盐法志》2 / 5。

〔15〕《大明会典》32 / 1–2;《皇明经世文编》475 / 27;朱廷立《盐政志》7 / 42。

〔16〕《皇明经世文编》475 / 25;朱廷立《盐政志》7 / 68。

〔17〕《山东盐法志》11 / 21。

〔18〕朱廷立《盐政志》4 / 28;《明史》80 / 839;《大明会典》32 / 4。然而广东每个灶丁仅缴纳 1286 斤食盐,参见《两广盐法志》3 / 14。

〔19〕关于乡村催办人,参见《上海县志》4 / 22—23;《天下郡国利病书》31 / 29;《大明会典》34 / 38;《皇明经世文编》358 / 8。

〔20〕《大明会典》34 / 36、38;陈仁锡《皇明世法录》29 / 2。

〔21〕关于仓钞参见《大明会典》34 / 4—5。

〔22〕关于每引盐重量的不同,参见《皇明经世文编》475 / 19—20;《河东盐法志》10 / 8;《山东盐法志》11 / 7—8;《两浙盐法志》3 / 81—83。也可见附录 C 中 1535 年

的规定。关于盐引,参见《大明会典》34/14—15。

〔23〕朱廷立《盐政志》7/49。

〔24〕《穆宗实录》页0730;《两浙盐法志》3/84—86。

〔25〕同上,3/84。

〔26〕《皇明经世文编》474/6,475/1、14。

〔27〕同上,474/15、29。

〔28〕《山东盐法志》11/2。

〔29〕《皇明经世文编》475/15、28—29。

〔30〕同上,475/5、26;《天下郡国利病书》12/43—44。

〔31〕《皇明经世文编》475/9。

〔32〕参见:《天下郡国利病书》31/29—30;《皇明经世文编》476/4—5。

〔33〕《天下郡国利病书》31/30;《上海县志》4/17;《明史》153/1864。朱廷立《盐政志》7/69;《会稽志》7/16。

〔34〕朱廷立《盐政志》7/70。另外一部著作记述了两淮"最初"有35266个灶丁,参见陈仁锡《世法录》29/2。

〔35〕《山东盐法志》14/11。

〔36〕这一估计基于以下记载:1528年霍韬的记述,1550年户部的报告,1551年御史杨选的奏折,1616年盐务官员袁世振的分析,参见《世宗实录》页6420、6575;朱廷立《盐政志》7/50;《皇明经世文编》475/11。

〔37〕《皇明经世文编》357/22;《孝宗实录》页0650,《穆宗实录》页0085。

〔38〕《山东盐法志》14/11。

〔39〕同上,13/2—5。Ping-ti Ho(何炳棣),*Ladder of Success*,p.85.

〔40〕《上海县志》4/26—27。

〔41〕《山东盐法志》14/6、25;《长芦盐法志》6/44、79;朱廷立《盐政志》5/14。

〔42〕《杭州府志》31/18。

〔43〕《天下郡国利病书》21/29、31、36。

〔44〕同上,22/21;《皇明经世文编》357/1—5。

〔45〕《穆宗实录》页0185。通过比较,根据灶户等级不同,山东每丁纳盐折银变化于0.2两至0.9两之间。参见《皇明经世文编》358/2。

〔46〕Ping-ti Ho(何炳棣),'The Salt Merchants of Yangchou', p.132.

〔47〕《天下郡国利病书》22/133。

〔48〕同上,15/130。

〔49〕同上,17/81。

〔50〕《河东盐法志》10/4—5。

〔51〕《明史》80/842;《皇明经世文编》409/5。

〔52〕关于这些盘铁的细节参见:朱廷立《盐政志》7/9、43;《天下郡国利病书》12/44。

〔53〕《皇明经世文编》357/21—23。

〔54〕《长芦盐法志》6/8。

〔55〕《天下郡国利病书》21/37。

〔56〕朱廷立《盐政志》7/8、10;《皇明经世文编》474/31—32、460/31;《穆宗实录》页2208。

〔57〕《河东盐法志》2/1—2,12/38。

〔58〕《武宗实录》页3154—3155;《世宗实录》页1400—1401。

〔59〕同上,页1704。

〔60〕这类事例引自《皇明经世文编》474/2,477/4。

〔61〕《皇明经世文编》477／14。

〔62〕《宣宗实录》页1313。

〔63〕《宪宗实录》页4103、4104；《孝宗实录》页0792。

〔64〕《大明会典》34/9；朱廷立《盐政志》5／15。

〔65〕同上，4／7；《明史》80／839。

〔66〕朱廷立《盐政志》4／8。

〔67〕《天下郡国利病书》21／36。

〔68〕《宪宗实录》页1698。

〔69〕朱廷立《盐政志》7／5—6。

〔70〕同上，4／22、29，7／7。

〔71〕《孝宗实录》页0403—0405。可能有错误，见《校勘志》页0519。

〔72〕对于细节，可参见：藤井宏《明代盐商の一考察》；朱廷立《盐政志》7／52—54。

〔73〕《宪宗实录》页2891。

〔74〕同上，2434。

〔75〕《明史》80／840，185／2161。

〔76〕孙承泽《梦余录》35／45；《皇明经世文编》474／6。

〔77〕关于票盐，参见朱廷立《盐政志》4／7；《世宗实录》页3750、4205—4206、8714，《穆宗实录》页0897；《皇明经世文编》358／3。

〔78〕藤井宏《明代盐商の一考察》，见《史学杂志》54：5页62—111，54：6页65—104，54：7页17—59。参见Ch'ung-wu Wang（王崇武），'The Ming System Of Merchant Colonization'，收录于Sun和De Francis编辑的 *Chinese Social History* ，.pp.299—308。

〔79〕《明史》80 / 840。

〔80〕细节参见《皇明经世文编》357 / 24—25，360 / 23。

〔81〕《皇明经世文编》360 / 24，475 / 9。

〔82〕余盐银起于何时还无法确知。根据《武宗实录》页 2878 中的记载可知成化时代已经有这一称谓。王琼在《户部奏议》1 / 16 中使用了这一术语。看起来如果不是更早，最迟在 1507 年，征收余盐已经变得很普遍。

〔83〕《孝宗实录》页 3593—3594。

〔84〕《武宗实录》页 0153、0506、0599、2584、2805；《明史》80 / 840；《明臣奏议》16 / 278。

〔85〕《武宗实录》页 1019、2308、2805。

〔86〕关于解决办法，见《世宗实录》页 3791—3795、5630、6575、6655。也可参见附录 C。

〔87〕《明史》308 / 3489—3490；海瑞《海瑞集》页 168。

〔88〕《明史》80 / 842；焦竑《国朝献征录》17 / 3；《世宗实录》页 8255、8276、8299、8464；《穆宗实录》页 0895。

〔89〕《皇明经世文编》357 / 14。

〔90〕《明史》80 / 841；《世宗实录》页 6922、8868。

〔91〕同上，页 6420、7776。

〔92〕《皇明经世文编》357 / 23、358 / 8。

〔93〕《天下郡国利病书》12 / 41。

〔94〕《皇明经世文编》474 / 27、29。

〔95〕同上，360 / 24—25。

〔96〕同上，357 / 24、360 / 22—23。

〔97〕 彭信威《货币史》页374，放款最高月息达5％。

〔98〕《皇明经世文编》357／31。

〔99〕 同上，357／24—25、360／23。

〔100〕同上，357／26、29，360／28。

〔101〕同上，360／29。

〔102〕河盐据说在鄢懋卿时开始。可见于《天下郡国利病书》12／38，《明史》80／842。庞尚鹏停止河盐的记述是不正确的，见陈锡仁《世法录》29/45。

〔103〕《神宗实录》页1687。

〔104〕关于鲁保参见《明史》80／842、237／2706；《神宗实录》页6072、6095、6392、6543、8307。在《皇明经世文编》470／1—8中有关于其管理后果的讨论。

〔105〕《明史》80／841；《大明会典》34／12；《世宗实录》页3791—3795。

〔106〕《皇明经世文编》357／15。

〔107〕同上，474／25、475／7。

〔108〕《大明会典》32／1—33／27。

〔109〕《两淮盐法志》4／9。

〔110〕《皇明经世文编》357／5。

〔111〕《天下郡国利病书》22／20—21。

〔112〕《两浙盐法志》4／10；《天下郡国利病书》21／31；《世宗实录》页6059。

〔113〕《世宗实录》页8482。

〔114〕《穆宗实录》页0735。

〔115〕《神宗实录》页7149。

〔116〕《穆宗实录》页0441。

〔117〕周玄暐《泾林续纪》页48。

〔118〕《天下郡国利病书》26 / 94；也可参见《穆宗实录》页0720—0721。

〔119〕1616年，根据报告，云南已经有二十年没有向省外解运任何资金。参见《皇明经世文编》474 / 2。

〔120〕1575年，户部尚书王国光估计岁入盐引银500000两。参见《神宗实录》页0792。1616年户部尚书李汝华估计岁入盐课银240万两。见《皇明经世文编》474 / 2。其他参见《穆宗实录》页0850—0851,《神宗实录》页0624。

〔121〕这是根据《大明会典》卷32、33中没有编辑过的数据计算出来的。

〔122〕亚东学社《人口问题》页299。

〔123〕《皇明经世文编》476 / 1。Twitchett, *Financial Administration*, p.58.

〔124〕《香河县志》11 / 11。

〔125〕《皇明经世文编》477 / 19。

〔126〕同上，477 / 21。

〔127〕袁世振的文章题目为《户部题行十议疏》，收在《皇明经世文编》474 / 1—477 / 25。

〔128〕《皇明经世文编》357 / 24—26、360 / 22—23、27。

〔129〕同上，474 / 4、475 / 15。

〔130〕同上，474 / 18。

〔131〕同上，474 / 10，有时有些投机囤户以每引0.17两的价格收购仓钞，再以每引0.85两的价格出售。见《皇明经世文编》475 / 7。

〔132〕同上，474 / 16—17、23—24、477 / 6。

〔133〕同上，474 / 22。

〔134〕同上，474 / 23。

〔135〕同上，474 / 26—27。

〔136〕同上，476 / 9。

〔137〕同上，474 / 26。

〔138〕《天下郡国利病书》12 / 44。

〔139〕同上，12 / 44；《皇明经世文编》360 / 25。

〔140〕海瑞《海瑞集》页49—50、55。

〔141〕此事详见《神宗实录》页6534，该书页2522记载了另一个私派的例子。

〔142〕这一价格是根据《天下郡国利病书》26 / 67中的数据计算出来的。

〔143〕《皇明经世文编》474 / 26。

〔144〕估算的依据如下：16世纪中期，价格大约是每吨10两，而后价格最低时为每吨9.6两。一份资料记载每吨11.4两。当湖广巡抚实行价格控制时，最高价格为每吨18两。这些价格所依据以下资料的记载：朱廷立《盐政志》7 / 40；《天下郡国利病书》12 / 48；孙承泽《梦余录》35 / 49；《皇明经世文编》477 / 21。

〔145〕这一看法是由藤井宏提出来的，见和田清《食货志译注》页598—603。

〔146〕解决办法可见于：《神宗实录》页10607、10687—10688；孙承泽《梦余录》35 / 46—48；《皇明经世文编》475/19—20，477/1—5。

〔147〕《山东盐法志》14 / 7—9。

〔148〕朱廷立《盐政志》10 / 20—21。

〔149〕《皇明经世文编》475 / 24。

〔150〕《皇明经世文编》383 / 21。

〔151〕《皇明经世文编》475 / 24。袁世振奏报了所有这些不法之事，后来他自己却被指责为腐败。见《熹宗实录》页0179。

〔152〕《熹宗实录》页1569。

〔153〕《太祖实录》页2141、2681—2682。

〔154〕《世宗实录》页6922。

〔155〕《皇明经世文编》474／26、475／24。

〔156〕同上，474／29。

〔157〕邱浚《大学衍义补》28／11。

〔158〕藤井宏和王崇武都认为这样控告并不公平，参见前注78。

〔159〕《皇明经世文编》360／27。

第六章　杂色收入

　　本章及表15中所述的杂色税收包括了除田赋和盐课之外的全部税收收入。虽然在描述其他财政制度时，也许把诸如番舶抽分、香税、矿银、光禄寺厨料这些项目列在一起有些荒唐，但这种奇怪的分类的确反映了明朝财政管理的特点。16世纪的政府财政并没有接受当时普遍的经济趋势。财政机构过于僵化，国家的主要的税收来源并非来自于工商业，取而代之是征收管理费用，这可称之为"繁琐小额消费税（nuisance taxes）"。因为这些税源与现存的政府组织紧密相联，所以对其征税可以持久，又相对容易。当然，来自于这些税源的收入是有限的，有些甚至微不足道，但可以确信，其在国家财政中处于很重要的地位，税收收入也较更现代的经济部门为多。

　　这些不正常的事情是历史的事实，它使得财政史研究者们在研究这个问题时没有太多的选择余地。尽管可以除去一些不重要的项目，并对余项重新分类，这种简化处理在理论上是可能的。但是其负面效果可能会超过得到的好处。这将使得每项收入的性质含糊不清，与财政术语不相符合。更为突出的是，它进一步模糊了管理工作。这样做的结果，实际上使历史学家承担起财政改革者的角色。

　　明朝财政制度最基本的特点之一就是多为小额收入，色目太多。这些账目从来没有统一到一起，实际上一些国家税收在审核之前就已经进行分配。为了保证准确,逐条引用各项收入是必要的,即使其中一些项目仅仅是简单的描述。

这里所列出的项目并不绝对完整,这是因为缺乏统计的标准,使得某些项目可能分列在不同名目之下,但是这包括了所有值得注意的收入。其中与田赋有关的几个项目已经论及。因为这几项收入非常少,一些州县已完全停止征收,而将其合并到田赋之中(参见第三章第四节)。但这不是普遍的做法,它们从来没有作为单独项目而完全消失,本章中有必要将其列出。

第一节　工商业收入

(a) 钞关税

在明代,加征于内陆商业交通水道的税收有三种。船钞向运输者征税,由船主付给,由户部征收,它基于船的宽度进行评估。商税向所有由陆路和水路运输的商品征收,由商人付给,由各省官员管理。竹木抽分仅向造船原料征税,由工部管理。起初是实物交纳,仅仅加征于竹、木,但是在王朝后期,项目不断扩大,政府造船厂的所有可以想像到的项目,包括麻绳、钉子、石灰、炭和桐油都要课税。当然,实际征收都是折成白银。

钞关的渊源可以追溯到1429年设在大运河上征收通行税的四个船料税关[1]。到了16世纪,已经设立了七个钞关,分别是杭州附近的北新关、苏州附近的浒墅、扬州、淮安、临清、河西务、九江。每个钞关都由户部派出的主事管理一年。

后来,钞关开始逐渐接管码头地区商税的管理。北新关在1511年开始征收商税[2]。临清关也随后征收商税。但是到1530年为止,其他码头仍然只管理船钞[3]。到1569年,钞关已经完全接管商税,所有钞关都在户部和各省官员共同管理之下,户部官员进行评估,并把税收清单交给船主和商人,然后各省官员进行征收和解运[4]。因为征税对象包括船只和货物,所以各个钞关实际上具有税关的职能,这也得到正式的认可。当然,实际情况远非这样简单。

表15　1570—1590年左右杂色收入

收入种类	户部	工部	兵部	礼部
工商收入	(a) 钞关税	(g) 竹木抽分		
	(b) 商税	(h) 矿银		
	(c) 番舶抽分			
	(d) 门摊税			
	(e) 酒醋税			
	(f) 房地契税			
	(i) 渔课			
管理收入	(j) 开纳事例		(o) 桩朋银	(p) 香税
	(k) 僧道度牒			
	(l) 户口食盐钞			
	(m) 赃罚			
	(n) 铸钱利润			
折色收入	(q) 轻赍银	(r) 匠银	(u) 马差	(y) 历日
		(s) 芦课	(v) 班军折银	(z) 光禄寺厨料
		(t) 四司料价	(w) 皂隶折银	
			(x) 驿传银	
非现金收入:(aa) 茶马贸易收入;(bb) 未列入的其他收入				

例如北新关在接管了商税管理之后，本身实际上成为一个税收权力机关。它控制了一个由杭州周围几个县水陆收费站组成的网络。其收入包括船钞、商税、船舶登记费，即使一些船只并不经由这些收费站。他们甚至向在这些城市中的坐商征税。其监管范围扩展到批发与零售贸易。16世纪末，岁课总额为34975两白银，其中仅有6318两得自船钞[5]。其他钞关的情况也与此相似。

这七个钞关的总收入，再加上京师崇文门的税收收入，为了统计的原因而形成了一个单独的"体系"。由于这项收入通常都被认为来自于船钞，从而产生了所有收入都是来自钞关税的错误印象。实际上，这只是户部直接管理的一部分商业税收。

崇文门税关自然不在某个码头。在16世纪晚期，一般的做法是北运京城的货物在临清和河西务两个钞关交纳部分税收，到达京师时，在崇文门补交余额。尽管崇文门收入也包括对路过的骡车、手推车运输的货物征收的可观的小额现金收入，但将崇文门税关纳入这个体系中并不合理[6]。

这些钞关征收的税额通常都很低，但公布的则例并不包括管理者向商人索取的额外费用。而且其管理十分不统一。虽然腐败现象比较普遍[7]，但还是有一些诚实的官员，他们在某些场合的正直给欧洲观察家以非常深刻的印象[8]。管理不当的主要原因就是管理不协调。钞关的工作包括公布税收则例和确定每个码头的税收定额。前者意味着要将固定的税率适用于多样的商品，后者要求税关官员保证定额税收。这种不协调源于帝国早期的政策[9]。

因为没有税收则例得以保存下来,我们只能从一些资料零散的条目中得到一点官方税率的信息。一部清朝的地方志提及明朝临清钞关公布的税收项目写满105张双面纸,有1900条之多[10]。税率也很合理。在17世纪早期的淮安钞关,将运输船只分成两等,以便征收船料,但这些资料中并没有清楚地说明定义等级,只是规定一个等级收银0.058两,另一个等级收银0.029两[11]。在另外的事例中,船的宽度是5尺,暗示着载重量不会超过15吨,税额很低。然而似乎每通过一个钞关时,通行费重复征收,未载货的船只也不能免除。在16世纪晚期的北新关,钞关税实际上成为商税的一部分,税率徘徊于0.2%至3%之间。草席和锡箔的税率最低,黄铜的税率最高[12]。

在商人看来,最不利之处就是远距离运输的货物要重复纳税。官员们也可以在"报效"的名义下强征不在规定范围之内的税收。1583年,一位御史指出,运往北方的货物进入运河,临清关抽税60%,到河西务抽补40%。但至京师崇文门又要全部重征一次,这里的征税官员根本就不承认其他钞关的税票[13]。在一些码头,货物出店进店都要纳税。这种做法逐渐成为一种习惯,后来所有运输的货物都被固定征收双重的税款,甚至未榷之货物也包括在内[14]。在16世纪晚期,从浙江运到北方的一船500石的白粮要在十二个不同地方缴纳关税、杂费。总额达70两白银,约为商品本身价值的20%。虽然白粮主要是用来满足皇帝的需要,但税费也要交纳[15]。

直到16世纪中期,钞关课额是比照以前的实际解额为基础来确定的,未必以最高额为标准,但应该被认为是最合理的。正常情况下,征收者完成额度是没有困难的。虽然理论上，官员如果超额完成征收任务就有被提升的机会。实际上并非如此。在道德被认为比效率更为重要的时代，过早打破税收记录的官员更可能被批评为自私自利，滥用权力，还会给继任者产生不必要的困难。有明一代，没有哪位官员因为试图增加税收而受公众尊敬。从当时的资料来看，绝大多数被分派到钞关的官员仅仅满足于完成定额。实际上，户部尚书周经（1496—1500年在任）在考核官员时对于那些课额多者给予下考[16]。

在16世纪晚期和17世纪前期，国家支出急速上升，钞关的课额也相应增加，课额的评定也是非常主观、武断，这导致了混乱，加剧了不法行为，征收也出现了亏空。

钞关的效率低下并不让人感到惊讶。钞关的运作很不协调，从来也没有任命一位主管有系统地组织工作。官员没有长期从事这项工作的兴趣。部里的官员仅作为份内之事完成责任，而省级官员却把征收工作看作是本地区的财政负担。普遍的反商业思想阻碍了官僚提高商人的利益，拓展他们商业活动的空间。无论是对日常必需品还是奢侈品，没有人试图使得货物在内陆水运网中更加方便地流通。对于大宗货物和零担货物运输的税收没有进行区分，这仅仅是因为商税的概念还未抛弃。当时有关钞关的资料也反映出了同样的态度。在他们关于运输的描述中，重点一直是短途运输的农业产品，例如阉猪、草垫、豆饼、蔬菜和储运的水果等，很少关注丝绸和瓷器之类商品[17]。1526年，皇帝不得不发布诏令禁止钞关向船上储运的柴米课税[18]。1693年户部尚书倪元璐上报说崇文门税关公布的则例中包括多达3000项属于不同商人税目,"每失报一纱一裙,通罚全单而又倍之"。他又说"见南中关署有书刊碑,漏货一件,通没一船货物之半入官"[19]。

钞关的工作人员很多。按照清代一条记录,晚明的淮安关,专职人员有12名官员和14名吏胥,加上11名佐贰及其吏员,还有212名书办[20]。这个机构的规模几乎等同于户部。但是从职责的分配上我们可以看出绝大多数人员的工作只是逐条计算、登录各项船料。同所有明朝机构一样,钞关供给也从地方征用。北新关的记录表明,许多书办不给工食,钞关也要求里甲提供不给工食的隶卒,也要委任乡村代理人员对其辖区内1200艘船和3500名坐商按季度收税[21]。总之,钞关的工作由于农村经济的性质而受到限制,并不适合执行更加复杂的财政任务。

表16　1599—1625年8个钞关的税额　　　　(单位:两)

钞关	1599年	1621年	1625年
北新关	40000	60000	80000
浒墅	45000	67500	87500
扬州	13000	15600	25600
淮安	22000	29600	45600
临清	83800	63800	63800
河西务	46000	32000	32000
崇文门	68929	68929	88929
九江	25000	37500	57500
总计	343729	374929	480929

16世纪晚期和17世纪早期的钞关课额列于表16中[22]。从中我们看不到关于运输大宗货物的信息。

16世纪晚期钞关税额为340000两左右，这仅是一种指标。1600年北新关报告其课税超过了42000两，到1611年其定额增加到了49700两[23]。有些时候征收又低于指标。赵世卿（1602—1610年任户部尚书）曾报告说在1597年八个钞关原额每年共征银325500两。1601年，降到266800两，大约比定额少了76900两[24]。

钞关的收入用于很多方面，例如供给钞关附近的军事卫所，铸造铜钱，赈灾备荒和营建宫殿。有时某个钞关要将其征收的税款用于某个特定的机构，其他的钞关则把税收分送各处。有时朝廷命令钞关征收一定数量的铜钱，然后上缴到皇城内的广惠库（参见第一章第一节）。在16世纪70年代，规定所有收入都要解送到太仓库，由户部监管，供应给北方边镇。但此后，临时权宜的解运仍然继续[25]。1580年太仓库的账册表明当年从钞关那里仅收银162299两，大约是定额的一半[26]。

(b) 商税

明朝商税在许多方面是清朝厘金税的前身，其特点是税率很低、征收面广，并重复征收。然而，商税的收入过于分散且数额较小，并不能被认为是国家税收的主要来源。在主要商业中心城市建立钞关之后，商税的重要性更加降低。在帝国早期，有400多个税课司局，但到了17世纪早期仅存112个。其余的因无利可图而被关闭[27]。1568年，户部报告某个税课司巡拦每年俸粮工食费不下400余两，而其征收折钞银仅为110两[28]。

16世纪，仅存的税课司局也由府或县管理。我们可以从北新关早期记述中看出当时税率很低，通常在3%至1%之间。征收面极广，甚至小商贩和农民运输成袋的商品去城镇集市出售也不能免除。通常每个征收站只有一名官员，被佥派的隶卒和书办不但没有报酬，而且还被要求缴纳一定数额的贡献，因此他们被迫靠收受贿赂和勒索过往商人为生[29]。一旦税收定额增加，他们滥用职权便会容易失去控制。

除了几个地区进行过税收调整以外，商税最初被固定为宝钞，后来转变为白银，其实这没有什么意义。例如山西汾阳县，1609年商税是6606两白银，税额很高[30]。但是在浙江金华县，这是一个繁荣的地方，1578年所列出的定额不足7两，地方志中坦率地承认商税征收已经停止了很长时间了。这个数额更多是用来弥补巡卒折色[31]。其他地区则用田赋来完成商税征收的责任。

然而这并不意味着这些地区的商人根本就没有被征税。南直隶徽州府因富商而闻名。1482年，徽州全府的商税固定为钞94565贯，此后一直未有调整。到16世纪晚期却不超过30两。因为徽州商人几乎没有缴纳多少商税，他们经常被要求向京师的一些建筑工程报效[32]。

平定倭寇之后，各省当局，特别是福建和广东，在已存商税体系之外建立了新的税课司局，主要设置于桥头和渡口。这些税课司局自己确定税率，其收入作为兵饷用于地方防务，中央政府无力控制[33]。北方边境地区也建立了相似的税课司局。1547年在长城以北的广宁和1550年在山海关重建的税课司具有国际意义，因为他们控制着与满洲、朝鲜间的贸易路线。他们最初由军事将领管理，后来改为由太监控制，然而似乎没有留下任何记录[34]。所知道的只是山海关在1570年的收入达4000两白银[35]。

除了崇文门之外，北京城门征收的人头税也应该并入商税之中。城门由太监控制，他们扮演征税者的角色。更大部分的人头税由那些携带农产品入城的农民缴纳。太监完成定额，每年上缴5000两给光禄寺各司，余下部分装入了他们自己的腰包[36]。

总之，商税在16世纪逐渐消融。一部分被取消了，一部分归属地方各省得以幸存，还有一些则实行包税制。很清楚，普遍的无差别的征收导致了效率缺乏。同时税课司局运作预算不足也影响了商税制度。1576年，江西巡抚报告说樟树镇原设税课司，额解商税每年172两白银。在他重新调整那里榷收工作之后，收入增加了十成[37]。很明显，商税中的许多税收潜能被浪费掉了。

据《大明会典》记载，1578年商税收入是150000两白银，平均每县略超过100两[38]。这些资金同田赋合在一起，成为各地起运或存留税收的一部分。

(c) 番舶抽分

整个明代，国际贸易从未被认为是国家收入的主要来源，这个传统确立于明初。海外诸国入贡之时，方许朝贡使团进行商品买卖。洪武和永乐时期，为了显示对外国的宽宏大量，朝贡使团带来的货物经常免除课税，例如1370年的高丽贡使和1403年浡泥国（Brunei）贡使[39]。虽然明朝政府拥有购买朝贡使团60%商品的权利，但并不经常这样做。一旦购买时，这些被称为"赏赐"，获利五六倍之多，并包括对朝贡使者个人慷慨大方的娱乐花费在内[40]。

尽管理论上是朝贡贸易，但在15世纪晚期对外贸易继续发展。掌管海上贸易的太监、一些户部官员和职掌沿海防御的军事将领从朝贡使团那里攫取了巨大利益，他们根本不去考虑贸易者是否是朝贡身份。北京的朝廷很少知道他们的事情。1493年，两广总督就上奏说络绎不绝的朝贡使团成为其所属各县沉重的负担，户部比对勘合，回复说在过去六年内只有暹罗和占城两国各一朝贡使团来过[41]。

此后，礼部建议今后不再预先安排外国朝贡使团前来，这得到了皇帝的同意。朝贡使团只能在广东贸易，因为他们除了贸易以外，别无其他事务。1509年开始正式贸易，那时省级官员已经制定了一系列规定以便于管理[42]。贸易特权被授予来自朝贡国家之人，有时甚至没有朝贡使节前来。番舶抽分定为30%，由省级官员在抚按官的监督之下征收。以此种渠道获得的奢侈品，诸如象牙和犀牛角被贡献给皇帝，而胡椒和苏木等主要商品则在市场上出售。1510年，累计两年的各项抽额值银11200两，这些资金在皇帝的允许之下，存留地方用于兵饷[43]。1517年以后，统一抽分降到20%，仍然纳以实物[44]。

国际贸易的解禁，因16世纪早期葡萄牙海员与明朝军队在中国沿海的冲突而中断。1523年，分别来自于日本的大内和细川两部的使者在宁波发生争贡之役，双方使者都宣称代表着足利幕府[45]。1529年，广东又一次开放贸易。"强盗"甚至也被允许进入这座城市。1556年，对外贸易被置于海道副使监督之下，他组织了大批广东、福建、徽州商人担任对外贸易者的官方代理人的角色[46]。其收入颇为可观，1529 年总督林富在请求重新开放贸易时，曾说过："旬月可得银两数万。"[47]但是以后的抽份额确切价值无法确知。

从 1557 年始，葡萄牙人攫取了在澳门的居住权。1564 年，庞尚鹏报告，有将近 10000 名葡萄牙人居住在这里，在贸易季节则超过有 20 艘商船停泊在这里。每年葡萄牙人支付给抚按衙门的船课达 20000 两白银，又输地租 500 两于香山县[48]。当时的一份资料揭示出关税只是名义上的，他们"先达本县，申达藩司，令市舶提举司盘验，各有长例，而额外隐漏，所得不赀。其报官纳税者，不过十之一二"[49]。甚至在 16 世纪的最后十年中，广东市舶提举司收的舶税每年纳饷银40000 余两[50]。另一方面，葡萄牙人也获利甚丰，马士（H. B. Morse）记述道："至迟到 1612 年，每一次去澳门贸易一次，要向果阿的总督交纳的执照费价值达 25000 英镑。"[51]

1567 年，明王朝又授权在福建月港进行对外贸易，月港接近于今天的厦门。各种执照费、佣金和舶税继续保留下来[52]，虽然这里讨论的重点是收入的总水平，但还是可以引用几个有说明性的事例。

中国商人出番贸易和进口货物也要纳税。每年船只的总数目限定为 88 艘，以先到的先接待为原则。一艘 16 尺宽的船，驶向浡泥或更远的西洋，每尺征水饷 5 两，另加引税 3 两。象牙成器者缴纳进口税是每 100 斤 1 两白银，象牙不成器者为一半。胡椒每 100 斤缴纳 0.25 两白银，大约是其价值的 1%[53]。从菲律宾返回的船只通常不携带进口货物，所以每次航行追缴银 150 两，后来减少到 120 两。

月港第一年征饷6000两。到1594年,增加到每年29000两,当时日本丰臣秀吉入侵朝鲜促使明王朝关闭了这个港口。1615年,这个港口被重新开放时,计划每年收入为27087两白银。同年,开始降低税率,通常约为15%。所有收益被福建存留,用作当地兵饷。陆饷分配给陆军,水饷分配给水师[54]。

这就是16世纪整个海关税收的大概。户部从未在这项工作中扮演积极的角色,只是在获取军事资金中减少了困难。对于来自于海关收入较少的原因从未有人解释过,但很可能是当局担心过高的税率会使海员、船主和商人转向走私贸易并加入海盗之列。官员们无疑希望留下大量空间可以在他们自己的账目中进行非正规的征收[55]。

(d) 门摊税 (e) 酒醋税 (f) 房地契税

这些税目与商税一起由地方课税司局征收,在未设税课司局的地方,由县府征收。门摊税向那些街道两旁永久的店铺征收。酒醋税从宋朝沿袭而来,是对国家专卖的酿酒业课税。房地契税被固定为实际购买价格或是抵押款的3%。

在明朝初期,上述每一税目都定额到每个县,并规定纳以宝钞。在大多数地方,最初的定额被折成白银,这些收入后来实际上消失了。地方志通常列出每年这三项收入总额为3、4或者5两白银。然而实际征收却是另外一回事。酒醋税通常被忽视,因为明王朝从来没有试图对酒醋进行有效的控制,但是其他两项在大城市里还是比较重要的。

对北京铺行的征税，分别由大兴县和宛平县管理，1579年两县实征银10641两[56]。对于契税，由于京城地产价值较高，所以仅宛平县每年就为2000两[57]。在16世纪晚期，根据宛平县县令记载，北京房舍典价一契有至六七千两者[58]。

在南直隶的淮安，七个主要铺行缴纳大量的门摊税。磨坊、酒面等店由于没有行业组织，县官为他们任命了铺牙包纳代征。对于税收总额暂时还无资料可寻。淮安的房地契税管理也有变化。在17世纪早期，典房文契免税，契税为购买价格的1.16%[59]。

在南直隶的常州府，16世纪晚期当地官员曾经试图恢复征收房地契税，提到这一税收已经罢征很久。很明显，没有能够实行有效地征收是因为"日偶课之，哗然而起"[60]。

这些零散的事例似乎显示出15世纪的宝钞陷入了困境。中央政府从未企图重新调整明初以宝钞估定的国家税收。很显然，在这些税目收入不可或缺的地区，地方官员进行了一些调整，他们的专门整顿最终变成了惯例。在没有进行调整的地区则放弃了这项税目，其收入由田赋来弥补。1602年以前，户部曾试图恢复对地产征收契税，希望从中增加100000两白银的收入，这一努力姗姗来迟[61]。

(g) 竹木抽分

《明史》中列出了13个竹木抽分厂局。其中两个在南京附近，五个在北京附近。在北直隶真定、南直隶芜湖（太平府）、湖广沙市（荆州府）、浙江杭州、陕西兰州（今属甘肃）、辽东的广宁卫各设有一处[62]。其实这是不完全的，事实上，还有淮安附近的清江浦，北直隶的保定[63]。

这些抽分厂重要性不一。其中有几个抽分厂局，包括北京郊区的那些，仅对修造宫殿设备和器皿用的松木、竹木收税。兰州和广宁位于边境，虽然其工作非常重要，遗憾的是没有任何资料遗存下来。收入最多的五个场局为芜湖、沙市、杭州、淮安和龙江（后者在南京附近）位于主要的水道沿线，这里商业运输发达，木材流动很大。16世纪，五个场局中仅有龙江还要为帝国在南京的宫廷用具生产提供原材料而继续征收实物，其余四个则折收白银。这些收入一般是用来为政府造船厂提供资金，有时也用于工部安排的其他项目开支。

竹木抽分及其抽分厂局始于洪武皇帝试图让工部自给自足之后出现的。其最基本的项目，即竹木抽分与一般税收相分离。尽管1471年以前几个竹木抽分场局的征收工作并不在工部的管理之下，但在那一年，工部尚书王富获得皇帝的允许，派遣工部属官去沙市、芜湖和杭州三处税课使司，专理抽分，为期一年[64]。这时的抽分工作是省级官员以工部的名义进行管理。淮安的抽分厂总是由管理那一地区河道的工部官员监管，龙江则由南京工部监管。

当税收征以实物时，松木税额为十分取二[65]。纳银则估算较为合理，要考虑到松木的种类、原木尺寸和原产地等事项，抽分税率在5%到10%之间变化[66]。但是淮安的税率通常低于其他几处，主要是因为松木到此之前至少已经纳过一次抽分。淮安抽分厂则要向大运河上所有商业运输抽税，对竹木等造船材料征收的统一税率为3.33%[67]。

虽然税率是合理的，但是重复征收使商人十分不便。1608年，产自四川的松木在到达长江下游时，要在三个不同省份纳税，另外还要在沙市、芜湖和南京纳税。从南方运到京师的杉木和松木，沿途至少要抽分50%。龙江抽分厂因扣押松木船只而臭名昭著，因为它规定筏运一次只许100根。对于木商而言另一个问题是政府部门的强制性采买，他们拿走了最好的货物[68]。运到京师的松木价格由于大运河高昂的运费而进一步提高；有时，费用过度高昂，以至于船主到达大运河的北方终点时发现拆除船只的装备要比维修更为有利。船桅的价钱不菲[69]。

竹木抽分的征收也是相当有弹性的。以白银征税的税课司有岁课定额，在有大量商品贸易的年份中，这个定额是很容易完成的。例如何逊在1510年以后的十年中管理沙市税课使司。一旦完成定额，他就减少对木商抽税[70]。在16世纪20年代，邵经邦开始主管了沙市税课使司，他采取了一项更为惊人的改革，在三个月内完成定额之后，在本年度余下时间内启关任木商往来[71]。1560年，杨时乔榷税杭州，建立了一个令人敬佩的制度，令木商自署所入进行税收评估[72]。这三个官员赢得了传统历史学家的高度赞扬。

淮安抽分厂则走到另一极端。它是清江船厂最主要的资金来源。到16世纪晚期，它已经不能完成额课。其所采取的解决办法就是扩大收税的范围，首先将所有的造船原料都包括在内，然后向船只收税。3.33%的税率也税及民船，以船只的原始成本计算，我们不知道这种办法是何时开始，又是如何获得允许的。甚至在1600年以前，抽分时要记录船篷、桅、锚和其他设备,这个过程进而发展为一种对运输的检查和登记。无论何时,在淮安地区买卖船只,买主要付给官方买船价格的3.33%税款[73]。这种做法在明亡后仍然留存下来,1778年编写的《淮关统志》显示,清代淮安的竹木抽分仍然由工部管理,仍如以前一样对船只征税。纳税之后,官员将船舱上的一个主要梁头打上烙印并发给船主凭据[74]。"竹木抽分"因此开始具有更广的含义,在同一码头,工部管理的抽分与户部监管的船钞相互竞争。

各地竹木抽分厂没有统一的账目,也没有提到过实际的征收定额。16世纪晚期,北京连续不断的宫殿建筑工程及其大量松木采办,使得竹木抽分更加复杂。这必然影响了抽分厂的运作。例如1596年一位户部官员发现有44000根圆木被运往北京用于宫殿营造计划时,他发布命令,要求抽分厂沿途阻截这批木材,进行课税。而且不止一次课纳实物税,还要从中购买[75]。因为巨大的课税额,许多木商离开了这个行业[76]。

从资料中获得的有关收入的信息是分散和片段的。1489年,清江船厂记录了从沙市、芜湖、杭州和淮安四个税课使司得到税款总款为28670两[77]。1484年杭州税课使司岁入23000两[78],1525年芜湖税课使司收入超过20000两,有的年份榷取之课据说超过了39000两[79]。1608年淮安榷课据说已经接近11500两[80]。当时的资料说明16世纪晚期绝大部分时间里榷课额大体保持不变[81]。这四个课税使司预计收入约为75000两白银是可能的。龙江每年收入也一定与其他税课使司课额大略相等,大约为20000两白银。

(h) 矿银

在帝国早期，采矿由国家严格垄断。1370年代帝国铁的产量平均每年为800万斤，约为5300吨（short tons）。1395年，取消了政府专营，官冶总额只保留25000吨。民冶每年输税三十分取二[82]。虽然没有明证，但这个课税则例却在实际中起作用。

从15世纪早期起，位于北京东北部、长城边上的小镇遵化成铁冶中心。1509年，其产量约为生铁320吨，熟铁140吨，钢5吨。1529年以后，产量减少到原额2/3，但是这仍然能够满足工部的需要。1581年，这里的铁矿石已尽，生产被迫停止[83]。

16世纪晚期和17世纪早期，政府从浙江、福建和广东岁课铁300至450吨，其他省份则较少，政府也不时从民间购铁[84]。

看起来，向政府供给的那三个省并没有对铁冶进行控制。在广东潮州府，大约有60多个铁炉。其铁课总额折以白银仅为1000余两，是用来作为本省军饷。福建生产的铁绝大多数解运京师，其情况也非常相似[85]。在福建泉州府，铁课作为额外征收摊于田土。漳州府当地有民营铁炉30所，每岁铁课约银290两。这笔税收仍然归属本省军事当局[86]。毫无疑问，这三个省解运到京师的铁是用其他渠道得到的资金收买而来的。

政府也不控制铜的供给。因为从云南运铜到沿海地区很不经济，东南各地出卖的铜多是进口而来，主要来自于日本[87]。另外，政府每年从渔课中获得4吨铜〔参见下面(i)〕，工部每年需要从市场中购买

24 吨铜[88]。

对于政府而言,最重要的是银冶。在明朝后期,对于提高银冶是否明智曾有过相当大的争论,表面上的原因是与风水习惯有关。17世纪,当耶稣会传教士汤若望建议通过重开银矿来改善政府不稳定的财政时,他的建议受到了包括户部尚书倪元璐在内一批有影响官员的反对。他们认为开矿将会夷平民居、坟墓,"动伤地脉"[89]。

采矿的安全问题,明王朝从未加以解决,特别是对矿工的管理。从永乐时代起,官矿就从未以商业经营的性质而出现。官府从不愿意分配足够的资金进行系统地开发,而是代之以"闸办",要求每个矿井的官员和工人都必须完成一个固定的生产定额[90]。政府对金属的需求增加很快,甚至在矿井并未充分开发之前,也不允许以产出用于再投资。当定额不能完成的情况下,没有皇帝的允许也不能减少定额。通常,缺少的部分由地方官从其他渠道补足。这样,官冶形成了新的税收。17世纪,宋应星在其最有名的科技著作——《天工开物》一书注意到这些情况。

矿工是从流民中随意招募的。因为这些流民在当地没有根基,因此通过集体负责的原则来管理是相当困难的,集体负责也是政府惟一有效的控制地方人口的手段。农村大量劳动力集中在一起总会对安全造成威胁。甚至征发役夫治水都会引起官府的某些担忧。而矿工的危险性更大,他们收入低微,如果采矿失败则一无所得。他们具有制造武器的能力,又居无定所,很容易成为强盗。明朝政府在遵化冶铁取得成功的原因是因为矿工被置于军事控制之下。

把采矿权下放给普通老百姓并不能解决这个问题。虽然一定数量的铁冶可以在政府监督之下由私人企业完成,但是允许私人开采银矿与禁止私人过多地开发自然资源的意识形态原则不能并立。而且,大多数银矿坐落于边远地区,诸如江西与浙江交界之处。在如此偏远荒凉之地组织矿工,并提供充足的服务和供应,考虑当时有限的运输能力,此非明朝的企业家能力所及[91]。

15世纪,银矿有时也由那些既无资金又无适当生产能力的冒险家承担开采。结果常常会导致矿工暴动。15世纪中期的叶宗留起义就是一个教训。在作为银矿业主失败之后,他变成广西和浙江边界土匪的领导人。1444年至1449年,明朝用了整整5年的时间来镇压这次暴动[92]。此后禁止了当地的银矿开采。受叶宗留起义影响,江西上饶县的所有银矿随后被关闭,矿井被查封,居民被遣散,耕地抛荒。这里缺失的小额田赋由其他地方额外征收来补足。此地往来的道路悉瞽石为障[93]。16世纪,明朝政府在银矿开采方面最大的障碍就是恐怕再次发生类似的不稳定情况[94]。

16世纪曾有几次试图开采银矿来增加国家收入,每一次都是昙花一现,也没有得到预期的效果。16世纪初,太监刘瑾分派福建、四川和云南的采银配额。浙江抗辩其省白银库存用尽,这样他们被要求从赃罚银中转缴20000两〔参见(m)〕[95]。1510年刘瑾下台后,所有生产配额被取消。只有云南的银矿还继续开采,政府最后于1521年才下令关闭云南矿场[96]。

在16世纪50年代,嘉靖皇帝为了给宫殿营建筹措资金,加大了白银的开采。除四川和云南的银矿外,还在山东、河南、山西和北直隶新开银矿。早在1559年就决定民冶要课税40%[97]。在这项政策还没有效果之前,浙江和江西边界的矿工又一次爆发了大规模暴动。他们于1566年攻陷了南直隶婺源县城[98]。因此朝廷于1568年重开禁令,并将整个矿场置于严密的监控之下。浙江、江西和南直隶三省,发布命令,立石刻谕,严禁任何人进入矿区。为了帮助三省的治安力量维持封锁,政府还特意印制了手册,详记小路、山路的细节和其他战略信息[99]。山东也印制了有关所有金矿、银矿、铜矿和锡矿的类似手册,注明所有矿场"封塞完固",有些矿区由军队驻守[100]。这种情况一直到万历皇帝于16世纪90年代允许重新开矿之前没有大的改变(参见第七章第三节)。

虽然没有足够的统计数据可以显示出政府的矿业收入,但是其收入的最高额可以准确地估算出来。1548年,工部尚书文明(1547—1549年在任)奏报当年矿银收入为62030两,这一数字可能就是一般的额度[101]。1557年,正值鼓励采矿之时,山东、山西、四川、河南、云南和北直隶的保定府上缴的矿银总额仅为48271两[102]。虽然南方各省的数字无法确知,但不大可能超过这一数量。1601年,万历皇帝的税监十六次上缴"矿银",总额为110210两[103]。

政府开矿活动惟一显示出不断发展迹象的地区是云南。云南巡抚奏报说到1594年,矿银为52722两,随后又增加到83600两。16世纪最后10年,在云南同缅甸首领莽哒喇弄王(Nanda Bayin)进行边境战争时,银矿收入被本省存留用于军饷[104],只有少量解运到北京[105]。考虑到这些情况，16世纪明帝国每年的矿银收入可能不到150000两，许多年份还要低于这一数字。

矿银上缴工部掌管的节慎库。不受户部监管。

（i）渔课

理论上来讲，渔课应由渔民缴纳。在那些渔业相当重要的地方，建立河泊所，并接受府州县的管理[106]。其他地区则由府州县官员进行征收，项目包括粮食、鱼胶、造船原料或白银。1382年首次确立这项制度时，一共设立了252个河泊所。到1578年，还剩139个，大约一半设在湖广，其余的分布于南直隶、浙江、江西、福建、广东和云南[107]。

甚至在14世纪，这项制度就已脱离实际。渔民漂泊不定，居无定所，很容易逃避这项税收，地方政府也无能为力[108]。到16世纪晚期，渔课的征收方式多种多样。例如湖广的永州府，下辖6县1州。到1571年，仅有三个县继续向渔民征收渔课。其余四个县则由田赋补足[109]。通常情况下，后一种征收方法较多采用。

河泊所征收鱼胶、麻、铜、铁、翎毛、桐油和朱砂[110]。造船原料也包括在内。河泊所的职能与建在较小内陆码头的钞关很相似。当工部有大量物资时，上述物品可以折色征收。当官员进行管理时，这些账目有时让人眼花缭乱。1578年的渔课定额见于《大明会典》卷25、36和200。税目琐碎，征收分散，地方官不得不被提醒要按《大明会典》的具体要求行事[111]。渔课全部收入及其分配参见表17。

表17　1578年的渔课征收

征收本色粮食，并入田赋，由户部管理	31966 石
征收白银，解运南京户部	11000 两
征收白银，替代造船原料，解运工部	18900 两
征收宝钞、铜钱，解运广惠库	价值6000 两
征收工部所需物资	价值7000 两

我们假设输纳的粮食每石值银0.5两，那么每年渔课总收入将超过58000两。与番舶抽分相比，这是颇为可观的收入。

第二节　管理收入

(j) 开纳事例

因为管理收入的非道德性质，明朝的资料通常对此讳莫如深。例如出售官衔称为"开纳事例"，字面意思是"根据先例纳捐"。实际上，这项非正规的收入比较稳定，在16世纪如果没有此项收入政府运作几乎难以维继。

虽然经常出售官衔，但是从未正式制度化。一般的做法是授予捐献者名誉头衔，例如监生或者武官。这样他就可以得到役的优免，有时这种优免可以扩大到其家中一位以上成员。通常被授予与所购买官衔相当的冠带，但在正常情况之下他们没有俸给，没有实职。当然，也有一些例外，例如吏胥不经过考试而获得提升，平民变成某些部门中不拿薪水的吏书，合格的学生能够优先得到任命，停职的官员有时能够重新起用。所有这些都需要一定数量的费用[112]。开纳事例由户部或工部监管,有时吏部也协同管理。这笔收入由省直官员、边镇督抚以及各部官员使用,用于工程营建、救济灾荒以及紧急的军事补给。到16世纪晚期,它更常用于修建陵寝和宫殿。捐献通常是现金,有时也有实物捐纳,诸如马匹、砖块等。数额变动很大。最低的官衔,20两就足够了。从16世纪一些富商的墓志铭中可以看出他们被强迫购买卫所军官之衔[113],其数目很大。徐贞明于1575年记述了监生的头衔要费银350两[114]。1596年营建寿宫,开纳进银以500两或1000两为标准[115]。

现在没有开纳事例的官方记录,事实上也不可能公布。但是在官方和私人著述中却不时地透露出这项收入的水平。1508年开纳事例银为430000两[116],1565年户部尚书高耀(1560—1567年在任)报告当年事例银为510000两[117]。张居正在一封私人信件中揭示出从1570年到1580年国家每年由此得银400000两。很明显,这一收入水平稳定不变,成为国家正常预算的一部分。虽然张居正个人憎恶这种做法,但他强调这项收入也是不可或缺[118]。每年总计达400000两白银的收入实际上比任何一种工商业的收入都要多。

但是这项收益的代价极高。所谓的生员实际上很少进入学校。他们利用这种官方身份妨碍司法,逃避税收(参见第三章第一节)。帝国灭亡之前,在一些富裕的县里生员多达1000名,地方管理很大程度上受到他们的束缚[119]。当时,许多不合格的人购买官职、吏胥职位,这些人充斥地方政府。他们获得挂名差事,诸如"知印"、"承差"等,通过这些头衔来获得违法收入。

(k) 僧道度牒

帝国早期，僧道度牒费用并当成国家收入的主要的来源。洪武时期，三年登记一次，每次发放300至500张度牒。永乐时期，每五年给度牒一次，每次多达10000人。此后，一直到15世纪中期，间隔被确定为10年[120]。但是15世纪60年代以后，这一办法发生了变化，政府常以此作为筹措紧急赈灾资金的手段，礼部准备好空白的度牒，分发到各省和各府。购买度牒的费用通常为银12两。这样登记作为僧道就不必经过例行的宗教考试。1485年，据说仅当年就发放了70000张度牒[121]。但是由此得到的收入还不清楚。当政府急需资金时，每张度牒减至七八两。另一方面，在这一交易中，购买者要付给中间人的钱数高达白银100两[122]。因为他十分渴望获得僧道地位以豁免徭役[123]。

还见不到16世纪出售僧道度牒的记录，但是张居正在1578年的一篇奏疏中证实了这种做法还在继续[124]。1508年进行过两次度牒，其中一次卖牒15000张，得银130000两[125]。如果这具有典型性，那么这种做法至少每年能为财政提供200000两白银。可能只有1585年曾经停止过，当时是担心佛教的影响过于强大。这一行动是由户部尚书王遴（1583—1585年任职）奏请，并在检查僧道数量膨胀时得到了礼部的协助[126]。

度牒费用及其收入主要由户部监管，当然，有时礼部也使用这笔收入用来支付管理开支[127]。

(l) 户口食盐钞

前章已经对此进行过论述（第三章第四节）。16 世纪，户口食盐之法已经废止，征收变成了人头税或是田赋的附加税。收入通常由中央政府和地方政府共同分享[128]。许多明朝的官员认为此项税收有欠公平，但是当 1509 年太监刘瑾提出将其完全废除时，却遭到了户部的否决[129]。1578 年的记载显示，在理论上帝国政府仍然从中得到 80555 两白银的收入，但实际上输纳太仓库的白银收入不过一半[130]。余下的以铜钱和宝钞形式上纳给广惠库。1580 年太仓库的账目显示出当年的户口盐钞银为 46897 两[131]。

考虑到其中一部分收入被省直政府挪用的事实，这项收入的总额在 16 世纪晚期可能会达到 160000 两。

(m) 赃罚

赃罚这一术语在 16 世纪有很多含义，并涉及到明朝行政和法律的许多方面。"赃"字字面的意思是赃物或是偷盗的东西，"罚"是指罚金或是罚没行为。通过举例我们可以更好地理解这个术语。16 世纪，当一个人被控告盗用公款时，其盗用及必须补足的数额不是根据罪证来确定，而是根据行政性决定，资金的追回很可能牵涉到财产充公。这样赃和罚的概念都被包括在内。又如一个掌管仓库四五年的库子，某次盗用了 20 两白银，他被监禁无可非议。根据当时的法律习惯，强令他返回 1000 两白银，这是因为他在任职期间可能多次进行盗用。如果没收他的个人财产也不能补足数额,他的亲友的财产也将被充公,因为按照当时的理论,盗用者会将偷盗的财物转移给他的同伙、亲戚。16世纪发生了这样一个案例,即1565年抄没大学士严嵩财产的事件,正如20年后一位都御史所指出那样,这件事"流毒江西一省"[132]。

甚至普通案件中的罚金也有很大的复杂性。罚金可以减轻刑罚,这与西方的习惯不同。还有一点应该引起注意,那就是政府很少区分民事与刑事案件。所有发生的案件都有卷入刑事诉讼的可能。私人衣物受到损害,僵持下去,通常会对被告进行公诉来解决。而很严重的刑事案件,诉讼程序是由原告首告,原告成为现代意义上的公诉人。如果原告输掉了这场官司,将反坐其罪。例如,一个人诬告另一个人罪当死,但没有成立,那么诬告者将被流放3000里[133]。

在这种制度之下,一旦提出正式的控告,就不得撤诉。在理论上,任何案件都不能庭外解决。原告停止诉讼的惟一办法就是自己挺身而出,承认控告是错误的。无论受到惩罚的人是原告还是被告,绝大多数情况下都折成罚金[134]。对于较轻的犯罪,罚金非常轻微,看起来类似于西方制度中的诉讼费用。其中最主要的目的就是不鼓励任何形式的诉讼。严格来说,诉讼中的罚金应被称为"赎锾",包含在一般意义的"赃罚"之中。

另一个在帝国早期确立的做法是政府机构的纸笔费用由案件当事人来提供。到16世纪,纸笔实际上是源于其他渠道,但是向罪犯、原告、被告征收的这笔费用并没有完全停止。这项收入,被称为"纸赎",变成了赃罚的另外一部分[135]。

罚金也包括对行政渎职行为的处罚。大查黄册时常会有这种处罚。虽然在人口数据上故意弄虚作假不容易被上级官员察觉，但是统计数字的矛盾却经常被发现。府州县的整套黄册因为这种技术上的错误而作废，提交新的黄册要有可观的花费（参见第二章第二节）。为了得到额外费用，就要对官员和地方的疏漏行为处以罚金，这样征收的资金实际上没有用于第二次编纂黄册的准备工作，而是解送给上级机关成为赃罚收入之一[136]。16世纪晚期，地方官员在征收罚金时也适用同样的方法。在一些地区，罚金在宣布处罚之前提前征收。对于一个里甲或一个税收代理人而言，虽然没有犯任何错误而被"罚纸两刀"是非常普通的事情[137]。

简而言之，财政意义上"赃罚"包含着许多不同种类的收入，有正规的和非正规的收入，有司法的和行政的收入，有个人缴纳，也有群体缴纳，数目有大有小。16世纪，具有财政职责的官员，包括巡抚、知府、知县、按察使以及一些武官都可以征收这样的罚金。1593年，刑部尚书孙丕扬（1592—1593年在任）就透露出有28种征收罚金的方法，一些是合法的，另一些则是不合法的，但每一项都有先例可循[138]。因为不可能稽核所有的账目，事情的合法性只能是相对的。而征收是否过重还是适度才是实际的问题。

16世纪早期，中央政府要求省直官员放弃这项收入。例如，1509年，太监刘瑾［参见（h）］要求浙江向中央转解罚赎收入。1564年，帝国法律进一步规定所有部门都要向户部和工部各解送40%的赃罚银，余下的20%由地方政府存留备赈[139]。显而易见，这是一种定额制度。1567年，原来由刑部管理的赃罚银转由户部管理[140]。1580年，太仓库的账目显示出来自于各个机构的赃罚银为128617两[141]。这样全国赃罚银应该超过300000两。1569年，何良俊估计全部收入可以购买700000石米[142]，折成银两当在200000两至300000两之间。

存留地方的20%的赃罚银事实上并未用于赈灾，这在1581年张居正与万历皇帝的一次谈话中可以得到证实[143]。直到火耗成为地方官员增加个人收入的新渠道之前，赃罚银一直是地方官员的重要补助。即使这样，并非所有的资金都装入官员的腰包。有些人利用这个余额弥补财政赤字，还有人以此资助公益项目，例如将赃罚银送国子监刻书[144]。

(n) 铸钱利润

铸钱问题已经进行过讨论（第二章第四节）。16世纪晚期，就不断地有人宣称这项工作有利可图。当无法实现时，计划也就停止下来。这方面的资料很少，但是根据仅有的几种不同著述，我们能够概括出如下的一般情况：铸造铜钱10000文，估计费银14.4至14.9两。这并不包括劳动力成本在内，因为工人不是雇佣而来的，而是无偿佥派。在北京的市场上，铜钱的兑价波动于每两白银450到700文之间。后者的兑价大概接近于铜钱的成本。官铸铜钱兑价确定为每两白银兑铜钱500文或550文，获得的利润为最初投资的20%到40%。赢利没有折成银两，而是直接以铜钱用于工匠的工食费和一些官吏的俸给。这样就直接减轻了政府的财政义务[145]。

对于这个部门1576年的运作情况我们知道不多，当年铸造了1亿文铜钱，铜钱和白银的兑价还无法确知[146]。1596年的工作记录较为完整。铸铜钱82800000文，获利近30000两白银，但是此后兑价不尽人意，没有进一步进行铸造[147]。

与首都相反，各省直的情况变化很大。铸钱的利润率取决于地方的铜价和对铜钱的接受程度。南直隶淮安府的铸厂在17世纪早期的利润率为40%[148]。17世纪20年代，山西省上报每年铸钱利润率为100%，其十年之间陆续获息银117090两[149]。一些省直铸局的巨大利润的获得是通过压迫商人得到的。1580年的一份奏折揭示出官员强迫铺户以低于成本价提供原材料，并强迫另外一些商人以高于市场价格的兑换率接受铸造的铜钱[150]。

(o) 桩朋银

桩朋银起源于军士应当对借给他的武器装备承担财政责任的原则。边军士兵必须在15年时间里保持他们的马匹适合服役，如果一匹马在此之前死掉了，除非是在战斗中被射杀，否则骑手和他的军官应该按照马匹未有服役的剩余年数进行赔偿。因为单个士兵不可能有足够的资金赔补这种损失，军卫就要事先扣除他们的部分饷银以建立起偿债基金，更像是征收集体保险费。有时军官们也向这个基金捐献。到15世纪，这就逐步地发展为一种称为桩朋银的制度[151]。大约在1477年左右，这一制度得到官方承认，不久就规定了征收的固定比率[152]。1492年，一位御史报告说按照旧例骑兵每人每半年要出银0.3

两[153]。

到了 15 世纪末，据说桩朋银管理不善，成为了高级军官的额外资金。1506 年兵部获得皇帝允许，将其上缴常盈库，改由朝廷太仆寺控制，用来孳生马匹[154]。此后桩朋银变成了一种固定收入[155]。

16 世纪，这项收入又有另外一个来源，即各个边镇推行的小规模团种计划[156]。这样中央政府收其所入，以保障供给。

桩朋银同兵部其他收入相混合，没有形成为独立的账目。1568 年，山西行太仆寺透露出本岁所征桩朋银 19060 两[157]。如果其他边镇也征收相似的数额，总额应该在 50000 两之内。由于 16 世纪晚期边镇管理腐败日益严重，实际征收不可能达到预料水平。一个报告揭示了 1595 年在一些军队中骑兵仍然被要求赔补失额[158]。

(p) 香税

香税经常记录在中央政府的账目之中，可能是因为这笔收入虽然不多却很稳定，有其价值。在这一税源中，经常提到的两个圣地是山东的泰山和湖广的太和山，名义是由礼部管理，由其负责那里寺观的维护与修缮。但实际上香税是由主持两处圣地的太监征收。在太和山，负责的太监授权驻守圣地的军官代为征收。

从当时的记载来看，两处每年来自于朝拜者的收益达到 40000 两白银。太和山的征收方式采用包税制，每年要解送白银"数千两"用于均州千户所折色俸粮。据说这个数额仅占税收总额的 40%[159]。泰山香税的征收者，甚至将额度不定的香税解送给布政使司后，还要每年解送一定额度给户部的太仓库。16 世纪晚期和 17 世纪早期，太仓库所入的泰山香税银高达 20000 两[160]。

第三节　役和土贡折色的现金收入

（q）轻赍银

役和土贡的折纳已有论及，这里无需再详细论述。从资金分配就可以看各个政府机构是如何存留他们最初收入的：最初以实物输纳，然后将其转入不同的现金账目之中。这种部门税收管理制度一直贯穿于整个明代。

除了田赋正额和役的折色部分外，户部掌管另一个重要项目是"轻赍银"。"轻赍"的字面意思是"容易地移交"。指定作为漕粮的那部分田赋要加征很重的路费米耗，部分是为支付运费。15 世纪早期，加耗与正赋一样是征收本色。从 1477 年起，部分耗米折银交纳，全部漕粮耗米折银为 450000 两，用做运输者的口粮与配给[161]。这种安排的目的是使税粮装载、移交容易，货物也容易到达目的地。但是轻赍银并不是由纳税者直接交给运军，而是由各州县征收，一并解送淮安（淮安是粮船必经之地），再由漕运总督将其分配给运军。实行这种办法可能有几个原因。如果军士直接从纳税人手中接受银两，他们可能会对银两的重量与成色提出异议，也可能在需要之前受到诱惑而花掉银钱。另一方面，在淮安移交银两也会促使粮船早到淮安。

但这种办法的实际结果仅仅是方便了政府挪用这笔资金用于其他目的。到16世纪早期，这笔现金开始不再发给运军。对于其起因还不清楚。官方的解释是因为大运河那时已经得到很大的改善，粮船可以很容易地通过洪闸，这样节省下来的资金可以用于河道的维护[162]。但实际上这笔资金多被挪用、盗用。1511至1512年的一份个人的记述显示出许多管理粮船的高级军官将轻赍银装入腰包而归罪于士兵，北京一些权贵也卷入了这一丑行。由于受到调查的威胁，一位心虚的军官向政府交出了一些收入，宣称这是羡余。其他人也加以效仿。不久移交现金给太仓库变成正式的做法[163]。1522年，漕运总兵官代表士兵恳求一如从前一样分配轻赍银，但因为政府将这笔资金用作它处已经成为了一种常例，所以户部拒绝了这个要求[164]。整个16世纪，一般的做法是将轻赍银的70%上交给政府，余额分配给士兵[165]。1558年，军事开支大增，半数的轻赍银上缴太仓库[166]。

16世纪晚期，局势略为稳定，轻赍银的大部分被分配用于北京周围仓场的管理开支。1579年，总督仓场尚书报告他管辖下的六个主要仓库所有开支预算为银218971两。大部分银两是用于大运河终点以外的短距离粮食运输。在同一上奏中他预料年终盈余的119088两轻赍银将上缴太仓库[167]。

(r) 匠银

在宫廷中各个工厂、作坊工作的工匠包括木匠、铁匠、裁缝、皮革工，等等。根据帝国早期的规定，这些职责由登记为各个行业的匠户亲身无偿完成，这些人以此种方式来履行服役义务。其中有一些人要每年应役，其他人间隔期为二年、三年、四年或是五年。匠户应役于南京或北京，时间一般持续三个月。盘费由工匠自己提供。虽然政府不发给他们报酬，但却提供工食。

1562年以后，他们不必要亲身服役，而将匠役义务折成白银按年度交纳。根据1578年统计，整个帝国有匠户142486名[168]。他们的匠役折银称为"匠银"，由地方官员征收并解运到工部管理的节慎库。全部收入固定为银64117两。在有些地方，仅仅把这项税银并入到役银账目中，而不是从单个工匠那里征收，对于这一点，第三章已经论及（参见第三章第四节）。

两京之外的其他政府工厂也适用同样的办法，例如在易州烧炭的山厂和清江浦的造船厂（第二章第一节），但那些税银直接解送各个工厂并不经由工部的情况则是例外[169]。理论上，政府工厂的雇佣工人工钱是同由同一行业登记的匠户支付。

（s）芦课

芦课岁入25500两白银，由南京工部管理，加征于湖广、江西和南直隶长江沿岸农业土地之上。在15世纪，这项税收征收实物，芦苇用做燃料。到16世纪，税收折银，拥有河滩和岛屿荒地的人成为芦课纳税人。虽然芦课是田赋的一种变化形式，但是其面积与收入并没有与正赋合并。土地所有权含糊不清，既非私人土地，亦非公田。而且，由于地形变化，最初的亩数估量与16世纪晚期的情况并不一致。

因为那时大片种植芦苇的土地已经改种水稻，因此普遍认为芦课纳税人的税率很低[170]。1597年，万历皇帝曾武断地命令其定额增加到200000两[171]。每个土地所有者的税额不可能突然之间增大8倍，因此知县很可能必须通过对现存收入的重新分配来交纳这笔税金[172]。

(t) 四司料价

四司料价岁征银500000两，是工部管理的最大款项。征收遍及除广西、云南、贵州之外的省直各个地区（参见第三章第四节）。16世纪晚期和17世纪早期，工部被授权以"河工"和"助工"名义进一步征税。这两项征收最初被认为是非正规的税收。前者被认为是北方省份田赋的附加税，而后者是向现存的收入再加征一定的比例。

(u) 马差

这一项目已经进行过详细论述（第三章第二节），这是由兵部管理的最大款项。1588年的报告估计收入大约为370000两[173]，而1629年岁征429537两[174]。

(v) 班军折银　(w) 皂隶折银　(x) 驿传银

这三项征收，由兵部管理，在16世纪没有什么意义。前两项曾有增长的潜力。最后一项虽有一定的重要性，但却从未纳入总的账目之中。

京城防卫责任由来自山东和河南的士兵履行。理论上，他们在蒙古人最可能入侵的秋季和春季来京师加强防御。事实上，士兵们刚到京师就被分配去从事修建项目。有时也纳银代役。例如，在1540年，有46000名士兵没有至京应职，他们被命令每人交纳工价银1.2两。工价银总额达55200两[175]。到16世纪后期，纪律有所加强，但是折纳的工价银仍作为兵部账目中一项常规项目得以保留。皂隶从15世纪以后就不再要求亲身服役，而折色银被用作京城官员薪俸津贴（参见第二章第一节）。1487年的皂隶总数为7342人，到16世纪数量至少达到10000人[176]。每人每年以12两计算，岁入应该不少于120000两。然而，其中的绝大部分都是直接分配给了官员。这一项目中惟一能够确实增加兵部收入的是空额官员俸给的节余，但这一项目变动较大，而且数额不多。

另一方面，驿传银的羡余则是非常稳定的。16世纪70年代，张居正要求各地减少驿传征收，各地上奏说撙节开支使他们减少了对驿传的征收（参见第七章第四节）[177]。但所有证据都表明实际上并没有减少，大多数地方还是以先前的税率征收。驿传银肯定构成了省级银库主体。1598年，当中央政府命令各省将其储备解送首都时，驿传银被描述为"自万历初年迄今"[178]节省之余银。其实际的数额无法估算。

（y）历日 （z）光禄寺厨料

三个属于礼部的特别机构保持着单独的开支账目，从未与其他收入合并。他们是太医院的药材，钦天监的历日和光禄寺厨料。这些项目出现在正规的财政报告中，列入各省直的里甲派征之中。

在 16 世纪,仅有少量的从民众征用的药材折成货币征收。药材总额约为 80 吨。尽管许多地方账目中列出了分摊的花费,但是其现金价值从未被计算过。甚至在 15 世纪,帝国历纸要印刷 50 万份,但相对于其他上供[179],纸张的花费很小。而光禄寺厨料则是很大的项目。

15 世纪,光禄寺厨役有 7000 至 9000 名(参见第二章第一节)。因为其必须能够为 15000 人的宴会提供服务,同时也要分发大量的酒肉[180]。光禄寺的开支一直得到政府的关注。其从政府的仓库中领取稻米、食盐、酒和器皿,厨役工食由户部发给,通常给付粮食。另外,光禄寺还从掌管北京各城门的太监手中得到一小笔现金收入 [参见前面(b)]。光禄寺每年的现金支出巨大,16 世纪晚期大约是 260000 到 400000 两之间[181]。这笔费用由地方政府供应,一直是作为一个单独的项目。它比铸钱利润和番舶抽分总和还要高。

第四节 非现金收入

(aa)茶马

尽管通过边境的茶马贸易,中国从游牧民族得到马匹,也获得了可观的利益,并且对其进行调查研究无疑也能够获得关于夷夏关系的有用信息,但必须指出的是,边境贸易的财政重要性不大。其对政府财政的贡献,虽然有一定重要性,但决非至关重要。毫无疑问,在 16 世纪边境贸易的动因是获得收入。正如最近莫里斯·罗塞比(Morris

Rossabi)所指出的那样,很难说明朝保持控制茶叶贸易是以此来安抚西边的游牧民族[182]。

茶马贸易与明朝茶叶专卖有着密切关系。帝国建立之时,将茶叶与食盐置于国家的严格控制之下,与食盐专卖一样,有"引"和围绕产地所建立起来的"批验所"。然而茶叶专卖较盐的专卖影响较小,因为其产品过于分散而不能置于政府直接控制之下。

根据洪武时期创建的这项制度,茶叶被分为两类。那种除在陕西和四川省之外其他省份生产的茶叶是用于国内消费,但是必须有茶引。在陕西和四川,政府从三种渠道获得茶叶。一定数量的茶园为政府所有,由军队士兵劳作。政府拿走80%的产品,剩余20%用于给付士兵。私人生产的茶叶征收20%实物税收。政府也用宝钞从私人种植者手中大量购买茶叶。余下的茶叶可以如其他省份一样购买茶引后在市场上出售。此外,任何家庭蓄茶不许过一月之用[183]。

通过这些方法,政府一年在四川获得100万斤的茶叶,在陕西可能获得26862斤茶叶。所有这些用于与西部边境的游牧民族进行茶马贸易,这也就是被明朝官员称为"番部"的民族。在16世纪,共列出有57个进行贸易的部落。他们似乎代表着不同的部族[184]。但是绝大多数可能是来自藏族诸部,或者是来自于浩罕和今天新疆的突厥语系部族。在王朝早期,他们进贡附属于明朝,明朝政府发给他们金牌作为贸易凭证。理论上,从事贸易的部族首领既包括权利,也包括义务。明朝政府在陕西建立了四个茶马所,在四川建立一个茶马所,通过这种制度每年可以得到13000余匹马[185]。

茶马贸易制度早期最大的困难是运输。绝大部分茶叶产于四川，而贸易却在陕西北部进行。1425 年在成都有 210000 斤茶叶在等待运往边境时腐烂变质[186]。1435 年之后，政府试行了所谓的"开中法"，即与食盐专卖采用的开中法相似（参见第五章第一节）。在这种情形中，除了运输成本以外，商人不被要求投入任何资金。一个人在成都从政府仓库中接受 100 斤茶叶并将其运到陕西的一个茶马司，这样会得到 2000 斤食盐的引由，在两淮或两浙地区可兑换成现金[187]。这看起来没有大的进步。有时茶叶也由军队运到北边[188]。但是由于卫所制度的衰落，这一办法没有什么效果。翻越崇山峻岭的运输费用使得整个运作非常的不经济。

15 世纪晚期，政府实际上失去了对茶马贸易的控制，获得的茶叶数量也不断减少。在陕西，人口不断增加，茶叶产量也有增加，但政府无意对茶叶征税，走私贸易繁荣[189]。然而到 1490 年，政府对茶马贸易采取了一个不同的办法。从那时起很少强调政府的生产与收购，而力图向边境地区的茶商课税。民间商人被鼓励从生产者手中购买茶叶，政府发给他们通行证。在到达茶马司时，商人上缴其货物 40% 给政府，余额进行民间贸易。这种办法不定期地举行，也被混称为"开中"。由于在陕西缺乏有能力的管理者和京师朝廷领导能力的下降，边境贸易站至少又持续衰退十年[190]。

官方茶马贸易的恢复据说是由于户部尚书杨一清（1454—1530，1510—1511 年在任）的努力，他早在 1503 年作为督理马政副都御史到过陕西。他在此升为陕西巡抚，后为总督，他在陕西任职了八年，1510

年被召回北京。杨一清制止了走私贸易,增加了向当地茶园的课税,要求各族番官一如以前进行贸易。然而1490年实行的基本政策仍旧向茶商征税。1504年在给皇帝的奏报中,杨一清描述了他的计划:召商买茶,然后解送给茶马司。政府出售1/3付给商人,其余2/3归属茶马司[191]。官方税率66.7%为有明一代最高的记录,这无疑会受到商人的抵制。1506年以后税率减少到50%,商人被允许在边境地区自由出售其余的50%[192]。高税率的目的不仅造成茶叶大量积压,还正如杨一清在他的奏疏中承认的那样,也提高商品的价值。这仅仅由降低出口量,人为增加了商品的成本来实现。

他的解决方案本质上是放松国内市场的某些限制,加强对边境的控制。茶马司的运作更像海关,50%的税收事实是一种出口税,它反过来就是一种保护性的关税。对于茶商的民间贸易知之不多。可以猜测他们是中茶易马,因为有资料表明除马匹以外再没有什么有意义商品可以从游牧民族获得[193]。同时"卖放私马"[194]也不断被提到,因为私马不缴纳进口税,商人在上缴半数茶叶之后仍能从中获利。杨一清制定规定,虽经几次修订,仍延续到16世纪末。1571年,又制定法规要求每名茶商将货物分为两个部分,由茶马司拈阄对分[195]。

16世纪茶马贸易几乎没有需要政府的投资。1507年,杨一清提到他已经囤积了450000斤茶叶,足够二年贸易之用[196]。尽管向陕西的茶园征收的总课额从1503年的26289斤增加到1505年的37195斤,1506年又达到50965斤[197],但这个数量还是不多。很明显,杨一清囤积的绝大部分来自于对茶商的征收。

同边境部族每三年进行一次贸易。马匹被估价为三等,而平均兑换比率保持为每匹马兑换70斤茶叶,与洪武时期相近。16世纪前期,政府每年通过这种方法获得3000至4000匹马[198]。

尽管西北边境局势不稳,但在16世纪晚期,茶马贸易还是得到发展。1536年,废除了三年一次的贸易周期,此后官方贸易每年一次,农历六月开始,持续大约60天[199]。整个16世纪,茶叶看起来不再短缺。而且官员们不断抱怨有过多的茶叶需要储存。民间贸易额也有所增加,兴贩私马也从未销声匿迹。1591年一篇奏疏提到茶马司每年可得到马6500匹[200]。根据地方志的一条记载,从1588年开始每年为12000匹马。1600年左右,这一水平开始下降。17世纪,锐减到每年3040匹马[201]。这可能有许多原因。莫里斯(Rossabi)认为这种衰退还要更早。他指出16世纪早期纳马部族受到了蒙古首领易卜拉(I-Pu-La)和穆斯林首领曼苏尔(Mansure)的压迫,使他们的贸易活动受到长期影响[202]。16世纪90年代,万历皇帝派遣的税使对贸易活动也有影响,因为税使的过分征索妨碍了各省之间的贸易。

毫无疑问,茶马贸易的衰退造成了17世纪早期陕西的经济萧条。这种贸易在全盛时期有很复杂的情况,包括官员、商人、茶叶生产者、军官和士兵都卷入其中,其重要性不能仅用官方记录中的数字来衡量。1589年,陕西巡按强调茶马贸易对陕西的地方经济十分重要[203]。

纵观16世纪的贸易政策,可以发现主要问题是国内市场茶叶过剩,而边境出口有限,税率固定,各级官员又从中谋取私利。16世纪的最后25年中，湖广取代了陕西成为茶叶的最主要供给地。1577年，俺答汗开放北方边境易茶的要求被拒绝。明朝认为一旦蒙古直接得到茶叶，他们将以此种方法对西方部族进行控制。北方和西方游牧民族之间的这种关系对中国毫无利益。市场已经饱和，茶叶过剩，户部被迫于1585年同意将税率降到30%[204]。至迟到1595年，陕西的御史要求将湖广茶叶全部排除于边境贸易，借口是湖茶质量低劣[205]。然而其真正原因可能是由于地方日益增大的对于湖茶的憎恶情绪，湖广茶以低廉的价格在过分饱和的市场中取得优势[206]。最终户部采取一个折衷的方案：湖广茶不再被禁，但另设了一个检验部门以控制其质量。

16世纪70年代和80年代，政府每年通过茶马司可以得到大约10000匹马。平均每匹马值银10两，每年通过茶马贸易可以得到10000两收入。虽然这一数目很大，但其财政上的重要性也不应被夸大。马匹被解送到宁夏、固原、延绥和甘肃四个军镇*，然而为了孳生马匹而将一些种马留在陕西苑马寺[207]。16世纪晚期，苑马寺被奏告工作无能，因为其管理的马匹数量没有增加。苑马寺至多不过是马匹被分配给军镇之前的中间机构。其运作与北京太仆寺没有关系。茶马贸易也不应该同北边和辽东的"马市"相混淆。后者由太仆寺提供资金，由边境督抚管理。他们收购商品，吸引地方部族，同他们交换马匹。[208]在16世纪晚期，这项事务每年花费政府300000两白银。1594年，为了同

---

* 这里的甘肃为北边军镇之一，不要与现在的甘肃省混淆。同样，山西镇也与现在的山西省并不一致。

入侵朝鲜的丰臣秀吉作战,中央政府仅拨给辽东的马价银就达 550000 两[209]。换言之,这仅仅是开支项目。

因为产自四川的茶叶并不在西北边境进行贸易,所以其对政府财政意义不大。1542 年,根据官方的报告,在四川课税的茶叶数量超过 5000000 斤,还不包括政府茶园生产的茶叶。然而在 1578 年,省级官员征收的茶叶收入总共还不超过 20000 两。其中 14367 两被解运南京户部,1500 至 2000 两解运给陕西省。剩余资金,连同征收 158859 斤茶叶,存留于本省,用于津贴地方管理[210]。16 世纪中期,四川巡抚也承认广泛存在私贩茶叶现象[211]。

其他省份的茶课名存实亡。绝大部分地区仍然沿用宝钞来评估地方税额,当 16 世纪折成白银时,税额减少到了可笑的程度:云南 17 两,浙江约为 6 两[212]。当时的一位学者对此作了如下的概述:"内地茶户不知官茶、私茶之说久矣。天下之言生财者,亦罔闻知。"[213]

(bb) 未被列出的其他项目

以实物形式解运首都商品的总价值,每年大约为银 400 万至 500 万两之间,对此前文已有提及(第三章第三节)。这些项目本质上代表着不同形式的税收款项。例如数量很大的有棉布、缎匹和黄蜡,他们有不同的来源,其中一部分是田赋正额的折色,一部分来自里甲征收,还有一部分是政府用现金购买而来。这些供给更应在列入仓库清册而不是税收账目中,因为他们不是不断上升的税收单位,他们中一部分实际上要被消耗掉。它们应该被看成一种开支,但是由于会计制度的不一致,它们有时被列为收入项目。

第五节　杂色收入总结

收入估计

杂色收入估计列于表 18 中,数字精确到千两。无法确知岁入的项目忽略不记,这对全局不会有太大的影响。

表18　1570—1590 年左右杂色岁入估计　　　　（单位：两）

来自于工商业的收入		管理收入	
钞关税	340000	开纳事例	400000
商税	150000	僧道度牒	200000
番舶抽分	70000	户口食盐钞	160000
房地契税	100000	赃罚银	300000
竹木抽分	75000	桩朋银	50000
矿银	150000	香税	40000
渔课	58000		
小计	943000	小计	1150000
役和土贡折色			
轻赍银	338000		
匠银	64000		
芦课	25000		
四司料价	500000		
马差	400000		
光禄寺厨料	360000		
小计	1687000	总计	3780000

注：田赋、役和盐课收入各项未包括在内。

按照人口的实际税收负担,这样的数字很可能估计较低。由于重复征收、私派、以及在正式解运和审核之前征收者对税收资金的先期支出,这些都会造成上报的收入数字和实际征收之间有一定差异。另一方面,按照国家的实际收入,这个数字可能被过高估计,特别是源于工商业的收入。众所周知,钞关税征收有时达不到定额,矿银经常中断。对于地产交易中的房地契税,只是在接近16世纪的几年中,户部曾力图加强管理。这一表格也非统计意义上的一致,因为包括一般的估计和记录下来的数据,包括各省存留与起运中央政府的各项收入。然而,"总计"代表着收入的最高估计,那是政府希望通过多种渠道获得的收入。

杂色税收的评价

当税目增多时,税收水平必定提高,但这种一般的看法却不适用于明朝的杂色收入的征收。尽管税目非常多,但是税收总额却比较小。在最理想情况下,所能征收到的最大数额也不过是3780000两白银,这相对于帝国的需要而言,则十分可怜。举例来说,1570年至1590年间,募兵每人年饷银18两[214]。来自于杂色的收入,即使全额征收,也仅够支付210000名募兵的基本粮饷,这还不包括他们的服装、装备以及军镇的运作费用。相对于如此广泛的征收范围,可以认为其征收水平实际上低的可怜。

税收的增加,其本身并不是"落后"的标志。明朝财政管理最落后之处在于其缺乏组织和重点。杂色税收征收的历史显示出其税收制度一贯的、长期的弱点。最初的失误是对工业和商业采用了统一的税收原则。向所有工业生产和商业物资都适用同样的税率，没有例外。征收商业税时，管理者根本不去考虑商人的资本投资、利润率以及他们的潜力、经营的范围和贸易路线[215]。在政府矿业管理中，也是同样的做法，那里矿工被希望如生产食盐的灶户一样完成他们个人的生产定额。定额制度导致了所有各项收入的下降。由于不能从中获取足够的收入，从15世纪开始政府力图从其本身的管理运作中取得收入，诸如卖官鬻爵等。这只是权宜之计，但后果却是十分恶劣。各种税收优免起因于开纳事例，随后僧道度牒的征收也导致了财政管理的恶化。对士兵粮饷的克扣降低了军队的战斗力，也成为16世纪晚期军事预算膨胀的部分原因。赃罚银的征收鼓励了腐败，降低了地方政府的领导能力。这里所列出的过错都是16世纪开始新出现的，特别是役和各种土贡的折银，导致了财力进一步的崩溃。

虽然许多学者批评明朝税收过重，但是他们主要是从道德层面进行批评。他们主要关心的是揭露征收者的贪婪和民众的艰辛，而不是去探寻税收制度本身所固有的问题。他们的描述给人们造成这样的印象，那就是主要的问题都是税收过重造成的，而实际上这些困难的产生更可能是税收过低造成的。应该指出，杂色岁入的3780000两白银如果按照16世纪晚期15000万人口来平摊[216]，则平均每人只有17文铜钱。当然，考虑到明朝官场通行做法，也不能认为充足的税收收入就自动保证诚实的管理，但是税收不足的确使问题更加恶化。

尽管某些领域的税收的确过重，但在其他领域却并非如此。1607

年河南巡抚针对"市井卖浆者"被课以重税,而典铺却被课以轻税的事实提出了反对意见[217]。许多事例显示出税收潜力要么被浪费,要么被忽视了。总而言之,征收较高的税收非明朝管理体制能力所及,以此来指责管理者实际上是过分信任了管理者的能力。

依照通行的财政办法,税收总额的大部分应由各省政府和其他服务机构存留。这是很必要的,因为对于户部而言,先将所有收入征纳,然后再将其中一部分返回其起运地是很不切实际的。但是如果将帝国政府直接控制大量收入看成是其推行财政政策能力的标志,那么在16世纪晚期它根本无力这样去做。表19显示了太仓库实际的杂色收入。

表19 1570—1590年左右太仓库杂色岁入估计　　(单位:两)

项目	最高	最低
钞关税	340000	160000
房地契税	100000	—
渔课	11000	11000
户口食盐钞	80000	45000
赃罚银	170000	128000
香税	20000	20000
轻赍银	119000	—
四川茶课	854000	364000
总计	854000	364000

其他各部的账目与此相类似。1569年,工科给事中审核工部节慎库账目,奏报每岁收银七八十万两[218]。这个数字列在表18中,包括匠银、部分渔课、部分赃罚银、一些矿银以及四司料价。仅仅最后一项就为500000两白银[219]。马差是兵部惟一的重要杂色收入,实际上

是田赋的变化形式，数量在 370000 两到 430000 两之间波动。所有其他项目则忽略不计。

注 释

〔1〕 关于船料钞关的起源见《太宗实录》页 2365,《宪宗实录》页 1325。

〔2〕《天下郡国利病书》21/53—54。

〔3〕《世宗实录》页 2494；参见《明史》81/854。

〔4〕《穆宗实录》页 0862。另一资料暗示合并工作开始于 1529 年，见《西园见闻录》40/1—2。

〔5〕《天下郡国利病书》21/51—53。

〔6〕 崇文门的征收参见《大明会典》35/48。

〔7〕 九江关的一位通判曾经挪用了数万两白银，可参见《西园闻见录》40/6。另一个滥用职权的例证参见祁彪佳《日记》卷 5，日期为 1643 年阴历九月初二日。

〔8〕 他们的印象是"清朝官员武断但诚实"，Lach, *Asia in the Making of Europe*, I, p, 754. 相似的观察参见 Hucker, *Traditional Chinese State*, p.82n.

〔9〕 定额最早确立于 1377 年。参见《太祖实录》页 1848。

〔10〕《临清直隶州志》9/2。

〔11〕《天下郡国利病书》11/44。

〔12〕《天下郡国利病书》21/51。

〔13〕《神宗实录》页 2529。

〔14〕 同上，页 2589；孙承泽《梦余录》35/39—40。

〔15〕《天下郡国利病书》22/16。

〔16〕《西园闻见录》92/24。

〔17〕《临清直隶州志》卷9；杜琳《淮安三关统志》卷2；伊龄阿《淮关统志》7/1—29。

〔18〕《续文献通考》页2933。

〔19〕同上，页2938。

〔20〕杜琳《淮安三关统志》8/9。

〔21〕《天下郡国利病书》21/52—53、55—56；《西园见闻录》40/1。

〔22〕这个表以孙承泽《梦余录》35/42和《续文献通考》页2937中的数字为统计基础。吴兆梓《中国税制史》页175—176中列出了1625年崇文门的征收定额为48900两。佐久间重男所作的表格显示出更多变化，参见佐久间重男《商税と财政》页61。

〔23〕《天下郡国利病书》21/53—56。

〔24〕《神宗实录》页7072。

〔25〕《大明会典》35/7；朱国祯《涌幢小品》2/40。分配的事例参见《世宗实录》页1413；《神宗实录》页2579、4530。

〔26〕孙承泽《梦余录》35/9—10。

〔27〕吴兆梓《税制史》页169。

〔28〕《穆宗神录》页0555。

〔29〕《西园闻见录》40/1。

〔30〕《汾州府志》5/12。

〔31〕《金华府志》8/20。

〔32〕《徽州府志》7/64，8/14—16。

〔33〕《穆宗实录》页0441，《神宗实录》页0764—0765。

〔34〕《世宗实录》页 5991、6474;《西园见闻录》40 / 3—4。

〔35〕《皇明经世文编》358 / 28—29。

〔36〕《宪宗实录》页 1827,《世宗实录》页 1038。

〔37〕《神宗实录》页 1197。

〔38〕《大明会典》35 / 32—37。

〔39〕《太祖实录》页 1116;《太宗实录》页 0447—0448。

〔40〕陈文石《海禁政策》页 59—60。

〔41〕《孝宗实录》页 1367—1368;《宪宗实录》页 4590。

〔42〕陈文石《海禁政策》页 107;《天下郡国利病书》33 / 60。

〔43〕《武宗实录》页 1496、2911—2912;陈文石《海禁政策》页 107—108;梁方仲《国际贸易》页 292—293;《皇明经世文编》357 / 7—10。

〔44〕梁方仲《国际贸易》页 292;陈文石《海禁政策》页 109。

〔45〕对于争端期间的情况所知甚少,参见 Lach, *Asia in the making*, I p. 737, 788。

〔46〕《天下郡国利病书》29 / 105。

〔47〕《世宗实录》页 2509;《天下郡国利病书》33 / 58—60。

〔48〕《皇明经世文编》357 / 7—10;梁方仲《国际贸易》页 298、305。

〔49〕周玄暐《泾林续纪》页 48。

〔50〕梁方仲《国际贸易》页 305,他引自 1601 年版的《广东通志》。

〔51〕H. B. Morse, *The Chronicles of the East India Company*, I, p. 9.

〔52〕张燮《东西洋考》7 / 95—98。梁方仲在《国际贸易》页 292—293 中已经将税率列表。

〔53〕1589 年福建巡抚指出货植一两,税银二分。参见《神宗实录》页 3939。

〔54〕1597 年港口部分开放。参见《神宗实录》页 5899;《天下郡国利病书》26 / 33—

34,99—104；也可参见《神宗实录》页4864—4865。

〔55〕片山诚一郎《月港廿四将の反乱》页389—419；周玄暐《泾林续纪》47。

〔56〕沈榜《宛署杂记》页92—93。

〔57〕同上，页83—91；《神宗实录》页2355。

〔58〕沈榜《宛署杂记》页91。

〔59〕《天下郡国利病书》14／43。

〔60〕《天下郡国利病书》7／40。

〔61〕《神宗实录》页6960。

〔62〕《明史》81／835。

〔63〕《大明会典》204／1—8。

〔64〕《宪宗实录》页1724；孙承泽《梦余录》46／54。

〔65〕《大明会典》204／1。

〔66〕《大明会典》204／7。

〔67〕《天下郡国利病书》11／43；席书、朱家相《漕船志》4／10。

〔68〕周之龙《漕河一覕》卷8；朱国祯《涌幢小品》4／79。

〔69〕项梦原《冬官记事》页6—7、14。

〔70〕《明史》189／2213；《西园闻见录》92／24。

〔71〕《明史》206／2397。

〔72〕《明史》224／2591。

〔73〕《天下郡国利病书》11／43—44。

〔74〕伊龄阿《淮关统志》5／7。

〔75〕项梦原《冬官记事》页4。

〔76〕周之龙《漕河一覕》卷7。

〔77〕陈子壮《轻赍银》3 / 42。

〔78〕《宪宗实录》页4319。

〔79〕《世宗实录》页1232。后者数字引自人民大学《社会经济》页94。

〔80〕周之龙《漕河一覕》8 / 13—14。

〔81〕青州（本文中指沙市）在1587年的榷课额仅为14000两白银，参见《神宗实录》页3544。

〔82〕《太祖实录》页3518；《大明会典》194 / 16。

〔83〕《大明会典》194 / 19—21；孙承泽《梦余录》46 / 59—60。

〔84〕《大明会典》194 / 18；何士晋《厂库须知》6 / 91、7B / 1—8（这部著作中有两个七卷，这里指第二个）。

〔85〕《天下郡国利病书》28 / 8。

〔86〕同上，26 / 73、104。

〔87〕宋应星《天工开物》231；Sun, 'Mining Industries', p.840.

〔88〕何士晋《厂库须知》7 / 3—4。

〔89〕倪元璐《全集》"奏疏" 10 / 11—12；倪会鼎《年谱》4/17。

〔90〕"闸办"一词出现在《太宗实录》页2266、《仁宗实录》页0017、《英宗实录》页5372。

〔91〕宋应星《天工开物》229。

〔92〕《明史》10 / 82—83；《天下郡国利病书》23 / 52—53。

〔93〕《天下郡国利病书》23 / 54。

〔94〕刘瑾的财政改革值得进一步研究。甚至《实录》中零散且带有偏见的记述也暗示其在表象之后的深远的目的；参见《武宗实录》页0864、1318、1439、1440、1456、1482。

〔95〕同上，页0815、0847。

〔96〕《世宗实录》页0072；《大明会典》37／33。

〔97〕《世宗实录》页7867。

〔98〕《明史》18／130。

〔99〕《大明会典》37／25。

〔100〕《天下郡国利病书》15／138—140。

〔101〕《世宗实录》页6180。

〔102〕同上，页7692。

〔103〕这些记录参见《神宗实录》页6645、6663、6700、6718、6731、6732、6751、6782、6839、6863、6864。而且在1596、1598两年中，包括山东、河南、山西、浙江和北直隶五省据称解送白银达106000两，参见《神宗实录》页6059—6060。

〔104〕《天下郡国利病书》32／46。

〔105〕《神宗实录》页4177。

〔106〕《明史》75／804。

〔107〕《大明会典》31／1—26中列出这些河泊所。

〔108〕《大诰》1／55。

〔109〕《永州府志》9／1；《天下郡国利病书》25／50。

〔110〕《大明会典》200／26—38。

〔111〕《神宗实录》页1810。

〔112〕1465年、1485年、1512年、1536年、1561年、1564年的出售情况分别见《宪宗实录》页0436、0552、4521，《武宗实录》页1883；《世宗实录》页3993、8512、8667。

购买的最常见形式是通过给予生员身份,仅这个头衔就几乎可以与文职的"候补"平起平坐。甚至他既未进入学校,也未进入官场,生员可以从政府得到冠带并被允许穿戴,并享受一些低级官员的特权。一些购买者实际上没有进入官学,还有一些人仅仅利用这项头衔而被任命为地方官员,这通常是在边境省份。参见顾炎武《日知录集释》6/59—60;《大明会典》5/11—16,220/21;《宪宗实录》页1023; Ping-ti Ho(何炳棣),The Ladder of Success,p.33,46.

〔113〕这是从归有光的几篇祭文得到的印象。见归有光《全集》18/241—242。

〔114〕徐贞明《潞水客谈》页7。

〔115〕项梦原《冬官记事》页5。

〔116〕《武宗实录》页1005。

〔117〕《世宗实录》页8887。

〔118〕张居正《书牍》3/15。

〔119〕《熹宗实录》页2316;刘宗周《刘子全书》415/5。

〔120〕《宪宗实录》页2064。

〔121〕《宪宗实录》页4550;孙承泽《梦余录》39/86。也参见《宪宗实录》页2301、2310。

〔122〕同上,页4406。

〔123〕同上,页3658。

〔124〕孙承泽《梦余录》35/31;《皇明经世文编》325/18。

〔125〕《武宗实录》页0937。

〔126〕《神宗实录》页1818、2896—2897。

〔127〕《武宗实录》页1241。

〔128〕《神宗实录》页0307。

〔129〕《武宗实录》页1241。

〔130〕这个数目出于《大明会典》26／1—59中未编辑的数据。

〔131〕孙承泽《梦余录》35／9。

〔132〕见《明史》308／3488；《世宗实录》页8848，《神宗实录》2757—2758。

〔133〕《大明会典》176／14。

〔134〕见《大明会典》176／9—14、15—18所录的"在京纳赎诸例图"和"收赎钞图"。

〔135〕《大明会典》179／19—24。

〔136〕《世宗实录》页5799；韦庆远《明代黄册制度》页124—127。

〔137〕海瑞《海瑞集》页49。

〔138〕《神宗实录》页4904—4905；Lien-sheng Yang（杨联陞），'Ming Local Administration', p.20.

〔139〕《大明会典》30／23。

〔140〕《大明会典》179／18。

〔141〕孙承泽《梦余录》35／10。

〔142〕何良俊《四友斋》3／161。

〔143〕《神宗实录》页2127—2128。

〔144〕海瑞《海瑞集》页259、276；何良俊《四友斋》1／3。

〔145〕《明史》81／851；《大明会典》31／14；《神宗实录》页1129—1131、1132、2944；《皇明经世文编》325／22—23；孙承泽《梦余录》38／1—16；项梦原《冬官纪事》35；彭信威《货币史》页444—446。

〔146〕《大明会典》31／14；《神宗实录》页1129—1131、2944。《实录》中所记每两白

银兑换铜钱 1000 文的比率似乎是不可能的。彭信威认为铸造过两文铜钱,实际上比率是 500∶1;见该书页 444—446。

[147] 项梦原《冬官记事》页 3。

[148]《淮安府志》(1627) 12 / 24。

[149] 孙承泽《梦余录》38 / 8。

[150]《西园见闻录》92 / 20。

[151]《大明会典》152 / 18。对于细节可参见谷光隆《明代の桩朋银について》页 165—196。

[152]《宪宗实录》页 3046;《大明会典》152 / 23。

[153]《宪宗实录》页 1282—1283。

[154]《武宗实录》页 0470—0471。

[155]《世宗实录》页 2337;杨时乔《马政记》8 / 3。

[156] 王毓铨《明代的军屯》页 8—9。

[157]《穆宗实录》页 0716—0717。

[158]《神宗实录》页 5241。

[159]《西园闻见录》40 / 9;《皇明经世文编》406 / 1—5。

[160]《明史》82 / 866;孙承泽《梦余录》35 / 10;《皇明经世文编》406 / 5;《武宗实录》2733。

[161] 1578 年的额度是 445257 两,1579 年是 450900 两。见《大明会典》27 / 28;《神宗实录》页 1871。

[162]《大明会典》27 / 27—29。

[163] 孙承泽《梦余录》37 / 15。

[164]《世宗实录》页 0627—0628。

〔165〕《神宗实录》页3491。

〔166〕《世宗实录》页7733。

〔167〕《神宗实录》页1871—1872。

〔168〕《大明会典》189/10；何士晋《厂库须知》2/22—23。

〔169〕《大明会典》206/4—5；席书、朱家相《漕船志》4/1—15、6/16、41、7/15。

〔170〕《大明会典》208/18—19；《天下郡国利病书》8/70。

〔171〕《神宗实录》页3556、3628。

〔172〕《世宗实录》页3893；《神宗实录》页5383；孙承泽《梦余录》35/43。1609年的收入大约是1500000两，见何士晋《厂库须知》2/21。

〔173〕《神宗实录》页3652、5916。页5916中记载了1597年的收入大约是400000两。

〔174〕孙承泽《梦余录》53/8—9，根据朱国桢的记述，1614年收入为980000两，见《涌幢小品》2/41。

〔175〕《世宗实录》页4835、4957。

〔176〕《宪宗实录》页4917；也可参见《大明会典》157/1—12。

〔177〕《神宗实录》页1408、1448、1494、1558、1559、1581、1706。

〔178〕《神宗实录》页5992；也可参见页3473、5274。

〔179〕陈诗启述了万历时期的折纳情况，见《官手工业的研究》。

〔180〕早期的征收见《英宗实录》页0060；《宪宗实录》页4393。

〔181〕厨役的数目见《宣宗实录》页0149；《孝宗实录》页0624；《大明会典》194/4。1574年光禄寺消费了160000斤食盐，这意味着厨房每天可以供应15000人，见《神宗实录》页0654。

〔182〕《世宗实录》7863—7864；《穆宗实录》页0148—0150；《神宗实录》页0593—

0594、3632。

〔183〕Rossabi, 'Tea and Horse Trade', p. 163.

〔184〕早期制度见《太祖实录》页1300—1301；《明史》80/843—844；《大明会典》37/3—5。

〔185〕《天下郡国利病书》19/17—18、35—37（该书原编19册页36记载"五司岁计一万二千余匹"。译者）。

〔186〕《大明会典》37/1; Hucker, 'Governmental Organization', p. .46.

〔187〕《宣宗实录》页0249。

〔188〕《英宗实录》页0189；《大明会典》37/8。

〔189〕《大明会典》37/13。

〔190〕许多茶园不纳税，每年私贩的茶叶甚至达到一百万斤，见《皇明经世文编》115/1—10、12—13。

〔191〕《明史》80/845；《大明会典》37/8；《孝宗实录》页0846。

〔192〕《皇明经世文编》115/16—17。

〔193〕《明史》80/845；《天下郡国利病书》18/98。

〔194〕《大明会典》37/16；《天下郡国利病书》18/98；《皇明经世文编》386/12。

〔195〕《皇明经世文编》386/7。

〔196〕《武宗实录》页0683—0684。

〔197〕《大明会典》37/7；《皇明经世文编》115/12—13。

〔198〕《皇明经世文编》115/16—17。

〔199〕《明史》80/845；《世宗实录》页3968。

〔200〕《皇明经世文编》386/16。

〔201〕《天下郡国利病书》19/36。

［202］Rossabi, 'Tea and Horse Trade', pp.159—163.

［203］《神宗实录》页3773。

［204］俺答汗的要求见《神宗实录》页1459—1460。对于税收的减少可见《神宗实录》2943、3405。

［205］《神宗实录》页5207。

［206］《明史》80/846。

［207］《皇明经世文编》385/7、9—10、19—20；《天下郡国利病书》18/86。

［208］《神宗实录》3699、4407；杨时乔《马政记》8/4。又见侯仁之《马市考》，该文的英释文在 Sun and de Francis, *Chinese Social History*, pp.309—332；王士琦《三云筹俎考》2/17。

［209］《神宗实录》页5085。

［210］《明史》80/846；《大明会典》383/2—3。

［211］《天下郡国利病书》19/104—105；《皇明经世文编》383/2—3。

［212］《大明会典》37/3。

［213］孙承泽《梦余录》35/54。

［214］这一饷银在16世纪是很普遍的事情。后来各条的日期分别是1585、1587、1589和1598年：王一鹗《奏议》1/18；《神宗实录》页3401、4079、5941。

［215］帝国最后一个户部尚书倪元璐曾在文中揭示过这种情况，见倪元璐《全集》"奏疏"6/2；倪会鼎《年谱》4/17、27。

［216］Ping-ti Ho（何炳棣），*Studies on the Population*, pp.23, 277.

［217］《神宗实录》页8200—8201。

［218］《穆宗实录》页0746。

［219］《熹宗实录》页0609。

第七章 财政管理

崔瑞德（Denis Twitchett）在对唐朝财政管理的研究中描述了三个不同的发展时期。在第一个时期，管理机构仍是相当原始和简单的，而第二个时期的特点就是财政机构职能的不断专门化。在第三个时期，连续不断的制度专门化在新的专门化了的权威机构与中央政府的常规组织之间引起紧张状态[1]。相比较而言，16世纪的财政管理一点也没有显示出这样明显的分期。总体看来，明代行政管理没有足够的动力来产生类似的制度变化。

为方便起见，将这一百年间的财政管理作如下分期：

第一时期：1501—1521年。这一时期北京完全不存在有力的领导力量，这是15世纪晚期普遍状况的延续。

第二时期：1521—1541年。财政事务刚刚有一定起色，但接踵而来是更进一步的恶化。嘉靖皇帝的即位似乎开创了一个新的时代。这位来自皇室旁支的新皇帝与京城里的既得利益者没有一点联系。他释放宫中的多余人员，加强了对宦官的管理，遏制了贵族庄田的增长。然而，皇帝没有推行任何真正意义上的制度性改革。嘉靖皇帝以自我为中心的行为记录最终使他处于与他的前任者们同等的地位。

第三时期：1541—1570年。一连串的长期财政危机发生了，只是由于地方官员们的努力调整才得到缓解，但地方官员们的调整措施并不协调统一。这一连串的事件首先是由军事失败而引起的。军事失败始于 1541 年河套被吉囊占领。政府已处于经常性的严重压力之下,它被迫采取它能够实行的任何非常措施。对武装力量倾以数百万之财已经证明是无效的。16 世纪 50 年代,俺答汗的骑兵已袭击到北京的郊区,而倭寇也在东南沿海一带劫掠。决定性的灾难出现在 1557 年。这年北京的三大殿连同正门一烧而光。这些建筑物带有如此巨大的象征意义,以至于尽管有其他各种紧迫的财政问题,而三殿的重建不得不立即开始。

第四时期:1570—1587 年。从政府的角度来看,这一时期是 16 世纪最成功的时期,可以称为张居正时代。到 1570 年为止,俺答汗已经受抚,海盗也不再是一个严重的问题。当 1572 年这个精明的政治家成为京师的主要决策者的时候,他对财政事务也加强了管理,政府的仓库开始充实起来。尽管张居正于 1582 年死去,然而他的管理的好处一直延续了好多年。

第五时期:1587—1600 年。前一时期的成就再次被财政无能一扫而空。16 世纪 90 年代耗资巨大的三次军事行动导致了国库空虚。这种混乱的状况因为万历皇帝绕过文官系统派遣宦官到各省充当税使而恶化了。

这一概括显示出的是管理循环的交替,而没有上升或发展。危机靠紧急措施应付过去,随着周期性的财政压力而来的是暂时性的缓解。尽管管理放松,收紧,然后再放松,但并没有一丝改革的企图。这一时期的历史是由个人造成的,而不是由制度造成的。

不过，无可否认，16世纪的税收中白银使用量的增加是一个重要的发展。尽管理论上它应该使政府的财源更加灵活多变，并因而有利于财政预算，可是实际上这种情形并没有发生。在前面的章节中已经相当详细地证明了明王朝体制的僵化阻止了它认识到这种变化中的许多潜在的好处。一条鞭法没有推进到它的逻辑终端即单一的土地税。纳税人的劳役不能彻底废除，税收项目也不能合成一体。在下面的篇幅中将会显示出这种与早期管理方式相连的趋势在中央政府中更加明白无误地表现出来了。

有鉴于此，详细描述这个世纪的那些事件是没有用处的。这种按年代顺序的考察只会表现为相同事实的重复。以上面所给的分期为基础，我们将首先检验管理的总特征，焦点主要集中在户部的运作上。因而要仔细关注两个特殊的问题：1550年以后军队开支极大增长的后果和1572至1582年间张居正推行的财政改革的后果。战争与和平时期的这些财政措施应该足以说明这一世纪中的总体发展情况。这些调整不足以使制度合理化，但其临时性特点也许能够解释上文简要提及的小的管理循环的重复发生。

第一节　16世纪的户部

户部的运作

乍看之下，户部的运作能力在16世纪似乎已经大大膨胀了。户部直接掌握下的太仓库在 1500 年以前很少一年管理过 100 万两以上的白银。到 16 世纪中叶，存银据说接近 200 万两，到 16 世纪 50 年代实际上已经突破 400 万两。尽管随后增加的速度减慢了，但也保持在 400 万两左右的水平。

其实，这种表面上的膨胀是个假象。太仓库收入随着税收折银的不断增长而成比例的增加，没有任何证据表明户部的职能真正地扩大了。16 世纪晚期，太仓库增加后的岁入约为 400 万两，只占了帝国全部税收的 12%。况且，太仓库实际上留存不住它的现银收入。大部分的收入立即被运往北边军镇。余下的收入用来支付朝官的薪俸、京营的军饷和几个宫廷机构——最主要的是御马房和皇家苑囿——的维持费用。此外，太仓库还充当了皇帝的接收代理机构。作为一项制度，金花银和皇庄子粒银要由太仓库收纳。

户部财力的有限揭示出这种体制不可避免的缺陷。一旦税银解到，朝廷就尽力防止资金不必要的流动。为了避免税赋由南方数省运到北京然后又尽数送回南方的情况，户部多次被迫命令南方的地方长官存留他们自己征收的税赋，哪怕这已经导致了失控[2]。由于户部没有在各省建立起地方上的分支机构，它完全把自己推到了供给线的终端。

此外，每一项收入都是由许多不同的支付机构来分享的这种财政做法也阻挠了户部扩大它的运作能力。因为在王朝早期户部是作为一个总的会计部门而不是作为一个执行部门来看待的，它已经没有机会将大宗税收留作己用。到 16 世纪，各级政府的运作都出现了预算赤字。每当需要额外的资金时，户部不是从任何一个收入机构中拨款专用，而通常是从各种税源中抽出小额资金，这导致了所有现行的分配额普遍降低，节余下来的资金就可转用于新的财政需要了。很明显，通过这些方法不易于积聚大笔资金。

同时，其他各部都有财政自主权。"马差"由兵部征收，"四司料价"由工部征收，这就是明证。在这些情况下，户部认为自己的财政职责仅仅在于向官吏提供食物和服装。甚至对于北边军镇的供给，户部也认为它的角色主要是军需官，而出钱购买战马、火器和盔甲则明显超出了它的职权范围。在另外一些事情上，户部也试图尽可能地逃避责任。1547年，当宣府和大同军镇要求资金来修筑长城时，户部认为修边墙系兵部职掌，当由兵部提供资金。只是在皇帝亲自干预下才达成了一个妥协方案：兵部支付三分之二的资金，而户部支付三分之一[3]。到16世纪晚期，这成为通行的做法。1598年，浙江动员组织一支水军时，其安家、制器、旗帜、修船租银等由兵部提供，而行粮、路费银由户部出。士兵的月饷银也由两个部共同承担，户部支付百分之七十，其余由兵部支付[4]。

太仓库收入

太仓库的主要收入来源看起来好像是矛盾的和模糊的。例如，《实录》记载1549年它岁入银2125355两[5]，而1558年它又写作"接近于二百万两"。然而同一资料指出前7年中太仓库实际的支出数目如表20所示[6]。

表20　1551—1557年间太仓库岁出银额　　　　　（单位：两）

1551	5950000
1552	5310000
1553	5730000
1554	4550000
1555	4290000
1556	3860000
1557	3020000

这些支出数字看起来与记载的收入完全不成比例。16世纪中叶，税收无疑是有所增长，但是赤字也常常发生。这些资料缺乏系统性的描述，一些年份的岁入数目分散在给皇帝的奏疏中，如表21所示[7]。

表21　1567—1592年间太仓库岁入银额　　　　　（单位：两）

1567	2014200
1577	4359400
1583	4224700
1585	3676000
1587	3890000
1589	3270000
1591	3740500
1592	4723000

有关亏空的引述甚至更为少见，仅仅在16世纪80年代有一些奏疏中引用过。它们如表22所示[8]。

表 22　1583—1590 年间太仓库亏空银额　　　（单位：两）

年份	亏空银额
1583	2301000
1584	1180000
1585	548000
1587	2030000
1589	190000
1590	324500

这些数字本身并不能揭示全部的真相。事实是明朝官员们从来没有形成一致的会计方法。他们常常将应收的款项与实际收入搞混。在本年度征收上来的早年积逋也许被算入任何一年的账目上，或者有时两年账目上都忽略不算。同样，他们对预算亏空与实际亏空不作区分。上引的赤字是根据计划性收入中计算出来，而不是依据实际收入。1584 年的情形就是一个例子。当象征性的赤字出现时，朝廷决定改折省直起运漕粮 150 万石、棉布 102410 匹和绢 45522 匹[9]。根据当时通行的折算率，这些实物价值约为银 170 万两。结果并没有发生如表 22 所示的 118 万两的赤字，因为那年太仓库实际上应该有 500000 两的盈余。

为了考察太仓库实际掌握的收入，很有必要考察一下那个时代的惯常做法。第一，从 16 世纪早期以来太仓库就已经掌握了一些税目，这些税目在适当的时候成为其永久性的定额。这些税目在理论上既不能减少，也不能转移，形成了太仓库收入的核心。它们包括表 23 中所列的税目[10]。前引 1549 年、1558 年和 1567 年大约 200 万两白银的收入就是指这些基本的税目而言的。

表23 1521—1590年左右太仓库基本岁入估计　　（单位：两）

正赋折银	250000
田赋的附属附加税（见第三章第四节）	
马草	340000
农桑丝绢	90000
人丁丝绢	10000
麻	38000
盐课银（第五章第四节）	1000000
来自杂项的最低收入（第六章第四节）	364000
总计	2092000

第二，太仓库的岁入受税收增加的影响甚小。整个16世纪，大规模增加田赋的命令仅有两次，而且每次也只为时一年。1514年为了营建乾清宫，加征银100万两[11]。1551年，由于军需紧缺，向南方数省紧急加派1157340两白银[12]。而发生在1592年、1598年和1599年的加派由南方省直存留（第七章第四节）。当税收上升影响到徭役时，收入就不会分配给太仓库。盐课的任何加征通常会引起下几年的亏空（第五章第三节）。无论怎样提高各种杂税的定额，只不过稍微给太仓库增加点收入罢了。

第三，政府对财政赤字毫无办法。有时候，地方官府在遇到紧急情况时会被迫预征赋税，盐政官员也要求提前收税，但是这些措施决不会影响太仓库的运作。

第四，太仓库的任何预算赤字可能会由推迟交纳的税目收入来弥补，这些推迟的收入虽是本财政年度解运入库，但为以前额征项目。预算赤字也可能由京运本色——主要是漕粮——的进一步的折银来填补。通过这些办法而没有得到弥补的任何数额才构成了真正的亏空。这个赤字只能由缩减太仓库的积贮来消除,有时也由皇帝掏个人腰包来解决问题。

通过对这些做法的考察,可以知道太仓库的账目尽管复杂,但决不是不能理解的。其发展有以下几个阶段:

(a) 到 1541 年左右,太仓库实际岁入不超过 200 万两白银,甚至还要少。收入只包括基本的税目。

(b) 除去这些基本税目之外,太仓库的岁入后来由于额外的税目而增加了。在杨廷和革除大量的宫廷额外花费之后,从 400 万石的岁额漕粮中节余了 150 万石(第二章第一节)。1541 年以后这项仓余折银,尽管也有中断,但还是经常下令折纳。1541 年,有 120 万石的漕粮折成银两。很明显,折银一直持续到 1546 年嘉靖皇帝决定暂停改折为止[13]。接下来的记录尽管不完全,但表明改折很少停止过。出现在《实录》中的 16 世纪中期三组重要的财政数字显示:漕运米改折在 1542 年是 1385884 石,1552 年是 1667163 石,1562 年是 1367389 石[14]。

每年大约 150 万石的漕粮盈余折成银两,有望给太仓库带来 100 万余两的额外收入。看起来 1541 年以后太仓库的实际收入要接近 300 万两,不会再低于这一水平。然而多数官方资料将折银收入统计为不可再重复征收的税目,上报收入时将其忽略。

(c) 1543 年,在吉囊占领河套的压力下,皇帝开始发内帑补助太仓库。在一次廷议后,嘉靖皇帝同意在紧急时期让出金花银和皇庄子粒给户部,预期持续五年[15],但实际一直持续到 1558 年[16]。作为御马房和皇家苑囿的草场、牧地很早就已由户部接管,成为定例[17]。这些税目一共为太仓库增加了大约130万两的收入,使太仓库的总收入突破了400万两白银。然而,户部接管这些税目之后,也被要求支付在京武臣的薪俸,并要维持御马房和苑囿的开支,因此这些税目的价值实际上大打折扣。

(d) 16世纪60年代,资金需求大增。前面提到的1551年下令向田赋紧急加派,同时盐课也被期望每年另外提供白银300000两(参见第五章第三节"工本盐")。开纳事例、罚赎银两也都增加。但这些筹措资金的措施并不能持久[18],其原因可由表20作出部分说明。从1553年以来,南方数省不得不奏留经费用于地方备倭。1557年以后,又存留部分收入为官殿营造采购材料。

最严重的财政危机出现在1558年。当时户部尚书方钝(1552—1558年在任)提出增加收入的七点计划[19]。一个都给事中提出了五点计划[20]。而南京的户部提出了另外的五点计划[21]。一些京官联合提议二十九项增收计划,全部为皇帝认可[22]。这些建议和计划并不高明,只是试图从现存税收中榨出一些小税目来,或者卖掉易于折得现银的官田,或者要求全体民众额外捐献。《明史》称这些收入为"益琐屑,非国体。"[23]这些建议不过是一些无望的反映。

不过,有理由相信50年代早期——可能直到1553年——太仓库岁入银两实际上已经超过500万。如果没有这笔数目的收入,它将会无法支付表20所示的那些开支额。朝廷不可能在发生危机时没有任何储备[24]。1554年,朝廷从库房中提出总额达889000两的白银时,实存余额不足 120 万两[25]。1553 年以后支出较少并不表明危机已经结束，而是表明太仓库已经没有可用资金了。

这些观察似乎有助于相信：16 世纪 50 年代太仓库岁入银两曾达到 500 万两以上，然后又下降到不足 400 万两的水平。

(e) 1570 年以后，财政管理的主要目的是要恢复正常状态。皇帝个人的收入已归回宫廷，紧急筹措资金的措施大半已经停止。即便如此，平均岁入仍保持在大约 400 万两（表 21）。这还不是国家收入扩大的标志。从 1573 年起，原来由北方数省民户直接解运边镇的税收改由太仓库经手其事。这项程序的变革使户部在这些资金的年度分配上有一些发言权[26]。1580 年的记载显示来自于此项的白银有 523800 两[27]。《明史》中一份没有说明具体时间的概述中指出多年以后这个数额增加到 853000 两[28]。漕粮余额的折银不再年年进行，当然也决不会停折很久。1578 年，江南漕粮通行改折一年[29]。1584 年，诏改折各省直起运漕粮 150 万石[30]。催征积逋也使总收入有所增加。因此基本收入虽为 200 万两，但记录在册的岁入实际上达到了 400 万两，这还是可能的。

明代的地方财政管理僵化不变，而太仓库作为帝国的基本财政运作机构，其收入又源于地方，这也就是问题的实质。无论是战争时期，还是和平时期，16 世纪以来收入的性质改变不多，最高额实际上也保持不变。太仓库收入增加的主要原因在于输纳程序的改变、折银和向皇帝告借。机动的范围总是有限的。尽管表面上太仓库的岁入从 100 万两白银增加到 400 万两，净增额也不过 300 万两，相对于帝国巨大的财政需求而言还是一笔相当小的数额。

在前面章节中，曾估计田赋收入在并入许多杂项税目后，总计约银 2100 万两（第四章第三节）。役银约有 1000 万两（第四章第三节）。据官方估计，盐课的全部收入价值有 200 万两（第六章第五节）。此外，还有许多项目由于缺乏数据而没有计算在内，比如，南方各省督抚们征收的"兵饷"和北方军镇自己生产出的收入。前文也不过是做了一个乐观的估计，因为这些数字包括许多无法征收和重复性的税目。维系帝国的运作，3700 万两白银并不很充足。同时，还有非生产性的礼仪开支也浪费大量的收入。对户部而言，仅仅掌握 400 万两白银实在太少了。

京师的开支

由于多种因素，京师的白银开支数量变化不定。京官的部分俸禄和京营的全部开支应该由漕粮支付。但是在某些年份，由于白银收入较多，禄米可能临时被折成银两。1578 年确实发生过这种事情，1567 年也可能发生过[31]。金花银重新转给皇帝后，又由皇帝负责支付在京武臣的俸禄[32]。当这些资金来自于皇帝内库时，并不会显示在账目上，不会产生俸禄出自户部的印象。从 1578 年开始，万历皇帝要求户部以"买办费"名义每年额外增加 20 万两白银以补充其个人收入[33]。这笔钱通常由太仓库解送，但不列入账目。换句话说，总开支由于支付武臣俸禄而扩大，又由于排除了买办费而减少了。

除开这些变化，账目还是简单而又相当稳定的。《明史》概要记载了岁出之数，时间可能是 1580 年左右[34]，如表 24 所示。它所记载的总额和所列诸多细目都与其他材料所引用的 1580 年前后甚至到 1600 年以后的数字十分相近[35]。在表 24 中，努力做到忠实于原来的记载。可以认为，武臣俸禄与买办费互相抵消了。

表24　1580 年左右太仓库在京师的现金支出　　　（单位：两）

贵族禄米	16000
文官俸米	44000
武臣俸禄	268000
军匠折银	206000
京城巡捕、锦衣卫等	50000
班军补助	50000
军士冬衣折布银	84000
御马三仓象、马等房	148000
京军马草	16000
服务机构吏员	13000
总开支	895000

这些账目构成了一个薪水册，而且是一个小薪水册。除了年人均领银 600 至 1000 两之间的几个贵族、公主等人以外，所谓的俸银对它们的接受者而言只不过是零花钱罢了。平均每一位文官每年能领银 10 两左右，武官不足 5 两，军士不足 2 两。晚明仍然沿用 15 世纪早期制定的俸禄标准。尽管以漕粮来补充俸禄，但俸粮也不过是口粮而已，而且每人每月很少超过 1 石。尽管官吏可以得到皂隶折银（皂隶，见第二章第一节和第六章第三节），不过，按照明末的生活标准，一个大臣一年 144 两的俸银难以敷用，16 世纪许多朝臣的生活费用依靠地方官员的"馈送"。这点可以解释为什么海瑞将地方官员三年考满赴京朝

觑那一年称作"京官收租之年"了[36]。

户部没被要求提供各种衙门的行政费用。鉴于这一点，京师的朝廷依赖于周围地区提供行政费用，与地方州县做法相同。顺天府提供京城衙门使用的所有办公用品[37]。承差役夫从河南、山东和北直隶征调。1592 年会试期间，宛平和大兴地方官府不仅供应需用的所有物品和劳力，而且他们自己还要出钱租赁额外的器皿和用具[38]。京城使用的一些马匹实际上由远方的行省提供。迟至 1610 年，江西还起运京师会同馆 82 匹马[39]。当徭役折银时，役银是直接交纳接收司局而不经由太仓库。

扣除京师岁出的 895000 两白银以后，太仓库岁入余额略超过 300 万两（假定 16 世纪晚期岁入总额为 400 万两），这个数额用于北边军镇军饷，对于这个问题将在本章第三节军队开支中加以讨论。

第二节　各省之间和各部之间的管理

省级指导与监督

因为户部主要是维持京城和北边军镇的费用，所以它对其他领域的控制仅仅是表面上的。到了 16 世纪，僵化的财政管理方法在其他部门也难以为继。很难说清各省的财政运作是否进行了预算。因为有定额税收、解运程序、官俸则例以及许多惯例，所以每个衙门都受到某种半固定性预算的限制。尽管一些省直官员试图继续执行这一方针，但以前的各种做法并不完全符合16世纪的情况，例如，许多地区各项开支实际上早已超出它们的存留收入（第四章第四节），这就是明证。

这一问题部分原因在于朝廷。皇帝有时主观地下达的蠲免税收命令会给地方官员造成很大的困难。1534年，嘉靖皇帝下诏将当年田赋减半。当户部认为这个命令只会造成巨大的财政亏空时，仁慈的皇帝却仅要求户部找出补救办法[40]。1582年，万历皇帝将北京的契税减去一半。数年之后，地方官员奏请恢复先前税率，却未获允准[41]。还有许多已经明确蠲免的赋税实际上照收不误的事例。在1502年的一份奏疏中，户部自己承认发生过这种事情[42]。当1523年南直隶的松江府遭受严重的水灾时，地方官员奏请重灾地区田赋蠲免一半。然而，随后从北京来的命令解释说先前的诏免仅仅应用于地方存留粮，而起运粮仍要全额解运北京。因为松江府的起运粮达到138万石，而存留粮仅有6万石，所以第二道命令事实上就取消了蠲免[43]。16世纪晚期，相似的事例经常发生。

正如前面所提及的，从已分配他用的税收中支取出小额资金来应付紧急财政需要对朝廷而言是简便易行的方法。资金挪用经常发生，这不可避免地引起它处短缺。有时，朝廷随意地命令地方官员弥补税收亏空。实际上这就意味着现行预算没有约束力，而那些不急之需的开支要么是削减，要么终止。例如，16世纪30年代的钞关收入已由一系列诏令分作多项用处，包括补贴邻近军卫。1536年从淮安和扬州征收的船料银两接济修缮皇陵之费[44]。这不过是挪用资金以应付新的开销。

在督导各省直官员时,户部自然强调起运粮的解运,而绝少注意各地的存留粮。明代后期的人事考核证实了这种倾向。一位及时、全额解运起运粮的官员会得到赞誉,而存留粮的管理则无足轻重。户部尚书梁材(1528—1531 年在任)力图改变这种倾向,但是没有成功,仅仅因为这将影响到户部的优先权。大约 20 年后,户部尚书潘璜(1549—1550 年在任)不得不承认他关心的重点仍是起运粮,而在他的奏疏中,只有一次用了不太明确的语气提到过存留粮[45]。这种优先意识与收入短缺密切相关,这无疑导致许多长期预算款项空有其名(第四章第四节)。

有明一代从来也没有放松过对财政账目的稽核。因为预算并不统一,所以谨慎管理十分重要。官员们自己征税,又自己支出资金。尽管有具体的困难,稽核也不能因为效用不高而被取消。16 世纪中叶,几个位高权重的官员因为滥用资金和盗用公款,一再受到监察官员的弹劾。他们包括前两广总督张经、三省总督胡宗宪和工部尚书兼钦差大臣赵文华[46]。巡按御史对财政记录的定期核查有力、细致,以至于引起了西方的观察者们的注意,并在他们的日记作了专门的记录[47]。

不过,期望通过这种有力的调查来保持政府工作人员财政廉洁是不现实的。充其量,也就查出一些明显的盗用行为。16 世纪一些财政管理方式,比如食盐专卖和宫廷供给,根本无力核查。而且,官方的稽核仅仅是对那些登记在案的项目,而绝大多数的腐败行为都是与私派、对民间税收代理人勒索和各种贿赂有关。监察官员们只揭露出一些当时被认为十分过分的事情,他们决不会试图依据法律条文来判断每一种行为。例如，在16世纪，官员们"礼"尚往来不再被认为是非法。相形之下，很少有人明确因被控贿赂而受到处罚。一般来说，当一位官员被控犯有受贿时，只是因为行贿者或受贿者已经由于更严重的罪行而受到了指控。换言之，指控贿赂主要用于显露政治上的问题，而不是经济问题本身。

显然，16世纪结束之际，官场腐败愈加严重。这不仅仅表现为暴露出来的案件涉及的数额较大，而且表现为案件涉及的范围更广，道德标准更是普遍下降。这些案件中提到的一些数额让人震惊，前文曾提到17世纪早期广东的盐务长官个人收入为30000两（第四章第四节）。同时，京师的仓库收纳人员的职位——名义上不付薪水——变得如此有利可图，以至于每个职位以4000两的价格进行买卖[48]。到王朝的晚期，这些职位的出卖已通过契据而正式化了。类似的职位油水稍差，但也可供出卖。据称这种行为广泛存在于各省和各个部门[49]。占有这些位置的吏胥们在正式的行政系统内形成了次一级"官僚机构"。他们不可或缺，因为官员们依靠他们得到非法的收入。更为糟糕的是，当时具体行政管理办法与通行的财政规章相互脱离，没有这种非正规职役，政府机构将会瘫痪[50]。

大规模水利计划的实施

16世纪，长城的修建是由前线督抚实施完成的，其所用资金与军事费用是合在一起的。长江三角洲的水利工程和浙江沿海的海堤则由地方官员们来主持完成[51]。朝廷关注的重点是整治黄河和大运河。通常情况下，这两者合为一项工程。16 世纪，工程几乎一直进行，很少中断过五年以上。为此投入大量的资金，已经难以承担，同时，黄河水害不可捉摸。所有这些都明显导致了财政的不稳定。

1528、1565、1578、1587 和 1595 年都进行过大规模的治河[52]。在大运河一再为淤泥充塞和被黄河淹没之后，1593 年决定在运河中段开挖一条新的河道以避开黄河。由于资金短缺，这项工程停工了好几次。只是到 1609 年，也即工程开工后十六年，110 英里长的水道通航了[53]。所有这些建设工程的管理有几个共同的特点。首先是没有编制过详细的预算，虽然事前曾对成本做过一个粗略的估计，但这只含有中央政府提供的基本数额，其他要由地方捐纳来完成。此类工程一般属工部管理，但户部也在资金方面深深地卷入其中。资金的最后分配权掌握在工程指挥者手里。按照原则，指挥者得到一项双重的任命，都御史和专敕大臣。有时他也会加工部尚书、侍郎等衔，但这个头衔仅仅是荣誉性的；它既不损害他作为实地指挥者的自主位置，也不会使他对工部有更大的影响力。

相对于其他事例而言，潘季驯主持的 1578 年工程的用银记录比较令人满意。此处将加以概述以作说明。1578 年夏天，潘的前任卒于任上，由潘季驯开始主持治河一直到 1580 年初为止。开始时动员了 50000 名劳力，一年多以后，劳力至少已达 100000 人。总共塞过大小决口 139 处，兴建了超过 30 英里长的新堤、涵洞、拦河坝、减水石坝无不必备。另外还栽过低柳树 830000 株。如果所有的物料和劳力付以全价，保守的估计也会使成本总额高达白银 250 万两以上。然而，在潘季驯最后的上奏中，他指出统共用银 560637 两[54]。

为准备这项工程，南方各省的漕粮全部折银一年。其中正额解京以供京师的正常开支。交给工程指挥者的仅是加耗和轻赍银，其他资金来源于开纳事例、盐商报效和南京马价银等小额收入[55]。潘季驯还将工程银两积贮淮安府库支收[56]。

虽然每个劳力的工价标准定为每日给银 0.03 两，记载表明他们的工食银实际上来源于地方官府征收的徭役银。那些不能缴纳徭役银的人则亲身应役[57]。尽管没有详细资料留存下来，但是可以断定：集中控制的资金实际上是一种补助金，而大部分的经济重担是由地方承担。因此，从中央政府到乡村里甲的所有财政机构全都卷进了这项建设工程，工程指挥者的财政权力成为它们结成一体的惟一因素。在一封给皇帝的奏章中，潘季驯建议：在兴工期间，所有的州县正官都应留在官署中，躬亲料理诸事。佐贰则押夫役亲自赴工。如果有任何疏忽，该司道官即时参呈[58]。潘季驯自己也被任命为右都御史。

这一计划的另一个特点是来自中央的那一小笔补助又有许多不同的来源。早在 1580 年，当这项工程完工的时候，潘季驯建议进行几年的防守工作和二期工程，其必需资金由设在湖州、淮安和扬州地区的盐课司、钞关和抽分场局提供。不过，他估计年需资金不超过 30000 两[59]。

尽管我们对其他年份的建设工程了解较少，但是无疑可以肯定为这些工程筹措资金和征发徭役的方法是相似的。1582 年的工程动用 300000 名劳力，进行了两年时间，朝廷总花费估计只有 200000 两[60]。

1565年的工程再次征发役夫300000名，花费700000两[61]。实际成本肯定会超过所引数额的几倍以上。1584年，总理河道官为一项小型工程提出了216000两的预算。一位礼部主事对此提出异议，理由是这项预算甚至连实际费用的十分之一也支付不了。他还以自己的亲身经历来说明工程影响所及的地区，一户人家要被要求支付五个役夫的工食银。征发来的役夫还遭受工头的勒索和虐待，一旦役夫逃亡，就要从他们的家乡征发新的劳力来替代他们[62]。可以理解，这样的建设工程会给朝廷和地方官府带来了沉重的额外负担。而且，巨大的开支仅仅是问题的一个方面，另一方面则是廷臣和地方官员都缺乏很好实施这些工程的组织才能。

宫殿营建

从永乐迁都北京到天启末期，宫殿营建一直没有中断。16世纪，所有的木质寝宫和正殿一再毁于火灾。1514、1525、1541、1557、1584、1596和1597年都发生了火灾。差不多每隔十年京师就有必要重建这些宫殿。最具灾难性的火灾发生于1557年。大火持续了二十四个小时以上，烧毁了两座正门和三座大殿。重建工作总共花费了5年时间，一直到1562年秋天才完成[63]。其他的营建工程也很难少于两年时间。很明显，工程营建开支数额很大，不可能仅视为偶然性的项目而不予考虑。

工程营建属工部监管，但其他各部也参预其中。例如，在1557年和1596年，户部与兵部都受命从各自银库协济银300000两以助开工[64]。另外，工部有权从赃罚银、开纳事例和铸钱中获取资金，并有权截留一部分来自商税、契税和田赋的收入。因此，财政重担影响到所有其他的政府机构和部分省份。

财政事务和供应程序的复杂性使人很难估计每项工程的实际费用。一些经常提到的数额明显地被夸大了。建造于1515年的太素殿据说花了2000万两，但在16世纪能否筹措这样一笔巨大的资金是让人怀疑的。不过杨联陞已经指出实际的费用是200000两，粗心的《实录》抄写者一定将"十"字写成了"千"字，这两个字仅有一笔之差[65]。

然而，官方数字也不能说明真实的费用。1515年修建太素殿费银200000两，1585年修建慈宁宫费银150000两[66]，1598年修建乾清宫和坤宁宫花费720000两[67]，这些数字都是根据北京的现银开支计算出来的，在相当大的程度上忽略了各省供应的建筑材料和劳力。

各项开支中花费最大的项目是木材，它们来自于陕西、四川、贵州和湖广。1558年，仅贵州就奏称本省采木经费之数当用银138万两[68]。这个数目也许有一些夸大，因为它是由省里的官员们估计的，而他们有足够的理由强调正是由于这些采办引起了财政困难。1584年，四川受权存留700000两白银的税收来支付木价并运输费用[69]。这个数目可能接近实际开销。1557年，中央要求非木材产地的南直隶徽州府供应工木86766根，价值银129314两，另加上运费41640两。这一估算由工部确定，可以从地区税收中扣除。然而，在解运完这项供应后，工部又催解各年欠解料价银138000两，同时又新派大工银30000

两。因此,采办已经彻底变成征索[70]。

借助于当时其他的记载,对木材的费用可以得出一个更为准确的估计。一份16世纪的记录指出四川的木材每604根就扎成一个木排。每付木排的成本仅是148两,但需要40个人花三年的时间将它运到京师。运费又是2160两,这使得每根圆木在到京之前的平均价值大约为4两[71]。1596年的工程用去工木160000根,那么在南方工木每根的价格估计略低于2两白银[72]。所以可以推断,一项小的工程可能需要约价值50000两的工木,而一项大工程的工木费用可能轻易地超出了300万两。16世纪大运河的旅行者常常提及水道上挤满了运输皇木的船只[73]。在1598年,利玛窦记载,数千名人夫牵挽这些木排,他们一天跋涉五六英里[74]。尽管官府对征发来的役夫只给口粮,但运费也是十分巨大。

工程营建中使用的琉璃砖瓦是在南直隶的苏州府烧造。那儿没有建立任何永久性的窑厂,但是,长江下游的六府要提供劳力和制造工具[75]。就1596至1598年的工程而言,生产砖瓦1700000块。工部为此补助了20000两银子,这仅是生产成本的零头[76]。工部通过命令每只漕船捎带一些砖瓦来节约运费,然而利玛窦观察到运河上还有一些特制的驳船被用来运送砖瓦[77]。

用在宫殿正面的大石每块长3丈、阔1丈、厚5尺。1596年,制造了特殊的马车——有十六个轮子,由1800只骡拖拉,拖运石块。尽管详情并不清楚,但工程指挥者的报告表明大石要花22天、费银7000两才可以到达建筑工地[78]。无疑,费用的大部分来自于民众。

在北京，役夫的工食是一件微不足道的事情。建筑工人主要从京营和轮班匠中抽调。此外，还要从北京购买另外的建筑材料，尤其是内府不能供造的东西。这些物品是指定商人以官定价格采买。1588年皇帝诏书中承认官定价格常常低于一般市场价格，而且还拖欠账款。一位给事中估计官府当时所欠各项商价高达白银50万两以上。即使皇帝曾要求户部以太仓银次第补给，但不能确定这道命令是否得到彻底地实施[79]。

令人遗憾的，由于许多不确定因素影响了资料的可信度，因此很难对总的营造费用做出准确的估计。如果抛开这些因素，《明史》中关于在16世纪50年代末期至60年代早期这一营造高峰时期岁费银200至300万两的总估计[80]还是值得一提的，这与其他可以证实的管理因素并不相悖。但毫无疑问，这个估计只包括了中央和地方上支出的可以计算出来的资金，而不包括物品和劳力的额外派征。

要是认定这些加派表现为官府的净收入，那将是错误的。明代后期官府的控制能力十分有限，税收实际上已达到了饱和点，对任何一个方面进行额外的派征肯定会引起其他方面税收的不足。1592年，一位掌管太仓库的户部侍郎上奏说六年中各省直共欠京运银7641100两[81]。而这一时期正是在重修慈宁宫，进行大规模水利工程建设，万历皇帝又另外下诏修建自己的陵寝（第七章第四节）。

第三节 军事供给

军事开支的不断上升

传统的史学家将明末军事预算的增加归因于军屯的衰落。而现在所知道的 16 世纪发展情况，则清楚地表明这个观点再也站不住脚了，必须要考虑到其他许多的因素。

直到 15 世纪晚期，军士的报酬仅仅由口粮和一些冬衣组成。服役是世袭军户的责任，军士甚至被指望要自己提供基本装备。到 16 世纪，这项制度变得越来越不切实际了。1500 年前后，北方军营里以募兵来填补空额已经成为一个通行的做法[82]。开始时每个募兵可得津贴银五两，同时还为他们提供战马与服装。当然也要给这些募兵固定的饷银。16 世纪中期，每人每年可得白银六两，这并不算少。但是由于白银更加广泛的使用和倭难期间南方数省征兵计划的扩大，使这一数字不断增长。当 16 世纪 70 年代南方军队调到北方时，所有的北边军镇都普遍提高了饷银。到本世纪末，许多募兵年饷银为 18 两，这成为 17 世纪早期的通行标准[83]。

北边军镇的数目也不断增加。16 世纪以前，这样的军镇只有 7 个，但是在 1507 年火筛入侵宁夏导致了固原镇的建立[84]。1541 年，为了阻挡来自于吉囊的威胁而设置了陕西镇[85]。16 世纪晚期，对于财政事务，五个较低的军镇与九边同等看待[86]。所有这一切都增加了管理成本（见图 4）。

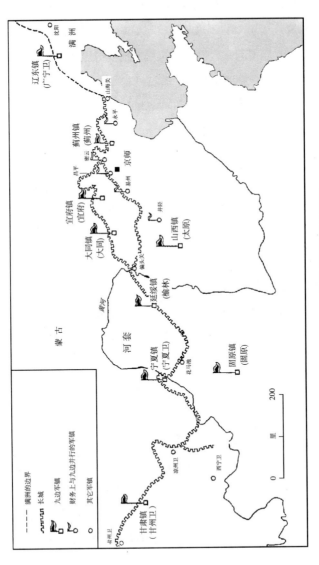

图 4　16 世纪晚期的北边军镇

修筑长城也是开支巨大。1472年,延绥巡抚余子俊第一次组织了大规模的修筑[87]。起初只不过是想建起堤岸和挖掘深沟,将现有的堡垒用夯实的土方连接起来,但是建筑慢慢地变得更加复杂了。很快,它就包括了建造带有垛墙和炮台的砖石结构。这一过程持续了一个世纪以上,历经成化、弘治、正德和嘉靖朝,一直至万历初年,也就是到16世纪80年代才结束。到16世纪中叶,这一工程的成本已经极其高昂。1546年,宣府和大同地区——役夫都是无偿征发而来——每修筑城墙一英里,政府要费银约6000两[88]。1558年修筑蓟镇城墙,雇募劳动力每英里就要费银6357两。当征发劳运力时,当地人口实际上支付了七倍于此的金额,管理不当也会将劳力的成本提高到每英里44500两,人们已经对此提出了责难[89]。

军队预算膨胀的另一个原因是火器的使用。尽管人们已经知道明朝军队在15世纪早期使用过火器,但是似乎只是到了更晚一些时候它们才得到广泛使用,特别是到16世纪晚期,开始大量仿制葡萄牙制造的火炮。1498年的一道规定试图限定工部制造火器,边镇也不许擅造。嘉靖时期这项限制渐渐松弛[90]。迟至16世纪60年代,北京的京营使用的标准炮弹仍是泥弹,从1564年起,制造铅弹,自1568年起,改铸铁弹[91]。1586年,兵部要求陕西的四个边镇自查,在随后的报告中列举了它们储存的所有物资和装备,其中有一些与火器有关。遗憾的是,这个报告将铁、铅、石子一起列出,使人不可能计算出它们的成本。不过,其中仅一个军镇就贮存有超过2000吨的铁和铅。显然,这些所谓的火器包括火箭和小弹丸,每个军镇拥有的数目达200万或更多。很明显，一种更为新式的战争已经开始要求重新看待花费[92]。15世纪时采用了装备有火器的战车。到了16世纪晚期，俞大猷（1503—1579）和戚继光（1528—1587）极力主张大规模地使用火器进行防御[93]。1609年工部的记载说每辆战车的生产要费银30两[94]。这也是一项新的开支项目。

以上足以说明16世纪的军事后勤工作与一百年以前已有很大的不同。

16世纪的军屯

关于这个题目有许多资料，但是少有可经证实的事实。军屯面积和岁入子粒都列在《实录》中。王毓铨曾经将这些数字列表[95]。摘要如下：

> 1487至1504年岁入子粒约为270万石。
> 1505年至1518年的产量每年固定为1040158石整。
> 1519年以后这些数字或记或不记。
> 从1522年到1571年的50年时间，每年产量保持在370万石左右（1567年是个例外，那年奏报的数字仅有180万）。

奏报止于1571年。尽管王毓铨认为后期的数字有夸大的成分[96]。但实际上是少报了。1549年，户部尚书潘璜指出十多年来没有一个边镇曾经奏缴过屯田子粒[97]。1570年庞尚鹏被派去调查屯田时，他发现在许多地方册籍上有生产定额,而田中却无屯丁耕作[98]。尽管后来张居正加强了对军屯的管理,但在 1575 年的私人信件中他承认整顿军屯仍需以时日[99]。

军屯的数据不像田赋数据那样由地方定期公布,而是完全建立在官员的奏报上。此外,根据高级官员们的记录也可以得到一些资料,但是这些数据多是停留于表面层次,不具可比性。

很清楚,有明一代,军屯从来没有完全停止过,在原则上,每个军卫至少应该生产出部分口粮。在边境地区,有荒地和军士可以利用,有作为的督抚和他们的文职助手常常组织些屯垦计划。不过,这些计划并不一定完全遵循中央制定的总方针,每个军镇也没有自己的长远方针。军屯的情况因而极端复杂不一。

16 世纪时宣府镇将它的大部分土地出租给民户,向他们收租,这些地租被计为军屯子粒[100]。在辽东,旗军要操备征进,故以军户内的帮丁、余丁进行屯种[101]。尽管军屯原本是单个军户分到固定田土,按人头交纳部分子粒,这种方式在 16 世纪仍然存在于一些地区,然而按亩收租渐渐通行,最终与正租或田赋没有什么不同。还有的军镇采用了一种集体耕作的方式(营田)。现役军士在空闲时间集体耕种土地,卫所获得全部子粒[102]。一些军镇偶尔选择协力耕种(团种),军士在向他们的军卫交纳一个固定的子粒额之后就可以分享余额[103]。

很难确知督抚何时开始承认屯军对其屯种土地有永久所有权。但从 16 世纪中期起,这种做法广泛推行。庞尚鹏在他给皇帝的奏疏中一再主张要更多地承认屯垦者的所有权,以鼓励广开荒地[104]。1585 年,蓟州总督将一支完整的运输军队转变成一支屯军，分给每个军士20亩土地和一张永久所有权的凭证[105]。实际上，为了扩大粮食供应，一支军队就此遣散。

简而言之，军屯在明初决不是有系统的（第二章第三节），在16世纪更非如此。所有各种不同的计划的惟一共同之处，就是它们使得每个军卫有能力生产一部分自己的口粮。当一些军镇的财政机构保持在户部的监督之下时，这些军队实际上同时扮演了地方政府、地主和收税者三个角色。地方分权十分彻底，差异很大，以致国家统计中给出的总数字不过是一种粗略的估计。由不同的部门提交的原始数据即便很准确，但是没有统一的统计标准。

16世纪70年代，朝廷对14个北方军镇的账目进行了彻底的核查。调查团也经常派出。张居正曾亲自下令督抚应增加他们的屯田产量[106]。《大明会典》记载了的1578至1579年的岁入子粒额。虽然这一数字可能估计过高，但是不可能再获得更可靠的资料数据了。这些账目表明14个军镇的岁入各类子粒为140万石，还有折色银180000两[107]。这个水平大概只有在不多的和平时期，军事长官能够抽出更多的军士屯田时才能达到。

内地各省的情形较为简单，因为它呈现为明显的直线下降。到16世纪晚期，当初指定为军屯的分散的小块土地即使仍然存留下来，也只是生产出小额地租。一般由地方官员征收这种地租，并与正赋合并，用来供应当地的军卫[108]。因为这些账目是零碎的，而且财政责任分散，所以由文官们进行征收与分配。在一些事例中，军营所在地转变为农业耕地,并且出租出去[109]。在另一些情形中,军士成为地主[110],他们或典或卖他们的屯地,还有人私下将土地出租民户以摆脱应交子粒[111]。所有这些都使所谓的全国统计数字变得没有意义。根据《会典》,1579年内地省份的军屯总收入为300万石[112]。但是这些数据很可能是抄袭早期的记录。

北边军镇的供应

因为有不同的供应体制,15至16世纪的明朝军队看起来是由三个部分组成。南京和京师的卫戍部队是由中央政府直接供应(与京师通行的作法一样,南京的卫戍部队的费用由南京户部支付,见第七章第一节)。内地省份的卫所由当地州县供应。北边军镇部分自给,但也从北方四省(山东、山西、河南和陕西)和京师得到补给。

1569年,兵部侍郎谭纶记载军队定额通计为3138300名,而实际大约止可845000名[113]。后一估计似乎应该比较合理。可以进一步推测北边的服役军士为500000名,马匹至少有100000匹[114]。

1576年,户部对北方14个军镇年度开支项目进行了统计,包括四个关键项:银两、粮食、牲口粮和草。这份统计在《实录》中占了21页[115],尽管它列举了每个军镇各项开支数量,但没有估算出货币总价值,也没有记下任何总的数字。因此在表25中,数字作了累加,物品也折成银两。

同一批军镇在1578年的收入也占了《会典》28页[116]。简略如表26。

表25　1575 年 14 个边镇军需支出的主要项目

支出项目和数量（奏报）		货币价值（估计值）（两）
岁额粮	200918 石	@ 0.80 两 =1600000
料	1125080 石	@ 0.35 两 =390000
草	14314822 束	@ 0.03 两 =420000
银	5908562 两	大约 5910000
合计		8320000

表26　1578 年 14 个边镇的收入

项目、数量和来源（奏报）	货币价值（估计值）（两）
年例，来自太仓库，折银	3180000
补贴，北方数省解运，折银	2730000
军屯收入，折银	180000
盐课，商人和盐专卖机构解运，折银	640000
粮食，京运，350000 石	@ 0.80 两 =280000
粮食，北方数省解运，280000 石	@ 0.80 两 =220000
军屯收入，包括口粮和牲口料，1450000 石	@ 0.50 两 =730000
马草，北方数省解运及军屯，6830000 束	@ 0.03 两 =210000
合计	8170000

即便原始数据计算方法不同，而且又是由 14 个不同的机构提交的，这两个统计还是十分接近。这种相似也许部分是巧合。不过，既然折换率接近，那么两表中的总额应该比较准确。实际价格因地区差异可能与这些估计有所不同。但是，可以有把握地推断 16 世纪 70 年代14 个边镇的开支是固定在一个水平上，与收入基本相抵。

两份账目似乎只包括了军需官供应的项目，而忽略了由工部和兵部解运来的物品。不过，每年 800 万两左右的总开支似乎是一个并不很充分的预算。1594 年，在援朝战争相对平静的期间，当一支 20000 人的部队移驻辽东的时候,一名军士每月粮饷及杂用为 2 两白银[117]。因此,供养一支 500000 人的军队一年要费银 120 万两。在 16 世纪 70 年代,边镇设法将预算控制在一定幅度内,由于军队在和平时期承担国内防务,可以不全部按标准来支付粮饷。另外,军事当局还可以从当地人口中征发徭役和物资。这些情况,很可能不断降低对军镇的补贴,远非令人满意。同时,300 万两年例的输送已经用尽了太仓库的积蓄。

在以后的十年中,前线督抚一再请求朝廷增加他们的年例,因为他们的供应——包括他们自产的粮食,北方数省的补贴和来自盐课的那些收入——很少全额解到。而户部根本没有可能动用的资金,只好对这些请求置之不理。张居正甚至在一封私人信件中承认他是顶着很大的压力来削减军队开支[118]。

到 1591 年,拨给边军的大约 300 万两白银成永久性预算。1582 年出版的《万历会计录》列出了由户部送往 14 个边镇的年例总额为 3105000 两[119]。1584 年,户部宣称以往 8 年中已额外增加 300000 两白银。但是,1587 年它又报称总数再次降至 3159400 两;1591 年,总数为 3435000 两[120]。

内地军事力量的供应

南方数省军队的供给方法是在抗倭战争期间建立起来的。在 16 世纪 60 年代,这些省份筹措资金的计划有以下特点:第一,所有的资金都是由地方筹措,而不是由户部来管理。朝廷要么允许督抚自行安排，要么就是授权他们根据情况进行征税。第二，所有的额外派征都与正赋分离，并且进行独立核算。第三，收入的来源极为多样化。因为这是由省级官员和军官们管理，所以征收总额并不公开。第四，许多新的收入项目和额外费用，包括一些小的税收项目，在战争结束仍旧保留。

南方军队的情况与于北方军队有很大不同。在 16 世纪 50 年代，南方没有一支完整的武装力量，统一的指挥部是临时建立的，甚至总督、兵备副使和总兵也是匆匆任命。大部分士兵是在战地上征募。当张经为这个地区的总督时（1554—1555 年在任），募兵包括了广西山区的土著、南直隶的走私盐贩和山东的和尚。其后，募兵就以他们家乡的名称来辨别，诸如北兵、漳兵和义乌兵等等[121]。另一方面，卫所军和民壮仅仅扮演了一个不重要的角色，浙江《绍兴府志》总结这种情形如下："今俗呼卫者为军，而募者为兵。兵御敌而军坐守。"[122]

在抗倭战争中，浙江征募了 100000 名这样的兵士。甚至战船也必须雇用。所有级别的军官都来实行征募。下级军官和他们的上司都被鼓励要征募"样兵"，将军们被鼓励要募集"家军"以组成一支开支较大的精兵。这种不系统的办法是由客观环境决定的。

在抗倭战争的早期，必需的资金主要来自"提编"。"提编"没有意思完全相同的英文单词来表达，"提"的意思是"提起来"，"编"的意思是组织起来（第三章第四节）。"提编"最初的概念与美国联邦政府的国民警卫队的概念有相似之处，只是在明代中国几乎是仅在财政意义上使用这个词，它很少适用于人事组织上。1554 年，朝廷诏令南直隶所有的州县缓召40%的民壮服役，由每名应役民壮纳银7.2两以供张经作为军费。下一年，南直隶和浙江诸县都要受命根据它的规模大小提供200或300名民壮以供总督指挥。后来，这项差役大都由每人每年纳银12两了事。此外，在这两个省份中，要向每个役夫征收1两白银〔123〕。

因为这场抗倭战争久拖不决，"提编"就扩展到"里甲"和"均徭"。当时，绝大多数的县仍要求里甲五年一轮供应原料和力役，提编就要求下一年应役之户当年履行他们的职责。来年的差役依次由那些已经编排在第三年应役的里甲负担。军事当局当然对那些无关战事的原料或力役的征集不感兴趣，所以非正式的加派都是折成银两。尽管提编最初是一种临时措施，但随着战争的延长，这些额外征派逐渐成为定例。它们被称为"兵饷"，最初是加之于差徭，后来间接地并入田赋（第三章第四节）。在战争最激烈的时候，南直隶和浙江两省的田赋额外加征每年约为500000两白银〔124〕。正是这种情况迫使地方官员实施一条鞭法改革。

由于这次抗倭斗争，南方数省的杂税数量增加巨大。在福建，以前免税的寺院地产有一部分为国家没收或者进行征税。在浙江会稽县，抗倭战争以前只征轻税的丘陵地要缴纳更高税款。在杭州城，同样也在"间架税"上加征一笔额外的数目，这项收入充作兵饷。广东在主要桥梁处征收过桥税，而在顺德县要征集屠牛税。沿江西南部边界征收食盐过境税。沿海省份的渔民要求交纳一项新税，而且他们在获准买盐之前必须出示缴税执照。如前所述，福建新生的番舶抽分和广东的旧有番舶抽分,连同两省的铁课一起也都拨作兵饷(第六章第一节)。一些已经存在的税收,诸如地产转让契税和杂项消费税,都被省级官员存留用作军需。这种做法已推广到内陆省份,云南有权截留矿税收入,而四川的兵饷来自于茶课和盐课[125]。

当倭寇平定之后,南方诸省民壮被部分遣散。不过,仍有 199650 名民壮应役[126]。隆庆、万历时期还多次要求将他们解散。文武官员们也试图以卫所兵取代募兵,可是成绩不大。在 16 世纪 90 年代援朝战争期间,募兵再度增加。到王朝末期,募兵组成为军队的主体[127]。

然而这种情形没有导致卫所系统的彻底废除。在整个 16 世纪下半叶,浙江嘉兴府有陆军五总,其中募兵一总,军兵和民壮各二总。该府还有一总 1500 人的水军,其中募兵为"耆舵",而军兵则为"贴架"。迟至 1597 年,所有的战船都是租来的。这些军队多由巡道兼摄,而他们的兵饷则来自嘉兴府库[128]。要想详细说明这些混合单位在帝国军队中的地位是不可能的。

在现存资料的基础上,要想对 16 世纪晚期内地省份的军事力量和防卫费用做一个准确的估计是非常困难的。对某些地区而言确实存在着有关资料,而军事事务的地区差异又使得它们在对全国的研究中没有多大用处。不过,1570 年长江下游地区的三个府,即苏州、松江和常州总共供养了 10565 名募兵[129]。1573 年,根据上报,南京操军原额为 120000 人,实际上只有 22000 人[130]。1575 年,广东省报称该省实际上有 30000 名卫所军服役,而它的额军为 120000 名[131]。据估计,在 1570 至 1590 年这二十年当中,包括招募的民壮在内,长江以南的省份应该有总数超过 250000 人的武装力量。为了保持这些军队的战斗力，一年将要费银 600 万两，每名军士月饷银 2 两。尽管这是一个推测性的估计，不过也确实表明供养军队的费用成为朝廷最沉重的财政负担。没有任何证据表明这个问题曾经得到解决。单单要维持谭纶所估计的一支 845000 人的军队一年就将花去军饷 2000 万两，也就是说，要超过估算的全国总收入的一半以上。

第四节 张居正的财政节流

张居正时期财政管理的记录

从 1572 年至 1582 年的张居正时代是明代后期财政史上是一个特殊的阶段。在他死去前不久，北京的仓库储存的粮食足支十年[132]。除紧急情况外并不动用分毫的太仓库旧库的储积已达到白银 600 万两以上[133]。太仆寺又存银 400 万两[134]。南京的仓库同样也存有 250 万两[135]。省库也储满了谷物和现银。王士性（1546—1598）根据他同地方官员的谈话，记述了在 16 世纪 70 至 80 年代，广西、浙江与四川的省库和府库平均存有 150000 至 800000 两的白银[136]。这种情形似乎与 16 世纪政府财政的普遍状况自相矛盾。

1572 年，张居正适时地掌握了政权。当时，同蒙古的俺答汗交好，倭寇劫掠活动也渐渐减少，使得他能够实行节流的财政政策。在收入没有减少的情况下，他把目标瞄准了大力撙节政府开支方面。在他的督理下，政府所有不必要的和不急迫的事务不是停止，就是推迟[137]。领取朝廷补助的生员数目减少了，宫中宦官的采办也受到严格的监督。各省的官员们受命减少力役，一般为现有水平的1/3。由帝国驿递系统提供的馆舍服务也同样降到最低程度。这些并不伴随着全国人口应纳税款的同步降低，节约只是增加了朝廷的财富[138]。来自于罚没的收入受到稽核。拖欠税粮的人——他们大部分是富有的地主——受到告发，并且力图向他们征收欠税。开纳事例和出售僧道度牒没有停止。节流的政策也扩展到军队中去。因为与蒙古暂时保持和平，边军和边境巡逻部队也要缩减开支。各个方面都节约开支，也解放了更多的军士进行屯田[139]。边镇的督抚受命削减他们的开支，以便能将中央政府提供的年例节约20%[140]。分牧民户的战马卖掉，民户的马差——作为田赋的替代——也折纳银两（第三章第二节）。宗室的禄米也不予发放。只是到张居正死后，一些宗室才敢直接向皇帝奏请。在一些事例中显示出有些宗室的禄米已经20余年分毫未给[141]。

张居正力主严查财政账目，这在16世纪是空前的。张居正不再依靠监察御史，他对六部官员开始稽核。作为第一个步骤，1572年户部宣布裁省文册28种，归并文册22种[142]。因此这些账册，特别是那些边军送来的账册被压缩成了一种更为简短的格式[143]。就今天的标准而言，这些记录仍然很麻烦，但至少易于检验核查。1579年，在一位给事中的建议下，张居正命令所有的府县向北京提交它们的差役文册以备评核[144]。山东和湖广的文册由首辅自己详审，并以此而出名[145]。在这些文册按要求订正返回后，地方官员受命将之出版以此编制一种半永久性的预算。为了收集财政资料，按照张居正的命令执行的最大工程是编纂《万历会计录》。这项工程始于1572年，止于1582年，恰好是在张居正任职期间。这项工作被当成是《大明会典》中财政部分的基础。参加这项工程的下级官员包括顾宪成、李三才和赵南星，他们后来全都以此成名[146]。

张居正的管理不包括任何革新，而是将重点放在行政纪律和税法的严格执行上。1576年，还需要皇帝亲自干预以使各省官员及时解运税收到京师。但是在1581年，首辅已经能够奏称，由于强化了财政责任与官员考成的关系，正赋不亏，征解如期[147]。

张居正在消除官员腐败方面的记录比较复杂，有很大争议。他的最成功行动是检查北京仓库监收人员的勒索问题。通常，这些监收人员向运送货物入库的民间税收代理人索取额外之物。在这一行动中，他碰上了一个难以对付的对手，就是皇帝的外祖父武清伯李伟，他收受税收代理人的报酬，安排他们将解运来的劣等物资输入库中。张居正得到了这样验收的一匹明显低于官方标准的棉布，力促年轻的皇帝向皇太后抱怨[148]。然后他利用公众的义愤调换这些仓库的宦官和其他一些人。1577年，在这次事件之后的一封信件中，他透露出一些臭名昭著的勒索者们被处死，索求行为被有效地制止了[149]。

另一方面，张居正也无意强迫所有官员仅仅依靠薪俸生活。俸给如果没有什么实质性提高，根本无法维持生活。进行这样的改革非政府的能力所及，也不是公众所期待的。张居正的主要目标似乎是防止滥用公共资金中可以说清的项目。像他的同时代人一样，他显然认为在官场中绝对的诚实是不必要的,或者是不可能的。他本人就生活讲究,口味奢侈。他的传记作者和批评者王世贞(1526—1590)甚至指责他提升他的下级以回报他们的贿赂。因为王世贞同张居正有过争论,所以在这个批评中含有敌意的成分[150]。然而张居正的几个下属,包括先为两广提督后为户部尚书的殷正茂和先为山西总督后为刑部尚书的王崇古,当时他们都素有性贪之名[151]。在张居正现存的书牍中也常常提到各种"礼物"[152]。

财政管理的背景

讨论16世纪晚期财政管理的政治背景对理解它来说是必不可少的,因为明朝的政府财政对京师的权力结构甚至比对帝国的经济情况更为敏感。

张居正是通过与太监冯保的合作和他自己作为万历皇帝老师的位置保持了他的显赫地位。皇太后李氏对他的信任同样也是必不可少的[153]。但是,在明朝体制下,他要公然独揽大权是不可能的。而且,在这一时期,没有一个官员敢于建议重组政府机构。进行激进改革只会招致弹劾。作为首辅,张居正的正式职责限于为皇帝拟旨。利用他自己的职权着手财政立法明显是不妥当的。

这就是为什么张居正被迫主要通过操纵人事关系来保持他的位置达十年以上的原因。通过冯保,他与皇太后保持了密切的关系。通过皇太后的影响,他控制了皇帝。利用对皇帝诏旨的影响,他实际上操纵了任免官职的权力。他利用这种权力将他的副手安排在朝廷内外的关键位置上。特务的密报使他得知皇帝的一切主要事务。他的管理通过与高级官僚的私人通信而起到作用。在着手任何重要措施之前，他有必要敦促他信任的尚书和总督上奏提出所期望的变革。这样他就可以在起草诏旨中赞同他自己的建议[154]。在一封给河漕总督王宗沐的信中，他写道：

> 仆今事幼主，务兢兢守法，爱养小民，与天下休息。诸大擘画必俟圣龄稍长，睿明益开，乃可从容敷奏，上请宸断行之。[155]

鉴于明廷众所周知的做法，这份表述也许真正反映了张居正的观点，尽管它略带过分夸大的谦卑。

要想猜测他所想像的"诸大擘画"的性质是不可能的。他的现存信件仅仅表明了他的精力和对职责的献身，这些本身并不会使张居正成为一个有创见的思想家。他帮助安排在重要位置上的那些人是极为能干的，尽管他们并不都以经济清白著名。他们包括了16世纪晚期的许多重要名字，比如凌云翼、王崇古、张学颜、梁梦龙、潘季驯、张佳允、殷正茂、戚继光和李成梁。他写给他们的信件混合有利诱、劝说、礼貌的申斥和官职升调的暗示。信件中讨论的大部分论题与地区管理有关，比如税法的实施、军队的部署、水利工程等等。尽管首辅显示出博学广识，而且他的指挥通常是合理的，对他而言，讨论中问题的范围还是太狭窄而不能证明他的真正伟大。

张居正从不提议创建或废除一项官职。即使他曾经打算增加官员们的俸给，他也不会在他的信件中明白表述出来。他确实有一次表示，既然银两短缺，那么铸造铜钱会有利于人民[156]。但是他在职时根本没有试图进行过此事。相反地，他更进一步的存储白银的种种努力削减了货币的供应，导致通货紧缩。明朝的最后一个户部尚书倪云璐曾试图诱劝崇祯皇帝废除卫所制度、实施财政分权和漕粮海运，并且要在中国中部或南部建立一个工商业的基地以增加收入[157]。而张居正却没有提出任何此类有远见的措施。不过，由于这些原因而责备他也是不公平的，任何评价必须考虑到他所在位置的困难与明朝的自大和腐朽[158]。

在税法的实施上，张居正与同僚的意见不同。他坚持认为富国强兵没有错误[159]。而且在这方面，他的目标是恢复洪武帝和永乐帝的理想[160]。这不足以平息他的批评者们。尽管他们对张居正的专制权力和不断增长的苛刻管理的关注也许是真诚的，但看起来有可能在很大程度上为个人因素所驱动。从不掩饰自己对张居正厌恨的王世贞作过一个客观的观察：首辅的严厉计划为官员们所憎恨（他们认为利用驿站制度旅行是他们正当的权利），且为国子监生们所痛恨（他们不得不为进入行政机构而等上更长的时间），也不为宦官们所喜（他们看到他们的来自采办的收入被切断了）。他对税收账目的严格稽核惹怒了长江下游地区的大地主们，这些人习惯于一直拖欠税赋。除此之外，张居正还不能容忍批评[161]。因此他不知不觉地使自己成为整个帝国的敌人。同时，现存制度依靠的是通行的理想与既得利益集团之间微妙的平衡，并且受到祖训的保护，即明朝的政治体制绝对不应改变。这一制度顽固到足以挫败明代最能干和最果断的政治家。

大规模改革的开端

因为张居正将绝大部分时间致力于收集更加准确的财政数据、实施现行的税法和充实国库方面,因此从来也没有能进行任何根本性的改革。尽管他的初步措施可能会导致一场真正的改革,但是这些措施本身不会导致任何制度性的变革。

在立法上,张居正实际完成的惟一变革是废除由民户承应马差的做法。这项措施表现了对洪武和永乐时期财政结构的一种背离。因为它没有影响任何的既得利益集团,所以没有引起任何指责。此外就别无其他的制度性改革。铸造的铜钱仍然十分不足,食盐专卖也从来没有整顿过。尽管《明史》声称1581年第一次下令全面推行一条鞭法,当时是张居正掌权期间[162]。可是这种表述显然是错误的。一直到1588年,山西巡抚才在该省推行一条鞭法,那时张居正已经去世六年了[163]。

现存资料显示张居正对可能会引起争论的一条鞭法采取了谨慎的态度。也许还记得当时这项改革在中国北方首次推行时,它遇到当地民众和北方籍官员们的竭力反对(第三章第三节)。当1570年一条鞭法在山东施行时,由于地方的反对,不得不很快废止[164]。1577年,都给事中光懋(山东人)甚至上奏皇帝请求废除遍及中国南方的这项改革,并要求惩罚在山东东阿县实施一条鞭法改革的知县白栋[165]。张居正起草的皇帝诏书写道:"条鞭之法,前旨听从民便,原未欲概通行,不必再议。"[166]在一封写给山东巡抚李世达的私人信件中，张居正承认白栋是一位能干的官员，这项改革没有什么坏处，但是反对的情绪已经被煽动起来了，他自己也无能为力[167]。这些事件显示出他对许多事情也是无力左右，在京城中，既得利益集团与理想主义者的联盟对政治的影响根深蒂固。

不过，张居正确实迈开了大规模改革的第一步，着手全国的土地清丈。在给一位地方官员的信中，他写道："清丈之议，在小民实被其惠，而于官豪之家殊为未便。"[168]

对于土地清丈，张居正十分审慎，一直推迟清丈。1572年，万历皇帝即位时发布诏令，不许妄行丈量土地[169]。朱东润推测1577年以后张居正经历了一个心理上的变化，也许由于对他的指责和不断增长的反对力量而使他变得强硬起来[170]。1578年，清丈运动首先在福建试行。各县被告知说，清丈的目的主要是均平内部赋役，不管结果如何，各地税收定额将不会更定[171]。这项保证明显是为防止州县官受到当地地主的压力而少报清丈地亩。全省的清丈花了一年半时间，1580年夏天完成。1580年12月16日，皇帝诏告整个帝国完成了清丈[172]。众所周知，这是明代曾经讨论此类事情的惟一诏令。当1582年7月9日张居正去世时，清丈实际还没有完成。

清丈详情并不明晰。皇帝下诏将清丈责任托付给布政使司、抚按、各分守兵道及府州县官。宣布240方步的标准亩作为一般的测量单位，这在山东沂州、河南怀庆府和陕西怀远县等地的地方志里有记载，先前使用测量标准明显比这个单位更大[173]。根据《明史》的记载已经使用了小弓[174]，但无法证实这个说法。

这次清丈不能说是成功之举。河南省花了一年半的时间提交的报告，后来却发现它不过是重新提交了旧册而已。尽管省级官员们受到申斥，并受命再次进行清丈，在第一次清丈报告遭拒之后仅历五个月第二次报告就匆匆完事[175]。山东汶上县曾在1567年进行过一次地方性的清丈，它的官员们在收到全国土地清丈的通知时仅仅告知田主们新的测量单位，以便换算他们自己的田土[176]。浙江开化县也逃避这次清丈，仅向以前登记的地亩数增加0.27亩[177]。在进行过清丈的那些地区，王士性做过如下的广泛观察。对接近城市的土地而言，清丈者使用了码尺*。离城市超过20里，他们用绳子丈量，但超过50里甚至连绳子也抛开了。因此，测量报告只不过是一次粗略的估计而已[178]。

1580至1581年的全国土地清丈报告从来没有正式公布过，《实录》中各省直的清丈数字并不完整（见附录D）。张居正死后两个月，清丈受到严厉的批评。因此皇帝下令，在那些丈量均平、军民称便的地区，官员应该使用新的土地丈册作为税收的基础。在另一些地区，抚按官要"准与更正"，但不许概行覆丈[179]。争论仍在继续。一些官员力主1581年所有的清丈记录应予以废止，税收覆旧[180]。而其他的官员们实际上实行了第二次清丈。河南的临漳县1588年进行了一次地方性清丈，而山东汶上县1591年也这样做了[181]。然而，考虑到所有的因素，张居正的土地清丈也不是没有效果。在一些州县，1581年的

---

* 做成弓形的尺子，每端饰有钮钉，旋转起来像一只圆规。

报告用作新税收的基础，顺德县就是这样（第三章第一节）。失败主要是就全国的意义而言。其实，一直到本世纪，还没有编纂出过一套完整的、全国性的土地统计资料。

张居正之后的政府财政

当首辅的葬礼结束之后六个月，他的所有措施受到抨击，张居正所引用的主要官员斥削殆尽。张居正身后遭受的指控的性质从来没有明白宣布过。不过17世纪他的儿子出版了他的文集，增添在文集后面的一条注释表明对张居正的指控是怀疑他大逆不道[182]。反对他的情绪是如此强烈，以致在16世纪80年代曾经无视土地清丈的地方官员们被盛赞为正直之人[183]。在这种情况下，继续他的政策是不可能的。

尽管张居正有整顿财政的努力与意向，但事实上他所做不多。不过，仍能相信他的节约政策延长了王朝半个世纪的寿命。如果没有他积蓄起来的库存，所谓的"万历三大征"即1592至1598年抵抗丰臣秀吉的援朝战争，1592年的平定哱拜之乱和1594至1600年的镇压杨应龙与他的苗族部落叛乱，是根本不能进行下去的。实际上，几年前朝廷就已开始取用太仓库的存银了。到1587年为止，太仓库旧库仍存银600万两，在理论上这部分库银不能动用。另外，还有银400万两埋藏于新库。最初从新库开始取用。1588和1589年动用了175万两，1590年又动用了106万两。三年之内，1000万两白银的总量减至700万两多一点[184]。16世纪90年代，朝廷开始动用旧库、太仆寺掌管的常盈库以及南京的仓储和地方府库[185]。而亟须彻底改革的正税体系根本无补于战事。

1592年，政府授权浙江田赋每亩加征0.003两白银，这些收入由省里存留用于加强沿海防卫，以备倭寇[186]。1598年，向所有的差徭加征，各县被要求将20%到40%的民壮转做朝廷正规军的经费[187]。1599年，湖广和四川巡抚获准自行增加田赋，以便为平定杨应龙之役提供经费[188]。在理论上讲，尽管钞关税和盐课额增加了[189]，可随后据称实际的收入甚至跌至以前的水平之下（第五章第四节、第六章第一节）。幸运的是，在库藏殆尽和增赋无望的时候，一系列的军事征讨也结束了。但是，到1600年，政府的财政和税收制度要明显比1572年张居正开始执政的时期更糟，甚至也可能比16世纪中期的情况更坏。

多数传统的历史学家和一些现代学者认为万历皇帝要对国事恶化承担惟一的责任。可以认为玩世不恭和怠惰不堪的万历皇帝是不值得同情的。1584年当他二十一岁时，下诏修建他的陵寝，四年之后完工[190]。最近发掘了他的陵墓，里面充满了令人眼花缭乱的财宝[191]。皇帝对财富的贪婪是出了名的。从1596年起他开始派遣宦官和一些武臣到各省充当"矿监"。从理论上讲，所有的地下矿藏都是开放供民众开采，朝廷不参加任何采矿，不过只是征收半数的收入而已[192]。然而，实际上宦官向地方官发号施令，任意佥派丁夫，分派爪牙，骚扰乡村。他们纠结无赖，借口住宅或坟墓之下埋有矿藏而向民众勒索钱财。当派出税使在各地征收商税时，许多城市爆发了骚动。万历皇帝在位的后半期大量怠忽职守的记录使人们对他的看法极坏[193]。

然而，不应为此分散对主要问题的注意力。应该强调的是，甚至在万历皇帝滥用权力之前，公共财政中就已形成了许多危险的问题。皇帝确实独裁专制，但是超出了正常的财政结构和政府组织之外。整个16世纪，后者从来没有充分地动员起帝国的财政资源。张居正的节流政策不过是解决这个问题的消极方法。因为他们没有做出任何努力来加强财政机构，所以积累起来的库藏的好处只能是暂时性的。

尽管不能为万历皇帝的自我放纵辩护，不过指责他一手破坏了帝国的财政基础也是不正确的。他的行为反映了王朝的制度上的弱点。15世纪中期以来，皇帝的位置越来越多地定位为礼仪上的功能，很少是为公众服务。皇帝的奢汰用度激增，宦官和宫女达50000人，这些人与文官们一样，实际上是没有什么薪水，只不过是由国家提供衣食。仔细审查万历皇帝的个人开支账目就会发现，一些对他的指责实际上被夸大了。

皇庄每年49000两子粒银的收入用以供应几位太后的开支[194]。李太后所得大半用于北京郊外的石桥建筑和捐给宗教寺院[195]。皇帝个人收入主要是金花银，每年有100万两白银，但其中大约有200000两要供应京城中武臣的薪俸。1578年以后，这项开支由户部提供的"买办费"得到补偿，他个人收入再次接近100万两。此外，云南每年向宫廷供应黄金2000两。1592年，万历皇帝将这个定额增加到4000两[196]。皇帝除了对京郊的皇陵作过短暂的拜谒之外从不旅行，但是为他的宠幸们在珠宝和礼物上花费了很多钱[197]。最近在他的陵墓里发现了很多黄金和珠宝。另一个沉重的开支项目似乎是公主们的婚礼衣饰[198]。当他1620年驾崩时，紫禁城中的仓库被发现存有大约700万两白银，其中大部分被他的两个继承人——泰昌帝和天启帝——转移给各部[199]。万历皇帝性以贪财,他的吝啬同他的浪费相比毫不逊色。为了保持他自己的积蓄完整,他常常强迫国库支付他的小额账单。

明朝官员们在他们给皇帝的奏疏中常常引用多年来宫廷开支的各种项目来批评皇帝个人的铺张浪费。一个常常引用的题目就是缎匹,它的费用常常达到几百万两[200]。皇宫所需缎匹按特别的设计织成,显示着穿者的品级,这些织物被作成各式礼服,用于宫廷。每年要以大约每匹12两白银的价格订购8000到28000匹织物[201]。这些费用由生产这些物品的地区从其税额中扣除。不过,有时帝国的配额无法应付总的开支,或者地方税收少于解运额度,就会导致了资金的短缺。地方官员就不得不调整这个差额,或者一定程度上削减开支,或者向某些纳税人额外加征。1575年,当国家事务仍然在张居正的控制之际,还定购了97000匹织物,分数年输纳[202]。尽管这项采办计划导致了财政的紊乱,但它与王朝的一贯作法是一致的。

在万历皇帝的个人开支中,最容易误解的事情是与他的儿子即后来的泰昌帝的婚礼有关。万历皇帝不希望他继承帝位,但是官员认为长子继承是王朝制度中的神圣准则,不断诤谏皇帝应该正式确立太子,由翰林院官员对其进行教导,他的大婚日期应该迅速宣布。每一种努力都是尽可能地保护这个法定继承人的继承权。尽管皇帝以各种借口进行拖延,但是他没有任何合法的途径来实施他个人的愿望,甚至无法阻止这些奏请。1599年,作为最后一招,他责令户部进银2400万两来筹办三位皇子的婚礼。这不过一种巧妙的托词罢了,因为皇帝和官员们都明白户部绝对没有能力筹措这样一笔巨款。不过,《实录》和《明史》两者都记录了这个要求,而没有解释这些情况[203]。

尽管将这一数字放在现在的研究中似乎不很恰当,但它是值得一提的,因为近年来的几位学者——包括对中国货币史素有研究的学者——都想当然地认为,400 万两白银实际上已被解纳而且花销掉了[204]。

注 释

[1] Twitchett, *Financial Administration*, pp.97—123.

[2] 例如,1568 年户部责备广东省的官员们滥用他们存留下来的资金。见《穆宗实录》页 0440—0441。

[3]《世宗实录》页 5961、5976—5977。

[4]《神宗实录》页 5952—5953。

[5]《世宗实录》页 6405;《皇明经世文编》199/44。

[6]《世宗实录》页 7712—7713。

[7]《穆宗实录》页 0332,《神宗实录》页 1831、2684、2852、3517、4084、4170、4333;孙承泽《梦余录》35/31;《皇明经世文编》325/18—19、389/2。

[8]《神宗实录》页 2684、2853、2921、3517、4084、4333。

[9]《神宗实录》页 2920。

[10] 这些账目在很长一段时间里没有多大改变。见《世宗实录》页 7201;《皇明经世文编》198/14—15;孙承泽《梦余录》,35/8—10。

[11]《武宗实录》页 2408。

〔12〕《明史》78/826。进行加派的诏书表明一旦当前线形势好转,就停止加征。见《世宗实录》页6604。

〔13〕《明史》202/2347;《世宗实录》页5908—5909。

〔14〕《世宗实录》页5315、6891、8482。亦见《皇明经世文编》259/9—10;唐顺之《荆川文集》9/25;和田清《明史食货志译注》页323注。

〔15〕《世宗实录》页5339;《大明会典》17/23。

〔16〕《世宗实录》页7870—7871。

〔17〕《大明会典》17/26—30。

〔18〕《明史》78/826;《世宗实录》页7712—7713。

〔19〕《世宗实录》页7713—7715。

〔20〕《世宗实录》页7719—7720。

〔21〕《世宗实录》页7717—7718。

〔22〕《世宗实录》页7733—7736。

〔23〕《明史》78/826。

〔24〕《明史》声称早些时候太仓银有800万两(见《明史》78/826),但无法证实。仅有的一个明显证据是《世宗实录》页5338所载"发太仓老库旧银四十万两",这一数字要小得多。1550年,户部尚书潘璜也说早些年份太仓库常积有400万两白银,见《皇明经世文编》198/14。

〔25〕《世宗实录》页7349,《神宗实录》页1027。

〔26〕见《大明会典》28/26、29、30、33、34、36之蓟州、永平、昌平、易州和辽东各条。

〔27〕孙承泽《梦余录》35/9。

〔28〕《明史》82/866。

〔29〕《神宗实录》页1647。

〔30〕《神宗实录》页2920。

〔31〕关于1578年的官俸折银参见《神宗实录》页1647;《皇明经世文编》375/12。1567年,户部尚书马森奏称此年岁支官俸银135万两,这表明当时官俸全部是折银,而不是米,见《穆宗实录》页0414。

〔32〕《大明会典》31/1;《世宗实录》页7871。

〔33〕《神宗实录》页1611。

〔34〕有关太仓库运作的一本重要著作是刘斯洁(生活于1545—1575左右)的《太仓考》,可能成书于1580年左右(见《明史》97/1028),可惜未能获见。在孙承泽《春明梦余录》中,时间为1580年的太仓库账目的概况就是取自这本著作(见《春明梦余录》35/8)。在《明史》(82/866)中,其记载非常接近孙承泽的记述,它们可能都是同一种来源。

〔35〕1578年,户部说北京岁出银在700000至800000两之间。1591年,这个数据据说达630000两,但也许没有包括由皇帝支付的武臣俸禄。1600年,维持御马房和苑囿的费用据称为123000两。1623年的"俸银"总数为526633两。见《神宗实录》页1590、4333、6594;陈仁锡《皇明世法录》36/8。

〔36〕海瑞《海瑞集》页40。

〔37〕见《顺天府志》52/12—14。

〔38〕见沈榜《宛署杂记》页142—147。

〔39〕《江西赋役全书》,省总,41。

〔40〕《世宗实录》页3712。

〔41〕沈榜《宛署杂记》页84—85。

〔42〕《孝宗实录》页3550。

〔43〕顾清《傍秋亭杂记》1/8—9。

〔44〕《世宗实录》页4046。

〔45〕《世宗实录》页2374;《皇明经世文编》198/22—23。

〔46〕见《世宗实录》页5824、8092、8222。

〔47〕Hucker, *Censorial System*, 86—87.

〔48〕何士晋《厂库须知》2/9。

〔49〕倪会鼎《年谱》4/13;倪元璐《全集》,"奏疏",9/5。

〔50〕孙承泽曾记述了作为一名州县官的困难,见《梦余录》35/12、36/56。

〔51〕《天下郡国利病书》4/32—35,32/5、44。

〔52〕《明史》84/883—890。

〔53〕《明史》85/849—902;《天下郡国利病书》15/43;《神宗实录》页0056、0845、1057。

〔54〕《神宗实录》页1239;《皇明经世文编》375/21、376/31、378/30。

〔55〕《神宗实录》页1559、1647;《皇明经世文编》375/12。

〔56〕《皇明经世文编》375/9。

〔57〕《神宗实录》页1188、1662;《皇明经世文编》375/11。

〔58〕《神宗实录》页1651;《皇明经世文编》375/10。

〔59〕《皇明经世文编》376/10—13。

〔60〕《世宗实录》页2106。

〔61〕《明史》页83/879;《神宗实录》页0845。

〔62〕关于这份奏疏的概要,见《神宗实录》页2862—2863。

〔63〕《世宗实录》页7604;孙承泽《梦余录》6/9;赵翼《廿二史札记》32/687。

〔64〕项梦原《冬官纪事》3。

〔65〕Yang, 'Economic Aspects of Public Works', pp. 194—195。

〔66〕《神宗实录》页 2957。

〔67〕项梦原《冬官纪事》页 3。

〔68〕《世宗实录》页 7708。

〔69〕《神宗实录》页 2787。

〔70〕《徽州府志》8/15—16。

〔71〕这一数额是基于孙承泽在《春明梦余录》46/63 中记述，平均数是依据总估计计算出来的。

〔72〕项梦原《冬官纪事》页 4。

〔73〕归有光《全集》449；《别集》6/8。1562 年，他抱怨交通实际上陷于停顿，结果他的船只几乎走不出张家湾。

〔74〕Ricci, *China in the Sixteenth Century*, pp. 306—307.

〔75〕《大明会典》190/2—3；何士晋《工部厂库须知》4/39。

〔76〕项梦原《冬官纪事》页 1—2。

〔77〕Ricci, *China in the Sixteenth Century*, 307.

〔78〕项梦原《冬官纪事》页 2；贺仲轼《两宫鼎建记》页 12。

〔79〕《世宗实录》页 7737。

〔80〕《明史》78/829。

〔81〕《神宗实录》页 4933。

〔82〕《孝宗实录》页 3418；魏焕《皇明九边考》1/18—19。

〔83〕《大明会典》41/16、24；《神宗实录》页 1986、5317、5941、6543、11266；《明史》222/ 2559；《明臣奏议》35/673—676；又见本书第六章注 214。

〔84〕关于固原镇的建立，见魏焕著《皇明九边考》10/1；孙承泽著《梦余录》42/17、19。

〔85〕魏焕《皇明九边考》10/1。

〔86〕九边为辽东、蓟州、宣府、大同、陕西、延绥、宁夏、固原和甘肃：见 Hucker, 'Governmental Organization', p. 63。另外五个军镇是永平、密云、昌平、易州和井陉。在 1576 年的财政账目上将这十四个军镇放在同一位置，见《神宗实录》页 1162—1182。

〔87〕见焦竑《献征录》38/69 的余子俊传。关于 15 世纪的工程营建见《宪宗实录》页 2110、3491，《孝宗实录》页 0523。

〔88〕这是根据《世宗实录》页 5800 中的一份概要记述计算出来的。

〔89〕这是根据《世宗实录》页 7840 中计算出来的。

〔90〕《大明会典》193/1、3—4。

〔91〕《大明会典》193/5。

〔92〕《神宗实录》页 3249—3253。

〔93〕见《明史》212/2462、2466。

〔94〕何士晋《厂库须知》8/84。

〔95〕王毓铨《明代的军屯》页 215—216。

〔96〕同上，页 217。

〔97〕《皇明经世文编》198/19。

〔98〕《皇明经世文编》358/21、24，359/3，360/10。

〔99〕张居正《书牍》3/15。

〔100〕地租从每亩 0.0015 两白银到每亩 0.03 两白银不等：见《万历会计录》23/7、22。

〔101〕《皇明经世文编》358/24。这种办法也实行于甘肃、宁夏甚至南京附近。见王毓铨《明代的军屯》页 52—54。

〔102〕1591年在辽东、陕西和宁夏明确实施过营田。同上，页4—5。

〔103〕见《皇明经世文编》358/18；王毓铨《明代的军屯》页8—9。

〔104〕《皇明经世文编》358/10、12、14、23，359/16，360/17。

〔105〕王一鹗《总督四镇奏议》1/15—16。

〔106〕《神宗实录》页0379、0467、1162—1182、2152；张居正《书牍》2/3、9。

〔107〕《大明会典》28/26—53。这些总数是从未经编辑的资料中计算出来的。

〔108〕数种地方志暗示这是一种普遍的做法：例如《汾州府志》5/45—46；《漳州府志》28/18；《四川通志》2/6—13；《邓州志》9/1。在某些情形下，军官们从这种土地上征收地租。

〔109〕《金华府志》21/5。

〔110〕《顺德县志》3/12—14。这也是一种普遍的做法。严格地说来，世袭军户实际上就是土地的所有者。

〔111〕17世纪早期的一份资料很好地阐述了这一问题。见《熹宗实录》页1557—1560。然而，所有这些情况一定是经历了长时期的发展。

〔112〕《大明会典》18/1—8。这是从未经编辑的资料中得出的粗略估计。

〔113〕《穆宗实录》页0902；《皇明经世文编》322/15。

〔114〕Hucker以《大明会典》卷129—130为根据认为九边地区的总兵力达553363人，见'Government Orgnization'，页63的注143。与此不同，1620年户部说边军达867946人：见《光宗实录》页0047。

〔115〕《神宗实录》页1162—1182。

〔116〕《大明会典》卷129—130。

〔117〕《神宗实录》页5143。

〔118〕张居正《书牍》2/3。

[119] 孙承泽《梦余录》35/28。

[120] 见《神宗实录》页2853、3484、4331。不过,《明史》224/2584 给出的总数是361万两。

[121] 见黎光明著《嘉靖御倭江浙主客军考》各处。

[122]《天下郡国利病书》22/27、33、35, 33/109。

[123]《世宗实录》页3237—3238, 7241—7242。

[124]《金华府志》8/13;《天下郡国利病书》33/109。

[125]《漳州府志》5/51—53;《会稽志》6/3—4;《杭州府志》31/16—17;《顺德县志》3/22;《天下郡国利病书》22/36, 23/62、76, 26/94, 28/8。

[126] 梁方仲《明代的民兵》225、231。

[127] 关于援朝战争中的募兵,见《神宗实录》页4683、5791、5809、5825、5976、6332。

[128]《天下郡国利病书》22/27 –28。

[129]《穆宗实录》页1250。

[130]《神宗实录》页0509、2504。

[131]《神宗实录》页0983。

[132] 参见张学颜向万历皇帝进呈《万历会计录》草稿而上的奏疏 (作为该书序言)。

[133] 新库亦有400万两的存储,一些银锭埋藏在地下。然而,由于处理的是现行账目,故而不是所有的库银都被看作太仓库的存储:见《神宗实录》页3318、3329。太仓库的收入是在1572—1582年这十年间稳步增长的,见《神宗实录》页0086、0195、0256、0308、0554、0891、1027、1396、1793、1831、2684、2884。

[134]《神宗实录》页1503。

〔135〕《神宗实录》页5312。

〔136〕顾炎武引用了这份叙述,见《日知录集释》5/5—6。它也指出仅成都的省库就积银800万两,这似乎不大可能。其所引用的较小数目似乎更为可能。应加以注明的是,作者的叙述完全是建立在偶然性的谈话和记忆之上的。

〔137〕见《明史》213/2479—2482;《皇明经世文编》324/1—328/31;焦竑《国朝献征录》17/60—108。张居正管理的许多方面只是被记录在《实录》和他的通信中。朱东润的《张居正大传》关于财政事务含有许多技术性的错误,最明显的是有关1580—1581年土地清丈的报告。

〔138〕削减由驿站提供的服务有时同样也会减轻税负,见《神宗实录》页1408、1448。但是,通常来说,任何节余都会被省库存留。见《神宗实录》页1558—1559、1581、5243、5992。

〔139〕前线巡逻部队的减少,见王士琦著《三云筹俎考》2/19—21,4/1。

〔140〕1579年,据称这道命令没能彻底实行:见《神宗实录》页1830—1831;亦见《神宗实录》页0381、0794、1594、2152、2167。

〔141〕《神宗实录》页2435、2668。

〔142〕《神宗实录》页0176。

〔143〕这些账册的简化见张居正《书牍》2/3。

〔144〕《神宗实录》页1852—1853。

〔145〕张居正《书牍》2/8,6/2;《皇明经世文编》328/26。

〔146〕关于《万历会计录》的准备和完成,见《神宗实录》页1076、2132、2261以及该书的序言。

〔147〕《神宗实录》页1100、2128。

〔148〕《明史》300/3367;《神宗实录》页1495。

〔149〕张居正《书牍》4/18。

〔150〕王世贞的叙述见于焦竑《国朝献征录》17/96。

〔151〕见《明史》213/2178，222/2563、2569。

〔152〕见张居正《书牍》1/2、10，2/27，5/6。有一次他声称拒绝了广东和广西的三司官员们馈赠给他的超过10000两白银的礼物。

〔153〕Tao-chi Chou，《皇后李氏传》，作为"明人传记计划"之一即将出版。

〔154〕关于他使用特务，可见于《明史》213/2480。他的做法大都在其私人通信中透露出来，1610年以后，其子张懋修编辑、整理了这些书信。

〔155〕张居正《书牍》2/23。

〔156〕《西园闻见录》92/19。

〔157〕参见拙文《倪元璐：新儒学政治家的"现实主义"》，载de Bary, *Self and Society in Ming Thought*, pp.415—448.

〔158〕张居正似乎绝少在文章中讨论他的思想。Robert Crawford曾经详细翻阅过其所收集的张居正的文章，也说"资料过少"，参见Crawford, 'Confucian Legalism'，载于de Bary, *Self and Society in Ming Thought*, 页367—411.

〔159〕张居正《书牍》5/1；《皇明经世文编》327/2，328/14。

〔160〕《皇明经世文编》326/6；Crawford, 'Confucian Legalism', pp.373, 393.

〔161〕焦竑《国朝献征录》17/71、75、94。

〔162〕《明史》78/827。参见和田清《明史食货志译注》页218；孙承泽《梦余录》35/37。

〔163〕《神宗实录》页3755。

〔164〕《穆宗实录》页1200—1201。

〔165〕光懋的奏疏和批答见《神宗实录》页1490。对一条鞭改革的攻击亦见《神宗实

录》页1095、1100、1112、1245、1338。

〔166〕《神宗实录》页1490；张居正《书牍》4/5。

〔167〕张居正《书牍》4/1。

〔168〕同上，5/27。

〔169〕《神宗实录》页0123。

〔170〕朱东润《张居正大传》页279。

〔171〕《神宗实录》页1732、2031；《宁德县志》2/4。

〔172〕《神宗实录》页2050。

〔173〕《沂州志》3/1、16；《怀远县志》2/4；《天下郡国利病书》13/72。

〔174〕《明史》77/819；和田清《明史食货志译注》页67—69。

〔175〕《神宗实录》页2289、2371—2372。

〔176〕《汶上县志》4/2。

〔177〕《开化县志》3/3。

〔178〕顾炎武在《日知录集释》3/64中进行过引用。

〔179〕《神宗实录》页2378。

〔180〕《神宗实录》页2530、2732。

〔181〕《天下郡国利病书》13/64；《汶上县志》4/2。

〔182〕张懋修在他的父亲给总督戚继光的信件的注释中说张居正被怀疑密谋夺位，显然是因为人们看到信使在晚上往来于张、戚二宅之间的缘故。见《张居正书牍》5/19。根据王世贞的说法，实际上张居正的一些追随者试图劝说他夺权：见焦竑《国朝献征录》17/92。

〔183〕周玄暐《泾林续纪》30。

〔184〕《神宗实录》页3318、3329、4084。

〔185〕见《神宗实录》页4626、5312、5917、5918、6324、6349、6452;《日知录集释》5/6；朱国祯《涌幢小品》2/41。实际上，到17世纪早期为止，已经耗尽了所有的收入，见《神宗实录》页7217、8271。

〔186〕《神宗实录》页4722。

〔187〕《神宗实录》页5991。

〔188〕《神宗实录》页6331。

〔189〕《神宗实录》页5883、6390。

〔190〕陵墓的修建，见《神宗实录》页2841、2851、3795—3797。

〔191〕中国科学院考古研究所，《新中国考古的收获》，页cxxix—cxxx；*New York Times*，1971年5月21日。

〔192〕《神宗实录》页5591、5646、6163。根据另一记载，官府征取40%的收入，见《皇明经世文编》441/21。

〔193〕《明史》305/3429—3432；谷应泰《明史纪事本末》65/699—712；《皇明经世文编》441/19—22。

〔194〕属于慈宁宫、慈庆宫和乾清宫的宫庄收入见于《明史》82/866。亦可参见附录A。

〔195〕《神宗实录》页0822、2911，亦见上注153，Chou文。

〔196〕《神宗实录》页4663。

〔197〕《神宗实录》页0520、1844。

〔198〕《神宗实录》页2945。

〔199〕积银的准确数字和转出的数字并不完全清楚。《实录》中给出的一些转让命令似乎类同的或重复：见《光宗实录》页0024、0032、0173；《熹宗实录》页0052、0211、0231、0242、0418、0767、0773、2415。

〔200〕《明史》235/2690 有这样的例子。

〔201〕更为准确的账目见：《大明会典》201/7；何士晋《工部厂库须知》6/66；《神宗实录》页 0951、0956、2926。

〔202〕《神宗实录》页 0951。其他的命令和费用亦见《神宗实录》页 1111、2956、3165。

〔203〕《明史》21/143；《神宗实录》页 6192。

〔204〕相关著作有：李光璧《明朝史略》页 135；龚华龙（Kung Hua-lung），《明代采矿的发达和流毒》，载包遵彭编辑的《明代经济》页 127（该文重刊于《食货》双周刊，1∶2，1954 年）；彭信威《中国货币史》页 463。

第八章 结 语

明帝国缺乏与其他国家和民族进行军事和经济竞争的意识，因此并不关心行政管理效率。即使政治制度恶化，也不会立即导致危机，人民对行政管理不善有着相当大的忍耐力。这种不令人满意的局面可能持续数十年、甚至一个世纪也不会引起严重的警觉。对于各种问题，明朝政府总是采取应付的态度，无意根本解决问题，这就会使这些问题蔓延开来。由此可知，明朝的制度史是非常难以分析的。早期的研究，诸如货币流通、食盐专卖、卫所制度等许多事例就已经显示出其复杂性了。军队后勤保障是最能够说明这个问题的一个事例。自从15世纪中期开始，就一直忽视这个问题，直到100年以后，它才真正得到关注。而这个时候所能提出的办法除了是增加田赋以外，根本不可能再对军队进行重新改组。

很明显，大多数历史性问题都已根深蒂固。我们知道，如果不参照都铎王朝的改革就不能理解斯图亚特王朝的宪法危机。最近已有历史学家认为明治时代的日本事实上是与德川幕府时代密不可分。因此，对于明代财政的历史必须作一个长时段的考察，这是非常重要的，特别是因为政府既要避免周期性的重组，又不能将各个部门截然分开，财政机构事实上像一个生命体一样，是不断变化生长的。

利用社会科学方法进行研究的历史学家常常将他们的研究题目分成许多小的专题,这易于深入地、专门地进行考察。他们在没有将每一个方面可利用的资料分析透彻之前,是不会进行最后的综合分析的。这种方法,尽管符合逻辑,但对于研究明代政府的财政则意义有限。考察视点的狭窄会使调查者陷入了很大风险,无法进行通盘考虑。所以这样得出的结论支离破碎,不能准确说明整个制度的情况与特点。以同样的方式去重新整理明代的财政数据也不是一件简单的事情。努力将混乱的制度进行逻辑整理分析可能有利于读者的理解,但同时也容易模糊了其所希望表达的主题,叙述者的角色不知不觉地成为一位财政改革家,而不是一位财政史学家。

由于可信资料的缺乏,现在对这个题目还做不到详尽每个细节。然而,管理的一般特点还是清晰可查的,所有各个方面分散的资料显示出一致的形式。

下文中讨论的主旨就是关于管理的一般特点。首先是利用几种有关中国历史发展的理论进行检验,然后分析其在中国历史上所产生的长期后果。

第一节 过分简化的风险

王朝周期循环理论

传统的历史学家和现代的学者都持有这种观点。前者关注的是道德问题,将王朝的衰落归结于统治者的个人品格,他们认为大多数王朝的开国之君多是道德楷模,而末帝则是腐朽无能的暴君。而现代学者在理论上基本上是以经济的要素取代伦理和个人的因素。

在现代,王朝周期循环理论最主要的倡导者是王毓铨,他在其最有影响的文章《中国历史上田赋的上升和王朝的衰落》(The Rise of Land Tax and the Fall of Dynasties in Chinese History)中特别强调了明清两朝。按照他的观点,明朝的崩溃是因为"向农民征收过重的田赋榨干了中国的农业经济"[1]。

在描述清代时,王甚至更加直率。他写道:

> 腐败可以简单地归结为这样的过程:中央政府被剥夺了实际的财富与权力,它们流入了控制政府的统治阶级个人手中。这些人无法无天,他们作为官员、作为一个阶级,负有保护国家利益的责任,但作为个人,他们是腐败的惟一受益人。虽然他们中的一些人,作为官员,知道这是错误的,他们中的大多数人作为一个阶级也试图保护政府的利益和本阶级的利益,他们为了能够达到这个目标,总是向贫民和庶民阶层加征税收以补偿他们逃避的税收。[2]

就明代的税率而言,这种指责得不到证实。17世纪早期政府加征"辽饷"和"剿饷"等,一年最多可有2100万两白银[3],这种额外收入并不是全部来自田赋。例如,在1623年,国家筹集的额外军费为白银6668677两，其中有4491481两摊入土地，其余部分则来自财政节流、官产出卖及杂色税收，还包括典辅税[4]。即使将2100万两白银全部摊入土地，对于纳税人来说当然是很高的负担，但也不像王毓铨所断言的是绝对无法忍受的事情。17世纪初期通货膨胀导致物价水平上升了40%[5]，这就意味着税收的增长在很大程度上是一种虚假现象。而后的清代继续沿用明代的税率，这一事实也更加确证了这一点。尽管王毓铨认为清代一直声言减税[6]，但清朝初期并没有这方面的财政记录[7]。新朝税收水平一如前朝，税率接近，这一税率也就是王毓铨所断言的"榨干了中国的农业经济"的税率。

虽然如此，上文所引的王毓铨对晚清情况的描述也非完全失实。这里应当注意的是豪强地主逃避税收并且将其转嫁给中下阶层仅仅是制度崩溃的几种表现形式之一，而主要原因要更深刻。在明代后期，尽管有人提议增加税收，但当时正税定额也从未额交纳。1632年，据340个县的上报，税收拖欠达到了50%，甚至更多。这340个县占到了整个帝国财政税区四分之一以上。而且，其中的134个县事实上没有向中央政府上纳任何税收[8]。这种情况可以证明这样的观点：明朝的税收征纳由于历史的原因，有一个明确的最高限度，一旦收入的要求明显地超过了这个限度，将会导致整个财政体系的崩溃。所有这些不能完全归咎于税率过重和税收规避。问题更可能是在于定额税收制度。从14世纪或更早开始，来源于农业土地的收入在扣除正税和很少一部分付给直接生产者的工钱以后，余额将被许多利益集团所瓜分，这是由于特殊的土地所有、土地租佃、土地典当、永佃权、分成以及私下转移公共义务等原因造成的（见第四章第二节）。此外，地方官员、吏胥、里甲也有许多常例和馈赠（见第四章第四节）。因为税率普遍低下，货币匮乏，这些诸多情况合在一起可能会为各个层次、各种规模的农业剥削提供了便利条件。在200年中，人们的纳税能力受到严重削弱。有时甚至剥削者的收益亦是很少，以至于他本人的生活也降到最低水平。农业产量的上升大都被人口的增长所抵消。税收的轻微增长有时可能会影响到农业利润，任何税收激增行为必定会遭到抵制。除了豪强地主以外，许多不同的集团也卷入其中，逃避税收只有当一般的征收受到阻碍时才会真正变成一个严重的问题。

所以，王朝周期循环的理论不能充分地说明制度上的弱点。明代的财政管理实际上有很大的缺陷，组织管理无力，方法僵化。坚持王朝周期循环理论的人仅仅自以为王朝建立之初的制度完美无缺，而后来由于腐败而背离了这种理想的状态。他们的研究无助于我们更好地理解这些问题。

作为一个封建国家的明朝

大多数现代的学者接受了西方的教育，他们自然按照西方的经验来看待中国历史。尽管比较的方法有它的好处，但是容易歪曲历史，特别是与西方同时期的中国历史的发展阶段常常相应地被看成是西方世界的各个历史发展阶段。

明朝可能即使不被看成是完全"落后的"，但也并非完全"现代的"。Herrlee G.Creel 在他关于中国官僚机构起源的研究中就认为：

"早在公元之初，中华帝国就已经显示出很多类似于 20 世纪超级大国的特征"，他将其概括为"现代的、中央集权的、官僚政治的"特征[9]。明朝秉承了这一传统，当然保留这些所谓"现代"性的特征。上文提到早在 14 世纪户部就已经控制着大约 2400 个部门的账目（见第一章第一节），公事往来中"勘合"的使用据说要比现代的计算机卡早很多。但是像鞭朴税收失职者致死、分配走私定额给巡捕以及任意罚没私人财产这类习惯又表明明代中国类似于"中世纪"。而万历皇帝征用成千上万名士兵为自己建立起了巨大的地下宫殿（见第七章第四节），这事实上更是一种"远古时代"的行为。

在过去的 20 年间，许多中国学者认定明代是封建社会，这风行一时。当然，也的确能够从明代历史中找出许多与中世纪的欧洲表面上相类似的事情。但就制度和组织而论，这种定性明显地歪曲了历史。在明朝，除皇帝以外，没有任何负有实际职责的世袭职位。永乐皇帝以后，甚至皇后也有意选自于门第较低的家庭，而不来自于有贵族头衔的家族[10]。从 15 世纪开始，武职的威望可能降到中国历史上的最低程度。在 16 世纪，包括中央政府和各省当局都不能保证军队供应，甚至战船也是租借而来的（见第七章第三节）。皇庄和贵族封地地租实际上是由文官来征收而不是那些世袭者，他们仅仅定期领受禄廪，大大地削弱了他们的特权（见第三章第二节）。

很具有讽刺意味的是，一些现代的学者认为税收管理不善是由于封建性做法残存。顾炎武早在 17 世纪就提出这是由于在政府结构中缺乏封建精神，他认为解决的办法是恢复本来意义上的"封建"制度，这包括放松中央控制，赋予地方官员以更大的用人权力、更多的财政职能，甚至政务公开[11]。尽管讨论顾炎武改革建议的可行性是没有意义的，但应该强调的是他的目的是试图去解决这些实际问题。在明代晚期，尽管理论上帝国政府权力无限，但实际上它常常无所作为。地方官员虽然做了许多工作，但他们缺乏必要的职权。这就陷入了僵局。田赋管理不能应对农村地区的实际情况，管理不善广泛存在于各个地区以及各个层次上。如前文所示，没有强迫便无法征税，而强迫却只直接加诸于无力抵制之人的身上。征税者任意的、过分的征求需索被现代的学者认定为封建性的特点，这其实部分地反映了管理的不力，也部分地代表官僚们弥补制度性缺陷的企图。所以镇压并不是有力量的标志，而是缺乏力量的体现。这些决不能被认为是任何社会制度的基本特点。

如果现代的学者在讨论"封建制度"时，将其限定为传统中国政治体制中的那些习惯性做法，这样就可能减少混乱。这种已经逝去的"封建"体制的起源可以追溯到中国远古时期。例如，公元前一千多年前的封建国家就已经采取了集体负责的原则，以此力图建立起官僚政治，而后就从来没有被摒弃。又如，强调帝国国民要承担各种徭役则是历史上纳贡习惯的残存。但是一般来说，这些马克思主义历史学家对历史的具体细节缺乏耐心，他们研究的出发点是认定明代为封建社会，然后推定阶级斗争具有"历史必然性"，进而认为明代后期已经出现了"资本主义萌芽"。对于最后一种观点的意义在后文还将论及。

历史的道德性解释

中国传统的历史学家总是愿意用道德来解释历史,这不是很奇怪的事情。当德才兼备之人掌握政权时,政府的资金自然殷实充足。与此相反,腐败总是与领导者无能相伴而生。这是因为按照中国的传统理论,行政管理更多的是依靠官员个人的能力,而不是建立起一套专门的制度,这种办法在处理地方性的、短期的情况时还有一定实用之处。然而,它完全忽视了情况的变化和管理技术的困难,有着明显的局限性。

在上一章中所提到的张居正,尽管他性格刚毅、为人正直、勇于任事,但是他所进行的财政改革也只是取得了有限的成功(见第七章第四节)。虽然他的节流政策无疑在短期内增加了国家的财政实力,但是由于增加银储的政策所导致的通货紧缩也使公众陷入困境。而且他的方法是以政权强制为条件,国家的财政机器被迫高速运转,从不进行大的检修。这样做必然会受到抵制,他自己也是祸发身后,蒙受耻辱。最后的结果就是不仅他的政策被废除,而且官僚集团也开始分裂[12]。

尽管现在有人可能认为以道德来解释历史是不足信的,但这也不令人信服。一些现代的历史学家用他们自己的社会价值观来看待某些个人的儒家道德。例如,吴晗盛赞海瑞是"站在农民一边"与地主进行斗争[13]。他还认为海瑞是"为建成社会主义社会而进行百折不挠斗争"[14]。

事实上，海瑞不过是一个正统的、严格的儒家信徒，他要求其下属像他一样厉行俭朴。他出任南直隶的巡抚，对官员腐败和税收陋习发动一场无情的斗争。这确实证明了他的个人勇气和耿直。但他还算不上一个社会改革家，更不是一个革命者。在他给嘉靖皇帝的奏疏中总是称君主为"天下臣民万物之主也"[15]。他认为小民"斗狠趋利，未有息讼之期"[16]。而且，他致仕以后，也降低了自己的标准，如其信中所言，他曾接受一位地方知府、一位巡按、两位总兵以及两位总督的馈赠。最后的两个人是凌云翼和殷正茂，而他们素有贪名[17]。其中至少一次馈赠之重足以购买一片墓田。

这里即非贬低一个正直之士，亦非宽免官员腐败，而是强调制度的缺陷在明代后期已经变得日益严重，道德重建已无力回天。然而吴晗还认为海瑞"一生反对坏人恶事，从没有反对过好人好事"[18]，并且谴责任何一个批评他的英雄的人，包括那些尽管赞同海瑞的目标，但认为在执行时要采取一定策略的人[19]。这种态度已经扩散到制度史的研究中，上文中批判一条鞭法的学者们就遭到如此的境遇（见第三章第三节）。恢复这种陈旧的历史观是一种很危险的做法*。

按照现在的"自由"和"进步"、"保守"和"反动"的标准对16世纪的人物进行分类，是很令人怀疑的。对他们中许多人很难进行定性归类，有的人可以同时分属几类。尽管实际上他们中的所有人的目标都是为了保存传统的社会价值，但他们也不缺乏平等的思想。虽然

---

* 关于海瑞评价问题，吴晗所遭受的政治迫害使问题更加复杂化。

他们要依靠国家来保护其个人利益,但他们也知道大多数民众的生计对国家也是至关重要的。因此标签某人"好"或"坏"只会造成混乱。

第二节 明代的财政管理及其在中国历史上的地位

中央集权优先于技术能力

这本书中所讨论各个不同主题可以很容易地概括为如下的观点:明朝力图在一个广大的帝国内强制推行其野心勃勃的中央集权的财政制度,这种做法超出达到这种程度的技术水平。这种技术水平包括实际的技术手段和专门的经济知识。表现为交通运输、信息交流以及其他服务性事业,货币和银行规则,会计统计和数据保存的技巧,甚至官员的心态。

财政制度始创于洪武时代,当时没有将皇帝个人的收入与国家收入分割开来,帝国的收入与省级地方收入也区分不清,强制对全国的财源进行统一的管理,这样的计划甚至在现代社会也未免过于艰巨,这自然从一开始就面临着实现的技术手段问题。

如果这样的计划实行于种植谷类作物的干旱地区,例如像西北的黄土高原,其所引起的困难也不会如此剧烈敏感。中国地理条件的多样性使得问题更加复杂。有明一代,田赋是收入的主要来源,但在其 276 年的历史中却从未编辑过一套完整一致的土地数据(见第二章第二节;第三章第二节;第七章第四节)。在我们对各地方的报告进行核查时,就会理解其中缘由。因为包括低收入群体在内的所有各户都要纳税。每一类土地都要统计入内,包括河流沿岸苇塘的延伸地区以及山林(见第六章第三节)。在海南岛,为了给各种差役提供资金,甚至将槟榔树也被计算进去[20]。鱼塘常常因为出产丰富而不会被忽视,同样栽种桑树要比种植稻米收益更大而更受到注目。所以常常会造成这种现象:在同一地区,种植单季作物土地的收益要高于种植双季作物土地的收益;一些税则不高的田土,但却有很好的回报。而那些高产的土地却收成不好。其中缘由太多,无法一一言明,但很明显这种差异与广泛而详细的税收结构明显背道而驰。管理也十分缺乏专门的技术人员。甚至在16世纪晚期的土地清丈工作也不是由专门训练的人员来进行的,政府从农村征召人役进行清丈,这些人甚至连土地分类的地方标准也不能理解,更不用说全国性的标准。缺乏控制标准最容易导致各种弊端,清丈之前更是如此[21]。

与此相对照,德川幕府时代的日本,土地税通常以每一村落共同体为单位,而不是确定到单个的纳税人[22]。尽管看起来日本的方法简陋、落后,而明代的制度先进、平等,但在具体实践中,由于明政府缺乏有效的控制手段,这种方法未必更有效。或许日本的封建主们对其村落情况的了解程度要比明朝的知县对当地情况的了解好得多。

明代中国的中央集权体制造成了许多自相矛盾的后果。尽管期望中央集权能够刺激技术手段的进步和经济理论的发展,但事实上却没有产生这样的结果。有一点必须记住,就是集中仅仅是财政职权的集中，而不是财政责任的集中。实际的物资、商品及人力的管理还是处于最低层次（见第二章第一节）。财政统计数据，从一开始就没有统一的标准。由于这些数据与实际的工作没有直接的关系，所以非常容易背离实际情况。定额税收制度的确立使得许多技术性细节问题变得无关紧要。财政的条理性逐渐受到了歪曲。整个的税收水平和地方税额应当是有弹性的，但却变成铁板一块，不可更改。而像"一丁"、"一亩田"、"一石粮"，这些具体的计量单位都有很大的弹性。明代的财政管理变得越来越缺乏条理，更加艺术化了，它不是解决技术性问题，而是在逃避问题。

理论同实践相分离

明朝制度另一个特点是其管理能力有限，这是开国者有意的设计。洪武皇帝生性多疑，他将财政职权集中于中央，但只是泛泛地集中，缺乏深度。他无意改善财政运作，他所关注的问题是如何在大而不变的结构（monolithic structure）中阻止任何次一级的体系的形成。因此，从一开始，财政管理就显示出简单、生硬的特点。当时的许多做法就证明了这些特点，例如直接依据人丁分摊税收，不去将税收收入进行再投资，也没有建立中间层次的后勤保障能力。但低水平的税收仅仅在开国之君对外和平、对内厉行俭朴的情况下才或许成为可能。当时，军队要自己生产粮食，村落要实行自治以减少政府的职能，通过减少人手以节约管理经费。然而，定额税收制度的建立却从未考虑过可能出现的后果。

尽管降低了民众的税收负担，但随之应该配套一系列的保护性措施。建立起健全的货币体系是非常重要的，它能够确保国家控制信用和利率。国家也要很好地控制财产交易、监督土地的典当和租佃。要使农民永久地享受低税的好处，这些措施是非常必要的。然而，不消多说，任何措施也没有采取。

到15世纪，情况已经开始恶化。稳定健全的货币体系一直没有建立起来，军队的自给成为神话。人口普查和定期的财产登记严重失实，大片官田的消失就很说明这个问题（见第三章第二节）。作为政府，从一开始就没有在农村建立起一套有效机制，此后更是失去了对农村的控制。

结果，实际的财政做法同理论上的目标日渐脱离。税收不断加重，或以调整耗派为由，或以坐办为名。官员以各种例外的征收来添补其微薄的俸禄。指定用于正常开支的资金被挪用其他财政需要。尽管法规一成不变，但在行政管理中已很少再受其限制。这种情况一直持续到16世纪。

与一般的看法不同，本书认为管理不善不仅仅是税收过重的一个原因。我们的注意力不应该只关注宫廷用度汰侈，它只是滥用的一种形式。我们应该注意公共服务的缺乏、地方政府的预算不足以及军事后勤保障不力等方面的情况。当我们仔细地考察明代的财政史时，政府过分强调俭省的恶果就清楚地显示出来了。制度的管理控制能力有限，对于收入与开支都控制不力，这也导致了皇帝自我放任。由于公共财政总是混乱无序，皇帝没有自我克制的理由。当万历皇帝分遣中官出任税监（见第七章第四节）之时，他甚至有理由认为这是为了攀比官僚的生活[23]。

朱元璋所创立的组织机构不切实际、运转不力，而且流毒之深，回天乏术，只能有待于一个新的王朝的建立。这种制度明显地不能处理当时所面临的各种问题。在明代财政管理中，思想偏见，责任感僵化，行动范围分割，官吏俸给过低，政府工作人员不足，对于实际情况缺乏了解，中层后勤保障能力不力，公共投入不足（这些情况都是导因于低税政策），所有这些原因使得国家根本无力动员帝国的全部财力，其所能控制的资源只是其中的一部分。诸如盐课、海关税（番舶抽分）、内陆关税（钞关）、林木出产税（竹木抽分）以及矿银等都面临这样的情况。最终，纳税人不得不交纳更多，特别是那些无法抵制的额外派征更是如此。当时绝大多数的学者都从未认识到正是官定税率的低下造成了民众税收负担的不断上升，能够认识到低税政策危害的人寥寥无几（见第四章第四节）。

16世纪，明朝政府也进行一些改进，但是影响有限。而且这些改进既不系统也不彻底，大部分的内容也不合时宜。改进从积极方面来讲，表现为南方各省的兵饷征收，一条鞭法的推行以及税收折银册籍的编定，这至少使得财政制度略微接近于实际情况，也意味着一部分财力可以合理使用。但在另一方面，这些改革措施也耗尽了人民的纳税能力，民众税收负担已到了极点。

衰落和迟滞

毫无疑问，明代的财政管理不如前朝。即使在宋代，财政官员就已经发现要不断调整政策以利经济增长，这样可以在不增加人民税负的前提下增加国家的收入。王安石的财政改革早于一条鞭法500年，就已经将民众之役折成现钱来征收。国家反过来逐步提高铜钱的生产，这样税收中不断增加的对货币的要求抵消了潜在的通货膨胀的影响。宋朝不断地利用它的财政手段来达到它的经济目标。即使在元朝，田赋最初也是按铜钱来估算。当国家需要粮食时，就依据铜钱反向进行折算。这也有助于保证财政账目的完整统一[24]。然而，明代几乎全部抛弃了这些策略与手段。在唐宋两代，财政管理趋向于专业化[25]，在明代，盐务官员名声不佳（见第五章第五节）。在许多财政部门，包括户部，实际工作都是由吏曹诸人经手操作（见第一章第一节），甚至在17世纪早期，这些低级办事人员也雇倩他人来代行职责[26]。显然，财政管理水平已经严重下降。

明代财政管理缺乏活力产生了许多社会经济影响。一是经济的服务部门严重滞后，我们已经多次提到明朝疏于制定货币政策，在其276年间中，政府铸钱仅仅40次，平均产量不超过2亿文（见第二章第四节）。所以粗略估计整个明代的铜钱产量只有80亿文，这仅相当于北宋两年的铸钱总数。许多明钱要比11世纪铸造的宋钱质量低劣，这种情况导致未被铸造成银钱的白银在官方和民间交易中广泛应用，引起了很多麻烦和混乱。更为糟糕的是，即使政府钱币面临困境，但也不允许民间机构插手这一领域。一直到 16 世纪末,也很少有人提到私人的金融机构[27]。当时货币市场中惟一存在的民间机构是典铺。

在交通运输方面,明代的大多数时间是确保大运河的畅通。为了维持其运营,不得不投入了大量的人力和物力(见第七章第二节)。这一水道并不如一些现代学者所认为的那样对于中国的经济有很大的刺激作用[28]。尽管运河管理有很大的成绩,但大运河要包括许多湖泊、急流、布满沙洲的水道,在北段还要横穿两条大河,冬天还要封冻。在与长江和黄河交汇之处,只有官船允许通过水闸,所有其他的船只都要先卸掉货物,然后由车绞船只以出江河[29]。1548 年,一支日本朝贡使团在运河进口花费了 16 天才使其船队从长江进入运河,而这支小船队只有 5 只船[30]。在这条水路的中段,有 38 个水闸,间隔不到 200 英里。这些水闸只有 12 尺宽,必须重复地关合以保证水位。按照明末和清初的旅行日记可以知道水深要低于四尺[31]。我们必须想到航行在运河之上仅运输漕粮的船只就有 12000 艘左右,他们往返一次要花费一整年时间,其中包括运河北段冬天封冻的时间。这些船只如果首尾相连,其长度将为运河全长(从长江到北方终点)的十分之一。此外,朝廷还要动用 1800 艘船从南京运送宫廷用的物资补给[32]。这些运送的货物包括宫廷用具、龙袍及新鲜水果、蔬菜等,很难说具有经济上的意义[33]。

现在还没有证据显示出明朝政府投资用于道路保养和建设,只是在北京之外修建了一些石桥。而这些工作也不是为了提高帝国驿递系统的效率,其最初的功能只是为了传递官方文件,并不是为公众服务。明朝的供应补给方式实际上也阻碍了地方的道路修建计划,因为路况好只会鼓励更多的官员巡行当地,这样,馆舍招待等费用都必须出自地方民众,这种负担的增加非其所愿。1560 年,由于同倭寇作战,浙江淳安县成为内地的交通中心,使客往来增多,负担大增,地方无法忍受,知县最后决定暂停陆行,使客被要求绕行水路,虽然这样可能会花费更多的时间[34]。明代在工程建设方面的成就不过就是长城、宫殿、阙门和皇帝陵寝。

公共服务事业极度缺乏资金,这一因素不可避免地妨碍技术的进步和经济的全面改善。白银的开采实际上被封闭起来(见第六章第一节),盐业生产工艺退化,大铁盘最终被小铁锅取代,竹盘也是用纸和碱粘合而成(见第五章第一节)。在 16 世纪晚期和 17 世纪初期,许多士兵的头盔是用竹子做的,而铠甲用纸糊成[35]。

实际生活中的各种证据与中国人民大学中国历史教研室所极力推崇的理论截然不同,他们论证说,明末清初中国已经出现了"资本主义萌芽"[36]。当然,在这一时期,政治稳定,人口增长,上层阶级的生活水平提高,这导致在中国的一定区域内经济开始多元化与专业化,特别是东南各省尤为明显。但是在本质上,这些现象并不一定是出现资本主义初始化的标志,资本主义初始化的特点是工商业有不断进行资本积累的趋向。迄今为止,理论家们拿出的仅仅是一些独立的事例,诸如某人通过种植经济作物致富,或者某人经营手工业发家。正如费维恺(Albert Feuerwerker)所指出的那样,他们还应该拿出更有说服力的资料来证明他们的理论。我们必须清楚地看到,明代后期缺乏各种有助于资本主义发展的因素与条件，当时没有保护商人的法律，货币匮乏，利率高昂，银行业也不发达，这些情况不利于工业生产的发展和物资交流的扩大。同时，商人和作坊主也面临着各种障碍。当时，道路关卡林立，政府推行硬性采购、强行报效，并垄断了大运河的使用，官方也插手工业生产。从另外一方面来讲，拥有土地比较稳妥且有名声，同时又可以通过捐得官身而免除赋役，田赋的非进步性增强了农业生产的吸引力，损害了商业投资。

马克思主义的"阶级斗争理论"常常是被从字面意义上理解、运用。实际上有许多事例表明在资本主义发展的早期阶段，企业家们常常是和封建势力合伙投资。例如，在德川时代的日本，大名特许商人拥有专卖权，甚至委托他们作为自己的商业代理人。而商人则向领主提供各种服务和商业建议，有时还提供无息贷款。换句话说就是他们事业上进行合作，封建领主控制农业生产，商人管理市场[37]。在这种情形下，农业盈余能够逐渐地投资于工商业。由于封建领主本身就是商业合伙人，他们为了发展商业不得不放松对贸易的控制，使商业贸易法规逐渐符合商业习惯。

16 世纪的明朝，政府几乎没有任何可以用来支配的节余。实际掌握的财政资源零碎分散，无法用于大规模的商业运作。官员们仅仅满足于任意支配各种服务，一旦不足，他们则进行征用，而不签订契约以获得额外的服务。惟一例外的部门是食盐专卖，但它的经营还是依靠其他部门的管理经验。他们最关心的问题是完成其定额，他们既没有成本意识，也不懂得长远计划，这种经营方式充其量也不过类似于早期官僚资本主义的经营方式,也就是清代的"官督商办"形式。

鉴于其他工业社会中城市无产阶级的经历,资本主义是否能够为16世纪的中国创造出一个更合理的社会秩序是很令人怀疑的。然而,资本主义确实能够增加生产,提高物资流通效率,同时也能够推动法律的变革和技术的进步。值得注意的是,当时中国在许多方面的落后却是更为显著的,诸如人均收入低下,交通运输落后,法律陈旧,缺乏制度化的措施等。明代的财政管理部门根本无力去改变这些情况。

官营工业是进一步说明管理不力的一个很好的例子。这也是另一个争论的焦点。许多大陆的中国史研究者,认为明代是封建社会,同时也相信工匠轮流到官办工场应役"提高了生产力"[见第六章第三节(r)],他们认为官办企业劳动分工导致了技术的进步,其影响也扩展到了私营经济部门[38]。但实际上从15世纪中期开始就已经很少有工匠亲自应役,而是以银代役。实际劳作的工人是雇募而来的。1562年,甚至一直保留下来的劳役也被强制折成白银。政府雇用的工匠逐渐分成两类,一类是在皇城内工作的银匠和宝石匠,他们只生产奢侈性用具,这些精心制作的产品实际上很少能够进入市场。另一类工匠则在官办工厂中从事大规模生产,但通常都是分散管理。一个工厂常常被分成好几部分,每一部分有一个监工,他负有财政责任。比如,政府的铸币厂中的一个炉头,要管理一组工人,炼出固定数量的铜,铸造出固定额度的铜钱,一有缺额,必须由他来赔补(见第二章第四章)。在这种情况下是不可能进行流水线生产。尽管表面上看,铸币厂的生产额度很大,但却很少愿意引进节约劳动的设备。同样,淮安附近的清江船厂被分成82个分厂,每一部分单独居住,分散管理(见第二章第一节)。尽管这个造船厂在其全盛时期生产了746条漕船,但每一分厂造船不超过10条。这种所谓工人的专业化分工实际也就是其行业区分,由木工来造船身,铁匠铸造船锚,竹工做帆。充其量有一两个专业技工做一些填塞防漏之类工作[39]。明朝管理这些工作的官员非但不满意他们技术的进步,而且对这些工人的技术水平总是有很多抱怨,认为他们要比私人企业的工匠技术低劣[40]。

在北京的兵工厂也为一些现代的学者所推崇,这些工厂集中生产用于宫廷防卫用的装饰性武器。因为供给的问题,野战部队的武器大多由地方提供。15世纪70年代,戚继光在进行军事训练时,他发现武器制造不精,他多次提到枪、铳弹头与弹管不符,容易引起爆炸[41]。实际上,明代官办工厂要比其批评者所想像的更加落后。

很清楚,明朝与以前各个朝代制度相似其实是一种误解。唐、宋、元各代的财政结构从来没有像明代这样僵化,它们的高层政府部门也不像明代那样承担很少实施责任。明代的财政管理具有收敛性(self-denying),它将其运作能力降到最低限度,忽视了通过工商业发展来增加收入的策略,拒绝考虑民间、私人方面的帮助。财政管理总的来说是倒退,而不是进步。

财政管理的目标

总的看来,明代财政管理具有消极性。在传统中国,最主要关心的问题是政府的稳定。明代的财政制度就很好地贯彻了这一点。

这个制度值得注意的一个好处就是防止了某些地区因为财政实力的增强而与中央政府相对抗。在帝国的每一个财政部门的财政收入都有无数个来源。这就意味尽管地方官员可以去改进他们的管理，但他们也同样不能维护自己的独立性。这一制度，配之以官员的轮换制度和回避制度，取得了很好的效果。有明一代并无文武官员企图造反之情事。明代绝大多数的叛乱、起义是由藩王、不满的农民或者部族首领发动的。而失败原因多是因为他们不能建立一个稳固的财政基地，以维持起义之初的消耗。惟一的例外是杨应龙叛乱，因为它从苗族部落得到补充供给，所以这一叛乱从1594年一直持续到1600年。正是这种消极的财政管理有时足以消弭潜在的不稳定因素。1555年，总督江南、江北、浙江、山东、福建、湖广诸军的张经突然被皇帝下诏逮捕，虽然对张经的指控并不足信，但随后却系狱论死[42]。试想汉唐两代最有权力的皇帝恐怕也很难这样轻松、任意行事。

王朝的安全建立在思想教化、舆论控制以及监察官员和特务的监视基础之上。相比而言，武力并不显得很重要。1553年，一队不超过100人的倭寇和海盗，突袭了长江以南的一些地区，深入内地达几百英里。他们实际上没有遭到任何抵抗[43]。尽管这部分是由于卫所制度的废弛造成的，但也显示出明帝国看起来似乎很强大，但通常只是凭借很少的几支部队来维持安全，内陆省份尤其如此。这显然鼓励了皇帝挪用军费进行奢侈生活。这种情况在16世纪中期以后有所改变，但力度不够。南方督抚存留作为供给的资金也都是些小项目的零散收入（见第七章第三节）。

长期的后果

17世纪满族入主中原确实是中国的倒退。但是这种倒退也并非一些马克思主义历史学家所认为的那样是由于入侵者代表着一种新的封建反动力量，他们在初期压制了中国本土的资本主义发展[44]。其实，新王朝最大的过错是过分承袭前朝，完全漠视了黄宗羲、顾炎武等思想家对明朝的批判[45]。

作为外来的征服者，满族人缺乏管理经验。他们期望有效地控制局势，迅速恢复正常状态。他们力图强化管理，1661年，清朝政府对拖欠税收之人进行了严厉的惩治[46]。但一般而言，他们没有进行全面的制度性变革，财政做法尤其如此。在中国历史上还没有其他主要的王朝像清朝这样几乎完全承袭前朝制度。在19世纪之前，清朝对明朝制度的一次重要的改革是征收统一的地丁银，以1711年的丁数为准，永为定额，而后又实行摊丁入亩。同时，首领官的俸禄补贴——火耗也制度化，称之为"养廉"银[47]。

大而不变的结构是明代财政制度最主要特点之一。在上层，皇帝拥有不可分割的财政权力，而留给下层的只是财政责任。税收定额制度，交错补给，又没有中央国库，所有这些一直残存到本世纪[48]。清代田赋制度的顽固性，正如王业键（Yeh-chien Wang）所描述的那样，是从明代继承下来的，国家收入的上升事实上是通货膨胀的结果。如果考虑到这些情况，可以看出到王朝末期，税收实际上已经下降了[49]。

尽管由明朝确立的财政制度有其独特性,但是在明清两代接近500年的时间没有大的变化。它的许多特征已经视为当然,其社会经济影响已经被接受,可以认为这就是传统中国的典型特点。很难认为明代制度在中国财政史中具有很大的突破性。从那时开始,政府财政的主要目标是维持政治的现状,再没有任何活力可言。

财政制度最值得注意的特点是它的被动性,几乎没有中央计划。当危机来临时,才采取一些防范性措施或进行一些调整。鸦片战争时海关税管理不善就充分说明了这种自我满足的态度。

贯穿这一研究的中心点是各个层次的制度性的缺陷,而不是官僚个人的渎职和腐败。对于后一方面,尽管资料丰富,但却是第二位的、表面上的,它容易转移人们对财政管理的主要问题的关注。

这一制度的延续是依靠不断地强化文化上、政治上的统治来实现的。的确,在一个自给自足的庞大国家里是能够漠视外来的商业压力和竞争。然而,16世纪是世纪历史的一个重要的转折点,当时西欧已经开始向近代转变,越来越多的欧洲人开始到达东亚。虽然中国的面积和遥远的距离使中国人与西方人的冲突延迟了三个世纪。但在16世纪,欧洲人就已经开始向中国的孤立与自给自足发起了第一次挑战。1524年,克里斯托旺·维勒拉(Cristavao Vierira)一度被关押在广州,他就曾说过用不上15艘葡萄牙战船和3000名士兵,他就可以控制这座城市[50]。

本书中的许多证据,尽管还不完整,但也说明了中国新近的一些经济问题,诸如在将农业盈余投资于工业生产的困难,这是有历史根源的,一些事例可以追溯到16世纪。任何一种财政政策,实施了很长一段时间就将不可避免地影响国家的历史。因此,并不应该因为其不合情理,就认为明代建立起来的财政制度是微不足道的,这是不明智的。一个制度缺乏积极的因素并不表明其整个影响的丧失。

注 释

〔1〕 王毓铨 (Yü-chüan Wang),'The Rise of Land Tax', p.201.

〔2〕 同上,页202。

〔3〕 1641年,每年战争加派额是21330735两。见孙承泽《梦余录》35 / 17。他是从户部得到这一数字。

〔4〕 这些数字是根据陈仁锡的《世法录》中记录的数字计算出来的。见该书34 / 1—78。

〔5〕 关于17世纪的物价水平可见于:叶梦珠《阅世编》;彭信威《中国货币史》页459—461。也参见全汉升《明代北边米粮价格的变动》页49—87,该书中提到的过高价格并非正常时期的价格。

〔6〕 王毓铨,'The Rise of Land Tax', p.202.

〔7〕 见《清圣祖实录》4 / 9;《清世祖实录》61 / 6—7, 70 / 31—32, 79 / 23—24;《长沙县志》7 / 2;叶梦珠《阅世编》6 / 2。

〔8〕《崇祯存实疏抄》2 / 72—89。

〔9〕 Creel, 'The Beginning of Bureaucracy', p.155.

〔10〕 Hucker, *Traditional Chinese State*, p.43.

〔11〕 顾炎武的观点译文可见于 de Bary, ed. *Sources of Chinese Tradition*, pp.611—

612。也见于 Yang, 'Ming local administration', p.4.

〔12〕见 Hucker, 'The Tung-lin（东林）movement of the Late Ming Period', 见于 John K.Fairbank, ed. *Chinese Thought and Institutions*, p.133; 也见 Hucker, *Censorial System*, p.153.

〔13〕海瑞《海瑞集》页24。

〔14〕同上，页25。

〔15〕《明史》226 / 2602。

〔16〕海瑞《海瑞集》页50。

〔17〕这些信可见于《海瑞集》页441、447、448、449、467、469、541。信中没有透露出这些礼物的具体数量，但是提到了一位总兵曾经惠赠给他一条船用来旅行。另一位总兵的馈赠之重足以置"墓田数亩"。《海瑞集》页417、465、474 提到了返还馈赠之事。

〔18〕同上，页25。

〔19〕何良俊因此受到批评，见《海瑞集》中吴晗的序言。见该书页9—10。

〔20〕同上，页279—280。

〔21〕同上，页190、195、280、284、289、408。

〔22〕Smith, 'The land Tax in the Tokugawa（德川）Period', pp.204.

〔23〕王世贞认为万历皇帝的贪欲是因为嫉妒朝臣和中官的奢侈生活。见焦竑《献征录》17 / 104;《明史》213 / 2482。

〔24〕Liu., *Reform in Sung China*, pp.4, 6, 49, 56—7; Hartwell, 'Financial Expertise', p.298.

〔25〕同上，页298; Twitchett, 'Salt Commissioners', pp.60—89.

〔26〕孙承泽《梦余录》25 / 29。

〔27〕杨联陞（Yang, Lien-sheng）写道："尽管汇票在17世纪已经存在了，但最早的'山西票号'也不会早于1800年。"见 Yang, *Money and Credit*, p. 82.

〔28〕参见我的博士论文"The Crand Canal During the Ming Dynasty"（University of Michigan, 1964; also available in University Microfilm）, pp. 21—37.

〔29〕《天下郡国利病书》，11/16，12/64、68、71、73、74、79。

〔30〕牧田谛亮：《策彦入明记の研究》，I，页244—247。

〔31〕Prévost, *Historire Générale de voyages*, v, pp. 347—9. 祁彪佳在运河上旅行时，他提到水深仅为1尺。见祁彪佳《日记》卷5，1643年阴历九月初四日到初六日。

〔32〕见于祁承㸁《南京车驾司职掌》。

〔33〕参见 Ricci, *China in the sixteenth Century*, p. 307, 358.

〔34〕海瑞《海瑞集》页155、167—168。

〔35〕同上，页112；《世宗实录》页0705、0761。

〔36〕Feuerwerker, 'From "Feudalism" to "Capitalism"', pp. 107—115.

〔37〕Crawcour, 'Changes in Japanese Commerce in the Tokugawa（德川）Period', pp. 169—202.

〔38〕陈诗启《官手工业》一书多处提到这种情况；吴晗《社会生产力》页70—71；Feuerwerker, 'From "Feudalism" to "Capitalism"', pp. 108.

〔39〕席书、朱家相《漕船志》6/44—48。

〔40〕《漕船志》一书多处提到这种事情。也可见于《武宗实录》页0081、《皇明经世文编》244/16—18。

〔41〕戚继光《练兵实纪》175、176、182、199、210；《皇明经世文编》347/17、21。

〔42〕《明史》205/2378—2379。

〔43〕归有光《全集》95；谷应泰《纪事本末》55 / 597。

〔44〕见 Feuerwerker 的概述，'From "Feudalism" to "Capitalism"', pp.111.

〔45〕这些话的译文可见于 de Bary, Sources of Chinese Tradition, I, pp.530—542, 556—557.

〔46〕《清圣祖实录》3 / 3；叶梦珠《阅世篇》6 / 1—10。

〔47〕Hummel, *Eminent Chinese of the Ch'ing Period*, p.917; Ch'ü, *Local Government*, pp.556—557.

〔48〕对这些特点见 Sun, 'The Board of Revenue', pp.175—228；陈恭禄《中国近代史》页238—239、665—666、678—679。

〔49〕Wang, 'Fiscal Importance of the Land Tax', p.842.

〔50〕Lach, *Asia in the Making of Europe*, I, pp.734—737.

书名略语

CSWP：徐孚远等《皇明经世文编》，木刻版影印，台北1964年。

HYWCL：张萱《西园闻见录》，哈佛燕京学社重印1627年抄本，北平，1940年。

JCL：顾炎武《日知录集释》，万有文库本。

MS：《明史》，国防研究院印行，台北，1963年。

MSL：《明实录》，中央研究院校印，台北。

THCKLPS：顾炎武《天下郡国利病书》，四部丛刊本。

TMHT：《大明会典》，东南书报社重印1587年刊本。

附录 A 免纳正税的田土

类别	位置	亩数估计	岁入估计	支配
皇庄	顺天，河间，真定，保定	370 万亩（到 1522 年为止）；200 万亩（此后）	50000 两（16 世纪晚期）	用于太后开支
王府庄田	山东、河南大部，湖广一部。边缘的陕西和四川两省的面积无法确知	100 万亩（1500 年左右）；300 万亩（17 世纪早期）	未知。但任何时候都不可能超过 100000 两	1505 年以前徽、兴、岐、衡诸王受封 700000 亩。16 世纪中叶德王受封 13000 亩，17 世纪初福王受封 2000000 亩
其他贵族庄田	主要集中于北直隶。云南沐氏土地无法确知	440 万亩（到 1530 年为止）；280 万亩（此后）	50000 两到 90000 两	理论上，地方官员要将收入解给勋戚重臣。有时他们也要还田于国家
京营草场	北直隶	未知	11000 两（到 1580 年为止）；30000 两（1596 年）	这些收入解给太仆寺，有时也部分解运给户部
太仆寺草场	北直隶、南直隶、山东、河南	300 万亩（1569 年）	92400 两（1576 年左右）	1576 年账册显示解运到京师太仆寺为 85000 两，解运南京为 7400 两。1580 年的统计显示户部接收了 65000 两

续表

类别	位置	亩数估计	岁入估计	支配
皇帝御马、象房和苑囿土地	北直隶、山东和河南	超过 300 万亩（1580—1590 年左右）	50000 两	34000 解运给户部；中官征收 16000 两

注：
1. 资料来源：《明史》77／821；《宪宗实录》页 3678、3708；《世宗实录》页 0151、0258、0651、1516、1842、5884；《神宗实录》页 5152、9193；《大明会典》17／22—24、27—30、23／1—11、251／2—9；《皇明经世文编》207／7—14；孙承泽《梦余录》35／9；杨时乔《马政纪》8／2—3；清水泰次《明代土地制度史研究》页 15—155。
2. 除了属于太仆寺的草场地以外，上面各类土地一般比较贫瘠，每亩租银为 0.03 两，或者更低。在一些事例中，尽管有禁令，藩王与勋戚贵族还是直接指派人来管理土地，征收地租。他们有时也鼓励"投献"。投献就是私人土地所有者将自己的土地投献给官豪势要，向他们交纳名义上的地租，成为其佃户，以此来逃避国家税收。然而，当时的很多学者过分夸大了这种恶习的程度。他们的一些观点有很多矛盾之处。可参见清水泰次《土地制度史》页 404。

附录 B 1561 年浙江淳安县的常例和额外服务

1. 正赋附加
   所有银纳上升了 5%。
   夏税折绢：由纳户额外承担，折银 174 两，外加绢 12 匹。
   秋粮长银：农村征收者额外税纳，20 两。
   盐粮长银：征收者的额外税纳，10 两。
   税收解运：每个解运者的额外负担，0.5 两。
2. 特殊场合的费用，分摊给全县 80 个里。
   清军匠：每里银 1 两。
   审里甲丁田：每里银 1 两。
   审均徭：每里银 1 两。
   造黄册（每 10 年 1 次）：每里银 2 两。
3. 县级官员的俸给和津贴
   知县，正七品：名义上俸禄每年粮食 90 石；实际从纳户中征收了 180 两。
   皂隶银，等等（初无定额，通常县级是 30—50 两），实际征收上升了 200%。
4. 里长之役
   80 个里长轮流到县衙应役
   每个里长初次应役，要送给知县一些礼物：白米 1 石或者 5 斗；鹅、鸡、鱼、蜡烛、水果，还要有一桶酒。
   知县出外，由值日里长供应店钱人情礼物
5. 对盐商的额外征纳
   经过盐：每 100 引银 0.1 两。每年约有 50000 引，可得银 50 两。（这一比率大约是盐本身价值的 1/5000）
   住卖盐：每 100 引银 0.1 两。每年约有 7000 余引，可得银 70 两。（这一比率约为盐本身价值的 0.5%）

注：
1. 资料来源：海瑞《海瑞集》页 48—49。所列项目稍微进行了一些变动和解释。
2. 同样的常例要提供给知县的下属和知府。
3. 上级官员出巡总是给当地带来额外的财政负担。巡盐察院经过，费银 200 两。巡抚经过，用银三四百两。这些花费因为没有专门的补助，所以最终都要由一般民众承担。见《海瑞集》页 62。

附录C　1535年每引盐的开中则例和余盐银

产地	正盐		余盐		全包	收入估计
	重量 (斤)	引价 (a) (两)	重量 (斤)	余盐银 (b) (两)	重量 (斤)	(a+b) (两)
两淮						
淮南	285*	0.50	265	0.65	550*	1.15
淮北	285*	0.50	265	0.50	550*	1.00
两浙						
嘉兴	250*	0.35	200	0.50	450*	0.85
杭州	250*	0.35	200	0.45	450*	0.80
绍兴	250*	0.35	200	0.40	450*	0.75
温州	250*	0.35	200	0.20	450*	0.55
长芦						
北	205	0.20	225*	0.35	430*	0.55
南	205	0.20	225*	0.30	430*	0.50
山东						
全省	205	0.15	225*	0.31	430*	0.46

* =包括"包索"费用

注：
1. 资料来源：《大明会典》34/12。这与《世宗实录》的记载略有不同，据估计包括正引价和余盐银在内的总收入可达1166734两，见《世宗实录》页3794。
2. 藤井宏在《明代盐商の一考察》一文也有一个类似的表格。见〔日〕《史学杂志》54：7 (1943)，页734。

附录 D 《明实录》所载 1581 年土地清丈的部分结果

《实录》登录各省直的统计数字有两种方法。一些省直给出实际上报亩数,下表中在上报的田土总额后附以 * 标记,在这样情况下,我计算了新增田土面积。然而,大多数情况下,《实录》仅仅给出了清丈后的田土总数,而没有记录实际的丈量结果。因此我们在新增土地面积后加上 * 标记。这时,我只计算上报的田土总数。

省(地区)	上报田土总数(亩)	1578 年原额 (b)(亩)	新增面积 (a−b)(亩)	上升百分比 (%)
浙江	48308192	46696982	1611210*	3.5
江西	46261081	40115127	6145954*	15.3
山东	112734500*	61749899	50984601	82.5
山西	37313922	36803922	510000*	1.5
河南	94949374*	74157951	20791423	28.0
陕西	50299925*	29292385	20937540	71.4
四川	40934767	13482767	27452000*	203.6
广东	32960030*	25686513	7273517	28.3
广西	9478961	9402074	76887*	0.8
北直隶保定府	11467550	9709550	1758000*	18.0
南直隶江南 11 府州	45158050*	36853886	8304164	22.6
南直隶江北 4 府	29553047	27227047	2326000*	8.6
总计	559349399	411178103	148171296	36.1

注:
1.资料来源:《神宗实录》页 2190、2225、2237、2283、2343、2346、2356、2361、2371、

2436、2449、2712；《大明会典》17/8—12。
2. 下面的统计数字也记录在《实录》中，但因为缺乏对照的依据，所以没有列在上表之中。

　　大同（军镇）：民地3153979亩；军屯田地4781104亩。
　　辽东（军镇）：军屯890350亩，其他2418870亩。
　　宣府（军镇）：总计6310036亩。
　　贵州：新增田土面积159495亩（田土类别不清）。
　　湖广：田土实际面积83852546亩（记录没有说明上报全部结果，还是部分结果。而且上面的数字也将湖荡作为一类田土）。
　　甘肃（军镇）：田土总额4599335亩。
　　对于这些项目，依次见《神宗实录》页2238、2276、2341、2344、2412、2482。
3. 福建先于全国进行了土地丈量，《实录》中未有记录其上报数字。云南也没有提及。
4. 土地清丈的资料有缺失。《神宗实录》的编纂者仅仅是根据一些清丈资料简要地记录了上面提到的这些数字，这些编纂者是否亲自看到了清丈记录是令人怀疑的。尽管户部尚书张学颜说他有意出版全部的上报资料（见《万历会计录》序），但从来也没有人发现这样一本出版物。在张居正死后，他的整个改革计划遭到严厉的抨击，不可能有人能够敢于提议保存下来这些记录。
5. 上面的表格本身就已经显示出要么是1578年的面积统计有误，要么是1580—1581年的清丈没有按统一的标准执行。四川的田土面积增加了200%，而广西却不到1%。也许两者都有错误。对此更进一步的论述可见清水泰次《明代土地制度史研究》页563—592。清水泰次页583、592的注释是因为他没有看到《万历会计录》。

参考文献

对于历史学家来说，有关这个专题的资料堆积如山，这也会成为很棘手的问题。《明史》中列举了明代学者所著史类著作1525部，另外集类还有1398部。这些作品中的大多数都要超过一卷。很明显，即使最勤奋的历史学家也仅仅能够阅读可以利用的著作中很少的一部分。

这里所用的最基本的资料已经列举于书名略语和地方志中。编年体系以《明实录》为依据。这本现代校印的著作包括133册。十三个皇帝的编年史并不是以同一风格写成的。从研究财政史学者的角度来看，后期皇帝的实录要比前期皇帝的实录编写的更好一些。《实录》并不注意所有事情的财政意义，其主要目的是为道德政府提供历史经验。国家的档案很少完整地引述，一篇重要的上疏有时会被缩略为一条描述性句子。这种记述，脱离了上下文，很容易造成误解。因此，无论任何时候，都要尽可能地对原始材料进行查对，与其他记载相对照，找出一致性。

包括《大明会典》和《明史》都是部分地根据《实录》编纂而成。《大明会典》中的许多重要的记载来源于1582年编纂的《万历会计录》。尽管《明史》之《食货志》引述了许多早期的著作，但它从未说明哪一段话是直接引述的。一般来说，都是进行了删节，许多细节问题被略去了。和田清对《食货志》的注释翻译在很大程度上消除了这种混乱，应该说，《明史食货志译注》在细节和注释参照方面要比《食货志》本身更为丰富。

《皇明经世文编》共 30 册，收集了 425 位明人作品，以经世致用为主旨。他们中的绝大多数人都政府官员，又有三分之二的人生活在 16 世纪，他们的奏疏和信件都是全文引述。

《天下郡国利病书》取材于地方志书及其他各类著作辑录而成。其中摘录原文短则 1 段，长则达 10 页，反映了 16、17 世纪的社会情况。虽然这部著作的内容与体例芜杂零乱，但其选录的内容令人称颂。

明代的地方志书篇幅与内容有很大差异。经济发达的县编写志书是很容易的事情，其内容也很丰富。凡涉及地方形势、风俗以及与地方政府有关的资料，都会包括在内。经济不发达地区编写的地方志则很简单，其中只记录了一些重要的财政数字，没有相关注释，实际上是没有研究意义的。

现在还无法列出完整、全面的明代财政史研究的参考书目。绝大多数的明代学者并不将财政管理作为一个专题来看待，而是与其他问题放在一起进行讨论，这些问题虽然称之为"经济"，其实都是"管理"。这样的结果就造成了资料过度分散，因此现在这个参考书目，从理论上来讲是扩大了范围。然而，为了节约篇幅，所选书目仅限于原文和注释中直接征引的作品。所列的参考书都尽可能给出了现代重印的版本。

应该提醒读者的是好几种可以利用的明代历史资料书目索引。傅吾康（Wolfgang Franke）的《明史资料入门》（*An Introduction to the Sources of Ming History*）（纽约，1969）是非常有用的著作，它包括了 800 个条目，作者同时进行了评价，并有互见式注释。山根幸夫编辑的《明代史研究文献目录》所列的参考书目包括 5128 种中文和日文论著，它同时也编列了 680 种当代有关明代社会经济史研究方面的中文和日文文献、论著目录，该文收入《清水博士追悼纪念明代史论丛》一书中。Francis D.M.Dow 也有《明代江苏和浙江地方志研究》(A Study of Chiang-su and Che-chiang Gazetteers of the Ming Dynasty)(堪培拉，澳大利亚，1969)一书。《明人传记资料索引》(台北，1965)也列出了 593 种明代和清初的著作。

地方志

安化县志，1543 年。

漳州府志，1573 年。

长沙府志，1747 年。

常熟县志，1534 年。

金华府志，1578 年。

中牟县志，1626 年。

汾州府志，1606 年。

杭州府志，1579 年。

河南通志，1678 年。

香河县志，1620 年。

淮安府志，1573 年、1627 年。

怀柔县志，1625 年。

怀远县志，1605 年。

徽州府志，1566 年。

沂州志，1608 年。

固安县志，1633 年。

姑苏志，1506 年。

开化县志，1585 年。

昆山县志，1576 年。

会稽志，1572 年抄本。

临清直隶州志，1782 年。

临汾县志，1591 年。

潞城县志，1625 年。

南畿志，1540 年，内阁文库影印本。

宁德县志，1591 年。

彭泽县志，1582 年。

上海县志，1590 年。

顺德县志，1585 年。

顺天府志，1885 年。

遂安县志，1612 年。

松江府志，1818 年。

四川总志，1580 年。

邓州志，1644 年。

东昌府志，1600 年。

汶上县志，1609 年。

吴县志，1643 年。

吴江县志，1561 年。

岳州府志，1570 年。

永州府志，1571 年。

注：以上只列出了本书所引用的地方志。其出版的日期一般是以最后的序言为准。

其他的明代和清初的资料

张居正:《张江陵书牍》,群学书社,上海,1917年。

张　燮:《东西洋考》,丛书集成本。

张学颜编辑:《万历会计录》,芝加哥大学缩微胶卷,根据序言可知出版于1582年。

张　雨:《边政考》,国立北平图书馆影印,1936年。

《长芦盐法志》,1726年出版。

赵　翼:《廿二史札记》,丛书集成本。

陈仁锡:《皇明世法录》,学生书局影印,1965年。

郑　晓:《郑端简公今言类篇》,丛书集成本。

程开祜:《筹辽硕画》,1620年。

戚继光:《练兵实纪》,商务印书馆,1937年。

祁彪佳:《祁忠敏公日记》,浙江绍兴,1937年。

蒋平阶:《毕少保公传》,清初本。

焦　竑:《国朝献徵录》,学生书局影印,1965年。

《清圣祖实录》,满洲国务院本,1937年。

《清世祖实录》,满洲国务院本,1937年。

邱　浚:《大学衍义补》,普林斯顿大学善本。

周之龙:《漕河一覕》,1609年。国会图书馆1609年初版的缩微胶卷。

周玄暐:《泾林续纪》,涵芬楼秘笈本。

朱国祯:《涌幢小品》,中华书局1959年。

朱廷立:《盐政志》,1529年版。

《崇祯存实疏抄》，北平影印，1934 年。

冯　琦：《冯宗伯集》，1607 版。

海　瑞：《海瑞集》，北京，1962 年。

贺仲轼：《两宫鼎建记》，丛书集成本。

何良俊：《四友斋丛说摘抄》，丛书集成本。

何士晋：《工部厂库须知》，玄览堂丛书本。

河东盐法志，1727 年版。

席书、朱家相：《漕船志》，玄览堂丛书本。

项梦原：《冬官纪事》，丛书集成本。

薛尚质：《常熟水论》，丛书集成本。

徐贞明：《潞水客谈》，丛书集成本。

《续文献通考》，商务印书馆，1936 年。

黄　训：《皇明名臣经济录》，1551 年版。

《皇明祖训》，收于《明朝开国文献》，台北学生书局影印，1966 年。

《徽州赋役全书》，国会图书馆 1620 年版缩微胶卷。

伊龄阿：《淮关统志》，1778 年版。

《江西赋役全书》。国会图书馆 1610 年版缩微胶卷。

葛守礼：《葛端肃公集》，1802 年版。

《古今图书集成》，1934 年版。

顾　清：《傍秋亭杂记》，涵芬楼秘笈本。

顾炎武：《亭林文集》、《余集》，四部丛刊本。

谷应泰：《明史纪事本末》，三民书局，1956 年。

归有光：《震川先生别集》，四部丛刊本；《三吴水利录》，丛书集成本。《归有光全集》,自力出版社重印,台北,1959 年。

李昭祥:《龙江船厂志》,玄览堂丛书本。

李化龙:《平播全书》,丛书集成本。

《两浙盐法志》,1801 年版。

《两淮盐法志》,1748 年版。

《两广盐法志》,1835 年版。

刘若愚:《酌中志》,丛书集成本。

刘宗周:《刘子全书》,乾坤正气集本。

陆　容:《菽园杂记》,丛书集成本。

鹿善继:《认真草》,丛书集成本。

龙文彬:《明会要》,台北,1956 年。

《明臣奏议》,丛书集成本。

倪会鼎:《倪文正公年谱》,粤雅堂丛书本。

倪元璐:《倪文贞公全集》,1772 年版。

毕自严:《留计疏草》,国会图书馆缩微胶卷。

《山东盐法志》,1725 年版。

沈　榜:《宛署杂记》,北京,1961 年。

沈德符:《野获篇》、《补遗》,1870 年版。

孙承泽:《春明梦余录》,龙门书局晚清版影印,1965 年。

宋应星:《天工开物》,商务印书馆"人人文库",1966 年。根据原序,日期当为 1637 年。

《大诰》、《续编》、《三篇》、《武臣》,均收于《明朝开国文献》。

《大明官制》，收于《明朝开国文献》。

唐顺之：《荆川文集》，四部丛刊本。

杜　琳：《淮安三关统志》，1686 年版。

王　鏊：《震泽长语》，1748 年版。

王　琼：《户部奏议》，国会图书馆缩微胶卷。

王一鹗：《总督四镇奏议》，玄览堂丛书本。

王士琦：《三云筹俎考》，国立北平图书馆影印，1936 年。

汪应蛟：《汪清简公奏疏》，国会图书馆缩微胶卷。

魏　焕：《皇明九边考》，国立北平图书馆影印，1936 年。

杨时乔：《皇明马政记》，玄览堂丛书本。

叶梦珠：《阅世篇》，收于"明清史料汇编"，台北，1969 年。

叶　盛：《水东日记》，1680 年版影印，台北，1965 年。

严从简：《殊域周咨录》，中华文史丛书本。

余继登：《典故纪闻》，丛书集成本。

当代中文和日文资料

安野省三：《明末清初扬子江中流域大土地所有に關する一考察》，《东洋学报》44：3（1961）。

张其昀等著：《清史》（台北，1961 年）。

陈恭禄：《中国近代史》增订本（台北，1965 年）。

陈诗启：《明代官手工业的研究》（武汉，1958 年）。

陈文石：《明洪武嘉靖间的海禁政策》（台北，1966 年）。

周良霄：《明代苏松地区的官田与重赋问题》，《历史研究》第 10 期（1957 年）。

朱　契：《中国信用货币发展史》（重庆，1943 年）。

《中国运河资料选集》（北京，1962 年）。

朱东润：《张居正大传》（武汉，1957 年）。

全汉升：《明代北边米粮价格的变动》，《新亚学报》9：2（1970 年）。

中国科学院考古研究所：《新中国考古的收获》（北京，1962 年）。

傅衣凌：《明清农村社会经济》（北京，1961 年）。

《明代江南市民经济试探》（上海，1963 年）。

藤井宏：《明代盐商の一考察》，《史学杂志》54：4—6（1943 年）。

《明代田土统计に關する一考察》，《东洋学报》30：3（1943 年），30：4（1944 年），31：1（1947 年）。

堀井一雄：《金花银の展开》，《东洋史研究》5：2（1939 年）。

星斌夫：《明代漕运の研究》（东京，1963 年）。

侯仁之：《明代宣大山西三镇马市考》，《燕京学报》23 期（1938 年），又收于包遵彭编辑的《明代经济》（台北，1968 年）。

谢国桢：《明清之际党社运动考》（上海，1935 年）。

容肇祖：《李贽年谱》（北京，1957 年）。

片冈芝子：《华北の土地所有と一条鞭法》，《清水博士追悼纪念明代史论丛》（东京，1962 年）。

片山诚一郎：《月港廿四将の反乱》，载于《清水博士追悼纪念明代史论丛》。

小山正明：《明末清初の大土地所有（1）（2）——特に江南デルタ地带を中心として》，《史学杂志》66：12（1957 年）、67：1（1958 年）。

栗林宣夫：《一条鞭法の形成について》，载于《清水博士追悼纪念明代史论丛》。

李剑农:《宋元明经济史稿》(北京,1957年)。

黎光明:《嘉靖御倭江浙主客军考》(北平,1933年)。

李光璧:《明朝史略》(武汉,1957年)。

《明清史论丛》(武汉,1957)。

梁方仲:《明代国际贸易与银的输出入》,载《中国社会经济史集刊》6:2(1939年)。

《明代粮长制度》(上海,1957年)。

《明代户口田地及田赋统计》,载《中国近代经济史研究集刊》3:1(1935年)。

《一条鞭法》,载《中国近代经济史研究集刊》4:1(1936年)。

《明代两税税目》,载《中国近代经济史研究集刊》3:1(1935年)。

《明代十段锦法》,载《中国社会经济史集刊》7:1(1944年)。

《明代的民兵》,载《中国社会经济史集刊》5:2(1937年)。

牧田谛亮:《策彦入明记の研究》(上、下)(京都,1955年)。

孟 森:《明代史》(台北,1957年)。

宫崎市定:《明清时代の苏州と轻工业の发达》,《东方学》2(1951年)。

西嶋定生:《明代に於ける木棉の普及について》,《史学杂志》57:4—6(1948年)。

《支那初期棉业市场の考察》,《东洋学报》31:2(1947年)。

潘光旦:《明清两代嘉兴的望族》(上海,1947年)。

彭信威:《中国货币史》(上海,1954年)。

人民大学:《明清社会经济形态研究》(上海,1957年)。

《中国资本主义萌芽问题讨论集》(上、下)(北京,1957年)。

佐久间重男：《明代海外私贸易の历史的背景》，《史学杂志》62：1 (1953 年)。

《明代景德镇窑业の一考察》，载《清水博士追悼纪念明代史论丛》。

《明代における商税と财政との关系》，《史学杂志》65：1—2（1956 年）。

清水泰次：《中国近世社会经济史》（东京，1950 年）。

《明代军屯的崩坏》，方纪生译，载于《明代经济》。

《明代福建の农家经济》，《史学杂志》63：7（1954 年）。

《明代土地制度史研究》（东京，1968 年）。

苏同炳：《明代驿递制度》（台北，1969 年）。

谷光隆：《明代の桩朋银について》，载《清水博士追悼纪念明代史论丛》。

寺田隆信：《明代における边饷问题の一侧面》，载《清水博士追悼纪念明代史论丛》。

丁　易：《明代特务政治》（北京，1950 年）。

和田清：《明史食货志译注》（上、下）（东京，1957 年）。

王志瑞：《宋元经济史》（台北，1964 年）。

王崇武：《明代户口的消长》，《燕京学报》20 期（1936 年）。

王毓铨：《明代的军屯》（北京，1965 年）。

韦庆远：《明代黄册制度》（北京，1961 年）。

吴兆梓：《中国税制史》（上海，1937 年）。

吴承洛：《中国度量衡史》（上海，1937 年）。

吴缉华：《明代海运及运河的研究》（台北，1961 年）。

吴　晗：《朱元璋传》（上海，1949 年）。

《明代的军兵》，载《中国社会经济史集刊》5：2（1937 年）。

《明初社会生产力的发展》,载《历史研究》第 3 期 (1953)。

《读书札记》(北京,1956 年)。

亚东学社:《中国历代人口问题讨论集》(香港,1965 年)。

山根幸夫:《明代徭役制度の展开》(东京,1961 年)。

《明代华北における役法の特质》,载《清水博士追悼纪念明代史论丛》。亦收入《明代徭役制度の展开》一书中。

《明代史研究文献目录》(东京,1960 年)。

杨端六:《清代货币金融史稿》(北京,1962 年)。

杨予六:《中国历代地方行政区划》第二版(台北,1957 年)。

西文资料

Chang, T'ien-tse. *Sino-Portuguese Trade from 1514 to 1644* (Leiden, 1934).

Chou, Tao-chi, 'Li Shih, Imperial Consort', *Draft Ming Biography*, no. 11 (Ming Biographical History Project, New York, 1969).

Ch'ü, T'ung-tsu. *Local Government in China under the Ch'ing* (Cambridge, Mass, 1962).

Crawcour, E.S. 'Changes in Japanese Commerce in the Tokugawa Period', *Journal of Asian Studies*, 22:4 (1963). Reprinted in *Studies in the Institutional History of Early Modern Japan*, ed. John W. Hall and Marius B. Janen (Princeton, N, J. 1968).

Crawford, Robert B. 'Eunuch Power in the Ming Dynasty', *T'oung Pao*, 49 (1961).

Creel, H.G. 'The Beginnings of Bureaucracy in China: The origin of the

Hsien', Journal of Asian Studies , 23 : 2 (1964).

de Bary, W.T.ed. Self and Society in Ming Thought (New York, 1971).

de Bary, W.T.et al.eds. Sources of Chinese Tradition .Text edition, 2 vols. (1964).

Fairbank, John K.ed. Chinese Thought and Institutions (Chicago 1957).

Fairbank, John K.and Reischauer, Edwin O. East Asia: The Great Tradition (Boston, 1958).

Feuerwerker, Albert 'From "Feudalism" to "Capitalism" in Recent Historical Writing from Mainland China', Journal of Asian Studies , 18 : 1 (1958).

Friese, Heinz. Das Dienstleistlungs-System der Ming-Zeit , 1368 — 1644 (Hamburg, 1959).

Grimm, Tilemann. 'Das Neiko der Ming-Zeit, von Anfangen bis 1506', Oriens Extremus , 1 : 1 (1954).

Erziehung und Politik im Konfuzianischen China der Ming-Zeit (Hamburg, 1954).

Hartwell, Robert M. 'Financial Expertise, Examinations, and the Formulation of Economic Policy in Northern Sung China', Journal of Asian Studies , 30 : 2 (1971).

Ho, Ping-ti, The Ladder of Success in Imperial China (New York, 1962).

'The Salt Merchants of Yangchou : A Study of Commercial Capitalism in Eighteenth-Century China', Harvard Journal of Asiatic Studies , 17 : 1—2 (1954).

Studies on the Population of China , 1368 — 1953 (Cambridge, Mass.

1959).

Hoshi, Ayao. *The Ming Tribute Grain System* , trans.Mark Elvin (Ann Arbor, 1969).

Huang, Ray, "Fiscal Administration During the Ming Dynasty", *in Chinese Government in Ming Times : Seven Studies* , ed.Charles O.Hucker (New York, 1969).

'Military Expenditures in Sixteenth-Century Ming China', *Oriens Extremus* , 17 : 1—2 (1970).

Hucker, Charles O. 'Governmental Organization of the Ming Dynasty', *Harvard Journal of Asiatic Studies* , 21 (1958).Reprinted in *'Studies of Governmental Institutions in Chinese History*, ed. J. L. Bishop (Cambridge, Mass.1968).

The Censorial System of Ming China (Stanford, Calif.1966).

The Traditional Chinese State in Ming Times : 1368 — 1644 (Tucson, 1961).

Hummel, A.W.ed. *Eminent Chinese of the Ch'ing Period* . 2 vols. (Washington, D.C 1943 −4).

Lach, Donald F. *Asia in the Making of Europe*, 2 vols. (Chicago, 1965). The sections concerning Ming China are reprinted in a separate volume entitled China in the Eyes of Europe : *The Sixteenth Century* (Chicago, 1965).

Liang, Fang-chung. *The Single- whip Method of Taxation in China*, trans. Wang Yü-ch'·üan (Cambridge, Mass.1956).

Liu, James T. C. *Reform in Sung China : Wang An-shih and his New Policies* (Cambrdge, Mass.1959).

Lo, Jung-pang. 'The Decline of the Early Ming Navy', *Oriens Extremus*, 5 : 2 (1958). 'Policy Formulation and Decision-Making on Issues Respecting Peace and War', in *Chinese Government in Ming Times : Seven Studies*.

Morse, H.B. *The Chronicles of the East India Company Trading to China : 1635—1843*.4 vols. (Boston, 1931).

Mote, F.W. 'The Growth of Chinese Despotism', *Oriens Extremus*, 8 : 1 (1961).

Parsons, James B. *The Peasant Rebellions of the Late Ming Dynasty* (Tucson, 1970). 'The Ming Bureaucracy : Aspects of Background Forces', in *Chinese Government in Ming Times : Seven Studies*.

Prévost, Antoine Francois. *Histoire Générale de Voyages*, vol.5 (Paris and Amsterdam, 1776 et ser.).

Ricci, Matthew. *China in the Sixteenth Century : The Journals of Matthew Ricci, 1583—1610*, trans.L.J.Gallagher (New York, 1953).

Rieger, Marianne, 'Zur Finanz und Agrargeschichte der Ming-Dynastie : 1368—1643', *Sinica*, 12 (1937).

Rossabi, Morris. 'The Tea and Horse Trade with Inner Asia During the Ming Dynasty', *Journal of Asian History*, 4 : 2 (1970).

Smith, Thomas C. 'The Land Tax in the Tokugawa Period', *Journal of Asian Studies*, 18 : 1 (1958). Reprinted in *Studies in the Institutional*

History of Early Modern Japan.

Sun, E-tu Zen. 'The Board of Revenue in Nineteenth Century China', Harvard Journal of Asiatic Studies , 24 (1962—1963).

'Ch'ing Government and Mining Industries Before 1800', Journal of Asian Studies , 27 : 4 (1968).

Sun, E-tu Zen and Francis, John de, trans.and eds. Chinese Social History (Washington, D.C.1956).

Twitchett, D.C. Financial Administration under the T'ang Dynasty (Cambridge, 1963).

'The Salt Commissioners after the Rebellion of An Lu-shan', Asia Major , 4 : 1 (1954).

Wang, Yeh-chien. 'The Fiscal Importance of the Land Tax During the Ch'ing Period', Journal of Asian Studies , 30 : 4 (1971).

Wang, Yü-ch'üan. 'The Rise of Land Tax and the Fall of Dynasties in Chinese History', Pacific Affairs , 9 (1936).

Yang, Lien-sheng. 'Economic Aspects of Public Works in Imperial China', in the collection of articles by the author entitled Excursion in Sinology (Cambridge, Mass. 1969). 'Ming Local Administration', in Chinese Governmert in Ming Times : Seven Studies. Money and Credit in China (Cambridge, Mass.1952).

'Numbers and Units in Chinese Economic History', in the collection of articles by the author entitled Studies in Chinese Institutional History (Cambridge, Mass.1963).

译者后记

《十六世纪明代中国之财政与税收》一书出版于 1974 年，作者以《明实录》、明人奏疏笔记和明代地方志等史料为基础，充分吸收了 70 年代以前中国大陆、台湾以及欧美、日本的研究成果，对于明代的财政与税收进行了详尽的分析，提出了很多有意义的见解，不失为明代财政史研究的力作。

本书的序、致谢、度量衡说明、第一章、第二章、第四章、第八章、附录和参考书目由阿风翻译。第三章由倪玉平翻译，第五章、第六章由许文继翻译，第七章由徐卫东翻译。全书最后由阿风统一审理定稿。王风承担了本书的部分英文校订工作。

本书英文版最后附有专有名词索引、综合索引，中文本则略去未译。

本书每章注释中所引书名多依英文版进行了略写，读者有必要参阅"参考书目"。对于作者所引西文著作，书名篇名均保留原文不译；由于所引文献标准不一，或卷或册，英文版注释中用"/"区别卷（册）与页，中译亦循此例。对于《明实录》及近现代出版的著作，译者均作"页××"。但刻本、抄本或者影印本，均维持英文版注释形式。《明史》（台北 1963 年）也维持本书英文版的注释形式。

对于地方志的出版年代，本书与《中国地方志联合目录》（中华书局 1985 年）所记多有不同，读者可以参考《中国地方志联合目录》。

原书在年代、地名、官名及资料征引等方面有个别讹误，或者与通行的看法不一。对于其中可以确定的问题，译者加注进行说明。暂时无法确定的问题，则维持原样。作者行文当中另有若干处当页脚注，我们的注解则缀有"译者注"字样以示区别。

本书在翻译过程中，不断得到中国社会科学院历史研究所栾成显、张雪慧、许敏、万明、吴艳红诸位先生的帮助。在本书翻译完成之际，承蒙中国社会科学院历史研究所周绍泉研究员、南京大学历史系范金民教授审阅部分书稿，并提出很多修改意见。美国 Colgate 大学历史系的鲁大维（David M.Robinson）先生也为译者答疑解难。在此深表感谢。当然，译文中的错误概由译者本人负责，与他人无涉。

该书从翻译到最后定稿，大半时间是用来查阅引用的资料与论著。中国社会科学院历史研究所图书馆为这一工作提供了很方便的条件，但由于时间、精力有限，能力不足，译文中必然有许多错误和不当之处，敬请读者批评指正。

译　者
2001 年 2 月 14 日于北京